# ACAPULCO ET LE GALION DE MANILLE

La réalité quotidienne d'un port au XVIIe siècle

**Recherches Amériques latines**
*Collection dirigée par Denis Rolland*
*et Joëlle Chassin*

La collection *Recherches Amériques latines* publie des travaux de recherche de toutes disciplines scientifiques sur cet espace qui s'étend du Mexique et des Caraïbes à l'Argentine et au Chili.

**Dernières parutions**

Mariella VILLASANTE CERVELLO, *Violence politique au Pérou. 1980-2000 : sentier lumineux contre l'État et la société. Essai d'anthropologie politique de la violence*, 2016.
Erasmo SAENZ CARRETE, *L'exil latino-américain en France de 1964 au début du XXIe siècle*, 2016.
Jean-Pierre TARDIEU, *Les penseurs ibériques et l'esclavage des Noirs (XVIe-XVIIe siècles). Justifications, réprobations, propositions*, 2016.
Jean-Pierre TARDIEU, *L'affaire du Dragon (1792-1799). Les incidences au Rio de la Plata d'une menace de famine à l'île Maurice*, 2016.
François BALDY, *Bernal Diaz del Castillo et la conquête de la Nouvelle Espagne (Mexique)*, 2015.
Beyla Esther FELLOUS, *La nature juridique des accords entre l'Union européenne, le Chili et le Mexique*, 2015.
Arnaud MARTIN, *La laïcité en Amérique latine*, 2015.
Bernard GRUNBERG, *A la recherche du Caraïbe perdu. Les populations amérindiennes des Petites Antilles de l'époque précolombienne à la période coloniale*, 2015.
Bruno MUXAGATO, *Le leadership du Brésil en Amérique du Sud. De la contestation à l'émergence d'une hégémonie consensuelle*, 2015.
Françoise et Roland LABARRE, *De la Castille médiévale à l'Amérique latine contemporaine. Seize études d'histoire et de littérature*, 2015.

La liste complète des parutions, avec une courte présentation
du contenu des ouvrages, peut être consultée
sur le site www.harmattan.fr

Beatriz PALAZUELOS MAZARS

# ACAPULCO ET LE GALION DE MANILLE

## La réalité quotidienne d'un port au XVII^e^ siècle

L'Harmattan

Illustrations cédées gracieusement par
la Bibliothèque Ots Capdequi de la Escuela de Estudios Hispano Americanos, CSIC.
Avec nos remerciements.



**5-7, rue de l'École-Polytechnique ; 75005 Paris**

www.harmattan.com
diffusion.harmattan@wanadoo.fr

ISBN : 978-2-343-10051-7
EAN : 9782343100517

Avec mes respectueux remerciements
à mon directeur de thèse,
le Professeur émérite Bernard Lavallé

# PRÉAMBULE HISTORIQUE

## UN BASTION ESPAGNOL EN EXTRÊME-ORIENT

Il est tentant de penser que l'enchaînement des événements réservait un destin conjoint au Mexique et aux Philippines. Fait du hasard ? La similitude de leurs histoires se profilait dès 1519 : au début de l'année, Hernán Cortés appareillait secrètement de l'île de Cuba pour un voyage qui se terminerait par la conquête du Mexique, et en août, Fernando de Magallanes entamait la traversée de l'Atlantique en mettant le cap à l'Ouest, pour descendre ensuite au Sud trouver le détroit qui le mènerait dans le Pacifique, et de là naviguer vers les Moluques, les îles aux Épices. Une fois encore, en 1521, le sort combinait les circonstances : en mars, Magallanes appelait *San Lázaro* l'archipel découvert, et en août, la conquête terminée, en écoutant les émissaires du seigneur principal de Michoacán, Cortés apprenait la possibilité d'atteindre l'océan Pacifique[1].

Le vieux mythe de Marco Polo renaissait de ses cendres avec cette nouvelle : le passage qui unissait les deux océans et rapprochait de la Chine[2]. Hernán Cortés avait compris que le projet majeur de Charles V était l'expansion vers l'Extrême-Orient, et décida de chercher ce détroit sur les côtes Sud et Nord du nouveau territoire conquis, espérant se retrouver avec la Nouvelle-Espagne au premier plan de la politique internationale du moment.

La mort emporta Fernando de Magallanes, et Charles V mit Hernán Cortés peu à peu de côté, malgré la construction sur ses propres deniers d'arsenaux et de bateaux. Néanmoins, le 26 juillet 1526, avec l'arrivée à Tehuantepec de la patache Santiago, un navire supposé appartenir à la flotte de Loaysa, le sort décidait à nouveau de faire entrer de plain-pied la Nouvelle-Espagne dans les expéditions en Extrême-Orient. Il ne servit à rien à Hernán Cortés d'offrir de partir avec ses bateaux du Pacifique qui étaient fin prêts pour faire route[3] et pour aller à la conquête des Moluques, de Malacca et de la Chine. Son ambition personnelle et sa vision planétaire furent déçues quand arriva l'ordre de la Couronne de partir à la recherche des îles des Épices et d'autres terres, des survivants de la Trinidad, et de la flotte de Loaysa et Sebastián Caboto.

Le 31 octobre 1527, appareillait de Zacatula – Zihuatanejo – son cousin Álvaro de Saavedra Cerón, au commandement de la Florida, du Santiago, de l'Espiritu Santo et de cent quinze hommes. Seule la Florida arriva à l'île de Tidore aux Moluques, en mars 1528, où se trouvait la forteresse des survivants de Loaysa ; sous le commandement de Hernando de la Torre, ils se défendaient des indigènes comme des Portugais qui alléguaient, outre avoir été les premiers à les découvrir, que ces îles se trouvaient à l'intérieur de leur zone. Les

[1] Tercera Carta de Relación de Hernán Cortés à l'Empereur Charles V. Coyoacán, 15 mai 1522.

[2] La taille de l'océan Pacifique et la distance entre l'Amérique et l'Asie n'étaient pas connues.

[3] Quinta Carta de Relación de Hernán Cortés. Septembre 1526.

conditions locales montrèrent l'impossibilité de mener à bien la conquête des Moluques : il fallait des renforts, et en juillet 1528, Saavedra entama le retour vers la Nouvelle-Espagne pour y chercher de l'aide.

Durant sa navigation, il toucha une île qu'il nomma *Isla de Oro*[4], arriva à l'île de *los Ladrones*, plus tard les Mariannes et, en raison de vents contraires et de manque de vivres, revint à Tidore. En 1529, il renouvela la tentative en cherchant les vents plus au Nord : il découvrit des îles qu'il appela Carolines en l'honneur de Charles V, et avant que la mort l'attrape en chemin, il recommanda au pilote de chercher les vents propices pour la navigation jusqu'à la Nouvelle-Espagne. Une fois de plus, le manque de vivres les fit revenir à Tidore. En 1536, le Traité de Zaragoza ramena la paix entre les deux royaumes, et les Espagnols qui restaient de ces expéditions catastrophiques furent renvoyés en Espagne par les Portugais eux-mêmes : Andrés de Urdaneta, un personnage décisif comme nous le verrons plus tard, était parmi eux.

Saavedra fut l'initiateur permettant à l'Espagne, au moyen de la Nouvelle-Espagne, d'ancrer une possession en Extrême-Orient : la navigation jusqu'aux Moluques pouvait se faire sans problème et l'archipel de *San Lázaro*, plus grand que les Moluques, ne devait pas être à l'intérieur des limites des Portugais qui ne le disputaient pas non plus.

Infatigable, toujours à la recherche du passage qui communiquait avec la Chine, et même si, par l'intermédiaire du vice-roi don Antonio de Mendoza, la Couronne bloquait les expéditions qu'il organisait au Nord Est[5] des côtes du Pacifique, Hernán Cortés chercha le détroit d'Anián dans cette direction. Même sans résultat, il profitait des opportunités pour tenter d'unir l'Amérique et l'Asie : l'occasion se présenta lorsque Francisco de Pizarro lui demanda de l'aide pour la campagne du Pérou. Hernán Cortés envoya deux bateaux commandés par Hernando de Grijalva à qui il donna des instructions secrètes pour que, une fois le renfort apporté, il mît le cap à l'ouest à la recherche d'îles riches en or[6]. Partant de Paita, Hernando de Grijalva arriva aux Moluques, mais son équipage se mutina, car il refusa d'entrer dans la zone portugaise interdite et il fut assassiné[7]. Le galion s'échoua sur les côtes de Nouvelle-Guinée : par la suite, certains survivants furent sauvés par Antonio Galvão, un capitaine portugais.

Les tentatives pour se lancer à la conquête de l'Orient ne furent pas l'exclusivité d'Hernán Cortés : d'autres conquistadors, comme Pedro de Alvarado en considérèrent aussi la possibilité. Ancien compagnon et ami d'Hernán Cortés dans la conquête du Mexique, le gouverneur du Guatemala Pedro de Alvarado construisit une flotte de douze navires et de quelques autres

---

[4] KELSEY, Harry, «Finding the way Home/ Spanish Exploration of the Round-Trip Route across the Pacific Ocean», *The Western Historical Quarterly*, Apr. 1986, vol. 17, n° 2, p. 15.

[5] BORAH, Woodrow, «Hernán Cortés y sus intereses marítimos en el Pacífico. En el Perú y la Baja California», *Estudios de Historia novohispana*, n° 4, México, 1971, p. 14.

[6] Borah, Woodrow, *op. cit.*, p. 10.

[7] Borah, Woodrow, *op. cit.*, p. 11.

plus petits[8] pour se lancer dans cette nouvelle entreprise. Mais, apprenant que Pizarro se trouvait en pleine conquête du Pérou et y rencontrait des difficultés, il décida de changer de cap et d'aller à son aide. Le péril éloigné, il vendit finalement à Pizarro son armée pour cent mille pesos or, et revint au Guatemala[9]. Plus tard, Pedro de Alvarado obtint de Charles V un accord par lequel le vice-roi Antonio de Mendoza serait son associé pour préparer une force et partir chercher de nouvelles îles aux épices sans toucher à celles qui appartenaient aux Portugais. L'envoi de deux flottes avait été décidé : une partirait avec Pedro de Alvarado vers l'Ouest, en quête de nouvelles îles aux épices, et une autre irait au Nord-Ouest pour explorer les côtes de Nouvelle-Espagne : on croyait alors que la Chine et la Nouvelle-Espagne se rejoignaient quelque part dans le Pacifique[10]. En naviguant par le détroit d'Anián, cette flotte devait rencontrer celle du cosmographe et marin Ruy López de Villalobos que Mendoza avait nommé comme son représentant. Don Pedro de Alvarado ne partit jamais, il mourut quelques jours avant à Guadalajara [11] . Le 1er novembre 1542, Ruy López de Villalobos quitta le port de Navidad cap à l'Ouest, au commandement des navires Santiago, San Jorge, San Antonio, San Juan de Letrán, San Cristobal et San Martin. L'objectif de la mission était la découverte, la conquête, et la colonisation des îles du Ponant ou de *San Lázaro*, dont López de Villalobos soutenait qu'elles se trouvaient en dehors de la zone portugaise.

Mendoza lui avait verbalement ordonné de chercher l'ile de San Bartolomé, découverte durant l'expédition de Loaysa, parce que ce pouvait être une des îles mythiques *Rica de Oro* ou *Rica de Plata.* Ils ne la rencontrèrent pas et s'échouèrent sur des hauts-fonds par quatorze degrés de latitude Nord[12]. À Noël 1572, ils s'arrêtèrent dans une île que Saavedra avait appelée *de los Reyes*, et que Villalobos rebaptisa avec les autres îles à l'entour *Islas del Coral*[13]. Durant un séjour de plusieurs semaines, ils y découvrirent le cocotier. En février 1543, ils arrivèrent à Mindanao ; Ruy López de Villalobos, en l'honneur du Prince des Asturies, Philippe II, renomma l'archipel de San Lázaro ou îles du Ponant, en Îles Philippines. En août, le galion San Juan de Letrán entama son voyage de retour. Villalobos sortit par le détroit entre Leyte et Samar, arriva aux Mariannes et monta jusqu'à trente degrés de latitude Nord, mais les vents contraires les obligèrent à revenir. En mai 1545, ils repartirent, cette fois cap au Sud ; ils découvrirent une grande île qu'ils appelèrent Nouvelle Guinée, mais se

---

[8] CLAVIJERO, Francisco Xavier. *Historia de la Antigua o Baja California*, México, Editorial Porrúa, S.A., 1990, p. 74 (Colección Sepan Cuantos; n° 143).

[9] BERNAL, Rafael. *México en Filipinas. Estudio de una transculturización*, México, UNAM, Instituto de Investigaciones Históricas, 1965, p. 37 (Serie histórica ; n° 11).

[10] Harry Kelsey, *op. cit.*, p. 155.

[11] En se dirigeant vers la côte, il apprit le soulèvement des Indiens du Mixtión et prêta son aide aux Espagnols. À Nochistlán, il fut renversé par le cheval d'un des Espagnols et mourut quelques jours plus tard à Guadalajara.

[12] Harry Kelsey, *op. cit.*, p. 156. Ils s'appelèrent les hauts-fonds de San Bartolomé.

[13] *Ibid.*, p. 154. Aujourd'hui les îles Marshall.

virent obligés de rebrousser chemin en juin de la même année. Villalobos s'établit aux Moluques ; il rencontra des problèmes avec les Portugais qui lui demandèrent de s'en aller ou de se rendre : dans l'attente des renforts de la Nouvelle-Espagne qui n'arrivèrent jamais, Villalobos se rendit en 1546. Les prisonniers partirent dans l'île de Amboina aux Moluques où Villalobos, probablement empoisonné par les Portugais[14], mourut en 1546 dans les bras du missionnaire jésuite Francisco Javier[15] qui supplia Charles V de ne plus envoyer de flottes par la Nouvelle-Espagne parce que toutes allaient se perdre[16].

Et tout s'arrêta.

1519 marque le départ de deux acteurs principaux, l'un à partir d'Europe, Fernando de Magallanes, et l'autre à partir d'Amérique, Hernán Cortés, qui entamèrent chacun leur progression pour écrire l'histoire reliant le Mexique aux Philippines. L'engagement d'Hernán Cortés dans cette difficile entreprise n'est pas fortuit. Installé au Nouveau Monde, cet Européen comprit, à l'instar de la Couronne, que la force de l'Espagne grandirait si se réalisait le projet principal de Charles V d'implantation d'un bastion en Extrême-Orient, mais, en avance sur son temps, il avait la vision d'un théâtre mondial et pensait que la connexion avec l'Asie devait débuter en Nouvelle-Espagne.

"Ouverture" est-il le mot clé qui poussa ces hommes à aller plus loin, à chercher ailleurs ce qui leur était nécessaire, à se confronter à de nouveaux ennemis, ou avec leurs rivaux traditionnels sur d'autres scènes que les plaines européennes ?

En raison de ses idées et de ses relations difficiles avec Charles V, Hernán Cortés fut exclu de ce grand projet mais la Nouvelle-Espagne hérita de sa conception planétaire. La découverte de la route la plus courte et la plus facile à partir des côtes du Pacifique, au lieu du transit par le détroit de Magellan, décida Charles V à poursuivre sa recherche à partir de la Nouvelle-Espagne. En prenant cette décision, le roi comptait sur l'enthousiasme, l'audace et l'argent de ses conquistadores – maintenant riches – qui partageaient l'idée de la Couronne et pariaient sur la faisabilité de la conquête non seulement des îles aux Épices, mais aussi de la Chine et du Japon.

Nous nous sommes arrêtés à la supplique de Francisco Javier, parce que si cette genèse permet de décrire le panorama historique à partir duquel la Nouvelle-Espagne entra dans le projet, la pause entre 1546 et le début de la période de cette étude fait comprendre la complexité de l'entreprise, l'éloignement des Philippines et la lenteur des communications d'alors.

---

[14] Harry Kelsey, *op. cit.*, p. 158.

[15] SCHURTZ LYTLE, William, *El galeón de Manila.* Madrid, Ediciones de Cultura Hispánica, 1992, p. 61.

[16] GONZÁLEZ, Luís, Expansión de Nueva España en el Lejano Oriente. *Historia Mexicana,* 1964, Oct.-Dic., vol. XIV, n° 54, p. 212.

## 1. Les conséquences de la décision de Philippe II

Pendant dix-sept ans, la Couronne espagnole empêcha toute tentative d'expédition vers les Îles Philippines ; mais en 1559, répondant à une requête de la Nouvelle-Espagne, Philippe II ordonna au vice-roi don Luís de Velasco [17] d'envoyer deux navires vers les îles du Ponant, d'en ramener quelques épices, sans entrer dans les îles des Moluques pour ne pas contrevenir aux dispositions de l'accord avec le roi du Portugal, l'important dans ce voyage étant de connaître les modalités du retour.

La puissante raison qui aboutit à la décision de Philippe II fut la situation géographique des Îles Philippines : s'établir dans l'archipel, centre du Sud-Est asiatique, faciliterait les relations avec la Chine, le Japon, les Îles Moluques, permettrait d'accéder à l'attirant marché oriental, si significatif pour l'empire espagnol comme pour les autres puissances européennes d'alors. Mais outre le pouvoir supplémentaire que la Couronne pourrait acquérir par sa présence en Orient, celle-ci lui ouvrirait de nouvelles voies d'évangélisation.

La Nouvelle-Espagne fut choisie comme point de départ de cette nouvelle exploration pour respecter la ligne voulue par le Pape Alexandre VI divisant le monde entre les Portugais et les Espagnols, et qui interdisait aux Espagnols d'utiliser la route de l'Est : la navigation à partir de la vice-royauté, déjà découverte, était plus courte et moins dangereuse que la route qui partait d'Espagne et passait par le détroit de Magellan.

Philipe II désigna frère Andrés de Urdaneta, à ce moment-là au couvent de San Agustín à México, pour trouver la *torna-vuelta,* la route du retour, grâce à son expérience de cosmographie et de pilotage.

Le frère augustin Andrés de Urdaneta, survivant de l'expédition Loaysa-Elcano, avait connu le désastre d'Alvaro de Saavedra et avait été renvoyé en Espagne par les Portugais via Lisbonne. À son arrivée à la cour espagnole, il avait exposé sa conception sur la route de retour vers la Nouvelle-Espagne. Il estimait que si les flux de vents proches de la ligne de l'équateur allaient d'est en ouest, ceux qui soufflaient plus au Nord ou plus au Sud devaient aller en sens contraire, d'ouest en est. Il pensait qu'une navigation allant plus au nord que celle d'Alvaro de Saavedra, jusqu'à quarante degrés de latitude Nord, permettrait de rencontrer des vents favorables pour le retour.

## 2. À la recherche de la route de retour, la *torna-vuelta*

Le 21 novembre 1564, une flotte constituée du San Pedro, portant la marque du capitaine de pavillon, du San Pablo, navire amiral, et du San Juan et San Lucas, quitta le port de Navidad. Construits à Navidad, ces bâtiments étaient armés de trois à trois cent cinquante personnes, constituant l'équipage et les troupes embarquées, ces dernières sous le commandement du *maestro de campo* Mateo Delsar et de Martin de Goiti, emmenaient un Trésorier royal,

[17] Luís González, *op. cit.*, p. 213.

Guido de Lavezares, et cinq pères augustins, parmi eux Andrés de Urdaneta, tous sous les ordres de Miguel López de Legaspi[18]. Une fois en haute mer, Legaspi réunit les capitaines à bord du San Pedro et ouvrit le pli qui contenait les instructions générales de l'*Audiencia* qui confirmaient l'ordre du roi. Le 9 janvier 1565, la flotte découvrit des îles basses, par neuf degrés de latitude Nord, qui faisaient probablement partie de l'archipel des Îles Marshall actuelles ; ils les appelèrent Barbudos[19], à cause de la barbe des naturels ; Felipe de Salcedo, le neveu de Legaspi, et Andrés de Urdaneta en prirent possession au nom du roi. Le 24 janvier, ils arrivèrent aux îles *de los Ladrones*, et répétèrent le même acte solennel. Le 20 février, Miguel López de Legaspi prit possession de l'île de Samar et de l'archipel des Philippines au nom de Philippe II, pour arriver le 27 avril sur l'île de Cebú, déjà centre prospère d'échanges entre les natifs et les Chinois[20].

Six mois après son départ du port de Navidad, le 1er juin 1565, le San Pedro reprit la mer à la recherche de la route vers la Nouvelle-Espagne ; Felipe de Salcedo en avait pris le commandement et le frère Andrés de Urdaneta était le chef des deux autres pilotes embarqués.

Le navire entra dans le Pacifique par le détroit de San Bernardino, et de là navigua vers le Nord jusqu'à la latitude de quarante degrés. La traversée connut plusieurs infortunes : très tôt, dix-sept personnes moururent, parmi elles, un des pilotes et le *maestre* du navire ; l'autre pilote, bien qu'il restât vivant, fut si faible et malade qu'il ne fut pas de grande utilité pour Urdaneta. Nuit et jour, celui-ci surveilla le cap avec grande attention, les hauts fonds, les vents… Cent vingt jours plus tard, il se trouvait au large des côtes de Californie. Naviguant vers le Sud, quatre mois après avoir quitté les Philippines, ils arrivèrent le 1er octobre au port de Navidad avec un équipage si défaillant et si malade qu'Andrés de Urdaneta, connaissant le climat et sachant au départ des Philippines que la région s'était dépeuplée, choisit de continuer sa route vers Acapulco, un des meilleurs au monde, et le plus près de Mexico, comme le rapporta le frère Gaspar de San Agustín O.S.A[21].

Le 8 octobre, personne de valide ne put disposer l'ancre, et une fois le câble coupé, ils entrèrent dans la baie d'Acapulco, ne ramenant que de la cannelle.

---

[18] Rafael Bernal, *op. cit.*, p. 142. Dans *México en Filipinas.*

[19] Harry Kelsey, *op. cit.*, p. 161.

[20] YUSTE, Carmen, *Un océano de intercambios, I El galeón de Manila* / ed. par Hospital de Los Venerables, Museo Franz Mayer, Museo Histórico de Acapulco Fuerte de San Diego. Sevilla : Aldeasa, 2000, p. 139 (Catálogo).

[21] SAN AGUSTIN, Gaspar de, fray, *Conquistas de las Islas Filipinas.* Madrid : C.S.I.C., 1975, p. 204-205.

## 3. Andrés de Urdaneta propose Acapulco comme base du galion de Manille

Avant son départ aux Philippines, Andrés de Urdaneta avait déjà annoncé sa préférence pour ce port. Dans son mémoire au roi de 1559, il n'énonçait que les inconvénients du port de Navidad et faisait les louanges d'Acapulco :

> « El puerto de Acapulco parece que tiene buenas partes, para que en él se arme el astillero para hacer navíos, é para que en él sea la carga y descarga dellos, por ser uno de los buenos Puertos que hay en lo descubierto de las Indias, grande, y seguro, y muy sano y de buenas aguas, y mucha pesquería, de mucha madera para la ligazón de los navíos, y tener a cinco, a seis leguas, y pocas mas mucha madera para tablazón, y pinos para másteles y entenas; aunque la tablazón se trújese allí de otras partes por mar, importa mucho que el Puerto para hacer los Navíos y para la carga y descarga sea en Acapulco, porque demás que es bueno y tener las partes que tiene, bien cerca del Puerto es la tierra razonablemente poblada, y de esta ciudad a el no hay de sesenta y tantas leguas arriba, y camino que andan por el arrias, y desde la Vera-cruz al dicho Puerto hay hasta ciento é diez leguas poco mas, ó menos[22]... »

Par *grande y seguro*, il faisait savoir que la baie pouvait accueillir plusieurs bateaux sans danger de manoeuvre. Protégé du vent, le galion disposait d'un mouillage sûr ; une fois l'ancre mouillée, elle restait bien crochée, évitant tout risque de dérive du navire. Le calme de la mer facilitait les mouvements au niveau du plat-bord des bateaux : durant les XVIe et XVIIe siècles, Acapulco souffrit du manque de quai. Le frère Andrés de Urdaneta qualifiait le port de *muy sano* : la profondeur de la baie était importante, il n'y avait pas de dangers de hauts-fonds ou d'écueils, ni de risque d'échouement. En utilisant les mots *partes que tiene*, Urdaneta décrivait non seulement la baie mais aussi les anses naturelles qui la constituaient. Dans la crique où on pouvait installer l'arsenal qui prit tant d'importance, le calme sur la plage permettait le stationnement adéquat des embarcations et en facilitait l'utilisation, que ce fût pour débarquer ou pour haler facilement le bateau et le calfater. Le *buen puerto* signifiait que la formation naturelle de la baie, protégée par la *isla de Chinos*[23], obligerait les pirates à y entrer pour savoir si des bâtiments s'y trouvaient ; il indiquait par ailleurs qu'il y avait *mucha pesqueria* : l'écosystème était favorisé par le calme des eaux, et l'abondance de plancton attirait une grande quantité de poissons. Ainsi, le port pouvait alimenter sa population et les équipages de passage, le poisson salé étant une base de l'alimentation à bord.

Urdaneta rappelait que le bois, moyen primordial à l'époque, était abondant à cinq ou six lieues du port ; les pins pouvaient servir pour la charpente de coque, le bordé, les mâts ou les vergues des bâtiments. Il précisait que le bois pouvait aussi être apporté d'ailleurs par voie de mer, comme bien souvent on le

---

[22] *Colección de Documentos Inéditos de Ultramar de las Islas Filipinas*, Tomo II. Madrid : Sucesores de Rivadeneyra, 1886, p. 120.

[23] *Isla de Chinos* : de nos jours la Roqueta.

fit à partir de Puerto Marqués. En utilisant les mots de bordé, mâts et vergues, Urdaneta démontrait que le calfatage des bateaux, leur construction ou leur modification étaient assurés dans ce port.

De même, il informait le roi que la région proche du port était raisonnablement peuplée, autre point important, car le développement du port demanderait une main-d'œuvre abondante. Enfin, la proximité d'Acapulco avec les villes de Mexico, Puebla, Tehuantepec et Veracruz favoriserait l'acheminement du matériel nécessaire et économiserait temps et argent.

Le frère Andrés de Urdaneta examina minutieusement la situation et les avantages qu'offrait la localisation d'Acapulco ; il exposa ses idées avec des arguments performants, et convainquit le roi pour que celui-ci donne à Acapulco la fonction de terminal de la Nouvelle-Espagne pour recevoir le galion de Manille.

### 4. Les liens entre Manille et Acapulco se resserrent

Après le départ du galion San Pedro, Miguel López de Legaspi et ses forces, établis sur l'île de Cebú, décidèrent de conquérir les Philippines. Legaspi mena une campagne très particulière, différente de celles qui avaient-été menées pour les deux autres vice-royaumes d'Amérique. Il se vit obligé de penser différemment de la simple tactique militaire en raison de la grande distance entre les Philippines et la Nouvelle-Espagne, du manque de troupes, et de la situation locale. La stratégie choisie fut de solutionner les conflits par des accords et des pactes, au lieu d'utiliser la violence.

Sur l'île de Cebú, les Espagnols affrontaient l'hostilité des Portugais : établis à Malacca depuis 1511, ceux-ci leur disputaient la possession des Philippines. Par ailleurs, les indigènes s'aperçurent que les Espagnols manquaient de point de ravitaillement : ils tirèrent profit de cette faiblesse en leur interdisant de disposer des provisions nécessaires à leur subsistance et à celle du galion, unique moyen de liaison avec la Nouvelle-Espagne.

Les contretemps et la détermination pour acquérir les Îles Philippines décidèrent Legaspi à rechercher une île dont certains marchands chinois avaient abordé l'existence devant lui[24]. Il envoya son *maestro de campo* don Martin de Goiti avec les forces nécessaires pour qu'il la pacifie[25]. À son retour, Goiti lui rendit compte de son affrontement avec les naturels qui y étaient installés, et lui décrivit l'île et la rivière qui débouchait dans une baie naturelle.

Legaspi décida d'aller la reconnaître par lui-même. À son arrivée, il vit qu'irrités, les natifs avaient brûlé leurs paillotes. Avant l'arrivée des Espagnols, l'archipel des Philippines était soumis aux sultans de Bornéo, de Jolo et à d'autres chefs musulmans qui obligeaient les autochtones à leur payer un tribut, les enlevant comme esclaves pour la pêche des perles ou le travail de la terre

---

[24] Les Chinois commerçaient avec les îles de l'Archipel depuis plus de cinq siècles.

[25] MORGA, Antonio de, *Sucesos de las Islas Filipinas*, México, FCE, 2007, p. 19.

dans les villages musulmans de la côte des Célèbes[26]. Au contraire, Legaspi se montra pacifique, ne rechercha pas l'affrontement. Par un interprète, il leur demanda de ne rien brûler, car il ne venait pas leur faire du mal. Les Rajas[27] malais Rajamora et Lacandula lui rendirent visite à bord. Après avoir fait la coutume, ils se mirent d'accord. Legaspi reçut la fidélité des Rajas et s'installa le 19 mai 1571 sur un triangle de terre de l'embouchure du fleuve Pasig, face à la baie de Kawit, où se trouvait un petit village chinois, et créa Maynila[28] ou Manille[29].

Les Philippines une fois conquises, la capitale Manille créée, Philippe II subordonna le 1er juin 1574 les Îles Philippines à la Nouvelle-Espagne[30].

Mais il n'y avait aucune raison attractive pour aller s'établir aux Philippines : aucune mine n'y était connue, il n'y avait que la cannelle, on ne pouvait pas s'y enrichir rapidement, et il fallait faire un long et difficile voyage pour vivre loin. Connaissant ces inconvénients, Miguel López de Legaspi avait attiré l'attention sur la pratique du commerce des fruits et de marchandises entre les natifs et les commerçants chinois. Avant que la ville ne fût tracée, trois jonques de marchands chinois étaient arrivées et Legaspi en avait profité pour faire apporter des cadeaux aux mandarins. En mai 1572, ces jonques revinrent à Manille, chargées de soies de multiples couleurs, de damas, de satins, de cires et de porcelaines. Tout ceci partit avec deux cent quatre-vingts quintaux de cannelle[31] vers la Nouvelle-Espagne par le galion qui avait transporté les soldats, les religieux, les premiers colons, et l'argent qui permettait de soutenir les Îles. En 1573, le galion arriva à Acapulco. Par son habileté, Legaspi montra à la Couronne qu'elle disposait d'une autre méthode pour conserver les Philippines : au lieu de renvoyer un galion lège de Manille, celui-ci serait chargé de soies et de marchandises orientales qui seraient vendues à Acapulco.

---

26 CONCAS y PALAU, Víctor María, *La sultanía de Joló.* Boletín de la Sociedad Gráfica, Tomo XVI, Madrid, 1864, p. 153.

27 *Rajá ou datu* : conseil d'anciens, le plus âgé, ou *barangay,* dirigeant le groupe.

28 En terre *de nilas*, un arbuste sauvage.

29 ORTÍZ ARMENGOL, Pedro, *Intramuros de Manila: de 1571 hasta su destrucción en 1945*, Madrid : Cultura Hispánica, 1958, p. 21.

30 DÍAZ-TRECHEULO, María de Lourdes, *Filipinas, la gran desconocida*, España : EUNSA, 2001, p. 341 (Astrolabio ; n° 295). Pedro Ortíz Armengol, *op. Cit.*, p. 24.

31 GARCÍA-ABASÓLO, Antonio Francisco, "La expansión Mexicana hacia el Pacífico: La primera Colonización de Filipinas (1570-1580)", *Historia Mexicana*, 1982, Julio-Sept., vol. XXXII, n° 125, p. 65.

# INTRODUCTION

Difficulté, distance, et temps sont les mots-clés d'Acapulco et du galion de Manille. Leur association modifia la vie quotidienne de cette ville au XVII^e siècle. La formulation du thème de l'étude ne mentionne Manille que dans le nom du galion, mais c'est justement dans l'appartenance des Philippines à la Nouvelle-Espagne que l'on trouve l'argument principal pour confirmer l'importance qu'Acapulco obtint au XVII^e siècle.

Ce port renait avec l'implantation espagnole dans l'Archipel, au XVI^e siècle. En raison des allers et retours du galion de Manille, les événements qui se déroulèrent à Acapulco se trouvèrent bien plus liés aux Philippines qu'à la Nouvelle-Espagne. Ces éléments obligent à revenir au XVI^e siècle et à l'histoire des Philippines pour donner un sens à l'Acapulco du XVII^e siècle.

Le commerce fut le nerf qui imprima l'impulsion majeure de changement à Acapulco et à Manille, mais d'autres acteurs de ce marché international furent impliqués. L'explication des événements doit prendre en compte la superposition des histoires d'Acapulco, de Manille, des Philippines, de Chine, d'Espagne, de la Nouvelle-Espagne et du Pérou, utiliser, mélanger, et combiner un peu de chacune de ces voies de recherche pour approcher l'ensemble de la situation, tout en gardant en mémoire le poids particulier de Manille.

Acapulco, scène centrale, vit s'établir toute l'organisation des institutions gouvernementales et ecclésiastiques qui définirent son activité et sa capacité de soutien général. Les changements du début du XVII^e siècle à la fin de l'implantation des diverses instances officielles, s'expliquent autant par les raisons qui amenèrent la Couronne à les établir que par les conséquences qu'elles produisirent. Apportant plus qu'une reconstitution analytique de chronologie du XVII^e siècle, le balayage sur toute la période des différents domaines de la sphère administrative, des questions militaire et religieuse, de la santé publique, du développement technique, des voies de communication, permet d'en apprécier les évolutions. Le rapprochement de faits initialement disjoints affine la description du paysage général d'Acapulco.

Le mécanisme établi par la Couronne comporte en son propre sein les raisons fondamentales qui favorisèrent et utilisèrent ouvertement les méthodes de contrebande, illicites mais très efficaces, et donne des éléments de compréhension pour apprécier la dépendance réciproque d'Acapulco et de Manille, l'éventualité d'un leadership de l'une sur l'autre, de même que les relations en triangle des différentes Institutions d'Espagne, de Nouvelle-Espagne ou celles des Philippines.

Le tableau historique étant brossé, il est intéressant d'aborder la description du système commercial du galion vu depuis Manille et les différents problèmes auxquels se heurtait la ville, commerciaux, sécuritaires, ou règlementaires.

Cette approche par Manille fournit une bonne introduction au point précis du galion ; aussi nous nous attarderons sur sa construction, son dessin général, ses navigations et ses fortunes de mer, comme sur la composition de son équipage, son fonctionnement interne, la vie à bord à la mer, et les opérations portuaires.

Dès ses débuts, la foire d'Acapulco fut un succès : une des raisons réside dans le chargement, composé d'ustensiles de la vie quotidienne et d'objets de décoration si nécessaires pour les somptueuses maisons de la Nouvelle-Espagne. Le galion de Manille, avec ses soies et ses cotons, habilla riches et pauvres, et avec ses épices, donna une touche orientale à la cuisine mexicaine.

Comme à la Nouvelle-Espagne, l'apport espagnol avait modifié le tissu social d'Acapulco, introduisant un mode de vie à l'espagnole. Néanmoins, la ville s'était endormie. Le galion de Manille réveilla le port, le sortit de son inactivité et la majorité de ses habitants surent d'une façon ou d'une autre s'adapter à cette nouvelle vague de prospérité. Les bénéfices obtenus à l'occasion de la foire furent investis conformément à l'idiosyncrasie du moment dans l'acquisition du repos éternel. La vie quotidienne à Acapulco est la toile de fond de ce travail ; aussi, nous avons essayé d'injecter le plus possible de vie, d'animer les relations entre individus, de recréer les moments, importants et futiles d'Acapulco, y intégrant les anecdotes et histoires rencontrées. Dans cette troisième partie, nous présentons aussi l'Ambassade du Japon, le début de la foire, quelques à-côtés des opérations commerciales, l'analyse du commerce au niveau international, le passage des religieux, des soldats, des fonctionnaires et de leurs familles vers les Philippines, des vice-rois vers le Pérou, et la vie quotidienne et les fêtes célébrées à l'occasion de la foire. Enfin, nous percevons que l'art de la Nouvelle-Espagne fut marqué par ces marchandises extrême-orientales introduites selon le rythme du galion.

Parallèlement à l'étude du commerce, on met l'accent sur les facteurs externes qui affectèrent les deux pôles, Acapulco et Manille, villes inséparables. Les uns provinrent d'Espagne, les autres de la complexité dans les communications occasionnée par la distance ou l'indifférence autiste des autorités, que ce soit celles d'Acapulco, de Manille ou de la capitale de la Nouvelle-Espagne.

Face à cet échange mondial, nous percevons deux postures complètement opposées : celle de la Couronne, vétuste et fermée sur ses principes, et celle des *Novohispanos*[32], Philippins et Péruviens, dynamique, audacieuse et extrêmement moderne pour l'époque. La première tente de résoudre les problèmes avec une main de fer, les autres se tournent vers le commerce illicite qui apporta finalement dans ce XVII^e^ siècle une contribution majeure et probablement décisive au soutien de la position espagnole aux Philippines.

Depuis le début du XVII^e^ siècle, Acapulco a été le centre de la réunion de nombreuses populations et cultures grâce au Galion de Manille.

Ce rôle de maillon inévitable, de plaque tournante, qui permit de modifier ses habitudes quotidiennes, comme celles des Philippines ou de la Nouvelle-Espagne, paraît n'avoir été que peu retenu au fil du temps. La vision d'une

---

[32] *Novohispanos* : originaires de Nouvelle-Espagne, aujourd'hui Mexique.

native d'Acapulco tente humblement de modifier cette perception pour apprécier à une valeur plus juste la participation du port dans la réussite de la formidable entreprise que fut le Galion de Manille lors de ce qui paraît être les débuts de la mondialisation des échanges humains.

# PREMIÈRE PARTIE

# ACAPULCO SE DOTE D'UNE NOUVELLE ORGANISATION

## CHAPITRE I

## LA SPHÈRE ADMINISTRATIVE

### 1. Le chaos

Avant que les relations avec Manille s'établissent, le commerce de soies espagnoles, de tissus de laine et de lin, était important en Nouvelle-Espagne. Lorsque les voyages du galion de Manille se firent plus réguliers, la soie espagnole ne rencontra plus le même succès en raison des soies chinoises. Outre la Nouvelle-Espagne, le Pérou et toute l'Amérique espagnole appréciaient les marchandises d'Orient considérées comme objets de luxe.

La demande entraîna une augmentation du commerce et les conséquences ne se firent pas attendre.

Les commerçants de la Nouvelle-Espagne se déplaçaient à Manille, payaient en argent les soieries chinoises. Comme le souligne Emma Blair, « autant les Chinois étaient insatiables pour leur argent, autant les Mexicains l'étaient pour leurs soies »[33].

Au Pérou, un fort développement économique résulta entre 1581 et 1582 de l'autorisation du commerce entre Manille et Callao[34], mais la ligne fut rapidement interdite, du fait qu'elle portait préjudice à la liaison Séville – Portobelo, ce qui n'empêcha pas les commerçants péruviens, les *Peruleros*, d'arriver lourdement chargés de pesos frappés au Pérou, obtenant la préférence des marchands à la foire d'Acapulco.

À Manille, lorsque la route Manille-Acapulco-Fujian fut établie[35], un plus grand nombre de jonques arriva pour répondre à la demande. Les Chinois devaient repartir, n'y laissant que les marchands et personnes titulaires d'une autorisation de séjour écrite. Cette disposition n'étant pas respectée, les Chinois devinrent bien vite plus nombreux que les Espagnols qui craignaient pour leur sécurité et n'avaient pas confiance dans la population chinoise qu'ils estimaient vile, turbulente, cruelle, capable de traîtrises, vicieuse, avec de mauvaises habitudes, et infidèle. Par ailleurs, pour le paiement de leurs marchandises, ils n'acceptaient qu'argent et réaux qu'ils découpaient pour l'utiliser dans le commerce de détail[36].

En Espagne, la concurrence novohispana ou mexicaine sur les soieries fut forte. En 1591, les commerçants de Séville et de Cadix, les grossistes et manufacturiers de soie, portèrent leurs plaintes à la connaissance du roi. La

---

[33] BAUZON, Leslie, *Deficit Goverment. Mexico and the Philippines Situado. 1606-1804.* Tokyo : East Asian Cultural Studies, 1981, p. 12 (*East Asian Cultural Studies*, serie n° 21).

[34] TARDIFF, Guillermo, *Historia General del Comercio Exterior Mexicano. (Antecedentes, Documentos, Glosas y Comentarios) 1503-1847,* Tomo I. México, 1968, p. 77.

[35] Ils venaient des provinces de Canton, Chincheo, et Ucheo.

[36] Antonio de Morga, *op. cit.*, p. 314.

couronne espagnole estimait que les intérêts de la métropole étaient supérieurs à ceux des colonies, que le commerce entre Acapulco et Manille était intérieur, et non pas entre colonies, car Manille dépendait de la Nouvelle-Espagne.

Par ailleurs, les commerçants de Nouvelle-Espagne et ceux du Pérou payaient les marchandises du galion de Manille en pesos d'argent qui partaient ensuite en Extrême-Orient, particulièrement en Chine via la province de Fujian, où retournaient les commerçants chinois, les *sangleyes* ; une fois introduit en Chine, l'argent ne revenait plus.

Le résultat de tous ces conflits d'intérêts ne se fit pas attendre et se répercuta sur Acapulco.

À l'arrivée du galion, deux grandes vagues de richesse se rencontraient à Acapulco : celle que les marchands de biens apportaient à la foire et l'argent qui transitait pour soutenir les Philippines, le *situado,* envoyé par Mexico. Cette marée de capitaux conduisit la Couronne à créer en 1590 une Caisse Royale pour contrôler et administrer les entrées et sorties du Trésor Royal, puis à construire la Douane et ses entrepôts.

Sur le plan juridique ou légal, des Ordonnances interdirent le commerce entre les Philippines et le Pérou, puis, en 1593, avec le Guatemala et Tierra Firme. Cette année-là, Philippe III mettait en place la *Permission générale*[37] connue durant le XVIIe siècle sous le nom de Lois de Navigation et du Commerce des Îles Philippines, de Chine, de Nouvelle-Espagne et du Pérou dans la *Recopilación de Indias*, et donnait les règles du jeu.

## 2. La *Permission* de 1593. Les Lois

La possession d'une colonie sur le continent asiatique et l'expansion de la religion catholique étaient primordiales pour l'Espagne qui cherchait l'appui de Rome pour légitimer et justifier son action politico-économique. La Couronne rencontrait deux types de problèmes avec le commerce et les Philippines. Elle souhaitait poursuivre ce commerce mais ne pas faire de tort aux marchands espagnols. Mais elle cherchait aussi à promouvoir par le commerce l'émigration aux Philippines pour diminuer le coût de son maintien dans l'Empire.

Le transfert était initialement gratuit, sans limitation de volume, de poids ou de fonds. Néanmoins, cette autorisation ne touchait que les *vecinos* et habitants des Philippines, qu'ils fassent le voyage, ou qu'ils envoient leurs marchandises en consignation auprès de commerçants philippins qui embarquaient pour vendre à la foire d'Acapulco. La finalité était de faire bénéficier la communauté des Philippines et d'éviter que les *Novohispanos* puissent acheter directement à Manille. Par la suite, ils purent se rendre aux Philippines, moyennant une caution, à condition d'y résider au moins huit ans : ils devaient être mariés, voyager avec leur famille, mais ne pouvaient faire commerce des produits asiatiques vendus à Manille[38].

[37] En français dans le texte. *Recopilación de Indias.* Libro IX. Titulo 45. Ley 10.

[38] Ley 28 Libro IX Titulo 45. De la navegación y comercio de Filipinas. *Recopilación de Indias.*

En autorisant le commerce seulement entre la Nouvelle-Espagne et les Philippines, la Couronne essaya de résoudre le problème posé par les autres régions qui continuaient à vouloir y participer ; elle donnait aux Philippines l'exclusivité pour commercer avec la Chine, et en Nouvelle-Espagne le monopole de ces marchandises orientales, conservant Acapulco comme l'unique port des côtes de l'océan Pacifique autorisé à recevoir le galion de Manille et ses produits orientaux.

Pour protéger les manufactures espagnoles en restreignant le flux entrant de soies chinoises, la cargaison[39] fut limitée à une quantité correspondant à deux cent cinquante mille pesos, et pour limiter la fuite d'argent vers l'Extrême-Orient, un maximum de cinq cent mille[40] pesos de huit réaux par voyage fut autorisé. Cette limitation fut modifiée en 1606, car transferts d'argent, legs, œuvres pieuses, durent être comptés dans les cinq cent mille pesos, seuls les salaires des équipages en étant exclus. Ainsi, on ne pouvait envoyer ni argent ni réaux, pour traiter une affaire à Manille comme pour faire la charité, directement comme par l'intermédiaire de l'équipage qui recevait une gratification pour le service.

Durant les premières années, la Capitainerie générale[41] des Philippines requit plusieurs bateaux[42] pour effectuer les mouvements demandés entre Acapulco et les Îles, afin d'implanter la vie à l'espagnole à Manille. Puis l'activité de navigation fut affectée par la réglementation. Les variations climatologiques rythmaient les voyages : les galions devaient quitter Manille en juin, pour éviter les risques de naufrage et profiter des vents de la mousson d'été, repartir d'Acapulco[43] en mars pour utiliser la mousson de printemps, ce qui fut intégré dans la Loi[44]. Leur nombre fut fixé à deux galions de trois cents tonneaux, un troisième restant à Acapulco. Ces bâtiments devaient embarquer une réserve de provisions en cas d'imprévu[45]. La Couronne cherchait à répartir le risque financier de perte par naufrage ou par échouement, appelé *arribada*[46]. Néanmoins, la limitation du tonnage ne fut pas acceptée à Manille, car les bâtiments étaient considérés comme trop petits.

Au fur et à mesure, le gouvernement des Philippines et les commerçants en vinrent à trouver avantage à n'envoyer qu'un seul galion, de plus gros tonnage,

---

39 Ce permis était autorisé pour un voyage, même si plusieurs bateaux appareillaient de Manille.

40 Ley 6 del Libro IX Titulo 45, *op. cit.*

41 Les possessions espagnoles de moins grande envergure géographique dépendant d'un vice-royaume étaient appelées Capitaineries générales.

42 Pedro Texeira, un passager portugais, embarqua en 1600 sur un bateau neuf, parmi quatre qui étaient en partance ; deux d'ente eux, le Santa Margarita et le San Gerónimo se perdirent sur l'île de *Los Ladrones*, la Contadora arriva sept mois après à Acapulco. Dans ROMERO de TERREROS, Manuel. *Siluetas de Antaño*, México, Ediciones Botas, 1937, p. 39. Les navires Espíritu Santo et Jesús María appareillèrent quinze jours après la sortie de deux autres galions. Dans Antonio de Morga, *op. cit.*, p. 185.

43 Ley 32 Libro IX Titulo 45. De la navegación y comercio de Filipinas. *Recopilación de Indias.*

44 Ley 31 Libro IX, Titulo 45, *op. cit.*

45 Ley 17 Libro IX Titulo 45, *op. cit.*

46 Ley 15 Libro IX Titulo 45, *op. cit.*

car un galion de mille quatre cents ou mille cinq cents tonneaux était beaucoup plus sûr grâce à sa hauteur et à son poids qui permettaient de mieux affronter la mer dans une traversée qui pouvait durer huit mois[47].

Le coût de fonctionnement de deux galions, équipages, carénages, munitions, avitaillement était très élevé. Par voyage et par bateau étaient nécessaires six jeux de voiles de rechange très volumineux, et les cordages de chanvre des Philippines, à la différence de ceux d'Europe, étaient plus gros, plus longs, de faible durée de conservation, et occupaient plus de la moitié de la cale. L'eau de boisson, transportée en jarres, prenait aussi la place des marchandises.

Le coût de construction de deux galions était plus important que celui d'un seul. En cas d'attaque, un grand galion était peu vulnérable : sa hauteur de franc bord limitait la possibilité d'abordage, les navires ennemis se trouvaient sous son feu, et, grâce à la qualité des bois utilisés, il résistait aux coups d'artillerie.

En raison de la lenteur d'approvisionnement des marchandises par Tierra Firme, les Péruviens se plaignaient et estimaient plus facile et avantageux d'acheter directement à Manille la soie, le fer ou le cuivre[48]. Les lois de 1593 visèrent surtout le Pérou, supprimèrent la ligne régulière entre Callao et Manille[49], interdirent à tout bâtiment[50] d'acheter à Acapulco les marchandises d'Orient pour les réexpédier au Pérou, à Tierra Firme, au Guatemala ou ailleurs aux Indes[51]. Quant aux bateaux autorisés[52] à voyager entre Callao et Acapulco, ils ne pouvaient pas non plus acheter les marchandises en provenance du galion de Manille : la vente en était réservée à la Nouvelle-Espagne.

Au début, les fonctionnaires royaux pouvaient ramener leurs esclaves par le galion en fin d'affectation. Néanmoins, le Procureur général de Manille don Hernando de los Rios Coronel considérait que les navires quittaient Manille surchargés d'esclaves, que ceux-ci mangeaient les vivres et volaient ce qui se trouvait à leur portée. La sécurité des passagers et la transmission de la peste à cause de l'excès d'esclaves[53] l'inquiétaient. La Loi[54] limita le nombre d'esclaves que chacun pouvait rapporter[55]. Cependant, un grand nombre de marins emmenaient en concubinage des femmes esclaves, à l'aller comme au retour. Le

---

[47] AGI. Filipinas, 211, N.1/Memorial de La ciudad de Manila. Punto cuarto. Sobre el número de naos y nuevas medidas que han de tener en la navegación de Filipinas.

[48] YUSTE LÓPEZ, Carmen, *Emporios Transpacíficos. Comerciantes Mexicanos en Manila. 1710-1815,* México, Instituto de Investigaciones Históricas, UNAM, 2007, p. 145. (Serie Historia Novohispana, n° 78).

[49] Ley 68 Libro IX Titulo 45. Ratificada en 1635. De la navegación y comercio de Filipinas. Recopilación de Indias.

[50] Ley 71 Libro IX Titulo 45, *op. cit.*

[51] Ley 71 Libro IX Titulo 45, *op. cit.*.

[52] Ley 69 del Libro IX Titulo 45, *op. cit.*

[53] AGI. Filipinas 27. N. 108/ 09-1619/ Petición de Ríos Coronel sobre necesidades de Filipinas. Fol. 4.

[54] Ley 54 Titulo 45 Libro IX, *op. cit.*

[55] Six pour un gouverneur, quatre pour les auditeurs et personnes importantes, deux pour les marchands de biens et officiers royaux.

cas extrême fut celui du scandale déclenché par un officier qui amena quinze esclaves de Manille qui à leur retour étaient les unes accouchées, les autres enceintes[56], ce qui entraîna l'interdiction complète d'amener et de renvoyer des femmes esclaves par le galion.

Ces lois restèrent en place durant tout le XVII^e^ siècle. On pourra plus loin observer l'attitude des officiers royaux qui agirent selon les circonstances et les personnes : les commerçants novohispanos et philippins considérèrent ces lois justes quand ils purent les éviter, et injustes quand la règlementation était effectivement appliquée : la contrebande, la fraude, l'excès de cargaison, la non-inscription au manifeste, les abus, furent des constantes au XVIIe siècle.

### 3. Les impôts s'adaptent à la situation durant le XVIIe siècle

La *Permission* de 1593 donna la liste des impôts sur les marchandises dont la majeure partie, *almojarifazgo, avería, alcabala* et *media anata*, était perçue à la Nouvelle-Espagne.

L'*almojarifazgo*[57] payé au *prorata*, réparti entre les différents propriétaires des marchandises selon la quantité que chacun avait embarquée.[58]. Les recettes étaient reversées à Manille, sous la forme d'une partie du *situado*, complétant les fonds provenant de Mexico. Au début de douze pesos par tonneau, il passa à quarante-cinq pesos en 1586, puis à dix pour cent de la valeur de la marchandise en 1591[59]. Le vice-roi Montesclaros proposa d'augmenter le taux de *l'almojarifazgo* pour les marchandises qui partaient d'Acapulco, mais dans sa lettre du 17 février 1606 le roi ne le jugea pas opportun[60].

Le vice-roi comte de Paredes[61] concéda en 1684 un forfait de soixante-quatorze mille pesos, dans lesquels on comptait *almojarifazgo, alcabalas y fletes de mar*, soixante-dix mille devant être payés au comptant et quatre mille à placer en dépôt. En cas de perte d'un des deux bâtiments, le montant serait réduit à soixante mille pesos. Dans une lettre du comte de Paredes au roi juste après le forfait, on voit que le paiement des frais de port n'avait connu aucun problème durant vingt-cinq ans, de 1637 à 1662[62].

---

56 AGI. Filipinas, 27, N. 108/ Petición de Ríos Coronel sobre necesidades de Filipinas. Fol. 6.

57 *Almojarife* : terme d'origine arabe équivalent à « inspecteur » et, de là, sa dérivation vers *almojarifazgo*.

58 Carmen Yuste, *op. cit.*, p. 512. Dans : *Emporios Transpacíficos*

59 Guillermo Tardiff, *op. cit.*, p. 82.

60 TORRES de MENDOZA, Luis, *Colección de Documentos Inéditos de América y Oceanía.* Tomo VI. Madrid : Kraus Reprint LTD., 1964, p. 298-313. Carta de gobierno del Marqués de Montesclaros, virrey del Perú, dirigida a S.M., informando sobre mudar a España la contratación de México a Filipinas.

61 1680-1686.

62 AGI. Filipinas, 203, N.1. Fol.1-46/ El Conde de Paredes, virrey de la Nueva España escribe al rey sobre evaluación de las mercaderías y géneros de Filipinas. 30-11-1685.

Le vice–roi comte de Galve[63] annula le forfait[64] de soixante-quatorze mille pesos. En 1697, en raison de la fraude, le vice-roi comte de Moctezuma[65] demanda que son montant repasse à treize pour cent comme avant le forfait, et qu'ensuite on taxât quarante-quatre ducats par tonneau[66] comme impôt *d'averia*, en précisant que le montant total ne serait pas inférieur à cent mille pesos par bateau[67]. L'impôt *d'avería* servait pour payer la défense des galions à Acapulco.

Le droit royal de *l'alcabala* s'appliquait à toutes les marchandises que l'on amenait des Philippines pour leur vente à Acapulco, à payer à la douane qui se trouvait à l'entrée de Mexico.

Les excédents de fruits et objets embarqués d'Acapulco à Manille devaient payer une taxe additionnelle de trois pour cent et demi.

Le dépassement des cinq cent mille pesos était taxé à cinq pour cent, comme les biens des Novohispanos qui allaient résider aux Philippines[68].

L'impôt de *media anata* taxait les emplois honorifiques, comme celui de garde principal[69], ou les gains des officiers du galion de Manille[70].

Par le peuplement et l'octroi de faveurs aux habitants des îles Philippines, la couronne espagnole profita du commerce chinois pour le transporter par le galion de Manille vers la Nouvelle-Espagne. La règlementation permettait de soutenir les habitants, et allégeait le coût des Philippines, tant pour la couronne espagnole que pour la Nouvelle-Espagne.

Autorisé au début sans règles, ce commerce procura des gains très importants et entraîna des faillites en Espagne. De ce choc naquirent le protectionnisme du commerce des habitants de la Péninsule et sa cohorte de lois et d'impôts. Mais de la règlementation découla durant le XVII$^{e}$ siècle, un jeu du chat et de la souris dans lequel le désordre, l'anarchie, la contrebande et l'évasion fiscale furent coutume, anomalies sur lesquelles nous reviendrons.

## 4. Les bâtiments de l'administration fiscale royale

Le succès des finances royales était fondamental pour l'organisation administrative qui soutenait l'action du roi ; ceci a de nombreux liens avec notre thème d'étude : Manille, le galion et Acapulco sont trois points d'application distincts des mêmes dispositions d'ordre financier.

Le Trésor royal est le nerf de toute l'organisation royale. La nécessaire présentation des éléments définissant ci-dessous à grands traits les Finances royales à Acapulco, un peu aride, devra être complétée au fil de l'étude pour expliquer la totalité de la relation que les Philippines, le galion et la Nouvelle-

---

[63] 1688-1696.

[64] AGI. Filipinas, 211, N.1/Carta de Fausto Cruzat 12-06-1699.

[65] 1696-1701.

[66] AGI. Filipinas, 203, N.1 Fol. 187. 30-03-1698.

[67] AGI. Expediente Filipinas, 211, N.1 Memorial de La ciudad de Manila. 28-06-1699.

[68] Carmen Yuste, *op. cit.*, p. 512. Dans *Emporios Transpacíficos.*

[69] AGI. Contaduría 905B, 1652/ Caja de Acapulco.

[70] AGI. Contaduría 905B, 1655/ Caja de Acapulco.

Espagne entretinrent et son évolution au long du XVII^e siècle. Mais comment ce service royal s'installa-t-il à Acapulco ?

Sans disposer à leur début d'une localisation fixe, les *Casas Reales*, les maisons royales, abritaient l'administration royale, la Caisse Royale, et le domicile et bureaux des officiers royaux. En 1597, le roi y adjoignit deux bureaux publics, les entrepôts royaux et la Douane, pour empêcher la contrebande[71]. Mais ce ne fut qu'au début de 1602 que, sous la pression exercée par les officiers royaux sur le roi, le vice-roi comte de Monterrey acheta le terrain et construisit la Douane et ses entrepôts, pour la somme totale de deux mille pesos[72]. Durant tout le XVIIe siècle, la situation de ces édifices fut précaire. En 1615, les entrepôts brûlèrent et eurent ensuite le traitement habituel des immeubles administratifs : on louait des maisons et on ne réparait que dans les cas les plus nécessaires. En 1653, les officiers royaux payèrent à Isabel de Pineda la location de quelques maisons comme entrepôts[73] ; à partir de 1654, on loua quelques maisons au Licenciado Bernardo Ruiz de Valderrama, curé d'Acapulco, pour y loger la Caisse Royale et les entrepôts[74]. À sa mort, le curé laissa ces maisons à la Confrérie du Très Saint Sacrement. Ce ne fut qu'en 1675, à l'occasion d'une plainte avec cette Confrérie, que le *Castellano* Don Juan de Zelaeta[75], voyant leur état lamentable, décida de les reconstruire sur le terrain initialement choisi appartenant à Sa Majesté, situé près de la maison du *Castellano* et donnant sur la Grand-Place de la ville[76].

## 5. L'urbanisation d'Acapulco se dessine autour de l'espace de la foire

L'évolution de l'urbanisation d'Acapulco montre comment, au XVII^e siècle, l'administration royale s'organisa pour contrôler les mouvements de marchandises, recouvrer les impôts, et combattre la contrebande.

Elle avait été dessinée[77] en face de la grande plage de la baie, limitée par un monticule où l'on construisit par la suite le fort de San Diego, et par une langue de terre s'avançant dans la baie, accueillant dans les parcelles des premiers plans les édifices représentatifs du pouvoir royal : la maison du *Castellano*, les *Casas Reales*, la Douane et ses entrepôts, et l'église.

---

[71] OROPEZA KERESEY, Deborah, *Los « indios chinos » en la Nueva España, la inmigración de la nao de China, 1565-1700*, p. 54. Thèse : Histoire : *Mexico* : 2007.

[72] AGI. México, 25, N.37/ Cartas del Virrey Conde de Monterrey.

[73] AGI. Contaduría, 905B, 1653/ Caja de Acapulco.

[74] AGI. Contaduría, 905B, 1654/Caja de Acapulco.

[75] BNM. Fondo Franciscano. Expediente No. 1441.1 Registro de Papeles varios.

[76] AGN. Indiferente Virreinal. Cofradías y Archicofradías. Caja 5383. Expediente 76. Año 1674-75, Foja 7.

[77] La construction de la nouvelle ville avait essayé de suivre le plan espagnol imposé durant la colonie ; le centre de l'organisation urbaine était la rue principale, tracée en ligne droite du Nord au Sud, traversée par des rues latérales d'est en ouest ; entre celles-ci se répartissaient les parcelles qui formaient les pâtés de maisons.

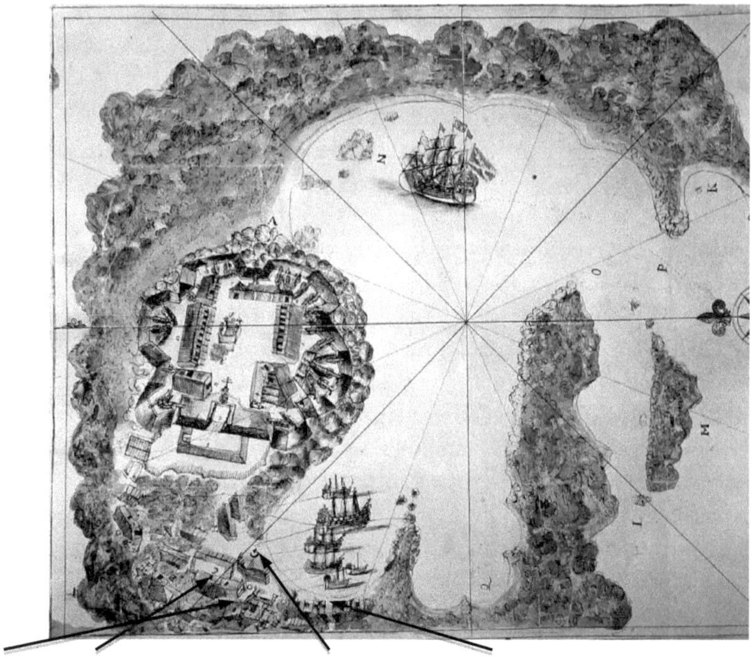

B Église. C Maison du *Castellano.* G Trésor Royal. Probable Douane et Entrepôts.
**Fig. 1 : Carte du Château et du Port d'Acapulco.**
*España. Ministerio de Educación y Deporte. Archivo General de Indias.*
MP- México, 106. 1712-11-07.

Cette organisation délimitait l'espace de la foire d'Acapulco et visait à règlementer les mouvements du chargement du galion. La cargaison était débarquée, vérifiée à la Douane puis conservée dans les entrepôts. Les impôts payés et la foire autorisée par les arrêtés royaux lus au son des tambours et à haute voix par les crieurs publics, on les exposait sur la Grand-Place. Les transactions réglées, les marchandises partaient vers la rue principale et les ruelles adjacentes sinueuses et courbes ; les attendaient les files de mules et d'ânes le long des maisons et des boutiques où on achetait le nécessaire de subsistance et d'alimentation. En séparant physiquement les entrepôts des lieux de chargement des bêtes, on disposait d'un système de régulation qui assurait que les articles en partance pour l'intérieur de la Nouvelle-Espagne disposaient de leur sauf-conduit – *guías* –, et que les droits en avaient été payés[78].

[78] CARRERA STAMPA, Manuel, *Las Ferias Comerciales de Nueva España*, Sevilla: Instituto Mexicano de Comercio Exterior, 1959, p. 288.

## 6. Acapulco, coffre-fort du soutien aux Philippines

La conservation et la protection des fonds et des registres de mouvements de valeurs des recouvrements des impôts étaient assurées par un coffre-fort protégé de trois serrures[79]. Chacun des officiers royaux avait une clé, ce qui interdisait à l'un d'entre eux de placer ou de retirer des fonds à l'insu des autres, afin d'éviter les fraudes fiscales. Le Trésorier royal avait la responsabilité de la caisse et des fonds contenus, en tant que gardien des biens du roi.

La monnaie utilisée au XVII^e^ siècle fut le peso de huit réaux. Les pièces, connues sous le nom de *macuquinas*, mot d'origine arabe synonyme d'irrégulier, ont circulé sous différents règnes, de Philipe II jusqu'à Philipe V[80]. Toutes devaient avoir les mêmes devises, valeur et poids, les mêmes empreintes, poinçons, et armes que celles d'Espagne[81]. L'avers portait les armes de la maison d'Autriche surmontées d'une couronne, l'initiale de l'essayeur sur la droite, et un M pour Mexico à gauche ainsi que la légende PHILIPVS II DEI GRATIA. Le revers présentait une croix grecque avec deux châteaux et deux lions accolés, symboles des royaumes de Castille et de León, ainsi que la légende HISPANIARVM ET INDIARVM REX[82].

Non datées habituellement, les *macuquinas* les plus anciennes remontent à 1600. La frappe grossière au marteau fournissait des pièces très différentes, d'épaisseur variable, rarement circulaires, sans cordonnet sur la tranche ce qui permettait de les mutiler facilement, les légendes ou les écus parfois repoussés vers l'extérieur.

Au retour d'Acapulco, le galion de Manille était chargé de lingots et de pesos mexicains de huit réaux. Monnaie universelle très appréciée, car toujours de bon titre, ils furent utilisés comme pièce courante, moyen de change ou de paiement des marchandises aux Philippines, d'où ils s'évadaient vers les autres pays d'Extrême-Orient, particulièrement en Chine. Ils partaient aussi en Espagne d'où ils étaient transférés vers d'autres pays européens qui les fondaient et les transformaient en monnaie locale[83].

## 7. Les officiers royaux

Pièces maîtresses de l'engrenage royal, ces fonctionnaires étaient chargés de recouvrer les impôts, d'administrer, de conserver, de protéger le Trésor, et de faire respecter les strictes règlementations imposées[84] par la couronne

---

79 AGI. Contaduría, 904/ 1627/Caja de Acapulco.

80 MUÑOZ, Miguel L., *El peso mexicano de plata en Asia. El galeón de Acapulco*, ed. por Marita Martínez del Río de Redo, México: Museo Nacional de Historia, INAH, 1988, p. 98-124.

81 Loi 9. Titre 23. *Recopilación de Indias*, *op. cit.*

82 BATIZ, José Antonio, *El Real de a ocho primera moneda universal*, México: Fomento Cultural Banamex A.C. Editorial Jus S.A. 1976, p. 14.

83 Miguel L. Muñoz, *op. cit.*, p. 100.

84 SALINAS ARANEDA, Carlos. *Poder y Presión Fiscal en la América Española.* Régimen Jurídico de los Oficiales Reales. Designación. p. 373.

espagnole pour soumettre ses colonies. Vérifiés par le *Tribunal de Cuentas* de Mexico, leurs comptes détaillés étaient envoyés à la Trésorerie générale du Conseil des Indes – *Contaduría Mayor del Consejo de Indias* – pour décrire l'état de l'économie[85] et empêcher le détournement des deniers publics, *el peculado*[86].

En 1606, la Caisse Royale d'Acapulco ajouta un trésorier à son personnel initial, comptable et *factor-veedor*. On leur demandait rigueur et honorabilité. Le roi ou le vice-roi les choisissait parmi trois propositions, après un examen de qualification. Propriétaires permanents ou temporaires de la charge[87], ils devaient déposer une caution dont le lieu de recouvrement dépendait de l'endroit où ils habitaient, en Espagne ou en Nouvelle-Espagne.

En 1681, les officiers royaux gagnaient en plus de leur solde habituelle trois cents maravédis d'argent et quatre cents pesos d'aide au logement[88]. Bénéficiant de droits honorifiques, ils devaient accomplir leurs obligations et résider là où ils étaient nommés ; en cas d'absence, ils devaient proposer deux suppléants au vice-roi auquel ils étaient assujettis. En raison des activités portuaires et de la présence du galion de Manille, leurs fonctions à Acapulco étaient particulières. Avec le Castellano, les officiers royaux devaient recevoir et dépêcher le galion de Manille, ou d'un quelconque autre navire. Ils surveillaient le débarquement et l'embarquement des passagers, de l'équipage et des soldats, comme des marchandises. Ils informaient le Conseil de l'arrivée des bâtiments, des confiscations et réglementaient la foire. Ils organisaient le soutien financier envoyé aux Philippines, le *situado*, louaient les maisons nécessaires au logement de religieux, disposaient des soldats et des forçats envoyés par le galion pour le soutien de Manille, le *socorro*, et payaient les salaires des équipages, de la troupe embarquée à bord du galion et de la garnison du fort de San Diego.

Devant sauvegarder les droits de la Couronne, ils devaient connaître et appliquer les lois régissant le trafic des galions, les droits et impôts qu'ils devaient appliquer sur les marchandises, procurer et mettre en œuvre les moyens pour éviter la contrebande et les sorties dissimulées de réaux.

L'arrivée d'un galion de Manille au port d'Acapulco demandait aux officiers royaux d'être au courant des problèmes de fortune de mer, d'échouement ou de perte des galions, les *arribadas*.

Le comptable royal recouvrait les droits, consignait les mouvements d'argent et certifiait les reçus et paiements. Devant tout connaître de ce que l'on envoyait aux Philippines, il communiquait avec ses homologues de Mexico.

Agent du port responsable de l'approvisionnement des galions en armes, en vivres, et en tout ce qui était nécessaire pour leur voyage[89], le *factor-veedor*

[85] TE PASKE, John J., *La Real Hacienda de Nueva España, la Real Caja de México (1576-1816)*, México, INAH, 1976, p. 8 (Colección Científica Fuentes, Historia de México, N°41).

[86] *El peculado* : RAE : En droit ancien, et de nos jours encore dans certains pays hispano-américains, délit qui consiste en un vol de richesses du Trésor, commis par celui à qui est confiée leur administration.

[87] Libro 8. Título IV. Ley 2. De los Oficiales Reales y Contadores. *Recopilación de Leyes de las Indias.*

[88] AGI. México, 454/ Nombramientos de Oficiales Reales.

[89] Ley VII. Libro 9. T. XVI. Veedor y Contador de la Armada y Flotas. *Recopilación de Indias.*

surveillait l'emmagasinage, la bonne conservation et la délivrance aux maîtres d'équipage des galions. Il était en particulier chargé de la poudre, des munitions et de l'armement destinés au galion et du bon état des embarcations du *Servicio Real*. Il devait suppléer aux défections des listes de l'équipage et de la troupe embarquée. Il s'occupait de la contrebande saisie qui arrivait aux entrepôts royaux, et pouvait vendre les marchandises confisquées. Par une série de visites dont il assumait la pertinence, il assurait une surveillance destinée à empêcher des actes illégaux à bord.

Pour remplir leur tâche et selon la charge prévue à l'occasion de l'arrivée du galion de Manille, les officiers royaux étaient renforcés par des auxiliaires nommés par le vice-roi et par le *Castellano*. Ainsi en 1684, le vice-roi comte de Paredes nomma deux gardes principaux et huit adjoints pour le déchargement et le chargement des vaisseaux Santa Rosa et Santo Niño ; à Acapulco, ils nommèrent sept autres adjoints[90].

Si un garde principal gagnait autant qu'un officier royal et payait une caution pour obtenir son poste, les gardes adjoints ne gagnaient que quatre pesos par jour[91], soit plus que les salariés du port.

Acapulco disposait ainsi d'un système administratif complet, doté d'immeubles répartis dans la ville, de moyens pour protéger le Trésor royal, s'appuyant sur des personnages clés, les officiers royaux. Ces fonctionnaires, exécuteurs des décisions du roi, du vice-roi, du gouvernement de Manille, du *Castellano* d'Acapulco, agissaient conformément à la *Permission* établie en 1593.

## 8. L'organisation des responsabilités : nécessités et faiblesses

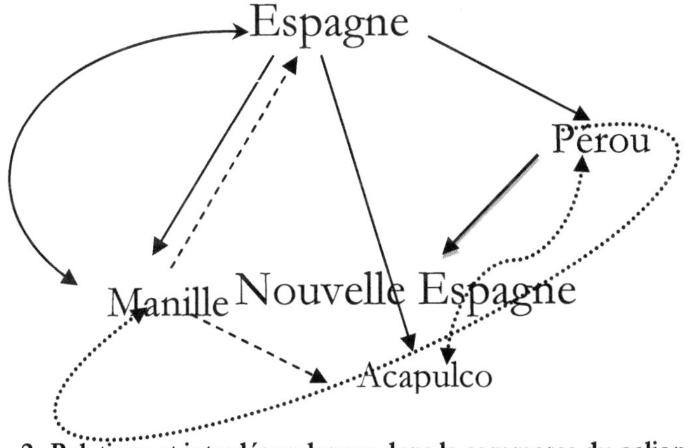


**Fig. 2 : Relations et interdépendances dans le commerce du galion de Manille.**

Le système de gouvernance développé par l'Espagne à Manille et Acapulco, pose les questions de la primauté de l'un des ports sur l'autre et de leurs

[90] AGI. México, 455, 1654-1757/ Provisiones de empleos subalternos.

[91] *Ibid.*

interactions. Pour apporter des éléments de réponse, il faut rappeler les motifs et les priorités de la Couronne, examiner les conditions réelles du transport à bord du galion et l'organisation du commerce à Manille et à Acapulco. Nous disposerons ainsi d'éléments tangibles sur l'application des ordres royaux originaux, largement modifiés.

Le schéma ci-dessus explicite le système de gouvernance entre l'Espagne et Manille, la Nouvelle-Espagne, Manille et Acapulco, et d'une manière indirecte entre Manille, le Pérou et Acapulco.

Derrière le désir déçu du contrôle des épices et de la conquête de la Chine, l'Espagne justifia sa présence aux Philippines par l'expansion de la Foi catholique ; elle réussit à posséder ce bastion au cœur de l'Extrême-Orient, put maintenir le marché et profiter d'un commerce géré durant des siècles par les Arabes, les Italiens, puis disputé par les Portugais. Les Philippines, en sus des possessions en Amérique, apportèrent à l'Empire espagnol la reconnaissance des pays européens et la suprématie en Europe, le poussant dans des conflits importants sans le détourner de son action lointaine. Leadership et commerce faisaient ainsi partie de ses objectifs.

La recherche d'une route entre la Nouvelle-Espagne et les Philippines influa grandement sur la Couronne, puisque, une fois la colonie établie, le roi délégua la responsabilité entière des Philippines à la Nouvelle-Espagne. C'est pourquoi la relation qui aurait dû s'établir aurait dû être un lien de subordination du Gouverneur de cette Capitainerie Générale au vice-roi. Néanmoins, l'importance stratégique des Philippines conduisit à ce que le Gouverneur pût traiter directement avec le Conseil des Indes et le roi, parfaitement au courant de ce qui se passait dans la plus précieuse de ses possessions.

Dès ses débuts, le commerce par le galion de Manille fut un succès. Approvisionner des articles de luxe à meilleur prix que ceux qui étaient distribués dans toute l'Amérique espagnole par le monopole des commerçants de la Péninsule ouvrit une nouvelle voie de commerce, de concurrence, au moment même du réarrangement interne des colonies américaines.

Dans le cas de la Nouvelle-Espagne, les problèmes de main-d'œuvre dus à la diminution de la population indigène avaient poussé les Novohispanos, Espagnols et créoles, à rechercher leur autosuffisance. En conservant l'exploitation de leurs ressources, ils diversifièrent leur économie, améliorèrent la productivité, investirent leurs capitaux localement, et firent moins de cas aux demandes de la métropole[92].

Voyant son commerce diminuer, la Péninsule essaya de combattre cette concurrence en adressant à la Couronne des arguments comme ceux de la soie et de la fuite de l'argent, alors qu'au Nouveau Monde, on trouvait de nouvelles méthodes pour commercer avec le galion de Manille.

---

[92] FLORESCANO Enrique, Isabel, GIL SANCHEZ, *La época de las reformas borbónicas y el crecimiento económico 1750-1808, Historia general de México.* Tomo I/ed. par Daniel, COSÍO VILLEGAS, México : COLMEX, 1986, p. 476-477.

Aux Philippines, la Couronne avait apparemment implanté un système de gouvernance de type hiérarchique, qui lui permettait, avec les *Leyes de Indias,* de rester le centre incontesté de ses colonies.

Roi, vice-roi, Gouverneur furent les niveaux de décision qui permirent de gouverner à distance, de conserver le contrôle politique et de limiter le pouvoir des fonctionnaires. Mais l'éloignement, l'urgence et l'importance des Philippines amenèrent le roi à déroger à ses propres directives. Passant outre la hiérarchie et privilégiant sa relation avec le Gouverneur, le pouvoir central diminuait la légitimité du vice-roi et donnait des arguments pour ne pas appliquer les ordres.

Les Lois de Navigation et du Commerce des Îles Philippines, de Chine, de Nouvelle-Espagne et du Pérou régulèrent le système mais, conçues d'un point de vue européen, elles établirent un ordre systématique, rationnel, hautement protectionniste ; la réalité locale et l'intérêt de la Nouvelle-Espagne, des Philippines et du Pérou n'étaient pas pris en compte.

Gouverner ainsi avait son prix : le roi donnait au Gouverneur une plus grande liberté d'action ; il lui permettait certes de concentrer son attention sur les difficultés de l'Archipel ; il le laissait libre d'interpréter la Loi en prenant des décisions favorables à Manille quand il s'agissait d'organiser l'embarquement de la cargaison à bord du galion, sans penser aux conséquences en Nouvelle-Espagne, même si elles ne satisfaisaient pas à la *Permission* suivie à Acapulco.

Le discours du roi était bienveillant vis-à-vis des problèmes de Manille, mais utilisait le vice-roi pour l'application stricte des lois. Les conflits européens poussaient à augmenter les impôts à Acapulco, des restrictions étaient vigoureusement imposées, au contraire de l'Atlantique. Les irrégularités de ce commerce n'étaient ni extraordinaires ni différentes de ce qui se passait dans la flotte de la *Carrera de Indias*[93], mais la politique royale de différenciation entre les vassaux de la Péninsule et ceux des Philippines ou des possessions américaines entraîna le mécontentement de ces derniers.

Le galion portait la réalité de Manille qui chiffrait ses espérances dans la valeur du chargement qui se vendrait à la foire. Les intérêts des trois groupes, Manileños, Novohispanos et Péruanos, étaient les mêmes : investir, faire fructifier, réinvestir ; leurs raisonnements et attitudes étaient homogènes et caractéristiques du siècle du Baroque.

Le protectionnisme espagnol ne fut pas compris et entraîna le refus de la Loi : les commerçants *novohispanos* cherchèrent à participer directement à ce commerce ; les Péruviens trouvèrent des subterfuges pour aller à la foire ; les fonctionnaires d'Acapulco, du vice-royaume, les officiers et équipages du galion, cherchèrent à améliorer leurs situations en commerçant ; Manille continua à fournir des marchandises orientales en utilisant les capitaux douteux

---

93 GRAU Y MONFALCÓN, Juan, *Mémoire pour le Commerce des Ifles Pilipines. Par Don Juan Grau y Monfalcón, Procureur des Ifles Philipines. Dédié a Don Juan de Palafox y Mendoza, Evefque de la Puebla de Los Angeles. Relation de divers voyages curieux qui n'ont pas esté publiées… données au public par les soins de feu Melchisedec Thevernot.* Chez Tomas Moette, Paris, 1663, p. 35.

qui arrivaient par le galion. Tous donnèrent la primauté à leurs besoins personnels immédiats, ne recherchèrent qu'ensuite les intérêts communautaires.

La Nouvelle-Espagne, les Philippines et le Pérou, supplièrent la Couronne d'autoriser à nouveau les Péruviens à participer à ce commerce, d'augmenter la quantité autorisée par la *Permission*, mais l'Espagne refusa. Devant des attitudes commerciales modernes et innovatrices, la Couronne continua à agir selon des pratiques médiévales, donnant des consignes imprécises, causant des imbroglios. Les actions des uns se répercutèrent sur les autres, mais on ne peut pas dire exactement en faveur de qui la balance penchait en matière de primauté : tout dépendait du fragile équilibre des réalités.

# CHAPITRE II

# LE POUVOIR MILITAIRE

Alors que la configuration naturelle de la baie d'Acapulco apportait une grande sécurité au galion de Manille, la politique extérieure de l'Espagne et les conflits causés par les provinces des Pays-Bas déplacèrent la guerre jusqu'aux côtes de l'océan Pacifique de la Nouvelle-Espagne : Acapulco en souffrit les conséquences. Les autorités de l'Empire, du vice-royaume et d'Acapulco, durent ainsi transformer ce port en une forteresse de protection locale, puis par étapes successives en un point d'appui militaire visant à protéger le galion sur sa route le long des côtes de la Nouvelle-Espagne.

## 1. La peur à Acapulco

L'incursion du corsaire anglais Francis Drake, le *Draque* qui se saisit de Huatulco en 1579, et la capture en 1587 du Santa Ana par le pirate anglais Thomas Cavendish près de Cabo San Lucas [94], créèrent la psychose : connaissant les buts des pirates, la ville comme le galion, Acapulco vivait dans l'inquiétude.

La mise à sac des villages, les pillages, les morts, les viols, les tortures, les mutilations semaient la terreur. Si les rançons n'étaient pas payées, les hommes étaient assassinés, la ruine et la désolation s'abattaient sur les lieux [95]. Le caractère temporaire des défenses d'Acapulco accentuait les craintes[96].

Diverses demandes d'amélioration de la protection du port furent présentées : en 1582, le vice-roi comte de la Coruña avait proposé au roi un plan de fort pour Acapulco ; en 1593, le vice-roi don Luís de Velasco II insista sur sa nécessité, et en 1600, le vice-roi comte de Monterrey revint solliciter Philippe III pour sa construction. Mais la participation de l'Espagne aux guerres européennes à la fin du XVI^e^ siècle avait contraint Philippe III[97] à une nouvelle politique extérieure pacifique et à l'austérité budgétaire. Ainsi, en 1609, à la signature de la Trêve des Douze Ans qui suspendait la guerre contre les Provinces-Unies des Pays-Bas, l'Espagne concentra ses moyens sur la défense de ses possessions méditerranéennes et de ses routes atlantiques[98], et bien que parfaitement justifiées, les demandes de protection du port d'Acapulco restèrent sans suite.

---

94 ALESSIO ROBLES, Vito, *Acapulco en la historia y en la leyenda*, México, Ed. Botas, 1948, p. 103.

95 GUTIERREZ SANTOS, Daniel, *Historia Militar de México 1325-1810*, México : Ediciones Ateneo S.A., 1961, p. 382.

96 GORBEA TRUEBA, José, *Fuerte de San Diego en Acapulco Guerrero*, México, INAH, 1981, p. 9.

97 1598-1621.

98 GARCÍA GARCÍA, Bernardo, *La Pax Hispanica: Política exterior del Duque de Lerma*, Leuven, Leuven University Press, 1996, p. XIII, 432.BF 1,150.

La seule annonce de navires ennemis entraînait la frénésie de sa population, civils ou représentants du gouvernement. En 1607, un majordome de Colotepec rapporta qu'il avait vu plusieurs bateaux à Puerto Escondido. Sitôt le message reçu à Acapulco, des courriers partirent vers Mexico prévenir le vice-roi marquis de Salinas et les *Justicias* de Tecpan et Zacatula afin de préparer le régiment prévu pour accourir au secours du port[99]. Le vice-roi ordonna de déplacer les marchandises et les jeux de voiles du San Francisco des entrepôts royaux vers Corralejo de Sabanilla, avec soixante mules. Finalement, rien ne se passa, on ordonna seulement que les galions soient renforcés et équipés d'artillerie[100].

La peur était justifiée, le manque de défenses l'exacerbait.

## 2. Le changement de mentalité des *Novohispanos* face à la guerre

D'Espagne, le péril ennemi avait été annoncé au vice-roi marquis de Guadalcázar huit mois avant son arrivée à Acapulco. Celui-ci ordonna à Gregorio de Porras, *alcalde mayor* d'Acapulco, de s'occuper de la protection du port, tâche qui fut déléguée à Nicolás de Cardona qui préparait alors une expédition vers la Californie[101]. Cardona, avec trente arquebusiers, renforça pendant deux mois et demi le système existant de murailles, en prépara de nouvelles en des points stratégiques, installa des pièces d'artillerie, fit creuser des tranchées, nettoyer les arquebuses et les mousquets[102]. Le général Melchor Fernández de Córdoba prit la suite avec ses moyens militaires, et la flottille de Nicolás de Cardona appareilla le 21 mars 1615 vers la Californie[103].

Dans l'après-midi du 11 octobre 1615, l'escadre de Joris van Speilbergen forte de six navires, cent trente canons, et six cent cinquante hommes, entra dans la baie d'Acapulco[104]. Il n'y eut pas d'affrontement. Acapulco était désavantagé, mais la situation de l'escadre hollandaise était délicate : un ouragan au large du Guatemala et le scorbut avaient réduit l'équipage, sans eau ni provisions. Bien que son but soit le galion de Manille, la flotte hollandaise répondit aux tirs par un salut du drapeau de paix.

La diplomatie et la dissuasion se mirent à l'œuvre. En échange de vingt prisonniers que les Hollandais avaient faits à Tehuantepec, Acapulco donna des vivres, de l'eau et du bois, et menaça d'une force imaginaire, comparable à la

---

[99] AGI. Contaduría, 902,1607/ Caja de Acapulco.

[100] *Idem.*

[101] CARDONA, Nicolás, *Descripciones Geographicas e Hidrographicas de muchas tierras y mares del Norte y Sur, en las Indias, en especial del descubrimiento del Reyno de la California echo contrabajo e industria por el capitán y cabo Nicolás de Cardona con orden del rey y Nuestro Señor don Felipe III, de las Españas.* Dirigidas: Al excelentísimo Señor don Gaspar de Guzmán, conde de Olivares, duque de San Lucar la Mayor, y sumiller de Corps de su Majestad Gran Canciller de las Indias.

[102] CALDERÓN QUIJANO, José Antonio, *Fortificaciones en Nueva España,* Madrid, Gobierno del estado de Veracruz, EEHA, 1984, p. 324.

[103] PASTA TAGLIABUE, José, 77 Historiadores y un puerto… Acapulco, Ayuntamiento Constitucional de Acapulco, 1984, p. 153.

[104] Cet épisode de l'escadre de Joris van Speilbergen s'appuie sur le récit de Le Maire.

*Real Armada* de don Rodrigo [105], sur le point d'arriver. Les Hollandais entendirent la menace, car Le Maire, leur secrétaire, note que soixante-dix canons défendaient Acapulco !

L'ennemi quitta le port : il rencontra vers Zacatula[106] la frégate de Nicolás de Cardona qui revenait vers Acapulco pour rendre compte de son expédition. Le combat étant impossible, Cardona se jeta à la mer, nagea jusqu'à la côte. Les pirates prirent le bateau, trouvèrent les perles ramenées de la péninsule. Cardona, sain et sauf, arriva à Mexico et fit part au vice-roi des événements[107].

L'escadre de Joris van Speilbergen resta dans les eaux de la Nouvelle-Espagne, attendant le galion de Manille. Le vice-roi marquis de Guadalcázar envoya Sebastián de Vizcaíno[108] à sa recherche. Il fit sortir l'un des bateaux que Cardona avait laissés à Mazatlán pour chercher et prévenir les galions [109]. Vizcaíno attaqua les Hollandais à Salahua[110], causant des pertes[111] et faisant quelques prisonniers qui avouèrent l'arrivée de cinq autres navires hollandais.

Après cet incident, et toujours dans l'attente du galion, Speilbergen poursuivit sans rencontrer de résistance vers le port de Santiago, puis vers Navidad, où ils firent de l'eau et se reposèrent durant cinq jours. Le 2 décembre, en conseil, Speilbergen décida de partir aux Moluques[112]. Les galions de Manille purent arriver sans encombre à Acapulco.

Cet événement démontra la difficulté de la situation : on mettait en péril la population d'Acapulco, et on courait aussi le risque de perdre le galion de Manille et d'aggraver les difficultés des Philippines, en butte aux Hollandais et les *moros* de Mindanao[113]. Cependant, même si la flotte de van Speilbergen était en difficulté, les Novohispanos avaient montré qu'ils pouvaient s'opposer avec succès à une force maritime moderne et puissante.

### 3. Les débuts d'un point d'appui d'intérêt militaire à Acapulco

En raison de la fragilité des moyens de défense des côtes de la Nouvelle-Espagne et de la crainte des Hollandais, le roi Philippe III approuva la création

---

105 KERR, Robert, F.R.S. & F.A.S. EDIN. *A General History and Collection of Voyages and Travels, arranged in systematic order: forming a complete history of the origin and progress of navigation, discovery, and commerce, by sea and land, from the earliest ages to the present time.* Edinburgh. William Blackwood, 1824. Vol. X. Voyage of George Spilbergen round the world, in 1614-1617. Chapter V. SectionII.

106 Aujourd'hui Zihuatanero

107 José Pasta Tagliabue, *op. cit.*, p. 155.

108 En 1611, il avait été en charge de la première ambassade japonaise.

109 OTEIZA IRIARTE, Tomás, La ciudad de las naos de Oriente y de las sirenas modernas. [s.l. : s.n.], 1965, p. 109.

110 Baie de Manzanillo, Colima.

111 Sebastián Vizcaíno, dans son rapport d'affrontement avec les Hollandais au marquis de Guadalcàzar, lui écrit qu'il envoie des oreilles de Hollandais morts. Dans AGI. Mexico, 28, N, 31.

112 BERNABÉU ALBERT, Salvador, *El Pacífico Ilustrado, del lago español a las grandes expediciones*, Madrid, MAPFRE, 1992, p. 85. (Colección Mar y América ; n° 4).

113 Leslie Bauzon, *op. cit.*, p. 182.

d'une défense, et le marquis de Guadalcázar entama la construction d'une forteresse à Acapulco, nouveau pas vers une capacité de dissuasion.

Le vice-roi confia l'ouvrage à l'ingénieur hollandais Adrian Boot ; mandaté par Philippe III pour résoudre les problèmes d'inondation à Mexico, il travaillait sur l'assèchement de la lagune.

Afin de dominer l'entrée de la baie et protéger la ville, Boot insista pour construire la forteresse sur la pointe qui s'avançait en mer. Mais le projet était coûteux, car il fallait niveler le terrain[114].

Les travaux commencèrent le 5 novembre 1615. Don Gregorio de Porras, *alcalde mayor*, ordonna que les indigènes des provinces d'Igualapa, Chilapa, et Tixtla fournissent la main-d'œuvre nécessaire. Le 6 décembre, cinquante-huit Indiens défrichaient. Quinze autres arrivèrent de Chilapa comme péons, les charpentiers s'activèrent, les ferronniers fondirent les canons[115]. Les cent vingt indigènes affectés à cette tâche tombèrent malades[116].

Le 19 mai 1616, le comptable royal don Gaspar Vello de Acuña rendit compte des travaux des six derniers mois : les bastions du Roi, du Prince et du Duc étaient terminés, les terre-pleins et parapets n'étaient pas entamés, les bastions Guadalcázar et du Marquis et les courtines attenantes à moitié terminés, ce qui permit à Acuña d'écrire : « le port était si défendu qu'aucun ennemi, aussi fort soit-il, ne peut entrer et attaquer... et cela par ce seul poste de défense[117] ».

En janvier 1617, Acapulco s'habilla de fête. Autorités et population sortirent de la ville pour recevoir l'archevêque de Mexico, don Juan Pérez de la Serna[118]. Le défilé chemina dans les rues décorées jusqu'à l'église paroissiale.

Le fort abritait quarante hommes et officiers, un *condestable* et deux artilleurs. Les bastions du roi et du Prince étaient équipés de deux *sacres* de vingt et vingt-sept quintaux qui tiraient des boulets de sept et huit livres, le bastion du Duc, de deux canons de soixante-quinze quintaux avec leurs affûts San Nicolas et San Diego. Baptisées des noms des évangélistes, deux couleuvrines, la San Juan et la San Marcos, protégeaient le bastion du Marquis, pendant que la San Mateo et la San Lucas étaient logées sur le bastion de Guadalcàzar. Quatre *sacres* et deux *medio sacres* protégeaient les courtines entre les bastions du Duc et du Marquis ; de cette dernière, vers la courtine de Guadalcàzar, avaient été mis en place quatre *sacres* de vingt-six et vingt-sept quintaux. De chaque côté de la porte, deux canons de fer protégeaient le chemin jusqu'au port. Onze petites pièces de bronze de taille intermédiaire[119] complétaient l'équipement du Fort.

Don Juan Pérez de la Serna observa les essais d'artillerie qui montrèrent que la baie était bien gardée : les coups arrivèrent jusqu'à la pointe du Grifo. Ainsi, l'entrée pouvait être fermée.

---

[114] José Gorbea, *op. cit.*, p. 14.
[115] AGI. Contaduría, 903, 1615-1616/ Caja de Acapulco.
[116] AGI. México, 28, N, 46. Cartas del virrey Marqués de Guadalcàzar.
[117] José Antonio Calderón Quijano, *op. cit.*, p. 329. Dans Fortificaciones en Nueva España.
[118] Tomas Oteiza, *op. cit.*, p. 111.
[119] AGI. México, 28, N, 46. Cartas del virrey Marqués de Guadalcàzar.

Il écrivit au marquis de Guadalcázar qu'« il paraissait impossible que des forces humaines aient pu réaliser une chose si importante et si bien finie, très peu dispendieuse pour le Trésor royal, sans trace d'augmentation du devis, et pourtant cela semblait un miracle de l'avoir réalisé en si peu de temps »[120].

**Fig. 3 : « Port d'Acapulco du Royaume de la Nouvelle-Espagne dans la Mer du Sud ».**
*España. Ministerio de Educacion y Deporte. Archivo General de Indias.* MP-Impresos, 34.

D'un coût de cent treize mille quatre cents ducats à augmenter de vingt-six mille neuf cents ducats pour la fonte des couleuvrines et des canons[121], elle prit le nom de San Diego, en l'honneur du saint patron du vice-roi don Diego Fernández de Cordóva, marquis de Guadalcázar.

Cette attitude est cohérente. La Couronne, le vice-roi et Acapulco avaient perçu la réalité : la défense d'Acapulco était vitale, la rupture du lien avec Manille pouvait causer de sérieuses difficultés au point stratégique que la Couronne avait décidé de préserver en Extrême-Orient. Alors que pendant une trentaine d'années la demande de construction d'un fort était restée vaine, en un peu plus d'un an, la couronne espagnole s'était dotée du moyen de protection adéquat.

---

120 SÁNCHEZ LAMEGO, Miguel, *El castillo de San Diego Acapulco,* México, D.A.P.P., 1937, p. 7.
121 AGI. México, 28, N, 51. Cartas del virrey Marqués de Guadalcàzar.

### 4. L'adversité confirme les premières décisions de mise en place de stratégies militaires efficaces

Les fêtes, les éloges, les rêves d'Acapulco ne correspondirent qu'à des chimères lorsqu'en août 1624, le San Agustín et la Nuestra Señora de la Concepción en provenance du Pérou prévinrent de l'arrivée d'une nouvelle flotte hollandaise connue pour sa cruauté.

Une fois de plus, la couronne espagnole était impliquée dans la Guerre de Trente Ans avec l'ensemble de l'Europe : à la fin de la Trêve de Douze Ans, les Hollandais avaient signé une alliance défensive [122] avec les Anglais qui cherchaient à ravir le commerce espagnol et portugais. Maurice d'Orange avait proposé de mettre à sac les côtes de la mer du Sud des Ibériques.

La date était cruciale, le galion était sur le point d'arriver. La nouvelle modifia le cours des activités ordinaires. Les officiers royaux reçurent l'ordre d'acheter le San Agustín, arrivé du Pérou, et de le reconditionner en aviso pour partir à la rencontre du galion de Manille[123]. Un poste d'observation depuis la montagne de la Mira observerait la côte ; un code de signaux de fumée serait envoyé dès l'apparition des voiles ennemies, le tocsin des églises préviendrait la population.

Malgré tous ces préparatifs pour détecter l'arrivée de la puissante escadre hollandaise constituée de onze bâtiments, armée de deux cent quatre-vingt-quatorze canons et disposant de mille six cent trente-sept hommes, dont six cents soldats, la panique s'empara de la garnison et de tous les habitants qui partirent dans les monts autour d'Acapulco.

Le 28 octobre 1624, Hugo Shapenham entra dans la baie d'Acapulco, canonnant les points qu'il croyait défendus, et vint mouiller en face du fort de San Diego. Se rendant compte de l'absence de mouvements, ils descendirent tranquillement et firent main basse pendant une semaine surtout sur les vivres, l'eau, le bois, la poudre, le linge, puis quittèrent le port.

Le système avait des faiblesses. Le fort de San Diego n'était pas au niveau des forteresses des pays les plus avancés d'alors : de nouveaux boulets de canon en métal avaient des effets destructeurs importants[124].

Mais des conclusions en furent tirées. Pour son manque de discipline militaire, le *Castellano* don Pedro de Legorreta [125], qui avait l'obligation de défendre le fort de San Diego jusqu'à la dernière extrémité, fut relevé de ses fonctions par le vice-roi marquis del Gelvez[126] qui nomma comme nouveau *Castellano* don Alonso de Funes, Trésorier Royal d'Acapulco. Lors de sa prise de

---

[122] Un traité de 20 ans. Dans : SALES COLIN, Ostwald. Un descalabro en las comunicaciones náuticas. Mexicano-Filipinas 1646-1648. *El galeón de Manila. Un mar de historias*/ ed. par JHG Editores. México : 1997, p. 91-119.

[123] AGI. Contaduría, 904, 1623/ Caja de Acapulco. Cuentas de Real Hacienda.

[124] Miguel Sánchez Lamego, *op. cit.*, p. 8.

[125] AGI. Contaduría, 904, 1624/ Caja de Acapulco. Cuentas de Real Hacienda.

[126] Deuxième période.

fonction, le vice-roi marquis de Cerralvo[127] confirma la décision de son prédécesseur.

Cet abandon du fort aux pirates sans aucune résistance fit décider le vice-roi marquis de Cerralvo de faire front à l'ennemi sur place ; il ordonna de faire construire quatre nouveaux bastions et de murailler Acapulco afin de résister à un siège de plusieurs jours, ce qui permettrait d'attendre les renforts. On envoya cinquante fantassins sous le commandement de *l'alferez* Francisco Leal Palomino, on créa une compagnie d'infanterie des voisinages d'Acapulco ; et pour les équiper, on demanda des armes à la *Real Audiencia* et l'autorisation de les prélever sur le stock du château[128].

En janvier 1625, au retour de Hugo Shapenham à Acapulco, les choses avaient bien changé : le nouveau *Castellano* refusa l'échange de prisonniers pour des vivres et offrit de payer la rançon en argent ; contraint, Hugo Shapenham abandonna le port. Démoralisée, attaquée par le scorbut, la flotte hollandaise se divisa pour un temps ; certains navires allèrent mouiller pour faire de l'eau à Puerto Marqués où ils furent attaqués par les Espagnols[129].

La reconstruction du fort commença en 1628, le remettant en ébullition pour six ans ; on amena mille cinq cent soixante-trois indigènes de Tlapa, Tixtla, Igualapa, Chilapa et Xixacaya. Y travaillèrent les noirs, les mulâtres, les *indios chinos*, esclaves ou libres[130].

Sous la direction de l'architecte et ingénieur Juan de la Torre, les innovations consistèrent à transformer en véritables bastions les tours Nord et Ouest qui flanquaient l'entrée, améliorant les possibilités de manœuvre sur le terrain extérieur. Pour faciliter l'emploi des pièces d'artillerie, on agrandit le bastion Sud-Est en remplaçant la rampe. On aménagea la porte avec un pont-levis et on y ajouta un fossé à remplir d'eau de mer. Sur le chemin de ronde, de chaque côté et en face de chaque bastion, sauf au Sud, des places d'armes permettaient la manœuvre de la troupe. Les modifications furent terminées en 1634 ; le principe de Juan de la Torre de faire donner un appui mutuel entre les bastions fut utilisé pour la forteresse de San Carlos de Perote et pour la reconstruction du château de San Juan de Ulúa à Veracruz[131].

Acapulco, d'une mentalité et d'une capacité de port côtier, se transforma ainsi en une force maritime complète : elle possédait un fort puissant, un système d'alerte de l'arrivée de l'ennemi[132], une force de miliciens, quelques moyens maritimes pour protéger le retour du galion vers les eaux de la

---

[127] Du 3 11 1624 au 16 09 1635.

[128] AGI. Contaduría. Contaduría, 904, 1624/ Caja de Acapulco.

[129] Robert Kerr, *op. cit.*, v. X ch. VI.

[130] AGI. Contaduría, 904, 1628/Caja de Acapulco.

[131] Miguel Sánchez Lamego, *op. cit.*, p. 12.

[132] Il est probable qu'on ait aussi construit durant cette période un fortin sur la colline de la Mira comportant une *casamata*, de manière à conserver la poudre et les munitions. La construction en un lieu élevé et loin de l'espace réservé à la ville évitait les dangers vis-à-vis de la population et, comme dans le cas d'Hugo Shapenham, la mise à sac du matériel de guerre.

Nouvelle-Espagne. Ces nouvelles précautions apportèrent soixante années de tranquillité au port d'Acapulco et aux eaux de la Nouvelle-Espagne.

### 5. La domination de la mer et de ses côtes

Arriva un nouvel ennemi, le boucanier, qui, à des fins personnelles et sans appui de son pays, s'adonnait au pillage en mer. Cette menace modifia encore la protection du système commercial du galion de Manille.

Le 20 juin 1685, devant les côtes du Panama, des boucaniers unirent leurs forces sous les ordres des capitaines Swan [133] et Townley : totalisant huit bâtiments et six cent quarante hommes, ils naviguèrent vers *El Realejo*. En septembre, faisant des vivres à Puerto Ángel, ils apprirent d'un mulâtre prisonnier la présence à Acapulco d'un galion venant du Pérou.

Le *Diario de Sucesos*, journal de don Antonio de Robles, mentionne qu'à partir de novembre 1685 ils évoluaient près d'Acapulco. Townley, cherchant un nouveau bateau, décida d'entrer la nuit du 19 au 20 novembre dans la baie d'Acapulco avec cent quarante hommes, à bord de douze canoës, pour s'emparer du navire péruvien. Mais la forte réponse du château le contraignit à ressortir de la baie.

Les boucaniers patrouillèrent entre novembre 1685 et janvier 1686 les côtes de Colima, Cabo Corrientes, Chiametla, Bahia de Banderas en l'attente du galion de Manille. La situation n'était plus la même. Au courant de la présence à l'affût des boucaniers, le vice-roi marquis de la Laguna, put envoyer l'amiral Isidro Atondo y Antillón à la rencontre du galion sur le point d'arriver des Philippines. La Santa Rosa et ses deux navires d'escorte entrèrent à Acapulco le 20 décembre 1685 sans aucun problème.

Ce coup porté par le Marquis de la Laguna entraîna la séparation de Townley et Swan. Townley revint à Panama. En février 1686, les navires de Swan se trouvaient à Río Grande de Santiago où ils furent informés du village de Santipac distant de cinquante mille. En y allant pour faire des vivres, ils tombèrent dans une embuscade, et cinquante d'entre eux moururent. Ils se réfugièrent aux îles Marías, carénèrent, revinrent à Cabo Corrientes pour filer finalement sur Guam en mars 1686.

À la fin de 1686, le Français Grogniet utilisa de nouvelles tactiques : se réfugiant aux îles Marias, il espérait attraper le galion à son passage à Cabo Corrientes.

En août 1687 apparut la bande de Le Picard ; il ne s'approcha pas d'Acapulco, attaqua Tehuantepec mais n'obtint pas la rançon demandée et s'en alla ; il établit sa base opérationnelle à Huatulco. Sans prise, il retourna au Honduras.

En 1687, Grogniet attaqua par surprise Mazatlán ; le vice-roi comte de la Monclova décida de renforcer les places fortes, ordonna que tout le bétail soit

---

133 À bord du bâtiment du Capitaine Swan se trouvait William Dampier qui, des années plus tard, publiera son livre *Viaje alrededor del mundo*.

déplacé vers l'intérieur, et qu'appareillent deux bateaux d'Acapulco pour protéger le ou les galions de Manille ; mais en 1687, le voyage du galion de Manille avait été ajourné. Sortis le 15 janvier 1688, les avisos revinrent le 17 février, sans nouvelle ni du galion ni des boucaniers. En décembre 1688, sur ordre d'Antonio de Mendoza, ils reprirent la mer. Le 23 janvier, près de Matanchel, ils rencontrèrent le galion Nuestra Señora del Pilar ; ils combattirent et poursuivirent les pirates de Grogniet durant deux jours, les obligeant à se retirer, et choisirent d'escorter le second galion Santo Cristo de Burgos proche du port de Navidad. Le 15 février 1689, les galions entrèrent à Acapulco[134].

La suite est un jeu de cache-cache ; à partir de février, les côtes furent patrouillées à la recherche de Grogniet et de sa bande, en vain ; en mai, les boucaniers attaquèrent El Rosario, dévastèrent Acaponeta et Sentipac. On envoya d'Acapulco une flotte de trois navires et de trois cent vingt-sept soldats inspecter la côte ; les bateaux patrouillèrent devant Salahua, Navidad, Bahia de Banderas, les îles Marías, arrivant à Yaqui en septembre 1689, sans rien trouver. Le 19 décembre, le galion de Manille gagna Acapulco sans problèmes[135].

Les échecs des boucaniers sur les côtes de la Nouvelle-Espagne montrent que les temps avaient changé et que les Novohispanos avaient acquis de l'expérience pour se défendre. On se confrontait à l'ennemi à la fois sur terre et en mer. Les côtes de la Nouvelle-Espagne étaient surveillées jusque devant Acapulco grâce à une augmentation des moyens maritimes dédiés, exprimant ainsi une forte dissuasion et l'aptitude à intervenir en cas de besoin. Des vigies sur l'île de Cedros communiquaient la présence d'ennemis par signaux de fumée au galion de Manille. En cas de danger, le navire envoyait vers la sentinelle de l'île une embarcation pour connaître la localisation de l'ennemi, préparer la tactique de défense, l'artillerie, les armes, et éviter Cabo San Lucas et Cabo Corrientes où l'ennemi pouvait se cacher.

De façon générale, on demandait aux capitaines de faire montre de valeur, d'adresse, d'astuce, et surtout, de ne pas livrer le bateau ; l'équipage, comme les soldats embarqués et les passagers devaient être armés[136].

Depuis la terre, les tours de guet envoyaient leurs signaux de fumée en cas d'alerte ; à leur réception, on prévenait du danger en sonnant les cloches des églises. On augmenta les garnisons permanentes, on mit en place des milices, on arma les paysans de mousquets, et on vérifia qu'on disposait dans les ports principaux de la poudre et des munitions nécessaires.

À la mer, les *avisos* construits à Acapulco sur ordre des vice-rois patrouillaient les côtes. La Couronne réglementa cette pratique par Ordonnance royale du 17 septembre 1692, envoyée au vice-roi comte de Galve pour qu'il fît construire au Guatemala deux galiotes de protection pour les côtes du Sud.

---

[134] DENEGRE VAUGHT, Jorge, *Piratas del Pacifico.* El galeón del Pacifico Acapulco-Manila 1565-1815/ ed. par. Javier, WIMER. México: Espejo de Obsidiana Ediciones, 1992, p. 200.

[135] GERHARD, Peter, The Tres Marias Pirates, *Pacificic Historical Review*, Aug.1958, vol. 27, n° 3, p. 243.

[136] AGI. Filipinas, 68, N.1. 1688-1701/Autos sobre la arribada del galeón Santo Niño y Nuestra Señora de Burgos.

On pourrait dire que les bateaux préparés à Acapulco constituèrent la première marine militaire de la Nouvelle-Espagne. Les *avisos*, comme leurs équipages de deux cents hommes, étaient prêts à affronter les navires ennemis. Le matériel de guerre, à charge du connétable, comportait entre autres de l'artillerie, des grenades, des bombes à feu. Ils arboraient deux drapeaux aux armes royales espagnoles[137]. Les différentes tâches de ces bâtiments d'escorte légers et rapides consistaient à avertir, protéger les galions de Manille, comme à dissuader tous ceux qui s'adonnaient au pillage dans les eaux de la Nouvelle-Espagne.

On s'aperçoit que la défense était particulièrement bien coordonnée malgré toutes les incertitudes ; il fallait prévoir longtemps à l'avance, en raison de la lenteur des forces, des risques maritimes, de l'impossibilité de communiquer rapidement entre Manille et Acapulco, ce qui justement ne pouvait se faire que par l'intermédiaire du galion de Manille. Ce fut un long siècle d'apprentissage, mais finalement la Nouvelle-Espagne arrivait à dominer la mer et ses côtes grâce à la base maritime d'Acapulco.

## 6. Le fort de San Diego

### Son *Castellano*

Les opérations maritimes de la surveillance de la côte pacifique de la Nouvelle-Espagne étaient organisées à partir d'Acapulco. Le *Castellano*, représentant le pouvoir royal, était l'autorité suprême de la Juridiction comprenant Acapulco, San Miguel Coyuca, San Agustín Tixtlanzingo, Tecaxtepec, Xaltianguis, Cacahuatepec, San Juan Tequanapa, et recevait aussi les titres de *Capitán de Guerra* et de *Teniente General de las costas del Mar del Sur*. Son implication était primordiale pour les affaires du galion de Manille et de la vie d'Acapulco.

Attribuée par le roi, ou en cas de décès par le vice-roi, à des personnes connues pour leur sens de l'honneur, leur autorité et leur distinction, cette charge n'allait qu'à des Espagnols, nobles, de sang pur, catholiques, expérimentés dans la défense des places fortes. Le poste était important : les vice-rois pouvaient nommer le *Castellano* d'Acapulco comme Gouverneur intérimaire de Manille ; ce fut le cas pour don Fernando de Silva, chevalier de l'Ordre de Santiago, qui fut nommé Gouverneur intérimaire en 1626 par le vice-roi marquis de Cerralvo en raison de la mort de don Alonso Fajardo de Tenza[138].

La durée d'affectation était variable, de un à quatre ans. La résidence officielle donnait sur la Grand-Place, très proche du fort, flanquée d'un corps de garde. Pour s'absenter de la place, il devait recevoir l'autorisation du vice-roi.

---

137 AGN. Reales Cédulas, D. 34 F.562. 19-09-1687

138 CARRERA y PRADO, Esteban de la, *Conversación familiar e interesante*... Ex libris real de la época de Carlos IV-Fernando VII. Ex libris ms. de Manuel José de Ayala, 1726, p. 15.

Ses fonctions au port d'Acapulco furent définies en 1646, et ratifiées par Brevet du roi du 28 février 1680[139]. Il intervenait de façon précise, avec les officiers royaux, dans les recouvrements, les paiements, l'évaluation des marchandises et des *situados* des Philippines et à partir de 1668, des Mariannes. Il surveillait la préparation de la foire, effectuait la visite du galion à son arrivée, assistait au paiement des soldes et à l'embarquement vers Manille.

Comme *alcalde mayor*, il s'assurait de la bonne gouvernance de la ville et commandait les équipages des galions à terre[140]. Il décidait des constructions ou des réparations des immeubles royaux : Juan de Zelaeta fit construire une maison pour protéger les embarcations du *Servicio Real* et empierrer la route qui menait de la Place d'Armes au fort.

En tant que *Teniente General de las costas del Mar del Sur*, en cas d'alerte, il avertissait par courriers le vice-roi et les *alcaldes* des autres ports de la côte de Nouvelle Espagne, demandait des renforts et envoyait les avisos patrouiller.

*Capitan de Guerra*, le Castellano devait surveiller l'approvisionnement général du fort de San Diego et la bonne conservation des denrées et matériels, malgré l'humidité et le soleil. Il rendait compte au vice-roi, par rapport, de l'état du château, des incidents notables, et des soldats valeureux.

Il était sujet à un contrôle en poste appelé *visita de residencia*[141].

**Sa garnison**

Depuis le vice-roi marquis de Mancera[142], le fort de San Diego disposait de soixante fantassins, quatorze artilleurs, et de divers officiers, connétable, sous-lieutenant, lieutenant, sergent. Le *Castellano* devait maintenir l'effectif soit localement soit en faisant appel à l'Espagne ; il prononçait l'avancement des soldats valeureux. Le processus de recrutement des troupes était simple : les fantassins devaient s'enrôler volontairement pour au moins dix ans[143].

Les critères d'acceptation étaient assez anodins, une taille minimale de cinq pieds et deux pouces, ne pas être myope ni manchot, être en bonne santé, sans déficience physique importante, ne pas être de couleur, avoir entre dix-sept et quarante ans, être habile au maniement des armes, et surtout être catholique. On attendait surtout des artilleurs qu'ils soient bons chrétiens, reçoivent fréquemment les Saints Sacrements demandés par l'Église, ne blasphèment pas, ne pêchent pas, n'offensent pas le Seigneur. Par ailleurs, le concubinage était interdit. Les soldats mariés devaient loger leur femme près du fort, sinon on les mettait à pied. En service, ils devaient rester dans la forteresse, ne pouvant s'éloigner qu'avec une autorisation en cas de raison légitime. Depuis 1632, les

---

139 *Ibid.*

140 AGI. Filipinas, 68, N.1. 1688-1701/Autos sobre la arribada del galeón Santo Niño y Nuestra Señora de Burgos.

141 AGN. Reales Cédulas. D 25 Ex 626.

142 1664-1673.

143 FUENTE SALIDO, María Guadalupe de Lourdes, *La educación militar auspiciada por la corona española. La evolución de la educación militar en México/* ed. par. Secretaria de la Defensa Nacional, México : 1997, p. 31.

soldats avaient commencé à construire leurs maisons dans la partie basse du fort, faisant ainsi naître le quartier du *Tecomate*[144].

En guise d'entraînement, la troupe était passée en revue tous les trois mois. Les soldats et artilleurs étaient formés à résister à l'ennemi, le punir, porter des escarmouches et embuscades, à pied comme à cheval[145]. Chacun était responsable de l'entretien de son mousquet, de sa lance, de son épée et de ses munitions dont il était financièrement responsable. Un rapport sur les exercices était envoyé au vice-roi. Lors de la revue des travaux militaires et des gardes, les soldats devaient porter le corselet et les armes, sous peine d'être privés de solde.

Les capitaines d'infanterie nommaient les tambours, les fifres, les porte-drapeaux. La troupe n'était pas payée régulièrement, car les équipages des galions avaient la priorité : des retards de paiement de salaire de six mois, courants, allaient jusqu'à un an et demi[146].

Par ailleurs, Acapulco comptait quatre compagnies de miliciens : une de *chinos*, une de *vecinos*, et deux à cheval de noirs et mulâtres. Ces compagnies étaient composées d'un capitaine, d'un porte-drapeau, d'un tambour et de deux cent quarante hommes[147]. Les vigies de la tour de guet du mont de la Mira signalaient le danger par trois coups de canon et les miliciens devaient accourir rapidement. Cependant, seules les compagnies de mulâtres et de noirs vivaient dans le port ; les autres se trouvaient dans des localités extérieures et éloignées d'Acapulco, mais leur réponse à l'ordre de rappel était impérative.

Le XVIIe siècle est une époque de tentatives, d'échecs et de succès qui vont permettre de cimenter les bases du chemin du grand projet de la couronne espagnole : les Philippines, et le galion de Manille. C'est une période de hauts et de bas, qui a fourni la manière pour se défendre au XVIIIe siècle.

---

[144] MARTÍNEZ CARBAJAL, Alejandro, *Historia de Acapulco,* Acapulco, DPA Imp, 2005, p. 206.
[145] María Guadalupe de Lourdes, Fuente, *op. cit.*, p. 34.
[146] AGI. Contaduría, 905B, 1652/ Caja de Acapulco. Cuentas de Real Hacienda.
[147] Fondo Franciscano. Expediente No. 1465, 1669-1675, Carta de Juan de Zelaeta.

# CHAPITRE III

## LE SCÉNARIO POLITICO-RELIGIEUX

Cherchant à favoriser la conversion et la christianisation du Nouveau Monde avec l'aide et la protection du roi, l'Église Catholique, par les Bulles d'Alexandre VI[148] et Jules II[149], octroya aux rois de Castille et à ses successeurs le pouvoir de décider des questions religieuses aux Indes.

Après la Conquête, à cause du vandalisme, de l'exploitation et de la mortalité des indigènes des Indes et surtout de la Nouvelle-Espagne, les consciences se réveillaient : Bartolomé de las Casas prit parti pour les naturels, Francisco de Vitoria mit en doute le droit des rois de Castille. Enfin, la Bulle *Sublimis Deus,* du Pape Paul III en 1537, contribua à cette évolution : elle considérait les Indiens comme des humains, leur octroyait le droit à la liberté, à disposer de leurs biens, et assurait qu'ils étaient capables d'embrasser la foi catholique.

La colonisation des Îles Philippines débutée, le monarque espagnol déclencha un examen des dispositions générales ecclésiastiques. Ses décisions touchèrent à la fois la Nouvelle-Espagne et les Philippines. Acapulco, liée aux deux, fut fortement impliquée par les modifications de la couronne espagnole dans l'organisation de l'Église, mais sans intervenir en rien dans les réflexions.

L'année 1574 fut un moment clé pour l'Archipel et la Nouvelle-Espagne. Alors que les Philippines se transformaient en *Capitanía General* des Indes et que la colonie espagnole faisait ses premiers pas à Manille, Guido de Lavezaris[150], successeur de Miguel López de Legaspi, déclara possible la conquête militaire et spirituelle de la Chine, ce royaume si grand, riche, attrayant et admiré.

Dès lors, les missionnaires et les conquistadors élaborèrent une infinité de plans et de propositions : utiliser les Philippines comme tremplin pour propager le christianisme et étendre le pouvoir espagnol sur l'ensemble de la mythique Chine, le Japon, et les autres régions de l'Asie Orientale dans lesquelles l'Islam s'était établi par la mise en place du contrôle commercial musulman.

Cette nouvelle croisade ressemblait à une Reconquête et une Réforme : la couronne espagnole pourrait prendre le contrôle des royaumes imposant leur pouvoir sur les infidèles et implanter la foi catholique ; ainsi, on récupérait en nombre les ouailles que l'Église avait perdues dans le mouvement protestant européen. Ces spéculations influencèrent le roi et ses décisions prirent une tournure à la fois religieuse et politique, affectant principalement l'archipel.

---

148 Bulle *Piis Fidelium.*

149 La Bulle *Universalis Ecclesiae* autorisait le droit de *Patronato* sur toute église des Indes, de quelque statut et qualité qu'elle fût, construite sur autorisation expresse de Sa Majesté.

150 1572-1575.

La même année, en Nouvelle-Espagne, l'Église et la hiérarchie diocésaine effectuaient un tournant par l'entremise des lois de *l'Ordenanza de Patronazgo* promulguées par Philippe II. Grâce à ces lois, le roi, devenu le *patrón* de l'Église de Nouvelle-Espagne, tentait de limiter le pouvoir du clergé régulier sous la tutelle directe de Rome et de promouvoir le clergé séculier. Il imposait aussi aux ordres mendiants de reconnaître l'évêque de leur juridiction et de s'y soumettre. Ainsi, par le *Real Patronato Indiano*, le roi nommait l'évêque, contrôlait le clergé régulier et augmentait son pouvoir sur tout le système ecclésiastique : il autorisait l'implantation des ordres religieux et la création de nouveaux monastères, hôpitaux ou écoles, donnait leur viatique aux missionnaires, et nommait même les ecclésiastiques de rang subalterne[151]. Sous son autorité, le vice-roi de Nouvelle-Espagne restait chargé de l'administration ecclésiastique[152], pendant que le Conseil des Indes examinait les Bulles et les Brèves papales destinées aux Indes, pouvant en retenir l'application si les conseillers les jugeaient contraires aux intérêts du roi.

Dans les années 1580, une profonde crise économique et les abus des *encomenderos* sur les populations aux Philippines, créèrent de graves divergences avec les augustins et les franciscains déchaussés. Ces derniers protestèrent auprès du roi, et les augustins pensèrent revenir en Nouvelle-Espagne. La Couronne se sentit en situation difficile : elle pouvait perdre la légitimité de son entreprise en ne justifiant plus sa présence par l'évangélisation.

Un processus de discussion fut déclenché : de 1581 à 1586, le Synode de Manille traita de la légalité de l'esclavage, discuta d'une réforme des *encomiendas*, et proposa les titres légitimes que pourrait utiliser le roi d'Espagne lors de la conquête de Chine[153].

Finalement, la problématique entre les *encomenderos* et les religieux fut résolue en 1593 lors de l'établissement formel de la ligne commerciale entre Acapulco et Manille : grâce au galion, les *encomenderos* purent se consacrer au commerce et obtinrent les bénéfices faciles et immédiats qu'ils recherchaient.

Au fil du temps, une meilleure connaissance de la puissance chinoise montra que le projet d'invasion manquait de fondement et n'était pas viable. En 1588, toutes les prétentions sur la Chine furent abandonnées, et l'initiative d'expansion et d'évangélisation[154] fut réorientée vers le Cambodge et le Siam. Depuis lors, les difficultés suscitèrent de manière récurrente l'examen de

---

[151] SCHWALLER, John Frederick, «The Ordenanza del Patronazgo in New Spain 1574-1600», *The Americas*, vol. 42, n° 3, 1986, p. 254.

[152] Le 16 novembre 1501, la Bulle *Eximiae Devotionis* du Pape Alexandre VI autorisa le recouvrement et l'emploi de la dîme, afin de donner des ressources suffisantes aux églises et évêchés des nouvelles possessions, ce qui entraîna la dépendance économique du clergé des Indes à la couronne espagnole.

[153] OLLÉ, Manuel, *La empresa de China. De la Armada Invencible al Galeón de Manila*, Barcelona, Acantilado, 2002, p. 30.

[154] Les franciscains déchaussés s'installèrent au Japon en 1587, malgré l'interdiction d'Hideyoshi Toyotomo.

l'abandon des Philippines[155] : leur maintien, très coûteux pour le Trésor Royal, occasionnait des conflits avec le Portugal, s'opposait aux intérêts des commerçants de Séville ; mais la raison qui milita toujours pour le maintien de cette colonie fut le fervent désir de la couronne espagnole de promouvoir la foi catholique aux Philippines.

À la même époque, pendant qu'à Manille on traitait du futur des Philippines, devant la réalité de la réduction dramatique de la population indigène, on tenait à Mexico en 1585 le troisième Conseil Provincial[156] : le contexte social du moment condamna le système de travail du *Repartimiento*, et parmi les autres décisions prises, on décida de poursuivre le remplacement du clergé régulier dans les *doctrinas*[157] et l'amélioration de la préparation du clergé séculier.

Lors des délibérations, Acapulco n'était pas représenté. Devant la situation chaotique des Philippines, et au nom du soutien au christianisme, la Couronne prit une décision de portée générale qui affecta à la fois la Nouvelle-Espagne et les Philippines, sur la répartition des tâches entre clergés régulier et séculier : utilisant une stratégie de vases communicants, à la Nouvelle-Espagne elle donnait la préférence au clergé séculier largement représenté par les créoles, et aux Philippines elle favorisait la présence des ordres religieux.

Les deux faces de cette même politique ecclésiastique virent le jour à Acapulco. L'autorité ecclésiastique y fut représentée par un curé *beneficiado* qui, installé dans le pragmatisme local, entretenait un ensemble de routines pour organiser la vie religieuse de la ville autour de sa mission de soutien au galion de Manille et aux Philippines. Par ailleurs, en raison de l'affluence de religieux en attente du galion de Manille, un couvent de franciscains déchaussés s'installa durant les premières années du XVII^e^ siècle.

## 1. Un début identique à celui d'un quelconque port de la Nouvelle-Espagne. L'église d'Acapulco

Philippe II[158] concéda à Acapulco son premier titre de cité qui fut perdu dans les incendies du XVII^e^ siècle ou par l'humidité du climat. On ne connait pas ainsi sa date réelle de fondation.

Il est probable que l'activité y débuta en 1528, avec la construction d'un arsenal à Puerto Marqués. On sait aussi que vers 1530, la région de Coyuca, qui faisait partie de sa juridiction, se consacrait à la production de cacao[159].

Lors de sa présence en Nouvelle-Espagne, Hernán Cortés fit prendre à Acapulco un tournant maritime : selon ses instructions, le 30 juin 1532[160], partit

---

[155] Manel Ollé, op. cit., p. 33. Dans : La empresa de China.

[156] LAVRIN Asunción, "Estructuras, personalidades y mentalidades populares: la nueva historiografía de la iglesia en México", *Review Essays*, Howard University, Vol. 4, N° 2 (Summer, 1988), p. 321.

[157] RAE. *Doctrina* : en Amérique, ville d'Indiens récemment convertis, tant qu'une paroisse ou un curé ne s'était pas encore établi.

[158] 1556-1598.

[159] Deborah Oropeza, *op. cit.*, p. 83.

l'expédition emmenée par Diego Hurtado de Mendoza qui découvrit le port de Manzanillo, les îles Marias et une partie du golfe de Californie. En 1535, le même Hernán Cortés partit d'Acapulco et arriva en Californie qu'il baptisa de ce nom. En 1537, il secourut Francisco Pizarro au Pérou et en 1539, lança une autre exploration de la Californie, commandée par Francisco de Ulloa.

En raison de ces mouvements, on peut dire que vers 1550, quand Fernando de Santa Ana arriva avec vingt-neuf familles pour s'installer à Acapulco, une franche activité portuaire avait déjà existé. Il est probable que si le galion San Pedro n'avait pas mouillé dans sa baie le 8 octobre 1565, son évolution aurait suivi celle des autres ports de moindre envergure des côtes de la Nouvelle-Espagne. De fait, l'unique édifice important de cette époque était l'église paroissiale, que l'on avait commencé à construire en 1551 selon les critères de la Couronne : située au premier plan de la cité sur la Grand-Place, Nuestra Señora de Los Reyes pouvait être vue depuis la mer.

## 2. Le curé *beneficiado*, levier du pouvoir

Le 1er juin 1574, *l'Ordenanza de Patronazgo* avait créé la charge de curé *beneficiado*. Ces lois cherchaient à améliorer la qualité du clergé séculier au moyen d'examens de compétences, les *oposiciones*[161]. Le candidat, mieux préparé, recevait sa paroisse en bénéfice, disposait d'un bon salaire et d'une charge permanente. Le curé *beneficiado,* soutien spirituel, incarnait l'ensemble des croyances religieuses, disposait d'une grande autorité pour la surveillance, l'instruction et l'apprentissage de la doctrine chrétienne par les paroissiens.

Ce système permettait à la religion de pénétrer au plus profond de la vie de la cité ; mais son activité touchait aussi au galion de Manille.

Une reconstitution à grands traits de la liste des curés *beneficiados* d'Acapulco au XVII$^{e}$ siècle montre que, jusqu'en 1679, à part de possibles périodes d'intérim, les cinq curés furent nommés par le roi et occupèrent à la fois les postes de curé *beneficiado* de la paroisse, de chapelain du fort de San Diego et de Commissaire du Saint-Office. À partir de 1680 et jusqu'à la fin du siècle, les deux derniers bénéficiaires reçurent leur nomination du vice-roi.

*L'Ordenanza del Patronazgo* prévoyait certains critères de sélection[162] pour obtenir la charge, les droits et bénéfices attachés à la fonction[163]. Les candidats devaient prouver leur lignage, présenter un rapport de moribus et vita. Il fallait réussir à l'examen *d'oposición* et d'administration des sacrements en montrant ses capacités et la qualité de sa préparation. Il devait célébrer la messe, prêcher la Sainte Parole, absoudre les péchés communs et les excès, sauf ceux d'hérésie, d'apostasie, de rétention de la dîme, et « les autres réservés à Sa Majesté ». Le

---

160 En novembre 1799, Charles IV délivra un nouveau titre de cité et imposa à Acapulco le 30 juin 1532 pour date de fondation.

161 John Frederick Schwaller, *op. cit.*, p. 258.

162 AGI. Indiferente, 213, N.76. Abogado de la Audiencia de México y Cura beneficiado de Acapulco. José de Villafuerte y Zapata.

163 John Frederick Schwaller, *op. cit.*, p. 256.

curé ne pouvait s'absenter de son ministère sans autorisation de son évêque, sous peine de perdre le *beneficio*. Son salaire était de deux cents pesos[164] par an, bien que le roi n'en accordât que cent quatre-vingts[165].

## 3. Le contrôle politico-religieux par la Sainte Inquisition

Selon les consignes de la Couronne, le Commissaire de la Sainte Inquisition veillait à interdire les idées subversives en Nouvelle-Espagne, en assurant un contrôle politico-religieux sur tous les vassaux du roi. En raison de sa qualité de porte d'accès vers les Philippines, Acapulco fut un pivot de l'Inquisition[166], pour les mouvements de prisonniers, tant vers Mexico, afin d'y être jugés, que vers les Philippines, pour y effectuer leur peine de galère.

À Acapulco, le Tribunal de la Sainte Inquisition était représenté par un Commissaire, généralement le curé *beneficiado*, qui agissait comme inquisiteur, sans affecter la situation physique des personnes. Ses activités se limitaient à la lecture des édits de Foi, à la visite de son district, au recueil des dénonciations et témoignages[167]. Au moins une fois par mois, il rendait compte au Tribunal pour informer des événements survenus et du résultat de la visite du galion.

Pedro Monroy, Commissaire du Saint-Office à Acapulco de 1608 à 1616, écrivait en janvier et février 1613 au Tribunal de l'Inquisition à Mexico[168] :

> « Est arrivée l'*almiranta* San Andrés avec 200 quintaux de mercure et d'autres tissus de chines. C'est un bon bateau. Je l'ai visité sans rien trouver à rendre compte à Votre Seigneurie. J'ai remis un pli pour la Sainte Inquisition de Nouvelle-Espagne et une caissette.
> Est arrivée hier la *capitana* des Philippines Angel de la Guardia, qui arrive en forme avec quelques personnes mortes. Je l'ai visitée et n'ai trouvé qu'une caissette et un pli ».

Le Commissaire du Saint Office, accompagné d'un aide qui portait le bâton d'autorité de l'Inquisition, montait à bord du galion après le départ du *Castellano* et des officiers royaux.

Durant sa visite, il ne pouvait rien recevoir et devait poser une série de questions devant le *maestre*, le pilote et un ou deux passagers. Si les réponses n'étaient pas convaincantes, on courrait le risque d'être excommunié.

L'interrogatoire portait sur les événements du bateau en route, sur les activités des passagers en particulier étrangers, sur le comportement des catholiques, et sur d'éventuelles marchandises interdites. En cas de découverte

---

164 AGI, Contaduría, 904, 1627/Caja de Acapulco, Cuentas de Real Hacienda.

165 GEMELLI CARERI, Giovanni Francesco, *Viaje a la Nueva España,* México, UNAM, 2002, p. 8. (Nueva Biblioteca Mexicana, n° 29).

166 Le Tribunal de la Sainte Inquisition de la Nouvelle-Espagne, établi à Mexico depuis le 4 novembre 1571, avait sous sa juridiction l'ensemble du vice-royaume de Nouvelle-Espagne, le Guatemala, l'évêché du Nicaragua et les Îles Philippines.

167 ALBERRO, Solange, *Inquisición y Sociedad en México 1571-1700,* México : FCE, 1993, p. 50.

168 AGN, Inquisición 61, vol. 293, Expediente 14, Año 1613, F-53.

d'hérétiques ou de blasphémateurs, sur dénonciation ou spontanément, le Commissaire devait les accepter en confession, tout en transmettant au Tribunal qui prenait ensuite sa décision. La confession délivrait de la prison et de la caution.

Suivait une inspection des chambres et des marchandises [169] par le Commissaire et son adjoint. Les paquets suspectés de contenir livres ou objets d'autres religions, et les caisses scellées [170] du sceau de l'Inquisition, étaient envoyés au Tribunal à Mexico. Ainsi, on évitait l'entrée de la mauvaise doctrine[171].

Quand un prisonnier du Saint Office arrivait par le galion de Manille pour être jugé à Mexico, le Commissaire procédait à sa mise en détention et lui confisquait ses biens pour les envoyer au Tribunal de la Sainte Inquisition.

Les dépenses de voyage de tous les prisonniers de l'Inquisition arrivés par le galion de Manille étaient payées par la vente de quelques-uns de leurs biens, les gros colis restant en dépôt à Acapulco.

L'histoire suivante décrit le processus : en 1662, Benito Xuarez, *vecino* de Manille, transféré pour être jugé, mourut durant le trajet vers Acapulco. Ses biens, une caisse d'habits personnels et un esclave *chino* nommé Manuel, âgé de dix-sept ans environ, restèrent sous la garde du curé *beneficiado* et Commissaire du Saint Office d'Acapulco, don Diego Marín.

Sa caisse et son esclave furent envoyés au receveur du Saint Office à Mexico par le convoi de mules de Cristóbal Pérez, à qui furent payés vingt-trois pesos de droits et de nourriture pour l'ensemble[172].

La peine de galère, seulement applicable aux hommes, ne pouvait concerner ni les malades, ni les anciens, ni les jeunes[173]. Les coupables de bigamie, de blasphème, de célébration de sacrements sans être ordonnés, de vols et violations d'images et d'objets sacrés, méritaient cette peine. La durée habituelle de la condamnation était de cinq ans. Le condamné aux galères, vêtu de la chemise longue de San Benito, écoutait sa sentence durant l'acte de Foi ; on lui notifiait le nombre d'années qu'il devait passer sans droit à solde. Une fois jugé, le condamné partait vers Acapulco, spécialement surveillé jusqu'à son embarquement sur le galion. Au port, les prisonniers étaient présentés à l'autorité locale. Sur le texte du jugement, on inscrivait leurs signes particuliers. Arrivés aux Philippines, les condamnés suivaient un apprentissage les deux premières années, et par la suite on en profitait au maximum.

Port frontalier entre l'Extrême-Orient et l'Amérique, Acapulco agissait comme un filtre pour empêcher l'arrivée d'autres croyances qui, sous

---

[169] *INSTRUCCIÓN para la visita de los navíos en los puertos de la Nueva España, y districto de la Inquisición de México,* México, 16, 272.72 INQ, p. 3-6.

[170] BORAH, Woodrow, *An Instruction of the Inquisition to its Commissioner in Acapulco, 1582*, Córdoba : Universidad Nacional de Córdoba, 1973, p. 24.

[171] GARCÍA-MOLINA RIQUELME, Antonio, *El Régimen de Penas y Penitencias en el Tribunal de la Inquisición de México*, México : UNAM, 1999, p. 27 (Doctrina Jurídica, No. 17).

[172] AGN, Inquisición (61). Volumen 447. Expediente 5. Año 1662. Fojas 217-237.

[173] Par respect et pour éviter la promiscuité, les femmes, elles, étaient bannies.

l'apparence du catholicisme, pouvaient entrer en Nouvelle-Espagne et se lancer dans un prosélytisme qui ne plaisait pas du tout à la Couronne. Les questions du curé *beneficiado* lors de l'interrogatoire à l'arrivée du galion de Manille montrent clairement la méfiance de la Couronne pour les autres religions.

La religion catholique avait été imposée pour maintenir son pouvoir en façonnant les mentalités ; elle formait la communauté aux mêmes valeurs, uniformisait son comportement, jugulant les différences philosophiques. La Couronne décourageait ainsi les projets de rébellion, et favorisait la création d'une masse homogène par une certaine assimilation. De cette politique découlait la paix sociale.

## 4. Les franciscains déchaussés à Acapulco

L'évangélisation justifiait la présence espagnole aux Philippines : la majeure partie des missionnaires envoyés vers les Îles passaient à Acapulco après un long voyage depuis l'Europe.

Le premier ordre religieux à entrer aux Philippines fut celui des augustins, avec le frère Andrés de Urdaneta. Suivirent vingt frères franciscains déchaussés de la Province de San José, de Vieille Castille, qui partirent d'Acapulco en 1577[174]. Mais, malgré le nombre important de religieux en transit, Acapulco ne disposa pas d'installation pour les recevoir jusqu'au XVII^e^ siècle.

Pour faciliter le séjour des franciscains déchaussés[175] à Acapulco, bien avant 1604, la Province de San Diego de Mexico[176] avait installé une *hospederia*[177]. En 1607, dans une lettre au vice-roi marquis de Montesclaros, Philippe III autorisa cette Province à fonder un couvent à Acapulco qui fut appelé *Nuestra Señora de Guía*, construit à la place d'une infrastructure de défense temporaire.

Le couvent se composait d'un cloître de six cellules, d'un bureau, d'une cave, d'une cuisine, d'une librairie, et d'un verger d'arbres fruitiers où l'on trouvait le puits[178] d'où l'on tira l'eau pour approvisionner les bateaux. L'eau y serait apparue le 7 mai 1608, à l'arrivée du Saint Sacrement dans l'église.

La tour de l'église à trois corps accueillait quatre cloches, dont la plus grande pesait douze quintaux. Dans la cour se trouvaient une grande croix et un tamarinier. La sacristie conservait les ornements de Chine, des draps de chaire de satin, des devants d'autel de différentes couleurs en cuir de vachette verni à la laque du Japon, les représentations de San Antonio et San Francisco utilisées lors des processions, et celle de Jésus de Nazareth pour le Chemin de la Croix. On y vénérait une statue d'ivoire de la Vierge, identique à celle de l'église de *Nuestra Señora de Guía* qui se trouvait entre Cavite et Manille.

---

174 RODRÍGUEZ, Vicente, *Cosas de Frailes*, Celaya, Imprenta Franciscana, 1992, p. 65.

175 AGN. Inquisición. (61), Volumen 368, Expediente 116, 1604.

176 MEDINA, Balthasar de, *Chrónica de la Santa Provincia de San Diego,* México, Editorial Academia Literaria, 1977, p. 49 (Colección de Grandes Crónicas Mexicanas ; 4).

177 *Hospederia* : hôtellerie d'une abbaye.

178 Vicente Rodríguez, *op. cit.*, p. 65.

## 5. Les ordres religieux aux Philippines

Si l'Église aux Philippines se trouvait sous la protection du roi, l'archevêché de Manille et les évêques des diocèses philippins s'entendaient pour les questions administratives avec le vice-roi de la Nouvelle-Espagne, pourvoyeur des besoins des dignitaires, paroissiens et religieux des Philippines[179]. Toute directive royale était envoyée de la Nouvelle-Espagne à l'Archipel, et les relations sociales, commerciales ou diplomatiques des Philippines avec la Chine, le Japon et les pays d'Orient, étaient régulées par le vice-roi[180].

La Couronne payait le voyage et le transport des affaires des religieux depuis l'Espagne jusqu'à Manille ; au retour, les coûts de passage et d'alimentation vers la Nouvelle-Espagne étaient réglés par le vice-roi.

Furent autorisés à se rendre aux Philippines les augustins, les franciscains, les dominicains, les jésuites, et à partir de 1607, les augustins récollets qui à leur passage en Nouvelle-Espagne prenaient le nom de *filipinos ou chinos*[181].

La majorité des frères envoyés étaient des Espagnols mais, dès la fin du XVI^e^ siècle et durant le XVII^e^ siècle, y partirent des religieux d'origine mexicaine[182]. L'affluence des missionnaires à l'Archipel fut constante pendant tout le XVII^e^ siècle ; mais le plus grand nombre partit durant les trente premières années.

En 1621 arrivèrent cinq religieuses : sous l'autorité de Jerónima de Asunción, elles fondèrent le premier couvent de clarisses à Manille.

Les conséquences de la réorganisation ecclésiastique de la Couronne apparaissent donc très importantes ; l'effort pour envoyer tous ces missionnaires ne pouvait donner un résultat positif si Acapulco ne répondait pas à la demande royale. Aux Philippines, ils constituèrent le pilier de l'influence espagnole sur les populations asiatiques, certainement à Manille, mais aussi dans toutes les régions que la Couronne évangélisait au nom de la chrétienté, lui permettant de valoriser son action politico-économique, en conservant toute sa légitimité, et en tirant un grand bénéfice de sa relation avec les autorités apostoliques.

Comme l'écrivait Rafael Bernal [183] de ces missionnaires : « l'existence aujourd'hui même d'une grande majorité catholique aux Philippines est le plus beau monument à leur œuvre et une marque ineffaçable ».

---

179 ARTEAGA, Beatriz ; María del Carmen, VELAZQUEZ, « Historia de América y Filipinas » *Historia Mexicana,* Abr.-Jun. 1966, vol. XV, n° 24, p. 645.

180 ROMERO SOLANO, Luis, « La Nueva España y Las Filipinas », *Historia Mexicana,* Ene-Mar. 1954, vol. III, n° 3, p. 420.

181 GUEVARA SÁNCHEZ, Arturo, *Los agustinos descalzos. Breves noticias de su vida y logros en México y Filipinas,* México, INAH, 2006, p. 19.

182 Rafael Bernal, *op. cit.*, p. 190-193. Dans México en Filipinas.

183 Rafael Bernal, *op. cit.*, p. 191.

CHAPITRE IV

# LA SANTÉ

La vie au XVIIe siècle était dure. Voyager en mer signifiait affronter de forts risques inconnus, sans aide. Le climat tropical de Manille et Acapulco créait des conditions sanitaires difficiles. L'importance stratégique de la mission du galion posait la question de la main-d'œuvre, qualifiée ou non, et demandait de diminuer le nombre de pertes. Plus que pour le principe de sauvegarde de la vie humaine, c'est pour cela qu'un effort important de santé publique fut consenti par la Couronne et réalisé principalement par les religieux.

## 1. L'hôpital au service d'Acapulco et du galion de Manille

La décision d'établissement des hôpitaux de la Nouvelle-Espagne relevait du roi et depuis 1541, les lois du *Real Patronato* ordonnaient aux vice-rois, à *l'Audiencia* et aux Gouverneurs, de s'assurer que dans toutes les villes d'Espagnols et d'Indiens des provinces et juridictions, existent des hôpitaux où les malades pourraient être soignés[184]. Cependant, Acapulco n'était pas équipé d'un hôpital à ses débuts, ni après sa désignation comme base du galion de Manille.

On dispose de deux dates de création de l'hôpital d'Acapulco. Martin Cheryl English propose 1569[185], tandis que Josefina Muriel[186] donne 1584.

Entre 1569 et 1584, la colonisation des Philippines avait démarré. Pour leurs voyages aller et retour, les galions avaient besoin d'un soutien de santé. À Acapulco, dans de mauvaises conditions, se rassemblaient colons, fonctionnaires, religieux, soldats et équipages, exténués de leur voyage depuis l'Espagne, Manille ou de Nouvelle-Espagne.

Que Bernardino Álvarez ait créé l'hôpital avant 1584, ou que celui-ci ait été confié aux *hipólitos* avant 1590, il est évident qu'il fallait régler un problème grave : les religieux demandèrent l'aide du vice-roi Luís de Velasco II[187] qui donna l'ordre aux officiers royaux d'Acapulco de construire un *hospital mayor*. Mais l'ordre ne fut suivi d'aucun effet, et un incendie en finit avec le vieil appentis qui servait d'hôpital. Leurs malades dans la rue, les religieux tentèrent de construire un nouvel établissement sur un terrain acheté le 21 octobre 1591

184 SUAREZ, Marcela, *Hospitales y Sociedad en la Ciudad de México, del siglo XVI*, México : UNAM, 1988, p. 35 (Serie Humanidades).
185 MARTIN Cheryl English, *The San Hipólito Hospitals of Colonial Mexico, 1566-1702*, p. 305. Thèse en histoire : Michigan : 1976.
186 MURIEL, Josefina, *Hospitales de la Nueva España Fundaciones del siglo XVI*, Tomo I. México: UNAM, Cruz Roja Mexicana, 1990, p. 217.
187 1590-1595.

et financé par les aumônes[188] ; mais l'argent ne suffit pas à la construction. L'augmentation continue du nombre de malades mettait en péril le système du galion de Manille et la totalité de l'entreprise espagnole. Un problème, apparemment bénin, pouvait avoir de graves conséquences. Ainsi, le 18 août 1596, Philipe II décida de construire à ses frais un immeuble qui resterait sous la protection du *Real Patronato*.

Le nouvel hôpital de Nuestra Señora de la Consolación fut terminé et consacré le 5 mars 1598 par le nouvel archevêque de Manille, Docteur frère Ignacio de Santibáñez, venu à Acapulco pour embarquer sur le galion.

De construction solide, il avait une capacité de cinquante lits, distribués en cinq salles placées sous la protection de San Roque, San Rafael, Nuestra Señora de la Consolación et Nuestra Señora de la Soledad, une infirmerie de *héticos*[189], et une chambre annexe d'onctions[190].

Sous la tutelle royale, l'hôpital reconnaissait la juridiction locale de l'évêque : du premier, il recevait les privilèges et dotations correspondant à un hôpital royal et était donc sujet aux inspections, et le second veillait à la morale et aux bonnes mœurs. Au titre du soutien royal, la Caisse Royale payait chaque 1er avril quatre cents pesos au Frère Supérieur des *hipólitos*[191], comme le montre en 1697 le livre de dépenses et recettes du Frère Supérieur Juan de Castañeda.

Au XVII^e siècle, les hôpitaux militaires n'existaient pas : l'hôpital assurait la surveillance médicale des serviteurs du roi et ressemblait à un centre relevant d'une assurance sociale[192]. On y soignait militaires, fonctionnaires et civils travaillant pour le roi, mais les habitants de la région y étaient acceptés.

## 2. L'insalubrité aggrave les difficultés des habitants d'Acapulco et des passagers du galion de Manille

Positionnée à seize ou dix-sept degrés de latitude par les savants[193] de l'époque, Acapulco se trouvait près de ce que l'on appelait la *Zona Tórrida*, et tout voyageur, religieux ou officiel qui passait par le port au XVII^e siècle, en qualifiait le climat de très mauvais, ingrat, de chaleur intolérable, suffoquant, chaud. Après une année dans le port, Frère Domingo Fernández de Navarrete parla d'une température infernale, et conjectura sur son nom : « Acapulco en langue locale veut dire Bouche de l'Enfer ». Même la saison des pluies, comme le père Cubero Sebastián l'évoque, « amenait tant d'éclairs et de coups de

188 Josefina Muriel, *op. cit.*, p. 358. Dans : *Hospitales de la Nueva España*, T. II.
189 Aujourd'hui on dirait de soins intensifs.
190 GUERRA, Francisco. *El hospital en Hispano-América y Filipinas 1492-1898,* Madrid, Ministerio de Sanidad y Consumo, 1994, p. 262-264.
191 AGI. Contaduría, 901, 1600-1601.
192 Josefina Muriel, *op. cit.*, p. 254. Dans *Hospitales de la Nueva España*, T. II.
193 En 1600, Pedro Teixeira, passager du galion de Manille, situe Acapulco par 16°N. Antonio de Morga, en 1609, lui donne un demi-degré de plus. En 1611, le Comptable Royal Alonso de Funes le positionne par 17°, ce que confirme en 1620, le carmélite Antonio Vásquez de Espinosa. La latitude réelle d'Acapulco est de 16°51N.

tonnerre, que cela faisait horreur d'y habiter et ne rafraîchissait pas les lieux ». À cause de l'humidité, le climat devenait insalubre, nocif, malsain.

Le calme des eaux avait son revers car les vents n'arrivaient pas jusqu'à la ville, même quand le courant d'air entrait par l'ouvert de la baie. Enfin, entre les montagnes et le littoral, un sol imperméable retenant les eaux des collines voisines formait une cuvette marécageuse avec une lagune et sa mangrove[194].

Ces eaux stagnantes et putrides entretenaient de véritables élevages du moustique anophèle porteur de la malaria. Les moustiques existaient avant l'arrivée des Espagnols, mais n'avaient pas entamé le cycle de la maladie par absence de sang infecté, ce qui commença avec l'arrivée des esclaves noirs qui accompagnaient les conquistadors[195].

Les maladies tropicales, toutes transmises par l'eau, comme la dysenterie amibienne, la typhoïde, le ver intestinal, faisaient des ravages. Pedro Cubero Sebastián décrivit l'eau des puits comme « lourde et saumâtre ». Le tableau doit être complété par de nombreux animaux nuisibles et venimeux. Enfin, rôdait *el mal gálico*, la syphilis, qu'Alejandro Malaspina au XVIIIe siècle attribuait aux Philippins qui arrivaient par le galion de Manille[196].

Lors de la présence du galion de Manille, le taux d'occupation de la ville changeait drastiquement : la population d'Acapulco[197] augmentait, elle était probablement triplée, et le besoin en bêtes de somme était très fort, ce qui dégradait les conditions sanitaires. Le galion San Andrés arriva en décembre 1614, suivi quelques semaines plus tard en 1615 de la *Capitana* : la cargaison des deux bateaux, seulement en ce qui concerne les caisses, les ballots, les paquets, les pains de cire et la porcelaine, devait approcher neuf cents tonnes, sans même donc compter les petites caisses, les écritoires, les paniers, les vêtements, le mercure. Comme chaque mule portait un poids de deux cents kilos, on devait disposer d'au moins quatre mille cinq cents bêtes, qui stationnaient dans les ruelles dès leur arrivée avec leurs marchandises pour Manille, et jusqu'à leur chargement des biens et produits achetés à la foire, en partance pour Mexico et l'intérieur de Nouvelle-Espagne.

Acapulco, ville de forte dangerosité et de grande pénibilité, avait une population éminemment variable aux périodes d'arrivée et de départ du galion. Les conditions de vie faisaient que les résidents fuyaient la ville dès qu'ils le pouvaient, isolant de fait un peu plus le port du reste de la Nouvelle-Espagne.

---

194 José Pasta Tagliabue, *op. cit.*, p. 272.

195 NEWSON A., Linda, Explicación de las Variaciones regionales de las tendencias demográficas en la América Española colonial; el caso de México. *Lecturas de Historia Mexicana,* 1994, n° 9, COLMEX. p. 521.

196 GONZÁLEZ CLAVERÁN, Virginia, *Malaspina en Acapulco,* México, Espejo de Obsidiana S.A., 1989, p. 204.

197 Selon Alonso de Funes, la population d'Acapulco se montait en 1611 à deux cents *vecinos*.

### 3. L'Hôpital Royal de Nuestra Señora de la Consolación et ses pieux *hipólitos*

Les dommages causés à l'hôpital par la *quema universal*, l'incendie qui éclata en 1648 à l'ermitage de San Nicolás de Tolentino décrit par Fernández de Navarrete[198] et Gregorio de Guijo[199], amenèrent la Couronne en 1651 à taxer de deux pour cent les marchandises des Philippines pour payer les réparations.

La reconstruction de l'hôpital, ordonnée le 23 mars 1652 par le vice-roi comte de Alva de Liste, évaluée à onze mille pesos, fut confiée au maître Bartolomé Gallardo[200]. Durant sa reconstruction, l'hôpital continua à travailler. Il fut érigé à partir de maisons achetées à l'officier supérieur Juan Ponce de León[201] qui fut réglé en 1656, et à Micaela Vargas, veuve de Juan Fernández Tomé[202], payée en 1659, auxquelles on ajouta une infirmerie. Ces maisons formaient un rectangle de cinquante-cinq *varas*[203] de long sur quarante de profondeur, et se trouvaient sur un terrain où passaient des rivières. L'établissement disposait d'un total de trente-six lits, et fonctionna pendant un peu plus de trente ans.

En décembre 1691, les officiers royaux d'Acapulco et le Supérieur de l'Hôpital Juan de Castañeda inspectèrent les locaux : si la pharmacie et tous ses équipements étaient disponibles, les deux infirmeries et les bureaux étaient effondrés. La cellule du frère et l'église étaient étayées. Vingt lits occupaient une galerie, dix-huit autres étaient dans un bout de couloir accolé à l'église[204].

On est surpris du paradoxe qui éclaire quarante années de la deuxième partie du siècle : d'un côté on reconnait le besoin d'un hôpital et d'un autre on « découvre » à l'occasion d'une inspection que des parties entières de l'édifice sont en ruine. Conséquence de l'existence d'une bureaucratie rampante ou de difficultés financières du Trésor Royal ? Il est évident que les actes ne suivaient pas strictement les décisions.

Après la visite, on décida de construire un nouvel hôpital ailleurs pour plus de sûreté, à terminer un an et demi plus tard. Il serait financé par le produit du forfait de soixante-quatorze mille pesos que payait le galion de Manille, et l'impôt de deux pour cent.

À la fin de la construction, il manquait deux mille cinq cents pesos : le vice-roi comte de Galve[205] ordonna au *Castellano* d'en donner mille deux cents,

---

[198] FERNÁNDEZ DE NAVARRETE, Domingo, *The travels and controversies of Friar Domingo Navarrete, 1618-1686 / edited from manuscript and printed sources by J.S.Cummins.* Hakluyt Society, 1962, p. 300.

[199] GUIJO, Gregorio M. de. *Diario de Guijo*, Tomo I, México, Editorial Porrúa, 1953, p. 150. (Colección de Escritores Mexicanos; n° 64).

[200] Esteban de la Carrera y Prado, *op. cit.*, p. 89.

[201] AGI. Contaduría, 905B, 1656/Caja de Acapulco.

[202] AGI. Contaduría, 905B, 1659/Caja de Acapulco.

[203] *Vara* : trois pieds quatre mains soit quatre-vingt-trois centimètres et huit millimètres. Un rectangle de quarante-six mètres par trente-trois mètres de profondeur

[204] AGN. Hospitales (054). Contenedor 06. Volumen 15. Expediente 6. 1691. F. 309-323.

[205] 1688-1696.

d'utiliser le produit de l'aumône, et en cas de besoin, de demander à l'*alcalde* de Tixtla de prendre sur le tribut. La durée des travaux dura cinquante-deux semaines.

Le nouvel hôpital, construit en dur, avec un toit en tuiles, mesurait deux cent quatre-vingt dix-huit *varas*, disposait de deux infirmeries, d'une chambre d'infirmier, d'un vestiaire, d'une cuisine, d'une chambre pour les esclaves. On faisait le tour des galeries sur lesquelles donnaient douze portes d'entrée et dix fenêtres. L'édifice et l'église étaient clos de murs.

Les frères de la Charité de San Hipólito, fidèles serviteurs de Dieu et du roi, connus comme professionnels, compétents et dévoués à la population, appartenaient au premier ordre mexicain de religieux, créé par Bernardino Álvarez et approuvé par le Pape Sixte V en 1589[206]. Ils officiaient dans une chaîne d'hôpitaux des ports d'entrée de Nouvelle-Espagne, à Veracruz, Jalapa, Perote, Puebla, Huastepec et Acapulco, dépendant de l'hôpital de San Hipólito de Mexico qui les formait comme médecins et chirurgiens. Les hipólitos avaient l'interdiction de faire payer leurs services et vivaient de l'aumône. Ils faisaient vœux d'obéissance, chasteté, hospitalité et pauvreté. Ils portaient un habit de drap brun ceint d'une corde à la manière de Saint Augustin, des sandales, un bonnet à l'intérieur, un chapeau et une cape blanche dehors. Nuestra Señora de la Consolacion était géré par le Frère Supérieur, prieur, un prêtre et un infirmier, aidés par des esclaves. Les femmes ne pouvaient venir y travailler. L'infirmier surveillait la propreté, aidé d'esclaves qui portaient un pantalon et une chemise de toile bleue. Le Supérieur rendait compte au roi, tenait des registres de présence des malades. Outre la subvention royale annuelle, il recevait chaque mois des officiers royaux un cruchon d'huile de Castille pour la lampe du Très Saint Sacrement[207].

Durant un siècle, l'hôpital de Nuestra Señora de la Consolación, les *hipólitos* et leurs esclaves, servirent la population d'Acapulco, les voyageurs affaiblis et contribuèrent à la récupération des équipages. Les rudes conditions de vie et de travail à bord du galion exigeaient des hommes en bonne santé. Quiconque embarquait devait être sain, car la maladie et la contagion non seulement causaient des morts mais surtout rendaient la navigation plus difficile.

---

206 SANTIAGO CRUZ, Francisco, *Los Hospitales de México y la Caridad de Don Benito,* México, Editorial Jus S.A., 1959, p. 118 (Figuras y episodios de la historia de México ; n° 67).

207 *Relaciones geográficas del arzobispado de México.* 1743, tomo I-II. Madrid, Artes Graficas Claviño S.A., 1988, p. 22. (Colección Tierra Nueva e Cielo Nuevo; n° 28).

## CHAPITRE V

## LE DÉVELOPPEMENT TECHNIQUE DU PORT D'ACAPULCO

L'activité du port d'Acapulco est probablement la conséquence principale de l'utilisation de la route maritime vers Manille. Cependant, Acapulco ne fut pas seulement un débarcadère. En raison de la rareté des points d'appui sur la côte du Pacifique, le lieu se transforma peu à peu d'une bourgade de pêcheurs en un port d'appui technique orienté vers la question maritime.

### 1. Un chantier naval marque le début de l'activité coloniale à Acapulco

Le début de l'activité du port d'Acapulco fut probablement un chantier naval situé depuis 1528 à Puerto del Marqués[208]. En 1530, en revenant en Nouvelle-Espagne, Hernán Cortés, chargé par Charles V de continuer la découverte de la *Mar del Sur*, retrouva dans des conditions déplorables les cinq bateaux qu'il avait laissés sur les côtes du Pacifique pour ses expéditions futures. Dans l'urgence, il en fit reconstruire deux à Acapulco[209], le San Miguel et le San Marcos, qui rejoignirent l'expédition de Diego Hurtado de Mendoza. Des années plus tard, comme Hernán Cortés, Andrés de Urdaneta remarqua les avantages d'Acapulco, utiles à l'installation d'un arsenal, moyen indispensable au galion de Manille.

La gravure du peintre italien Fernando Brambila au XVIII$^{e}$ siècle permet d'en préciser la localisation. Brambila présente l'anse naturelle du port, deux trois-mâts à l'ancre, la ville d'Acapulco, en particulier le fort de San Diego. Son angle de vue permet de placer l'arsenal dans le recoin formé par la plage de l'anse et la péninsule maintenant appelée Tlacopanocha, un des endroits les mieux protégés : la configuration générale de la baie y rendait la houle presque imperceptible, et la profondeur y était faible puisque, la colline naissant au pied de cette plage, l'érosion par les pluies avait entraîné au fil des siècles le remblaiement de la mer.

Ceci est cohérent avec la répartition de l'espace maritime du port en trois zones, présentée sur l'extrait de la carte d'Acapulco de 1712 objet de la figure 1 en page 32. L'arsenal ne pouvait pas être dans la zone de navigation, à l'ouvert de la baie ; mais bien mieux au fond de l'anse intérieure utilisée par les bateaux en activité.

---

208 GERHARD, Peter, *Geografía Histórica de la Nueva España 1519-1821,* México, UNAM, 1986, p. 40.

209 Lettre d'Hernán Cortés du 20 avril 1532. Hernán Cortés, *op. cit.*, p. 308.

Ceux-ci mouillaient sous la protection du fort de San Diego[210], près de la Douane et des entrepôts royaux pour une meilleure surveillance. Et à quelques centaines de mètres, on parquait les navires en carénage, ceux du *Servicio Real*, sans gêner les manœuvres des galions actifs.

**Fig. 4 « Port d'Acapulco. Fernando Brambila ».**
*España. Ministerio de Defensa. Archivo del Museo Naval.* MS.1726 (74),

[210] Dans la baie d'Acapulco, le gradient permettait aux bateaux de s'approcher à une distance de cinq cents mètres de l'endroit où la vague casse sur le rivage et de mouiller partout par fond de une à quinze brasses (une brasse : 1,68 mètre). Vito Alessio Robles, *op. cit.*, p. 36.

À l'arsenal, désarmés au personnel et au matériel, sans protection, les bateaux trouvaient un bon abri du vent et de la mer, et invisibles de l'extérieur, leur vulnérabilité diminuait, comme Urdaneta l'avait annoncé. La faible pente des fonds facilitait la manœuvre de rapprochement pour le calfatage en eaux peu profondes, voire directement sur le sable pour les embarcations du *Servicio Real.*

La limpidité des eaux, rapportée par Fray Domingo Fernández de Navarrete[211] et rappelée au XVIII<sup>e</sup> siècle par le capitaine Alejandro Malaspina, donnait un grand avantage aux plongeurs pour apprécier l'état de la coque[212] et l'entretenir.

La plage, entre la grève et la terre, permettait d'entreposer le matériel débarqué, le bois et les outils nécessaires. La proximité du galion mouillé non loin de la grève facilitait les allers et retours entre le navire, la plage et les entrepôts.

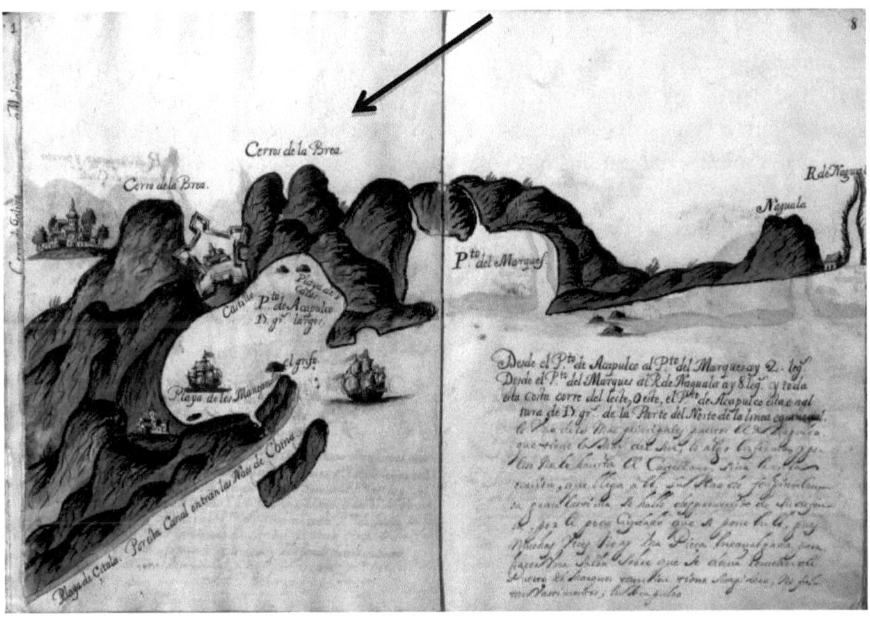


**Fig.5 : Plan d'Acapulco au XVIIe siècle.**
**Port d'Acapulco et de Puerto Marqués**
*España. Ministerio de Educación y Deporte. Biblioteca Nacional España* MSS 2957.

Acapulco profitait de la présence dans ses environs de nombreuses essences d'arbres, matière primordiale pour tout navire du XVIIe siècle. La *brea*, résine nécessaire au calfatage, a donné son nom à une partie des montagnes entourant

[211] Domingo Fernández de Navarrete, *op. cit.*, p. 297.
[212] Virginia González Claverán, *op. cit.*, p. 70.

Acapulco, en raison de la présence d'ocotes[213] ou *Pinus Montezumae*, à partir desquels le brai était fabriqué.

## 2. Le travail de l'arsenal au profit direct du galion

La lente navigation à travers les eaux chaudes de l'Archipel, comme le long du courant de Kuroshio pour trouver les vents favorables plus au Nord, ou encore l'attente du vent à l'arrivée sur les côtes de Nouvelle-Espagne favorisaient l'incrustation dans la coque de coquillages, et principalement du taret, petit ver de mer très agressif qui perfore la coque et ralentit le bateau.

La route du galion l'obligeait à passer par la zone où la fréquence des typhons est la plus grande au monde : les vents forts, les précipitations, les éclairs, la mer furieuse, l'humidité, et les températures extrêmes de chaud et de froid fatiguaient le bois, pourrissaient les aussières, les écoutes, les voiles.

On avait peu de temps pour réparer ces avaries, le caréner, lui mettre des mâts, des vergues, du gréement et des voiles, l'équiper, l'armer et le rendre apte à la navigation, et revenir de façon sûre à Manille avec le *socorro* et le *situado* si attendus. Après les visites officielles, une fois le débarquement de la cargaison autorisé par le vice-roi, entièrement vidé et vérifié, le galion était amené à la rame jusqu'à l'arsenal par ses embarcations et celles du *Servicio Real.*

Une plainte[214] du Gouverneur Sebastián Hurtado de Corcuera[215] mentionne la méthode de carénage et de calfatage des galions à Acapulco : on accolait deux bateaux, et on réparait l'un puis l'autre. En outre, une demande[216] des officiers royaux pour un ponton[217] et vingt-quatre cordes confirme que les carénages à Acapulco se faisaient à flot.

On débarrassait le bateau de son gréement et des canons que l'on entreposait à la Cordonnerie, comme disaient les habitants d'Acapulco, dans les entrepôts ou à la marina selon les officiers royaux, avec tout ce qui était utile, les approvisionnements et les matériels[218] prévus en avance pour le carénage.

On envoyait couper le bois de charpentage, matériau principal, le bois à chauffer, et fabriquer le charbon de bois dans les montagnes d'Acapulco ou de Puerto Marqués pour les apporter ensuite à dos de mules ou par embarcations. On faisait sécher le bois sur la plage.

Comme à Veracruz et à Manille, on recourait au démantèlement des embarcations inutilisées dont le matériel était réemployé. Le travail demandait des calfateurs, des charpentiers, des ferronniers, des fondeurs, des tonneliers. Pour les travaux plus précis, on employait des spécialistes, mais en général on

[213] *Ocote* : du nahuatl Tocötl.

[214] AGI. Filipinas, 8, R.3, N.37.

[215] 1635-1644.

[216] AGI. Contaduría, 905B, 1659/Caja de Acapulco.

[217] RAE. *Planchada* : Ensemble de planches qui le long du rivage de la mer ou d'une rivière, et tenu par des béquilles dans l'eau, sert à l'embarquement, au débarquement ou tout autre usage.

[218] Le brai, l'étoupe, le suif blanc de mâle, le plomb étiré, les goujons, la clouterie, le fil, le cuir tanné, les câbles, aussières, le nouveau gréement ainsi que l'ancien pour l'utiliser au calfatage.

utilisait les *vecinos*, les noirs et les *indios chinos*, esclaves ou libres, ou les esclaves du *Servicio Real*, parfois les indigènes. À l'occasion, on utilisait les charpentiers, les calfateurs, l'équipage des galions, jusqu'aux forçats, pour le carénage des bateaux de Manille ou du Pérou[219], comme pour les embarcations du *Servicio Real*[220]. Pour éviter les vols et la contrebande lors des travaux, le *Castellano* nommait des gardes supérieurs et subalternes pour surveiller nuit et jour.

L'importance des travaux du galion dépendait de la gravité de l'état dans lequel il était arrivé. En effet, on changeait des parties de mât, parfois le mât entier. Pour supprimer les tarets et enlever l'humidité du fond du navire, on procédait à une brusque[221] en approchant un rameau enflammé à l'extérieur de la coque.

Les bois pourris du galion étaient remplacés. Ensuite, on calfatait en bourrant d'étoupe au marteau les jointures des planches de bordé et des ponts, pour ensuite les recouvrir d'une couche de brai et les rendre étanches. On changeait le lest de pierres et on entretenait les pompes.

Mais il fallait aussi réparer les dégâts causés par les mulâtres, ou les esclaves du *Servicio Real*, lors du déchargement : ils forçaient le passage pour faire passer les caisses, les laissaient tomber sur les ponts, volaient ce qui leur passait à portée de main, dépouillant le navire des protections de plomb des canons, cassant compartiments et cloisons du navire pour en arracher les clous[222].

Acapulco prenait les décisions sur le carénage mais Manille a mis en doute son utilité durant le XVIIe siècle. En 1633, la ville de Manille[223] estima que le *Castellano* et les officiers royaux, titulaires du commandement des galions quand ils se trouvaient à Acapulco, faisaient exécuter des travaux sans l'accord du *General* ni de l'Amiral, tirant grand avantage en louant pour le calfatage, à deux ou trois pesos par jour, de nombreux esclaves incapables qui abîmaient des bateaux auparavant sans problème.

Plus tard, la dénonciation de cette corruption administrative fut renforcée par la plainte du Gouverneur Hurtado de Corcuera[224] qui demandait que les galions ne soient pas réparés à Acapulco, car des dépenses exorbitantes étaient payées par une partie de l'*almojarifazgo* qui aurait dû revenir à Manille comme partie du *situado*, causant ainsi un déficit dans le budget du Trésor de Manille.

La question de l'utilité ou de l'inutilité de la maintenance du galion à Acapulco est révélatrice d'un problème de fond : comment répartir l'argent de la Couronne entre deux administrations hiérarchiquement indépendantes,

---

219 AGI. Filipinas, 27 N.167/1633.

220 AGI. Contaduría, 905B, 1659/Caja de Acapulco.

221 AGI. Contaduría, 902, desde 4-XII-1609 hasta fin octubre-1610/Caja de Acapulco.

222 Adición a la Ordenanza de Marina, que han de observar los navíos del Rey de las IsLas Filipinas, en los Viajes al Reyno de Nueva España, Puerto de Cavite, y Acapulco, en la Carga. Fu Defgarga, y Regreffo. Tomo II. Obra publicada de real orden, siendo Arandia gobernador de Filipinas. 1757, p. 16.

223 AGI, Filipinas, 27, N, 167/1633.

224 AGI, Filipinas, 8, R.3, N.71.

comment partager entre l'Empire et les particuliers les bénéfices générés par le moyen stratégique du galion ? L'éloignement des trois lieux d'action, Espagne, Manille, Acapulco, le temps nécessaire pour transmettre une information ou une question, pour décider et communiquer l'ordre correspondant, furent les causes communes du développement d'Acapulco et de son aspect chaotique.

### 3. D'autres travaux de l'arsenal

Les moyens de charpentage maritime d'Acapulco furent utilisés à la construction de quelques navires, destinés à des expéditions, envoyés à Manille en cas d'urgence, ou au profit du *Servicio Real.* C'est ainsi qu'on réalisa la frégate Tres Reyes, qui accompagna le 5 mai 1602 le San Diego et le Santo Tomas, achetés et carénés[225] à Acapulco, pour la deuxième expédition de Sebastián de Vizcaíno à la Californie et à la recherche du détroit d'Anián.

Le navire de grand tonnage San Francisco[226] fut construit pour que Vizcaíno ramène les Japonais qui étaient arrivés en 1610 avec don Rodrigo de Vivero et à son retour du Japon, pour qu'il recherche les îles de *Rica de Oro et Rica de Plata.*

Trois frégates pour l'expédition de Nicolás de Cardona à la Californie y furent fabriquées pour un coût de plus de quarante-cinq mille pesos dénoncé par Juan de Betancur et Lorenzo de Petruchi[227].

Quand le rythme des galions était interrompu, les charpentiers transformaient des bateaux existants pour les envoyer à Manille. En 1614, aucun bâtiment n'arriva de Manille[228] et les pirates hollandais étaient annoncés. Cette situation poussa en mai 1615 le vice-roi marquis de Guadalcàzar à envoyer la Santa Margarita arrivée du Pérou pour prévenir Manille ; elle fut accompagnée par le Saint Joseph[229]. Ces frégates avisos[230], achetées par les officiers royaux, furent équipées d'un pont, de mâts, de gouvernail, de pompes et de voiles, profitant de la présence d'un bâtiment arrivé du Japon auquel on acheta le fer, la boulonnerie et la clouterie nécessaires.

En 1637, Manille envoya la Nuestra Señora de la Concepción informer le vice-roi marquis de Cadereyta des difficultés rencontrées et ramener le *socorro.* De cent tonnes au plus, le bateau, finalement appelé frégate après bien des doutes, car il n'avait qu'un seul pont continu, fut remis en condition de navigation, en ajoutant un pont pour le rendre habitable et résistant à la mer[231].

Acapulco aménageait les avisos qui protégeaient le galion de Manille et patrouillaient les côtes de Nouvelle-Espagne, construisait et entretenait les

---

[225] AGI. Contaduría, 901, 1602-1603/Caja de Acapulco. Cuentas de Real Hacienda.
[226] Tomas Oteiza Iriarte, *op. cit.*, p.101.
[227] SANFORD A. Mosk, "The Cardona Company and the Pearl Fisheries of Lower California", *Pacific Historical Review*, 1934, Mar., Vol. 3, n° 1, p. 53.
[228] AGI. Contaduría. 903, 1615. Caja de Acapulco.
[229] AGI. Contaduría. 903. 1616. Caja de Acapulco.
[230] Selon Veytia dans son Diccionario Marítimo Español, p. 283, les frégates pouvaient déplacer jusqu'à deux cents tonneaux.
[231] AGI. Filipinas, 21, R, 12, N. 66.

chaloupes, barques et *barcas chatas* destinées au *Servicio Real.* À la rame ou à la voile, les chaloupes étaient utilisées pour la visite protocolaire à l'arrivée du galion. La *barca chata* transportait les marchandises lourdes et remorquait les galions. Le *Castellano* Juan de Zelaeta chercha à ménager le patrimoine maritime, et fit construire un appentis en bon bois, pour entreposer ces petits moyens.

À côté de l'arsenal et des entrepôts, les besoins créés autour du galion pour son entretien mais aussi pour sa défense et sa protection contre les pirates firent développer des services de ferronnerie, de fonderie et de tonnellerie dès le début du XVIIe siècle. La construction de trois abris en 1656 destinés à la ferronnerie, à la tonnellerie et à la marina[232], laisse penser que ces services étaient les uns à côté des autres, car si les travaux étaient effectivement distincts, les charpentiers, les ferronniers et les fondeurs avaient besoin de coordonner leurs activités.

## 4. Les évolutions de la capacité de fonderie à Acapulco

La construction de bateaux et la fonte de canons étaient des capacités stratégiques d'un pouvoir politique du XVIIe siècle.

Au début, les galions de Manille naviguaient sur cette route en confiance et sans protection, comme si l'océan Pacifique était un « tranquille lac espagnol »[233]. Lorsque les conflits européens se diffusèrent outre-mer, et que le Santa Anna fut capturé, la Couronne arma les galions pour diminuer les risques d'interruption de la ligne et ne pas laisser sans communication les Philippines, alors que la situation empirait avec l'arrivée des Hollandais d'Oliver van Noort : le 14 décembre 1600, dans la baie de Manille, ses navires affrontèrent deux galions en partance vers la Nouvelle-Espagne, coulant la *Capitana.*

À Acapulco, Francis Drake et Thomas Cavendish ouvrirent le chemin à une succession de pirates qui durant tout le XVIIe siècle traquèrent le galion de Manille, et en 1615 Joris van Speilbergen vint se servir.

Comme premier recours pour la protection du galion, la Couronne fit amener des canons de Veracruz via Tehuantepec jusqu'à Acapulco. Mais les hostilités aux Philippines firent que les gouverneurs donnèrent leur priorité : si d'un côté la Couronne armait les galions à Acapulco, ceux-ci étaient désarmés à Manille. En 1601, cette pratique fut interdite[234].

Dans la hâte, Veracruz avait envoyé ce qu'elle pouvait, mais une grande partie de l'artillerie n'était pas utilisable et restait à Acapulco malgré son importance pour les Philippines. L'urgence du besoin poussa Acapulco à fondre des pièces destinées aux galions. De nombreux manœuvres travaillèrent à partir de 1600 dans la ferronnerie Royale pour fabriquer les moules en bois et en terre, couper du bois de chauffage, fondre le métal, et nettoyer le produit fabriqué. Les canons furent en bronze, à la fois parce que la technique de la

232 AGI, Contaduría, 905B, 1656/ Caja de Acapulco.

233 Citation de Oscar Spate. Dans : Salvador Bernabéu, *op. cit.*, p. 1. El Pacífico Ilustrado.

234 Loi 23. Livre 9. Titre 45 de la *Recopilacion de India*

fonte de fer n'était pas maitrisée et que le fer était rare en Nouvelle-Espagne, mais surtout parce que les Espagnols préféraient les canons en bronze, plus légers, de meilleure qualité, de plus longue vie.

Entre 1600 et 1602, sortirent de la fonderie un *medio sacre*, deux *pedreros*, deux *falconetes*, deux pièces de deux livres[235], deux de sept livres, trois canons moyens de quatre livres, deux *sacres* de boulets de six livres et deux de huit livres, quarante boulets de cuivre, et quatre *demi-sacres*[236].

À la nouvelle de l'arrivée imminente de Joris van Speilbergen, Acapulco ne disposait pas d'artillerie. Le marquis de Guadalcàzar décida d'acheter et de fondre les pièces nécessaires et d'en fabriquer plus pour armer les galions lors de leurs voyages de retour[237], et Cardonna installa canons et lombardes pour la protection du port[238].

Après le passage de Speilbergen, et pour prévenir le retour des pirates, le marquis de Guadalcàzar ordonna de fondre de grandes couleuvrines. La fonderie en fabriqua quatre, avec leurs affûts et leurs ferrures de métal, chacune avec trente boulets de bronze, appelées par la suite du nom des Quatre évangélistes, pour les installer dans le tout nouveau fort de San Diego. Du métal qui resta, on fit deux canons *bastardos*, et trente boulets de vingt-cinq livres pour chacun[239], huit *sacres* de vingt à vingt-cinq quintaux avec des boulets de sept et huit livres, deux *medio sacres*, ainsi que onze petites pièces de bronze de taille intermédiaire[240].

Les attaques des Philippines par les pirates et la pression que ceux-ci exercèrent durant tout le XVII^e siècle sur les envois de l'argent vers les Îles ou des métaux précieux vers l'Espagne, inquiétèrent la Couronne qui décida d'améliorer sa capacité défensive. Mais pour la Nouvelle-Espagne et par conséquent pour l'Archipel, le manque d'artillerie était énorme et il n'y avait que très peu de fondeurs[241].

En 1626, la pénurie de métal pour la fabrication de matériel de guerre empêcha le gouverneur Niño de Tabora[242] de construire de nouveaux galions. Le changement se profila en 1627 : le manque d'artillerie et de fondeurs obligea le marquis de Cerralvo à demander à Manille cinquante-trois pièces d'artillerie pour Veracruz, qui, arrivées en 1631, furent considérées d'excellente qualité[243].

En 1637, le vice-roi marquis de Cadereyta[244] demanda la fabrication de quelques pièces d'artillerie à Manille, et en ajouta pour *l'Armada de Barlovento*[245].

---

235 Une livre = 0,460 kg.

236 AGI. México, 25, N.37. Carta del virrey conde de Monterrey.

237 AGI. México, 28 N.20/Cartas del virrey marqués de Guadalcàzar.

238 Jorge Denegre, *op. cit.*, p. 189.

239 AGI. México, 28 N. 33. 1616/ Cartas del Marqués de Guadalcàzar.

240 AGI. México, 28, N. 46. Cartas del virrey Marqués de Guadalcàzar.

241 AGI. México, 28 N. 20. Carta del virrey marqués de Guadalcàzar.

242 AGI. Filipinas, 20 R, 20 N.137.

243 AGI. México, 30 N. 36. Carta del marqués de Cerralvo.

244 16-09-1635 à 27-08-1640.

245 *L'Armada de Barlovento* fut créée pour protéger les territoires outre mer américains des attaques des pirates et corsaires. AGI. Filipinas, 21 R, 12, N. 66.

En 1697 le gouverneur Fausto Cruzat rendait compte au roi de l'efficacité de la fonderie aux Philippines : sa production annuelle était de trois cent soixante arquebuses avec leurs caisses, et les entrepôts royaux disposaient de deux mille arquebuses et d'un nombre suffisant de mousquets[246].

Cette succession d'événements nous montre la difficulté que rencontrèrent la Nouvelle-Espagne et les Philippines face à une guerre de type européen à laquelle elles n'étaient pas préparées. Pour pourvoir dans l'urgence la Nouvelle-Espagne et les Philippines du matériel de guerre nécessaire, la Couronne envoya dans un premier temps l'artillerie depuis l'Espagne pour la faire arriver via Veracruz au galion et aux Philippines. Elle créa ensuite à Acapulco une fonderie qui produisit effectivement de l'armement. Mais devant l'expérience de l'ennemi, son harcèlement et la puissance de ses moyens, le vice-royaume et l'Archipel se trouvèrent en fort désavantage. Par ailleurs, bien qu'Acapulco fût près de la capitale du vice-royaume et au contact direct avec le galion, le port ne disposait ni de la main-d'œuvre qualifiée ni d'une voie de communication utilisable pour recevoir le matériel nécessaire à la fonte.

Manille fit le contrepoids : sa capacité ouvrière, ses moyens économiques, sa proximité avec la Chine le Japon et les autres pays d'Extrême Orient lui permirent de faire baisser le coût de l'artillerie. Celle-ci embarquait, à faux frais, comme lest sur le galion de Manille, propriété du roi, et d'Acapulco via Tehuantepec, arrivait à Veracruz. Ainsi, Acapulco fut dépassée, contrainte de rester un simple prestataire de services, ne disposant que d'ateliers de ferronnerie ou de tonnellerie.

## 5. Les autres services de l'arsenal

La configuration du galion variait selon la partie du trajet : de Manille appareillait un bateau marchand, d'Acapulco un navire militaire y retournait. Après l'avoir remis en état, Acapulco transformait le bâtiment pour le rendre apte à sa seconde mission de transport du *situado* et du *soccorro.*

Au niveau stratégique, l'argent et la poudre qui partaient d'Acapulco étaient bien plus importants que les marchandises de luxe qui arrivaient de Manille et demandaient que des précautions considérables soient prises contre l'humidité. À l'avant et à l'arrière de la cale du bateau, les charpentiers fabriquaient des compartiments appelés *pañoles* dont les parois étaient garnies de nattes de palme ou de *petates.* La poudre servait à la défense du galion et aux exercices militaires exécutés sur le trajet vers Manille. Au XVII^e^ siècle, même si Manille disposait de sa propre casemate, on y envoya en grandes quantités de la poudre de la fabrique du moulin de Chapultepec. Selon Villar Ortiz, deux cent cinquante-six quintaux furent transférés en 1609, cent quintaux en 1629, et mille quintaux en 1649[247], ce qui coïncide avec les problèmes[248] des Philippines[249].

---

[246] AGI. Filipinas, 17 R,1 N. 3.

[247] VILLAR ORTIZ, Covadonga, *La Renta de la Pólvora en Nueva España (1569-1767)*, Sevilla, EEHA, 1988, p. 115-116.

Lors du voyage vers les Philippines, le bateau embarquait les nombreuses personnes du *socorro* qu'il fallait soutenir durant la traversée. Puebla fabriquait généralement le biscuit en grandes quantités. Acapulco en faisait pour les avisos qui partaient à Manille en l'absence de galion. Son embarquement était délicat, il demandait un compartiment particulier couvert de nattes pour le protéger de l'humidité et de l'odeur du chargement avoisinant. Si trop de biscuit devait être embarqué en raison du nombre de passagers, il était stocké dans les coursives et devait être distribué en priorité, car il courrait le risque d'être mouillé et perdu. Au début du voyage on mangeait de la viande fraiche, embarquée sur pied. Pour cela, les charpentiers installaient des poulaillers et des râteliers aux intempéries, sur la *toldilla* et aux extrémités du château, afin de pouvoir les laver sans gêner les manœuvres par mauvais temps.

La question de l'eau à bord des galions était cruciale en raison du nombre de passagers et de la longueur du voyage. Au début du siècle, la tonnellerie arrivait d'Espagne à Veracruz transportant le vin, le vinaigre, la viande ou d'autres produits. Vidée puis envoyée à Acapulco via Tehuantepec, on l'utilisait pour la *aguada*, l'approvisionnement en eau des galions. Par manque de temps, les tonneaux étaient remplis très vite, sans être nettoyés ni lavés. En mer, la contamination de l'eau causait de nombreux décès, ce qui entraîna en 1633 la plainte de don Juan Grau y Monfalcón, Procureur général des Îles Philippines.

À la différence du perfectionnement continu réalisé dans l'organisation et l'appui militaire au profit du galion de Manille durant tout le XVIIe siècle, le niveau des opérations techniques à Acapulco fut moins achevé que ce qui avait été envisagé. Andrés de Urdaneta s'est-il trompé sur ce point ?

La réponse paraît être plutôt négative, car lors du choix d'Acapulco comme port de base, les capacités des Philippines n'étaient pas connues. Par ailleurs, l'Archipel acquit au cours des années les connaissances techniques nécessaires à la construction de navires ou la fonte d'armement. Les coûts de main-d'œuvre et de matériaux à Manille étaient beaucoup plus bas que ceux d'Acapulco. Aussi, malgré l'impulsion donnée à Acapulco au début du XVIIe siècle, la compétitivité de Manille fit se déplacer toute l'industrie navale et d'armement à Manille. Enfin, le manque de main-d'œuvre experte fit que la Couronne préféra affecter ses rares experts à Manille plutôt qu'à Acapulco.

Ainsi, en matière de production navale, les capacités qu'Urdaneta avait envisagées pour Acapulco furent adaptées pour se limiter à la fourniture d'une aide, à n'être qu'une composante de l'entité principale de Manille. En matière de fabrication d'armement, le rôle d'Acapulco fut marginal. Une réalisation totale de la perspective initiale d'Urdaneta aurait sûrement changé complètement le destin de la ville.

---

[248] En 1609, Manille était assiégée par la flotte hollandaise de François Wittert, un des hommes d'Oliver van Noort. En 1629, elle était attaquée par les pirates malais mahométans de l'île de Jolo et par les *camucones* des îles proches de Bornéo. Quand la poudre arriva à Manille en 1649, treize navires hollandais avaient bombardé la ville pendant deux ans.

[249] MONTERO VIDAL, José, *Historia de Filipinas desde el Descubrimiento de dichas Islas hasta nuestros días*, Madrid : Imprenta y Fundación de Manuel Tello Filipinas. Tomo I, p. 185-190.

# CHAPITRE VI

## LES VOIES DE COMMUNICATION

La distance entre Acapulco et Mexico ne soutient aucune comparaison avec celle du trajet maritime que les marchandises orientales dans un sens, le *socorro* et le *situado* dans l'autre, devaient parcourir. L'importance des voies terrestres de communication qui aboutissaient à Acapulco n'en est pas moins primordiale.

Hernán Cortés a probablement utilisé un vieux sentier mexicain pour envoyer de Mexico à Acapulco les matériels, provisions et hommes nécessaires à l'expédition de Diego Hurtado de Mendoza pour explorer la *Mar del Sur*[250]. Le 20 avril 1532, dans sa lettre à Charles V, il écrivit que deux bateaux avaient pu être préparés à Acapulco, mais qu'en raison de la difficulté du chemin, on ne pouvait approvisionner le nécessaire par charrettes ou bêtes de somme, et qu'il avait chargé quelques-uns de ses Indiens pour apporter ce qui manquait[251].

L'absence de voies de communication adéquates était à l'origine de l'utilisation des indigènes comme porteurs ou *tamemes*. L'exploitation et la mortalité des naturels poussèrent la Couronne à ordonner en 1550 au vice-roi don Luís de Velasco I[252] d'ouvrir des chemins et de construire des ponts pour les convois de mules, et d'interdire le système de porteurs. Néanmoins, Acapulco, qui avait été élevée au rang *d'Alcaldía Mayor*, continua à n'être reliée que par des sentiers, n'ayant pas la priorité sur les ports de Navidad et Huatulco qui concentraient le commerce du vice-royaume dans le Pacifique[253].

La *torna-vuelta* découverte, et alors que différentes options de port de base restaient ouvertes, Andrés de Urdaneta[254] relevait la proximité entre Mexico et Veracruz comme une caractéristique favorable : « il n'y a pas plus de soixante lieues pour Mexico… et de Vera Cruz au port d'Acapulco, il y a plus ou moins cent dix lieues ». De son coté, Felipe de Salcedo, petit-fils de Legaspi, écrivit le 28 mai 1566 que « le port d'Acapulco doit être à soixante-dix lieues de Mexico et quatre-vingt-dix de Vera Cruz »[255].

Finalement, Acapulco fut choisi comme terminal du galion de Manille, mais par manque de ressources, la route de Mexico ne bénéficia que de quelques modifications entamées en 1573[256]. Quelques sections furent aménagées, mais l'étroitesse du chemin et la descente des montagnes vers la mer continuèrent

---

250 CÁRDENAS PEÑA, Enrique de la, *El camino del Asia,* México, Edición a cargo del autor, 2006, p. 16-35. MARTÍNEZ del RÍO, Marita, « El transporte en la Historia de México », *Artes de México,* 1960, Año XXIII, n° 197, p. 17.

251 Hernán Cortés, *op. cit.,* p. 308.

252 1550-1564.

253 Enrique Cárdenas de la Peña, *op. cit.*, p. 20.

254 Colección de Documentos Inéditos Relativos al Descubrimiento, *op. cit.*, p. 121.

255 Enrique Cárdenas de la Peña, *op. cit.*, p. 21.

256 Antonio Francisco García-Abasolo, *op. cit.*, p. 74.

d'être dangereuses. En 1577, le transit des *recuas*, les colonnes de bêtes de somme, déjà habituel, rencontrait les mêmes difficultés[257].

Pour assurer le soutien du galion de Manille, Acapulco devait être reliée aux villes importantes de Nouvelle-Espagne. Malgré le besoin prouvé, et les décisions prises à un niveau correct, les moyens nécessaires ne furent pas réservés. Devant l'importance croissante des Philippines, le vice-roi Luís de Velasco II ordonna en 1592 de construire un *camino Real* ou de *Herradura*, un chemin muletier qui suivit avec quelques modifications le vieux sentier utilisé par Hernán Cortés. Au début du XVIIe siècle, grâce à son récent chemin de *Herradura*, Acapulco, Mexico, et les deux océans étaient ainsi reliés. Cette artère du trafic commercial intérieur et international de Nouvelle-Espagne fut vitale pour le galion de Manille, la foire d'Acapulco, le lien entre les Philippines et l'Empire espagnol, et pour la conservation de l'Archipel.

## 1. Les chemins royaux

Francesco Carletti, Pedro Texeira, Gemelli Careri firent ce trajet et en décrivirent quelques vicissitudes. Gemelli Careri donne précisément l'itinéraire alors utilisé : Venta del Atajo, venta del Ejido, Dos Arroyos, Los Pozuelos, el Peregrino, rio Papagayo, Cacahuatal, Dos Caminos, Los Cajones, Acahuizotla, Trapiche de Mazatlán, Petaquillas, Chilpancingo, Zumpango, le fleuve de las Balsas, Nopalillo et Cañada del Carrizal, Rancho de Palula, Pueblo Nuevo et sa grande lagune, Amacuzac, Huejotzingo, Alpuyeca, Xuchitepec, Cuernavaca, Tlaltenango, Huichilaque, Agustín de las Cuevas, et México[258].

En raison de la foire, un autre chemin muletier fut ouvert pour relier Acapulco à Valladolid – Morelia, passant par Zihuatanejo, Ixtapa, Hacienda de la Laja, Los Vallecitos, Hacienda de Guadalupe, rancho del Faisán, rancho de las Ánimas, Hacienda de Potero, rancho de la Parota, Hacienda de Potrero, rancho Jazmín, Hacienda de Cuito, Hacienda de Rosario, Rancho de Ahuijote, Hacienda de Casitas, Hacienda de Oropeo, Cayaco, Huacana, Rancho de la Playa, Hacienda de Tejamanil, Ario, Santa Clara de Los Cobres, Pátzcuaro, Venta de Correos et Valladolid[259].

Mais la route la plus importante durant la Colonie relia Mexico à Veracruz. À ce port arrivait la Flota, en faisant de celle-ci l'entrée principale de Nouvelle-Espagne qui, par son intermédiaire, maintenait son lien avec l'Espagne.

---

[257] Enrique Cárdenas de la Peña, *op. cit.*, p.18.

[258] Gemelli Careri, *op. cit.*, p. 13-19. Dans *Viaje a la Nueva España.*

[259] GARABANA, Antonio Francisco, «El Comercio del Oriente en la Provincia Mexicana», *Artes de México*, 1971, vol. XVIII, n° 143, p. 67.

## 2. Acapulco, port de transbordement entre les Philippines et l'Espagne via Veracruz

Deux trajets reliaient Acapulco et Veracruz. En 1679, Pedro Cubero Sebastián suivit un itinéraire terrestre, passant par Tixtla, Chilapa et *Trisco* – Atlixco –, obliquant vers Puebla et arrivant à Veracruz. Parcourir ses cent soixante lieues prenait de quatre à six semaines. L'autre trajet, plutôt nautique, se faisait par voie de mer puis par le fleuve Coatzacoalcos.

L'existence de la *Mar del Sur* et du Coatzacoalcos avait été révélée à Cortés par Moctezuma. Après la Conquête, Cortés fit explorer les nouvelles terres et informa le roi en 1522 de l'installation d'un arsenal et d'un village d'Espagnols sur le Pacifique, à seulement quatre-vingt-dix lieues de Mexico. Vers 1524, dans son quatrième compte-rendu, il annonçait à Charles V l'existence d'un grand fleuve qui débouchait sur la mer avec un bon port pour les bateaux[260].

Reliant les deux océans, ce fut dès le début la voie la plus rapide pour approvisionner le galion de Manille des matériels acheminés depuis Séville[261]. Après l'attaque du pirate anglais Thomas Cavendish[262] sur le galion Santa Ana en 1587, il fut décidé d'armer les galions. On pouvait acheter l'artillerie embarquée à la Flota qui arrivait d'Espagne, ou à la fonderie de Veracruz. En urgence, on la préleva sur les bateaux en réserve à Veracruz. Envoyée à Acapulco, le galion de Manille ou d'autres navires en furent armés.

Le trajet navigable se faisait en vingt jours, au lieu de six semaines pour l'autre itinéraire. Le premier tronçon, de soixante lieues, partait de San Juan de Ulua, à Veracruz, pour remonter le fleuve Coatzacoalcos. Vingt lieues de charrettes plus loin, à Tehuantepec[263], on embarquait le matériel sur cette plage ouverte à l'océan, dangereuse. Géographiquement plus long, ce trajet était plus aisé, plus rapide et le moins dangereux de tous. Durant le XVII^e^ siècle, avec un an d'anticipation, on y transporta les matériels lourds et encombrants requis par les officiers royaux d'Acapulco, comme l'artillerie, les ancres, la poudre, les tonneaux d'eau[264], trop lourds pour les bêtes de somme. Y transitaient aussi venant d'Espagne certains voyageurs, soldats, artilleurs et les *condestables* destinés aux Philippines, comme des mousses et marins enrôlés à Veracruz[265].

---

260 Lettre de Hernán Cortes. Dans : Hernán Cortés, *op. cit.*, p. 175.

261 Antonio Francisco García Abasolo, *op. cit.*, p.72.

262 Tomás Oteiza, *op. cit.*, p. 84.

263 Andrés de Urdaneta, *op. cit.*, p. 122.

264 AGN. I.V. Marina. E. 35. C. 4873. Año 1603. F.2 .

265 AGI. Contaduría, 904, 1622/ Caja de Acapulco.

## 3. Le chemin vers Mexico, cordon ombilical d'Acapulco et de Manille

Les opérations d'approvisionnement du bateau débutaient avant que le gentilhomme[266] descende au port de Navidad avec les commandes de Manille. Les officiers royaux d'Acapulco menaient un travail continu durant plusieurs mois de l'année. L'expérience et la pratique, souvent tragiques, amenèrent en 1633 la Couronne[267] à faire préparer les provisions nécessaires à partir du mois de décembre, pour qu'elles ne s'abîment pas, et que le galion n'ait ni à retarder son départ, ni à partir sans elles. Pour cela le *factor veedor* Royal, en communication avec ses collègues de Mexico, demandait les vivres, fèves, lentilles, haricots, pois chiches, que l'on ne trouvait pas à Acapulco et qui étaient nécessaires pour alimenter le *Servicio Real*, la garnison du Fort et l'équipage du galion de Manille, au port comme pour leur retour.

Le peu de temps de présence du Galion était utilisé par les officiers royaux de Mexico pour remplir les besoins spécifiques annoncés dans les plis de Manille, et les envoyer au port. Les souhaits de Manille de 1638 le montrent : on demandait au vice-roi marquis de Cadereyta d'envoyer par le galion qui venait à peine d'arriver sur les côtes de Navidad, six cent mille pesos de *situado*, du vin et de la farine de Castille, des tissus comme du drap, de la toile à sac écrue pour habiller les forçats, des chapeaux de feutre de couleur, des matériels de défense, du plomb en feuilles et en pains, de fer étamé en feuilles, petites et grandes, du suif de bouc, des aiguilles à coudre les voiles, des tonneaux avec leurs fonds et leurs cerclages, et pour l'hôpital des couvertures, des aiguilles à recoudre, des ventouses, des seringues en laiton. Ce matériel ne pouvait être fabriqué à Acapulco et n'existait pas en quantités suffisantes dans ses entrepôts.

Dans cette machinerie, une mauvaise décision en amont pouvait avoir des conséquences défavorables aux Philippines plusieurs mois plus tard. Aussi, les acteurs de Nouvelle-Espagne pensaient et agissaient à l'unisson avec ceux de Manille, dans la meilleure communion possible, et actualisaient les prévisions en accord avec ce que le galion envoyait par l'intermédiaire de son gentilhomme. Ainsi, même si le trafic présentait une période de pointe à l'arrivée du galion, les dispositions préliminaires permettaient de se préparer.

## 4. La route périlleuse de Mexico à Acapulco

La durée de transit variait selon la charge, le type de transport et les conditions rencontrées en chemin. Les courriers envoyés à Mexico chevauchaient quatre jours. Quinze jours furent nécessaires à Gemelli Careri.

266 Les journaux de Gregorio Guijo et Antonio de Robles décrivent le *gentilhombre* comme la personne qui débarquait du galion avec le courrier. Le dictionnaire de la RAE définit *gentilhombre* comme l'homme dépêché vers le roi avec un pli d'importance, pour lui apporter une nouvelle.
267 Lois 25 et 31 du Livre 9. Titre 45 de *la Navegación y Comercio de Las Filipinas*.

Pedro Texeira[268] décrivit la route de Mexico à Acapulco, récemment ouverte « avec des forêts très hautes, de grands précipices et d'innombrables rivières d'eau pure et excellente », sans cesser d'en noter le caractère risqué. Lors de leurs voyages au Pérou, les vice-rois comte de Monterrey et marquis de Montesclaros, remarquaient que le chemin était très mauvais et pas carrossable.

L'abandon de cette route au XVII^e^ siècle est une constante, probablement à cause de la topographie, du climat et du manque d'ingénierie adaptée.

De Mexico à Cuernavaca, le chemin était large et praticable pour les véhicules à roues. La portion suivante jusqu'au fleuve Balsas[269] était plus ou moins déblayée. Le franchissement de ce fleuve à fort débit se faisait grâce aux Indiens et aux radeaux, les *balsas*, en forme de croix, soutenus par des calebasses. Les voyageurs, assis sur les selles, et les ballots de marchandises, étaient tous placés à bord des radeaux[270] qui étaient transférés à la nage par un groupe d'Indiens, pendant que les bêtes passaient toutes seules. Les accidents de personnel, pertes de matériels, de précieuses marchandises, d'approvisionnement important, et de bêtes de somme, étaient nombreux. Lors des crues, les Indiens ne se risquaient pas à traverser le fleuve qui charriait beaucoup d'arbres, et le trafic s'arrêtait.

Se présentait ensuite un vrai calvaire, la zone des montagnes. On franchissait trois côtes, à Cajones, à Peregrino et à Cacahuatal. Les convois de mules étaient énormément retardés dans ces passages si étroits que les muletiers ne pouvaient rebrousser chemin et devaient éviter que les *recuas* ne se rencontrent, en envoyant un aide à un jour en avant ou en déchargeant. Dans le dangereux passage des Cajones, les bêtes passaient par miracle. Le Papagayo, au débit très changeant, se franchissait comme le fleuve Balsas, avec le même genre de radeaux[271]. La côte escarpée du Peregrino passée, entre monts et forêts, on arrivait à El Ejido, puis à El Atajo et à Acapulco. La partie entre le fleuve Balsas et Acapulco était la plus pénible, à cause des difficultés topographiques et climatiques qui fatiguaient les bêtes anémiées ; beaucoup en mourraient, augmentant la peine des muletiers, et élevant le coût de transport. Durant les pluies, le chemin était impraticable à cause des éboulements et des obstructions. Tixtla et Chilapa étaient chargées de sa maintenance. Elles envoyaient des équipes d'Indiens qui devaient veiller au bon état des chemins. Mais laissant leurs familles derrière eux, ne recevant ni salaire ni nourriture en suffisance, sans surveillance, sans outils adéquats, ces travailleurs étaient inefficaces et ne faisaient qu'arranger la route à la va-vite[272].

---

[268] Manuel Romero de Terreros, *op. cit.*, p. 41.

[269] En raison de ces radeaux, ce fleuve fut dénommé Balsas, aujourd'hui Mezcala.

[270] Giovanni Francesco Gemelli, *op. cit.*, p. 15. Dans *Viaje a la Nueva España.*

[271] Cubero Sebastián put le passer à pied et Gemelli Careri dut le faire à la nage.

[272] AHEG. AHEM/RM/POE/V10-E1. F-3.

## 5. Le transport et les dispositions sur le chemin de Mexico à Acapulco : aires de repos, surveillance, douane, et péage

Le moyen de transport employé variait selon la qualité des voyageurs. La troupe, encadrée de commissaires et de gardes, était généralement accompagnée de colonnes de forçats, à pied et entravés de fers de douze livres[273]. Les commerçants voyageaient à cheval, groupés, protégés par des gens en armes.

Dans son *Memorial*, l'archevêque *electo*[274] de Manille, don Diego Camacho y Avila[275], devant embarquer sur le galion en 1696, rapporte avoir loué pour cinq cents pesos une voiture en si mauvais état qu'il ne put arriver qu'à Cuernavaca et fut en retard à Acapulco, ne voulant pas risquer sa vie en montant un cheval et ne trouvant pas de mule de siège ni de charge. En avril 1689, le départ du comte de la Monclova comme vice-roi au Pérou fut notifié à tous les villages pour fournir les Indiens[276] nécessaires à son transport par chaise à porteurs.

En 1674, lors de son voyage de Mexico à Acapulco pour embarquer sur le galion de Manille, Calderón y Serrano se disait satisfait que sa femme doña Catalina ait voyagé en hamac, sans fatigue et très facilement[277]. Le hamac, déjà utilisé par les seigneurs de l'Empire aztèque[278], entra aussi dans les habitudes de la Nouvelle-Espagne et devint, avec les civières, les litières[279] et les chevaux, un des meilleurs moyens de transport.

Le trajet de Mexico à Acapulco, étroit, sinueux, escarpé, lent, offrait toutes facilités aux bandits. Depuis 1553, l'institution de la *Acordada* veillait sur les chemins grâce à ses officiers de justice à cheval. La circonscription d'Acapulco fournissait les services du Provincial de la Santa Hermandad. Nommé par le vice-roi et placé sous l'autorité du Castellano[280], il exerçait sa surveillance depuis Acapulco jusqu'à la province de Zacatula. Disposant pour son service personnel de quatre noirs ou mulâtres, armés en raison exceptionnelle des risques auxquels il était exposé, il protégeait le transfert d'argent, surveillait les marins et artilleurs déserteurs des galions de Manille. Il poursuivait les bandits de grand chemin, violeurs, criminels, voleurs de bestiaux.

La richesse qui circulait sur ces chemins était très convoitée : en 1609, une bande de trois cents noirs cimarrons attaquaient les convois de mules[281]. Entre 1621 et 1624, le vice-roi marquis de Gelves, connu pour ses succès contre les bandes de voleurs qui infestaient les chemins, fut appelé le Terrible Justicier[282].

---

[273] AGN. Indios. Contenedor 13. Volumen 29. Expediente 149. 1686. Folio 127 v.

[274] *Electo* : se dit d'un évêque qui a été choisi pour un poste mais n'a pas encore été consacré.

[275] AGI. Filipinas, 75, N.37/ Cartas y expedientes del arzobispo de Manila.

[276] AGN. Indios. Contenedor 17. Volumen 30. Expediente 255. 1689.

[277] AGN. Indiferente Virreinal. Filipinas. Caja 3504. Expediente 29.

[278] SAHAGÚN, Bernardino de, *Historia General de las cosas de Nueva España*, México, Editorial Porrúa, 1999, p. 460, Libro V. (Sepan Cuantos n°300).

[279] CARRERA STAMPA, Manuel, « *La Feria de Acapulco* », en *Las Ferias Comerciales de Nueva España*/ sous la dir. de José Joaquín Real Díaz, Sevilla : IMCE, 1959, p. 253.

[280] AGI. México, 189, N. 58. 1660/ Confirman oficio a Antonio de la Peña.

[281] AGI. México, 27, N. 66/ Cartas del virrey Luís de Velasco hijo.

[282] GAGE, Thomas, *Nuevo reconocimiento de las Indias Occidentales*, México, 1994, p. 178.

Le long du trajet de Mexico à Acapulco, les auberges d'El Atajo, El Ejido, Dos Arroyos, de la côte du Peregrino, et les maisons communautaires de Dos Caminos, Petaquillas, Zumpango et Alpuyeca, proposaient des chambres propres. Le *topil*[283] assurait le service aidé par des Indiens, vérifiait qu'il ne manque ni eau ni bois ni sel, par ailleurs gratuits[284]. Une niche à l'entrée protégeait l'image de Notre Seigneur ou du saint patron de l'établissement, et dans un lieu visible, le tarif pratiqué[285]. Chiapas et Tixtla assuraient les approvisionnements des envois de Mexico au *Servicio Real* d'Acapulco, le soutien en mules et fournissaient les provisions de bouche aux soldats et forçats. Les gardes et commissaires devaient payer aux villages leurs dépenses mais il semble que les mauvais comportements étaient nombreux[286].

Plusieurs postes de douane jalonnaient la route. À une demi-lieue d'Acapulco, des gardes surveillaient les entrées et sorties des marchandises avec leurs *guías*, documents de transport donnant poids, dimensions, valeur, consignataire, destination du paquet transporté, et droits payés à la Caisse Royale[287].

D'autres contrôles se trouvaient à Acahuizotla et à Dos Caminos. À San Agustín de las Cuevas on payait un real par mule[288]. À Mexico, on vérifiait les documents et inspectait la marchandise.

## 6. L'*arriería*, un travail compliqué et important

À la création des routes en Nouvelle-Espagne, le système de transport de *l'arriería* avait été mis en place. Le rude travail de muletier, ou *arriero,* demandait un long apprentissage pour connaître les chemins, procéder aux démarches douanières et acquérir certaines connaissances vétérinaires. Il dirigeait une colonne de trente à quatre-vingts bêtes. Les mules ou les ânes, chargés de deux cents kilos, pouvaient parcourir vingt kilomètres par jour[289]. Le prix du transport variait selon la distance, la saison, le chargement, et la concurrence.

Les marchandises fines, les gros paquets, les caisses d'argent poinçonné ou en lingots, les provisions, le papier officiel, protégés par des nattes de palme ou des filets en sisal, ou empaquetés dans des cuirs, des toiles cirées, des couvertures, étaient accompagnés de leur document de transport.

Au XVIIe siècle, le chemin d'Acapulco à Mexico ne fut pas à la hauteur de l'importance de la circulation et du commerce pratiqué à Acapulco par temps

---

283 DEHOUVE, Danièle, *Cuando los banqueros eran santos. Historia económica y social de la provincia de Tlapa, Guerrero*, México, Estampa Artes Graficas, 2002, p. 190.

284 Giovanni Francesco Gemelli, *op. cit.*, p. 16. Dans *Viaje a la Nueva España.*

285 Charles V depuis 1538 avait imposé une série de lois pour aider les voyageurs.

286 AGN. Indios. Contenedor 18. Volumen 31, Expedientes 13 y 18. 1691.

287 CARRERA STAMPA, Manuel, *Los Gremios Mexicanos La organización gremial en Nueva España 1521-1861*, México, E.D.I.A.P.S.A., 1954, p. 250.

288 Giovanni Francesco Gemelli, *op. cit.*, p. 19. Dans *Viaje a la Nueva España.*

289 MIJARES, Ivonne, *El abasto urbano, caminos y bastimentos.* Historia de la vida cotidiana en México. La Ciudad Barroca/ ed. par Antonio, RUBIAL GARCÍA. México : FCE, 2005, p. 126.

de foire. La topographie influa sur la réalisation d'une coûteuse maintenance qui ne s'adapta pas aux réelles nécessités. Mais la raison en fut aussi l'absence d'activité continue à Acapulco, au contraire de Veracruz, port de cabotage permanent. C'était une ville de saison, où un événement particulier arrivait une seule fois par an : hors la foire, Acapulco était désertée par son élite.

La congestion de la circulation des colonnes de bêtes de somme, l'augmentation du prix, mais aussi le manque de moyens de transport à ces périodes particulières montrent la forte croissance du marché. Cette nouvelle route appela la participation d'Acapulco, mais impliqua d'autres régions de l'intérieur de Nouvelle-Espagne. La foire d'Acapulco ne se réduisait pas au seul achat de marchandises chinoises ou d'esclaves ; on y venait aussi pour vendre les produits de Nouvelle-Espagne à Manille, ou au Pérou. Proches d'Acapulco, les villes de Tixtla, Chilapa et Tlapa trouvèrent ainsi dans le métier de muletier une occupation des plus prospères[290].

[290] Danièle Dehouve, *op. cit.*, p. 220.

# DEUXIÈME PARTIE

# MANILLE ET SON GALION

# CHAPITRE I

## LA RÉALITÉ CONTRE LA LÉGALITÉ

Au XVIIe siècle, l'activité du port et de la ville de Manille était concentrée sur le galion. La ligne transpacifique la plus longue et difficile de son temps essayait d'entretenir une communication régulière avec Acapulco malgré les problèmes de Manille, internes ou externes, et les difficultés de navigation.

Au début de la mousson, les grandes jonques arrivaient à Manille, d'Amoy ou de Fukien en Chine, mais aussi de Nagasaki[291] au Japon, et les navires portugais amenaient leurs marchandises des Moluques, d'Inde, de Siam, de Macao, de Perse ou de Turquie[292]. L'île de Mirabeles envoyait une embarcation pour les reconnaître, laissant à bord deux ou trois soldats qui surveillaient leur entrée jusque dans la baie afin d'éviter la contrebande. On transmettait à Manille par signaux de fumée la provenance, la catégorie du navire, le nombre de l'équipage et le type de marchandises embarquées. La ville et le Gouverneur prévenus, les officiers royaux montaient à bord du bateau mouillé dans la baie pour la visite officielle. Le chargement était enregistré, évalué, et l'impôt fixé[293], débarqué par *champanes*[294] vers les entrepôts ou les maisons du *Parián*[295].

Le *Parián*, ou *Alcaecería*[296], était parfaitement délimité, juste au dehors de la ville, situé dans l'estuaire autour de l'île de Binondoc, un peu à l'intérieur du fleuve Pasig, à portée d'arbalète de Manille. En 1581, le gouverneur Gonzalo de Peñaloza avait obligé les Chinois à y vivre ou à habiter de l'autre côté du fleuve, sur la bande de Tondo, dans les villages de Baybay et Minondoc[297].

Au début du XVIIe siècle, les dominicains y possédaient deux monastères et un hôpital et aidaient les Chinois ; ils estimaient la population chinoise de Manille et ses environs, à vingt mille âmes[298] ; en 1636, Grau y Monfalcón dénombrait environ trente mille personnes, Chinois et Japonais, alors que la population espagnole ne dépassait pas trois mille trois cent quarante.

De ce déséquilibre provint l'interdiction pour les Chinois de sortir du *Parián* sans autorisation expresse : se faire prendre à la fermeture des portes de la ville de Manille pouvait leur coûter la vie. Chinois et Espagnols n'eurent jamais de

---

291 Jusqu'en 1638, quand le Japon se ferma.

292 Antonio de Morga, *op. cit.*, p. 290-291.

293 L'impôt était de 3 %, plus les droits de port. Dans : William L. Schurtz, *op. cit.*, p. 99.

294 *Champan* : du chinois sampan qui signifie bateau. Observation Jacques Mazars.

295 RAE: du tagalog parian, marché chinois.

296 OLLÉ, Manel, *La Invención de China : percepciónes y estrategias filipinas respecto a China durante el siglo XVI*, Wiesbaden, Harrossowitz Verlag, 2000, p. 50.

297 Antonio de Morga, *op. cit.*, p. 297.

298 FERRANDO, Juan, « Historia de los PP. Dominicos en las Islas Filipinas y en sus misiones del Japón, China, Tunk-King y Formosa ». Libro V, Periodo Decimocuarto, Cap. IV, p. 87. *Colección Clásicos Tavera* [CD-ROM], vol. 13, serie X, Obras Clásicas para la Historia de Manila, Madrid, MAPFRE, 1998.

relation cordiale ou pacifique. Les Espagnols se méfiaient des Chinois qu'ils appelaient *sangleyes*[299], qui durent souvent subir des restrictions et furent fréquemment expulsés. Mais ils dépendaient de ces derniers, indispensables pour maintenir le rythme à Manille, adroits, agiles, bon marché, payés selon ententes[300]. Aussi, la peur espagnole calmée, ils revenaient dans l'intérêt de tous.

Le *Parián* était gouverné par un Chinois chrétien ; ministres et officiers rendaient la justice, les appels étant reçus par *l'alcalde mayor* du *Parián* et les problèmes remontaient à l'*Audiencia*. Les Chinois avaient monopolisé le commerce des vivres ; les services de médecin, de barbier, de tailleur, de ferronnier, de bijoutier, de sculpteur, de maçon, de peintre, de fabricant de chaussures. Mais surtout, le *Parián* était le marché de la soie[301] et des autres marchandises vendues à la foire d'Acapulco.

### 1. Les Chinois, maîtres du commerce et de son art

Depuis très longtemps, la Chine commerçait avec les pays voisins grâce à la mer méridionale. Au IIe siècle de notre ère, via la route de la soie de l'Asie Centrale ou la voie maritime de l'océan Indien, elle vendait ses articles de soie à Rome[302]. La porcelaine atteignit la Perse au VIIIe siècle, et l'Europe avant le XVe siècle, lorsque les Portugais, par la route maritime africaine, ramenèrent de Goa la porcelaine chinoise introduite par des marchands indiens[303].

Les marchands et artisans chinois acquirent au fil des siècles une importante expérience commerciale. Surtout dans le négoce de la soie, ils n'acceptaient que l'argent et les réaux[304]. Ils connaissaient l'importance de s'adapter aux goûts étrangers, savaient faire monter les prix, tromper sur la qualité de la marchandise, abus qualifiés de *trampas de China* par les Espagnols.

La dynastie Yuan avait institué le papier monnaie[305] et interdit la circulation des métaux précieux. Hongwu[306], premier empereur de la dynastie Ming[307], tenta d'imposer le papier monnaie – *baochao* – et de diminuer l'extraction d'argent, mais les Chinois préféraient l'argent métal pour leurs opérations financières. Quand l'empereur Yongle[308] rouvrit les mines, la Chine continua de l'utiliser dans les transactions. Au début du XVIe siècle, avant l'arrivée de

---

299 *Sangleyes* : en dialecte amoy, *seng-li* signifie commerce et *xan-lay* en chinois marchand.

300 CHIRINO, Pedro, *Relación de las Islas Filipinas i de lo que en ellas an trabaiado los Padres de la Compañía de Jesús*, Manila : 1890, p. 10.

301 Manel Ollé, *op. cit.*, p. 150. Dans : *La Invención de China.*

302 HERNÁNDEZ H. Roberto, "El comercio exterior de China hasta 1948". *Estudios de Asia y África*, 1979, Jan-Mar, vol. 14, n° 1 (39), p. 2-3.

303 BROOK, Timothy, *Vermeer's Hat. The Seventeenth Century and the Dawn of the Global World*, London, Profile Books, 2009, p. 62-63.

304 Antonio de Morga, *op. cit.*, p. 314.

305 Dynastie d'origine mongole (1279-1368).

306 1368-1398.

307 Dynastie Ming (1368-1644).

308 1402-1424.

l'argent mexicain ou péruvien, du métal japonais vint renforcer l'économie chinoise.

Les Chinois découpaient les pesos de huit réaux, outrage entraînant la stupéfaction espagnole et celle d'Antonio de Morga : l'argent était le moyen d'échange de l'économie chinoise, car les paiements importants comme les recouvrements d'impôts[309] se faisaient en argent non poinçonné coupé, pesé, fondu en lingots du poids nécessaire, mesuré en *taeles* ou en onces. Au XVIIe siècle, l'argent était si intégré dans la vie journalière des Chinois que personne n'y pensait, sauf quand il manquait[310].

Entre 1600 et 1650, la Chine importa cinq mille tonnes d'argent, la moitié du Japon et le reste des mines novohispanas et péruviennes[311] ; entre 1597 et 1602, partirent chaque année d'Acapulco de cent cinquante mille à trois cent quarante mille kilos d'argent[312], en lingots ou en pesos de huit réaux, la moitié en transfert légal, le reste en contrebande[313]. La plus grande partie, convertie en *taeles*, de quatre à neuf millions, passa à Fukien et disparut en Chine[314]. Vers 1620, l'importation depuis Acapulco était de vingt tonnes d'argent, puis se stabilisa à neuf ou dix tonnes par an[315].

Ces chiffres donnent une idée de la valeur du chargement du galion de Manille, de l'importance de la foire d'Acapulco ; ils expliquent les tentatives des pirates hollandais, montrent la magnitude de ce marché et les raisons des lois et des processus d'achat des marchandises chinoises au *Parián* de Manille.

## 2. La théorie

Au *Parián*, les transactions étaient théoriquement libres. Mais l'usure et la spéculation obligèrent la Couronne à instaurer le mécanisme de la *pancada*[316] : tous les ans, afin de limiter l'évasion fiscale et de contrôler le mouvement des pesos mexicains, le Gouverneur et l'*Ayuntamiento* de Manille nommaient chacun deux ou trois personnes d'expérience pour réguler prix, volumes des marchandises et leur vente aux enchères[317].

La mesure de la cale du galion en partance permettait d'évaluer le chargement possible et par déduction de connaître la quantité de marchandises à acheter afin de remplir la soute au coût le plus bas. Le volume, mesuré[318] en

309 Timothy Brook, *op. cit.*, p. 172. Dans : Vermeer's Hat.
310 RAE. *Tael* : monnaie chinoise qui était utilisée aux Philippines.
311 Timothy Brook, *op. cit.*, p. 172. Dans : Vermeer's Hat.
312 BROOK, Timothy, *The Confusions of Pleasure*, California, Univ. of California Press, 1999, p. 205.
313 Timothy Brook, *op. cit.*, p. 171. Dans : Vermeer's Hat.
314 Timothy Brook, *op. cit.*, p. 205. Dans : Confusions of Pleasure.
315 Timothy Brook, *op. cit.*, p. 171. Dans : Veermeer's Hat.
316 Loi 35. Livre IX. Titre 45 de la Recopilación de Indias.
317 Loi 34. Livre IX. Titre 45 de la Recopilación de Indias.
318 Mexico avait donné de nouvelles mesures, mises en pratique en 1683 à Manille ; ainsi un *fardo* ou ballot, devait mesurer une *vara* et quart de long, deux tiers de large, et une de haut. Dans : AGI. Philippines, 211, N.1. Repartimiento de Carga de la Naos.

*fardo*[319] ou ballot, était divisé en parties égales entre les *vecinos*, les veuves des Espagnols, les soldats pauvres, les religieux, les bonnes sœurs, et théoriquement les locaux des Îles, afin que tous, à l'exception des fonctionnaires royaux, des militaires et des officiers du galion, participent au commerce, comme l'ordonnait la *Permission*.

Une *Junta de Repartimiento*[320], composée du Gouverneur, du *Fiscal* de l'*Audiencia* et de l'archevêque de Manille, prenait en compte l'ancienneté, la condition et le niveau de richesse des *vecinos* pour répartir le volume disponible, bien qu'en général le groupe le plus favorisé ait été la population espagnole de Manille et de Cavite ; en outre, elle devait s'assurer qu'il n'y ait ni fraude, ni tromperie. Pour chaque ballot étiqueté[321], on remettait une *boleta*, sorte de bon de transport, non cessible ; à l'exception des veuves et des commerçants qui pouvaient le revendre directement, ceux qui n'envoyaient pas de marchandises devaient le rendre à la *Junta de Repartimiento*[322] qui les revendait à qui en avait besoin et en retournait le prix au propriétaire initial.

Les certificats en main, les *vecinos* faisaient emballer leurs marchandises par les Chinois, habiles pour empaqueter les soies, prenant beaucoup de précautions contre l'humidité qui imprégnait les ballots, tachant les soies et les dépréciant[323]. Le fond de chaque ballot était garni d'une pièce de coton, les soies placées au milieu, avec une autre protection de coton au-dessus. On le recouvrait ensuite de toiles de fibres du chanvre d'*abaca*[324], de doubles toiles cirées, les comprimant par des lianes, et parfois d'une protection supplémentaire de peaux[325]. On profitait du volume autorisé, au détriment du poids.

Les commerçants déclaraient à la *Junta de Avalúos*[326] les caractéristiques, la qualité, la quantité, le poids et la valeur, jurant être l'unique consignataire. On vérifiait ensuite que les certificats correspondaient à la quantité et au coût des marchandises. Les tarifs officiels des marchandises importées étaient revus tous les cinq ans, tous les dix ans pour les articles des Philippines. On ne prenait pas en compte la variation annuelle du coût des produits. La diminution annuelle du prix unitaire permettait d'embarquer un chargement plus important pour le même prix officiel évalué à Manille, mais à Acapulco, la valeur augmentait, dépassait l'autorisation légale, parce qu'on utilisait le prix théorique[327].

---

[319] Unité figée de valeur estimée invariable, qui payait un impôt fixe.

[320] Créée à partir d'un décret de Philippe III en 1604. Dans : Guillermo Tardiff, *op. cit.*, p. 78.

[321] On inscrivait le nom du consignataire, et par précaution des risques et dangers du voyage, celui de trois personnes qui pouvaient disposer du chargement à son point de débarquement.

[322] En 1638 le transfert de bons de transport fut interdit. Dans : Guillermo Tardiff, *op. cit.*, p. 80.

[323] AGI. Expediente Filipinas, 211, N.1 Repartimiento de Carga de las Naos.

[324] AGI. Escribanía, Pleitos de la Audiencia de México, 172B.

[325] AGN. Indiferente Virreinal. Filipinas. Caja 6441. Expediente 092. Año 1640.

[326] Créée en 1604 par Philippe III, cette *Junta* était constituée d'un comité présidé par le Trésorier du Trésor Royal qui était le membre le plus influent après le Gouverneur, deux députés et les commerçants avec leurs avocats. Dans : AGI. Filipinas, 203, N.1/10-04-1698.Fol. 286r-300v.

[327] Guillermo Tardiff, *op. cit.*, p. 81.

Le bureau de *Cuentas* copiait les listes dans le *libro de jurado*[328] du galion et établissait le montant des droits. Les biens étaient alors transportés à Cavite dans des dépôts permanents ou improvisés.

### 3. La pratique

La répartition des *boletas* ou certificats débutait lors des préparatifs de départ. Bien vite après un début de fonctionnement correct, surgirent les antagonismes, les conséquences de la cupidité et des rivalités. À la suite de plaintes, la Couronne ordonna en 1619 au Trésorier de la *Real Audiencia* de Manille d'être présent et d'intervenir lors de leur attribution.

Les gouverneurs aménagèrent souvent cette autorisation, concédée aux *vecinos* de Manille, l'appliquant aux fonctionnaires publics, aux œuvres pieuses et aux Confréries. Les corporations ecclésiastiques à buts caritatifs, comme *la Casa de la Misericordia* et *la Venerable Tercera orden de San Francisco*, furent favorisées pour leur rôle important de prêteur au profit de commerçants en difficulté[329]. Même sans envoyer de marchandises, ces Confréries profitaient de la vente de leurs certificats pour investir dans leurs hôpitaux comme ceux du *Real de los Naturales*, du *Real de los Españoles*, et de *la Misericordia*, et dans leurs œuvres de charité. Elles agirent longtemps comme compagnies d'assurances[330], ou comme banques, prêtant à vingt-cinq ou trente pour cent.

La distribution de certificats aux œuvres pieuses pouvait profiter aux institutions du *Patronazgo Real* comme le *Colegio de Santa Potenciana* qui recueillait les femmes nécessiteuses et les jeunes filles de la ville, à celles de la cathédrale ou d'autres églises comme celle de Santiago ou de Nuestra Señora de Guía, ou enfin à des organisations qui venaient au secours des lépreux chrétiens japonais ou des enfants orphelins[331].

D'un autre côté, la fraude, l'abus, le favoritisme et la corruption faisaient partie de ce commerce. La session de la *Junta* présidée en 1698[332] par le Gouverneur de Manille, don Fausto Cruzat, le montre. Devant l'auditeur le plus ancien de la *Real Audiencia*, son Trésorier, *l'Alcalde ordinario*, le régisseur de Manille, et l'archevêque qui n'assistait pas à la réunion, la répartition des certificats pour les *vecinos* des Îles Philippines fut la suivante :

*Cabildo Secular:*
*Sargento Manuel de Frías ; alcalde... 12,000 pesos*
*Capitán Juan Andrés de Iturralde; alcalde de ordinario... 12,000*
*Juan Morales ; castellano... 12,000*
*General Tomas Martínez de Antillanos, regidor...12,000*

---

328 AGN. Indiferente virreinal. Filipinas. Caja 6441. Expediente 092. 1640.
329 María de Lourdes Díaz Trechuelo, *op. cit.*, p. 99.
330 CARRERA STAMPA, Manuel, « La Nao de la China », *Historia Mexicana,* Julio-Sept. 1959, vol. IX, n° 33, p. 109.
331 AGI. Filipinas, 8, R, 3, N. 105.
332 AGI. Escribanía, Pleitos de la Audiencia de México, 186C, 1699.

*Vecinos:*
*Senador Alonso de León...8,000*
*Almirante Antonio de Acevedo...6,000*
*Sargento mayor Agustín Hernández...4,000.*

Selon la Loi, cette autorisation n'était pas accordée aux fonctionnaires royaux, aux militaires, et aux officiers du galion !

Les vice-rois de Nouvelle-Espagne faisaient aussi mauvais usage de ces pratiques : l'incrédule Ginés Barrientos, indigné, expliqua au roi que « don Diego Calderón avait déclaré dans une des *Juntas* qu'il présidait que deux mille ballots étaient réservés sans imposition au vice-roi, car il détenait une lettre du roi l'autorisant à charger soixante mille pesos tous les ans à bord du galion »[333]. De même, quelques commerçants, pour ne pas risquer leur capital, préféraient vendre leurs certificats, au préjudice des commerçants de Manille obligés de les acheter à un prix excessif, car elles s'échangeaient alors au plus offrant[334], créant une concurrence déloyale avec les compagnies d'acheteurs de Mexico, plus fortunés. Pour éviter ses pratiques, la Couronne décida en 1620 que la partialité du gouverneur pouvait être mise en cause lors de son jugement de *residencia.* La spéculation sur les certificats continua, et en 1638, les échanges inconnus de la *Junta de Repartimiento* furent interdits.

## 4. La vie chaotique de Manille

Manille, cité du contact entre les économies européenne et chinoise[335], était soutenue par Acapulco, humble bourgade de pêcheurs[336], ce qui peut dénoter une relation déséquilibrée : Manille, unique centre économique, face à Acapulco, unique centre d'obéissance au règlement. Établie à Acapulco, la loi n'était pas totalement appliquée. On peut alors estimer que la contrebande se faisait seulement à Manille et dans son intérêt. Il convient de poursuivre l'analyse avant de tirer cette conclusion.

Manille, cité cœur de *la nao de China*, capitale de la possession espagnole d'Extrême-Orient, cachait un paradoxe : elle était vue comme une terre de punition. Quels problèmes ébranlèrent ses habitants durant le siècle ?

Tout d'abord, Manille souffrit des conflits entre l'Espagne et la Hollande. En 1600, Olivier van Noort coula la *capitana* des deux galions qui partaient en Nouvelle-Espagne.

En 1602, pendant l'union des couronnes d'Espagne et du Portugal, les Hollandais établirent aux Moluques la Dutch East India Company ; la dispute pour le contrôle des îles entraîna la réaffectation du *situado* au financement du combat contre les Hollandais.

---

333 AGI. Filipinas, 75, N.11. 03-06-1683/Carta de Ginés Barrientos sobre carga de las naos.
334 Manuel Carrera, *op. cit.*, p. 109. Dans : La nao de la China.
335 Timothy Brook, *op. cit.*, p. 107. Dans : Vermeer's Hat.
336 Giovanni Francesco Gemelli, *op. cit.*, p. 8. Dans : Viaje a la Nueva España.

Ils eurent aussi à se défendre des nombreuses attaques de leurs flottes : François Wittert en 1609, Joris van Speilbergen en 1616, sept frégates qui essayèrent en 1646 de bloquer l'entrée de Manille et attaquèrent heureusement en vain le San Diego en partance pour Acapulco, huit navires de guerre et cinq pataches qui bombardèrent Manille à l'été 1647, paralysant le commerce avec Acapulco jusqu'en mai 1648. Il faut rappeler que la perte d'un galion signifiait à la fois la perte de l'autorisation annuelle, celle des marchandises, et le report de l'aide financière en provenance de Nouvelle-Espagne.

Le coût de la sécurité intérieure de Manille et de l'Archipel était élevé et engageait rapidement les entrées du Trésor Royal de Manille. En 1621, les incursions aux Moluques coûtèrent deux cent dix-huit mille trois cent soixante-douze des deux cent cinquante-cinq mille cinq cent quarante et un pesos reçus ; en 1628, quatre-vingt mille des cent mille pesos de trésorerie ; en 1640, deux cent trente mille des deux cent cinquante-six mille pesos de *situado* y furent investis. Un fort déficit maintint les Philippines dans une profonde crise[337].

La guerre incessante livrée au XVII<sup>e</sup> siècle contre les pirates malais de Joló et de Mindanao fut obsédante. Les conflits de 1614, 1616, 1617 se répercutèrent sur le personnel local des arsenaux et la construction de galions s'en vit affectée. Samar et Marinduque furent attaquées en 1629 par les pirates *camucones*[338], et de nouveau les *joloanos* attaquèrent Capul, Palapag, Samar, Paranas, Leite, Baclayan. En 1634, il y eut de nouvelles incursions des pirates de Joló et de Mindanao. Sur une période de trente ans, pas moins de vingt mille personnes furent capturées[339]. Sebastián Hurtado de Corcuera les vainquit en 1638, mais les problèmes continuaient en 1642.

Ainsi les Espagnols vivaient sous la protection des murailles de Manille, craignant en plus les Chinois et les Japonais. La peur avait ses raisons : en 1603, vingt mille Chinois se soulevèrent. Sortant de leurs couvents, les dominicains les combattirent. En 1606, mille cinq cents Japonais se rebellèrent, sans conséquence, les religieux les calmant. En 1639, vingt-cinq mille Chinois brûlèrent le village de Binondo et affrontèrent quinze jours les Espagnols qui, pour contrer leur retraite, incendièrent le *Parián* dont les immeubles et la plupart des marchandises appartenaient aux Espagnols. En 1662, huit mille Chinois prirent les armes. La population de Cagayán se souleva en 1639, et en 1660 celles de Luzón, Pangasinan et Camarines firent de même.

Les plaques tectoniques apportaient leur contribution au désordre : Manille comme Acapulco est située dans la zone où quatre-vingts pour cent des tremblements de terre se produisent. En 1616, les secousses entraînèrent les glissements de terrain des collines d'Illocos et de Cagayán, le tremblement de 1619 rasa la province de Nueva Segovia à Luzón. Le pire de tous fut celui du

---

337 Leslie Bauzon, *op. cit.*, p. 82-83.

338 José Montero Vidal, *op. cit.*, p. 185-190.

339 MONTERO VIDAL, José, « Historia de Filipinas desde el Descubrimiento de dichas Islas hasta nuestros días ». Tomo I, *Colección Clásicos Tavera* [CD-ROM], vol. 13, serie X Obras Clásicas para la Historia de Manila, Madrid, MAPFRE, 1998, p. 202.

jour de la Saint André en novembre 1645. On raconte que le feu jaillit de larges fissures, les vagues grandirent, les rivières débordèrent, un énorme bruit effraya les habitants. Les toits et les murs tombaient, les sols se dérobaient, les édifices s'écroulaient. La cathédrale s'effondra ; les immeubles gouvernementaux, les prisons, les couvents de San Francisco, Santo Domingo et Santa Clara, furent très endommagés[340]. Plus de six cents personnes périrent, et plusieurs villages extra-muros furent touchés. En 1648, la perle de l'Orient[341] était encore remplie de décombres. Le tremblement de terre de 1658 eut raison des édifices restés debout en 1645 comme le palais de l'Archevêché, plusieurs couvents et églises. Les *vecinos* de Manille allèrent vivre dans des maisons de bois et de roseau[342]. Et en 1677, un autre tremblement de terre survint.

Cependant, les *arribadas*[343], les échouages, et les naufrages constituaient la plus grave tragédie. Une lettre de 1697 de Manille[344], demandant une réduction d'impôt, en raison d'un échouage et de la perte de deux galions, montre bien la difficulté, la détresse, le chagrin de toute la population.

Cœur du commerce international de son temps, Manille fut aussi sans le vouloir le comptoir des exportations chinoises. Les Philippins, tant sur le plan de l'organisation théorique du fonctionnement du système du galion de Manille que sur celui plus pratique du commerce avec les *sangleyes*, les Japonais, les Portugais et autres correspondants locaux, furent dynamiques, s'adaptant aux aspirations de la société de Nouvelle-Espagne, approvisionnant le marché d'Acapulco, pensant bien sûr à leur bénéfice mais cherchant aussi à faire vivre la ligne du galion de Manille, malgré les vicissitudes locales et les attaques extérieures, les révoltes intérieures et les avatars maritimes. Le but ne fut que partiellement atteint : les voyages transpacifiques au XVII^e^ siècle n'eurent pas une « régularité quasi parfaite »[345] et avaient encore moins de « marge de sécurité »[346]. Les nombreux hommes et quelques femmes qui osèrent s'embarquer à bord du galion de Manille savaient qu'ils ne reviendraient peut-être pas. De tous les voyages du XVII^e^ siècle, une proportion de seize à dix-huit pour cent s'échoua, ou fit naufrage, constituant un taux de risque élevé.

Néanmoins, la période la plus compliquée de Manille fut provoquée par le *visitador* Pedro de Quiroga y Moya : le frein le plus puissant du siècle provint du pouvoir central et non des difficultés locales qui furent aplanies l'une après l'autre. Les habitants de Manille durant tout le XVII^e^ siècle eurent une existence compliquée. Les faits influencèrent les habitants, mais les tracas de la vie à Manille n'étaient pas pris en compte par les décideurs, trop loin en Espagne. La

---

340 *Ibid.*

341 José Montero Vidal, *op. cit.*, p. 269-270.

342 AGI. Filipinas, 28, N.63.

343 *Arribada* : cette appellation indiquait aux Philippines l'interruption du voyage d'un galion qui devait revenir à Manille et qui était ressentie comme aussi grave qu'un naufrage.

344 AGI. Filipinas, 203, N.1. Manila 17-05-1697. Fol. 131r-132v.

345 Dans ses considérations, Carmen Yuste doit estimer l'ensemble des voyages des deux cent cinquante ans que dura le galion de Manille.

346 Carmen Yuste, *op. cit.*, p. 30. Dans : *Emporios Transpacíficos.*

théorie, ordonnée par l'Espagne et suivie par Acapulco, ne pouvait pas être appliquée au pied de la lettre ; il fallait trouver un autre système, ou adapter le système en vigueur, à Manille comme à Acapulco.

# CHAPITRE II

# UN PARTAGE DYNAMIQUE ENTRE ACAPULCO ET MANILLE : LA CONSTRUCTION DES GALIONS AU XVIIe SIÈCLE

Le développement ci-dessous sur la construction du galion peut paraître embrouiller notre discours, il n'en est pas moins nécessaire. En effet, la conception du galion de Manille appliquait la science d'architecture navale d'Espagne, mais la construction faisait surgir diverses difficultés. Puis, dès son départ vers la Nouvelle-Espagne, le galion était soumis à de multiples agressions maritimes, météorologiques, et éventuellement humaines, lors du transit dans l'Archipel ou sur les côtes de Nouvelle-Espagne. Il y avait donc un équilibrage important à réaliser entre Manille et Acapulco.

Trois grandes conséquences résultèrent du choix d'une localisation si lointaine de la construction des galions. Outre la répartition des tâches entre Manille et Acapulco, les arsenaux éprouvèrent des difficultés dans l'emploi de matériaux, dans la disponibilité de la main-d'œuvre et dans la répartition des dépenses.

Le manque de travailleurs qualifiés confirme les difficultés stratégiques éprouvées par Manille que l'Espagne et la Nouvelle-Espagne devaient résoudre. Le travail du bois s'accompagnait de problèmes techniques. Enfin la rationalisation et l'optimisation des dépenses de la Couronne furent rendues plus difficiles comme on le verra par la suite.

## 1. Les arsenaux

Les Philippines construisirent la majorité des galions au XVIIe siècle. Dans son récit de 1619, le *capitán de maestranza* don Sebastián de Pineda[347], directeur du chantier naval de ces Îles, indique que les arsenaux étaient répartis sur l'île de Luzón, à cause de la proximité de Manille, de l'abondance de la main-d'œuvre, pour la facilité d'approvisionnement des bois tropicaux des Philippines, différents des essences utilisées en Espagne, et pour des raisons de sécurité.

L'île de Luzón accueillait de nombreux arsenaux : à l'intérieur de la baie de Manille et abritant l'arsenal principal, le port muraillé de Cavite disposait d'ateliers, de ferronneries, et d'une corderie ; on y préparait les galions, les galères, les pataches, les galiotes, et les bateaux gouvernementaux[348].

À cinquante lieues, dans les Camarines, se trouvait l'arsenal de Dalupaes ; l'arsenal de Pantao à soixante lieues de Manille, à quatre-vingts lieues, dans la

[347] BLAIR, Emma, James ROBERTSON, *The Philippine Islands 1493-1898*, Vol. XVIII-1617-1620, Cleveland, Arthur H. Clark Co., 1904, p. 169-188.
[348] QUINTANA, José Miguel, "Un viaje de Filipinas a la Nueva España en el siglo XVII", *Artes de México*, 1971, XVIII, n° 143, p. 36.

province d'Albay, ceux de Sorsogón et de Bagatao. Dans l'arsenal de Bagatao, le gouverneur don Diego de Salcedo[349] fit construire le Nuestra Señora del Buen Socorro, et en 1687 Gabriel de Curucelaegui le Santo Cristo de Burgos, remarquant la qualité des bois utilisés ; la construction d'un galion y fut décidée par Fausto Cruzat, en raison du manque de bois à plusieurs lieues du rivage de Cavite[350]. D'autres îles accueillaient des chantiers, à Marinduque, à quarante lieues de Manille, à Mindoro et Masbate.

Les arsenaux de Luzón tentaient de se protéger des pirates malaisiens, les moros, venant des îles de Jolo et Mindanao, région de conflit permanent durant une longue partie du XVII^e^ siècle. En 1617, à l'arsenal de Pantao, alors qu'on y construisait le galion San Marcos et deux pataches, les pirates musulmans de Mindanao firent prisonniers plus de quatre cents travailleurs et en tuèrent plus de deux cents autres[351].

Les agissements des forces qui tentaient d'interrompre les travaux, comme les attaques des Mindanaos, pressèrent l'urgence pour dépêcher des moyens militaires de défense à partir d'Acapulco, destinés à contrer les attaques extérieures, à quelque prix que ce fût.

## 2. Le personnel des arsenaux

Le *Repartimiento*, appelé *bandala* aux Philippines, fournissait la majorité de la main-d'œuvre locale pour la coupe du bois et la construction des navires et embarcations. Nécessaire pour la Couronne afin de poursuivre le maintien de sa présence en Extrême-Orient, ce système était une réquisition obligatoire, pénible mais différente de l'esclavage, car les Philippins devaient être payés.

L'arsenal de Cavite pouvait employer jusqu'à mille quatre cents charpentiers[352]. Le non-paiement d'un travail pénible causa l'abandon de tant d'ouvriers que vers 1618, ne restèrent que deux cents indigènes. La coupe, le transport, la préparation des bois rapportaient sept à huit réaux par mois et une demi-ration. La ferronnerie était réalisée par les locaux et les Chinois : les premiers gagnaient douze réaux par mois, les Chinois vingt-huit réaux et une ration. Les maîtres préparateurs, tourneurs, recevaient de trois à quatre réaux et double ration[353].

Les maîtres de fabrication responsables de la direction de ces arsenaux furent rares au XVII^e^ siècle, ce dont souffrit la construction des galions. En 1686, craignant la perte des Philippines par manque de bateaux, le Procureur général de Manille don Juan Quijano[354] demanda à *la Casa de la Contratación* de Séville des constructeurs de galions.

---

349 1663-1668.
350 AGI. Filipinas, 122, N.13.
351 AGI. Filipinas, 7, R, 5 N. 53/ 1618.
352 Sebastián de Pineda.
353 AGI. Filipinas, 329, L. 2, F. 319 V. Fa
354 AGI. Filipinas, 44, N. 23.

### 3. Les matériaux

La construction des bateaux employa diverses essences choisies en fonction de la qualité du bois, de son emploi, de l'âge de l'arbre, de la partie qui serait utilisée et même encore de l'époque de la coupe. Les arbres utilisés étaient le Palo María, le Láguán, l'Arguijo, et le Dongón.

Un boulet de huit livres ne perforait pas le Palo María, d'une grande dureté, même si le boulet était gros, il n'éclatait pas[355]. Par conséquent, on l'utilisait pour le squelette des bateaux et les cabestans.

Pour le bordé, les ponts et les mâts, on employait le Láguán. Sous l'eau, ce bois n'était pas perforé par les tarets[356], mais en dehors de l'eau, et surtout sur les ponts, il ne durait pas plus de deux ans, car il y pourrissait. Avec un seul arbre, droit et large, on confectionnait d'une seule pièce des mâts[357] qui pouvaient aller jusqu'à quarante-deux mètres de haut.

Commun dans l'île de Mindoro[358], l'Arguijo, comparable au pin, avec un tronc droit, poussait haut. Son bois, dur, élastique et durable, était utilisé pour confectionner la préceinte, partie du bordé au-dessus de la ligne de flottaison qui devait être résistante aux coups.

Les écoutilles, les planches du bordé et des ponts, le mât de beaupré, mât horizontal de la proue, étaient en Dongón, très résistant. D'autres essences comme le Molave étaient employées pour la quille, le gouvernail, le bordé et d'autres parties intérieures.

Il était recommandé de couper les bois à la pleine lune, de les laisser sécher un an, sous peine d'avoir à les remplacer tous les deux ans, car ils pourrissaient rapidement, à l'exception du Palo María qui pouvait être utilisé vert.

Au XVII^e^ siècle, tant la Nouvelle-Espagne que l'Amérique en général étaient pauvres en gisements exploitables de fer[359]. Veracruz envoyait à Acapulco les ancres, du fer en barres, de la ferblanterie, en feuilles, grandes et petites, arrivés de la province de Vizcaya. Ce matériau, plus malléable et de meilleure tenue que celui d'Asie, était utilisé à la fonderie de Cavite pour fabriquer les chaînes, les pièces de fixation de la mâture.

Par ailleurs, une grande partie du fer provenait de Chine et du Japon pour la construction des navires. Sur les jonques chinoises arrivaient de la clouterie, du fer en barre, de l'étain et du plomb. Outre ses achats de fer brut transformé à Cavite en clouterie, le Gouverneur don Juan de Silva[360], recherchant la qualité et

---

355 AGI. Filipinas, 329, L. 2, F. 319 V. Fa

356 *Taret* : mollusque lamellibranche marin qui perce des galeries dans les coques et cause de graves dommages à la construction navale.

357 Sebastián de Pineda.

358 Emma Blair, *op. cit.*, p. 170.

359 CADIZ, Juan Carlos DUQUE ESTRADA, Fernando, *La construcción naval: las embarca-ciones. Puertos y Fortificaciones en América Latina y Filipinas*/ ed. par Biblioteca CEHOPU : p. 96.

360 1609-1616.

le meilleur prix, envoyait en Chine des exemples de clous, de boulons, de vis, de punaises, de goujons, etc[361].

Le plomb étiré, en lanières, ou feuilles fines, et en pains, était envoyé d'Acapulco, ou était acheté à meilleur prix en Chine ou au Japon. Les Espagnols utilisaient la technique de placage de fines feuilles de plomb pour recouvrir l'extérieur de la coque des bateaux et la protéger ainsi des tarets et des algues[362]. Dans un compte-rendu, don Sebastián de Pineda se plaignait du détournement du plomb envoyé pour la protection des bateaux, avant et pendant la période de gouvernement de Juan de Silva, expliquant qu'il était toujours pressé pour résister et attaquer l'ennemi. Le plomb envoyé d'Acapulco pour les bateaux était ainsi utilisé pour fabriquer des balles pour les mousquets.

La récupération sur les vieux vaisseaux d'équipements en fer et d'apparaux aidait à la construction de nouveaux galions. La Nuestra Señora de la Limpia Concepción[363], construite en 1658, utilisa ce qu'on avait récupéré de la Nuestra Señora de Guia qui avait fait naufrage et que l'on fit brûler. De même, en 1688 le Santo Cristo de Burgos profita des restes du San Telmo et du San Antonio.

Fabriqués par les Philippins en *Repartimiento*, les câbles, les cordes, et les aussières, coupées à diverses tailles, étaient en fibres d'*abaca*, une plante semblable au bananier originaire des Philippines, atteignant six mètres de haut, ou des fibres du palmier nommé *gamu*[364]. Les voiles, de coton ou tissu d'Illocos, duraient plus longtemps que celles d'Espagne. Depuis 1608, la Loi[365] stipulait que les cordages et voiles de rechange devaient être transportés de Manille à Acapulco, en raison de leur moindre coût par rapport à ceux qui arrivaient à Acapulco via San Juan de Ulúa. Mais au contraire, les cordages et les voiles continuèrent d'arriver d'Acapulco, malgré Fernando de los Ríos Coronel et Sebastián de Pineda qui avaient fait valoir que le coût à Acapulco était exorbitant, que les cordages arrivaient pourris à Manille, et que pour un dixième du prix ce pouvait être fait par les naturels grâce au système de *Repartimiento.*

## 4. Les coûts

La construction aux Philippines en 1615 d'un galion de mille tonnes coûtait vingt mille pesos de huit réaux[366] et prenait moins d'un an, alors qu'à la même période, selon Pedro Chirino S.J., « un navire fabriqué en Nouvelle-Espagne ou au Pérou allait de cinquante à soixante mille pesos, et demandait plusieurs années de construction ».

---

361 Emma Blair, *op. cit.*, p.175.

362 "Puertos y fortificaciones en América y Filipinas: actas del seminario1984", Centro de Estudios y Experimentación de Obras Públicas, Comisión de Estudios Históricos de Obras Públicas y Urbanismo. La construcción naval: las embarcaciones p. 94.

363 AGI. Filipinas, 31, N. 42.

364 *Gamu* : Caryota onusta.

365 18. Titre 45. Livre IX de la *Navegación y Comercio des las Filipinas*

366 Manuel Carrera, *op. cit.*, p. 106. Dans : La nao de la China.

Cherchant à diminuer les coûts, Fernando de los Ríos Coronel, Procureur général des Philippines, proposa en 1620 de construire des navires au Bengale et à Cochin en Inde[367]. En 1632, le gouverneur Niño de Tabora[368] ordonna d'en réaliser un au Cambodge[369], et Don Diego Fajardo[370] un autre sur la côte de Satsuma, au Japon. Mais une Ordonnance royale de 1679 interdit de fabriquer des galions en dehors des Philippines. Les décisions de construire à Manille ou à Acapulco ne furent pas prises au seul regard du coût : des intérêts étrangers à ceux de la Couronne poussaient à les produire plus cher qu'ailleurs, en profitant personnellement de l'argent du roi.

Durant la troisième décade du XVII^e^ siècle, Grau y Monfalcón estimait le coût moyen de construction d'un galion à Cavite à trente mille pesos. En 1688, selon la *Audiencia* de Manille, la construction du Santo Cristo de Burgos coûta soixante-cinq mille deux cent quarante-trois pesos[371] ; en 1695, le galion San José construit par le gouverneur Fausto Cruzat, soixante-trois mille deux cent quatre-vingt-cinq pesos[372]. L'augmentation du devis correspondait à celle de la taille du galion, ce qui se poursuivit au XVIII^e^ siècle.

Acapulco préparait le galion pour son voyage de retour. Malgré les connaissances espagnoles, l'arsenal ne disposait pas des mêmes qualifications que les Philippines. Les espèces d'arbres étaient différentes, les bois ne présentaient ni les qualités ni la résistance souhaitées. Le personnel local n'était pas non plus qualifié, et la réparation souffrait des mêmes difficultés qu'aujourd'hui : la répartition de connaissances entre le constructeur, le chargé de projet et le réparateur était déjà une difficulté.

C'est pourquoi, à l'arrivée du galion, les responsables d'Acapulco découvraient généralement un problème de réparation, sans dominer la technique, alors qu'il fallait de façon impérative le résoudre correctement, dans les temps prévus, pour ne pas interrompre la chaîne d'exploitation de la ligne maritime.

Des décisions furent prises pour faciliter ce travail : du personnel disposant de quelques notions d'architecture navale embarqua à Manille sur le galion, certes pour réparer les avaries durant la navigation, mais aussi pour assurer un certain transfert technique de Manille à Acapulco.

---

367 AGI. Filipinas, 340, L, 3 F .41.
368 1626-1632.
369 AGI. Filipinas, 8, R ,1 N. 17.
370 1644-1653.
371 AGI. Filipinas, 25, R, 1 N.19.
372 AGI. Filipinas, 15, R, 1 N. 44.

# CHAPITRE III

## LE GALION DE MANILLE, LA NAO DE CHINA, OU LE GALION D'ACAPULCO

Une fois construit, le galion naviguait. En conséquence, il paraît essentiel de rappeler ce qui se passait à la mer, comment les bateaux étaient utilisés pour le transport, pour bien saisir les problèmes à leur arrivée à Acapulco.

L'unique moyen d'unir les Philippines avec l'Espagne par la Nouvelle-Espagne était le galion. Malgré les restrictions de 1593, durant les quinze premières années du XVII^e^ siècle, le nombre de bateaux par voyage entre Manille et Acapulco fut variable, de trois à cinq les premières années, deux par la suite. On s'en tint à ce même nombre jusque vers 1660 : le bateau qui arborait le pavillon du général était appelé *Capitana* et l'autre *Almiranta.* Durant les quarante années suivantes, un seul galion de fort tonnage faisait la traversée par an.

Les lois avaient limité le tonnage à trois cents tonneaux, bien que cette limitation n'ait jamais été effective. Depuis 1589, il y avait des navires de sept cents tonnes[373], avant 1614 les galions étaient de plus de mille tonneaux[374]. Dans le Mémoire de la ville de Manille de la fin du siècle, on parle de galions de mille quatre cents ou mille cinq cents tonneaux[375], en justifiant leur robustesse par une plus grande sécurité. La lettre de 1696 de don Domingo de Zabalburu précise que les derniers bateaux perdus étaient de mille six cents tonnes[376].

Une augmentation de tonnage entraîne un accroissement de volume et de poids embarquables bien supérieur. Ainsi passer de trois ou cinq bateaux de trois cents tonnes avec une petite capacité d'emport à un ou deux navires de mille cinq cents tonnes, montre parfaitement l'explosion des achats de marchandises chinoises et l'augmentation corrélative de l'argent qui sortait.

Mais la taille des bateaux variait drastiquement quand le fil de communication avec la Nouvelle-Espagne se cassait. On voit clairement la gravité de la situation aux Philippines en 1638 lors de l'arrivée d'une embarcation particulière qui causa un grand effroi à Acapulco : ni les autorités, ni les experts ne surent la cataloguer comme *aviso*, patache, frégate, petite galère des Indes du Portugal ? Tous se demandèrent si elle était de cent, cent vingt ou cent cinquante tonnes au maximum[377] !

---

373 SIERRA DE LA CALLE, Blas, *Vientos de Acapulco. Relaciones entre América y Oriente,* Valladolid, Museo Oriental de Valladolid, 1991, p. 50.

374 William L. Schurtz, *op. cit.*, p. 188.

375 AGI. Filipinas, 211, N. 1.

376 AGI. Filipinas, 203, N. 1.

377 AGI. Filipinas, 118, N. 6.

## 1. Le Galion de Manille, éléphant de mer

Le galion de Manille était un navire de haut bord, avec deux châteaux, un plus haut à la poupe et un de proue plus bas. Ce dessin était tiré de l'expérience de navigation dans d'autres mers et pour des traversées de durée moindre que le si long voyage du galion de Manille dans l'océan Pacifique.

La hauteur très importante de sa structure, compensée par la grande largeur de sa coque permettait d'affronter les puissantes vagues et les vents violents et ouragans rencontrés au débouché du canal de San Bernardino. La configuration du bateau était la cause des mouvements pénibles de balancement en l'absence de vent ou quand la furie maritime se déchaînait, quand le navire, soumis aux énormes vagues, sans vents réguliers, devait mettre à la cape.

Passif devant la mer, en raison de son poids et de sa structure, ce galion obèse avançait lentement, supportait sans grand dommage les coups des vagues mais pouvait difficilement gagner contre la force de la mer et les vents debout. Les voiles carrées le disposaient à utiliser les vents portants qui le pousseraient ; l'emploi limité des voiles d'avant, qui permettaient de naviguer vent de l'avant et de louvoyer, explique les routes choisies pour l'aller comme pour le retour. La faible capacité de manœuvre de ces galions due à leur poids et au gréement était pénalisante dans les passages resserrés ou dans les canaux formés par les îles de l'Archipel, ce qui explique le grand nombre d'*arribadas* dans cette zone.

## 2. L'activité de la route maritime au XVIIe siècle

Au XVIIe siècle, il y eut trois grandes périodes d'emploi de la route Manille-Acapulco, correspondant à différents rythmes d'activité et niveaux de développement des deux ports.

**Fortunes de mer des galions au XVIIe siècle**

| | | |
|---|---|---|
| 1600 | *Santa Margarita* | Navigua pendant huit mois pour arriver aux Mariannes avec seulement cinquante des deux cents passagers. |
| 1600 | *San Jerónimo* | Perdu à l'extérieur de l'embouchure d'Espiritu Santo, après avoir sauvé ses passagers en s'échouant sur les Catenduanes. |
| 1601 | *Santo Tomas* | Perdu corps et biens. |
| 1603 | *Espíritu Santo*<br>*María de Jesús* | *Arribada.*<br>*Arribada.* |
| 1604 | *San Antonio de Padua*<br>*Ntra. Sra. de los Remedios* | Perdu à cause de sa coque pourrie. Les notables de Manille revenaient en Nouvelle-Espagne avec leurs familles en fuyant la violence de la ville.<br>*Arribada.* |
| 1608 | *Santiago el Mayor*<br>*Nra. Sra. de la O* | Naufrage.<br>Naufrage |
| 1609 | *San Francisco* | Naufrage sur les côtes du Japon. Navire de Rodrigo de Vivero. |
| 1612 | *Espíritu Santo*<br>*María de Jesús* | Revinrent à Manille après cinq mois de voyage.<br>Le *Sta. María de Jesús* échappa à la mise à sac des Japonais. |
| 1620 | *Ntra. Sra. de* | À quatre-vingt-dix milles de Manille, le pilote le mit sur les |

| | | |
|---|---|---|
| | *Guía* | récifs et fut pendu sur les lieux par les passagers. |
| 1621 | *San Nicolás Tolentino* | Perdu corps et biens avec trois cent trente personnes à bord. |

| | | |
|---|---|---|
| 1638 | *Ntra. Sra. Concepción* | Naufrage aux Mariannes. Six hommes arrivèrent aux Philippines. |
| 1639 | *San Ambrosio* | Naufrage Est de Luzón. Cent cinquante personnes périrent. |
| 1646 | *San Luís Rey de Francia* | Arrivait de Nouvelle-Espagne avec le *socorro* et se perdit sur les côtes de la province de Cagayán. |
| 1649 | *Ntra. Sra. de la Encarnación* | Se fracassa contre les rochers de la côte de Sosogon au nord de la côte de San Bernardino. |
| 1657 | *Ntra. Sra. de la Victoria* | Retrouvé au large de Huatulco en route, des squelettes à bord. |
| 1660 | *Ntra. Sen. de la Limpia Concepción* | *Arribada.* |
| 1662 | *San José* | Arriva après huit mois de voyage depuis son départ de Cavite. |
| 1663 | *San Sabiniano* | Revint à Manille après cinq mois de souffrances. |

| | | |
|---|---|---|
| 1672 | *San Telmo* | *Arribada.* |
| 1682 | *Santa Rosa* | *Arribada.* |
| 1687 | *Santo Niño / Ntra. Sra. de Guía* | Perdit plusieurs mois sur la côte de Bagatao. Revint avec sa cargaison endommagée. |
| 1692 | *Sto. Cristo de Burgos* | *Arribada.* |
| 1693 | *Santo Cristo de Burgos* | Appareilla de Manille et prit feu. Perdu à une position inconnue. Deux passagers survécurent. |
| 1694 | *San José* | Aucune trace de cet énorme galion qui fit naufrage à l'entrée de la baie de Manille, victime d'une tempête. Six personnes sur plus de quatre cents furent sauvées. |

Par les noms des navires, on comprend la difficulté et les risques de cette dangereuse route de navigation, la plus longue de l'époque. Durant le XVII$^{e}$ siècle, tous les navires eurent des noms de saints : suivant la tradition espagnole, les galions, comme les villes, se mettaient sous la tutelle et la protection divine[378] : la Santa Potenciana, la Nuestra Señora del Rosario, le Espíritu Santo, le San Antonio de Padua, le Santo Niño, le San Joseph, le Santo Cristo de Burgos, le San Francisco Javier, firent ce voyage.

378 RAGON, Pierre, « Los Santos Patronos de las Ciudades del México Central. (Siglos XVI-XVII) », *Historia Mexicana,* vol. LII, n° 2, Oct.-Dic., 2002, p. 361.

# RÉCAPITULATIF DES VOYAGES DU GALION DE MANILLE AU XVII$^e$ SIÈCLE

Les tableaux suivants présentent l'ensemble des voyages du galion de Manille au XVII$^e$ siècle. Les éléments contenus sont sujets à incertitudes, en particulier quant à leurs dates réelles de sortie, d'*arribada* ou de naufrage, les voyages aller et retour se faisant généralement sur deux années contiguës : normalement, le galion appareillait de Manille fin juin ou début juillet de l'année N, arrivait à Acapulco à la fin de l'année N ou au début de l'année N + 1, et le retour était entamé au mois de mars pour entrer dans la baie de Manille début juin de l'année N + 1. L'aspect désordonné du programme exécuté montre les réelles difficultés, les essais et tentatives de tout le XVII$^e$ siècle qui furent systématisés dans un programme de bien plus grande régularité au XVIII$^e$ siècle.

**Légende de lecture**

V : Voyage
X : *Arribada*
N : Naufrage
A : Aviso
H : Hivernage
# : Drame de Huatulco
☒ : Année blanche

### Période de 1600 à 1635

| Galions de 1600 à 1611 | 00 | 01 | 02 | 03 | 04 | 05 | 06 | 07 | 08 | 09 | 10 | 11 |
|---|---|---|---|---|---|---|---|---|---|---|---|---|
| Santa Margarita* | **N** | | | | | | | | | | | |
| San Jerónimo* | **N** | | | | | | | | | | | |
| Santa Potenciana | **V** | | **V** | | | | | | | | | |
| Santiago el Mayor* | **V** | | | | | | | | **N** | | | |
| Santo Tomás | | **N** | | | | | | | | | | |
| Santa Catalina | | **V** | | | | | | | | | | |
| Ntra. Sra. de los Remedios | | | **V** | | **X** | **V** | | | **A** | | | |
| San Ildefonso | | | **V** | | | | | | | | | |
| Ntra. Sra. de la Antigua | | | **V** | | | | **V** | | | | | |
| San Francisco* | | | **A** | | | | **V** | | | **N** | | |
| Ntra. Sra. del Rosario* | | | | **V** | | | | | | | | |
| San Antonio de Padua* | | | | **V** | **N** | | | | | | | |
| Espíritu Santo | | | | **X** | | **A** | | | | **A** | | |
| Santa María de Jesús | | | | **X** | | | | | | | | |
| San Pedro y San Pablo | | | | | | | | **V** | **A** | | | |
| Santiaguillo | | | | | | | | **V** | | | | |
| Nuestra Sra. de la O | | | | | | | | | **N** | | | |
| Santa Ana | | | | | | | | | | **V** | | |
| San Antonio de Padua | | | | | | | | **V** | | | **V** | |
| San Andrés | | | | | | | | | | | **V** | |
| Ntra. Sra de Guía* | | | | | | | | | | | | **V** |
| Ntra. Sra. de Guadalupe | | | | | | | | | | | | **V** |

Les vingt-et-une premières années présentent de nombreuses fortunes de mer, ou, comme en 1614, une absence totale de bateau, créant un rythme discontinu. À partir de 1608, on note une forte volonté de maintenir la communication. Même s'il n'y a pas de galion de Manille, on envoie des avisos. Au début du siècle, de nombreux galions font le voyage, quatre à cinq navires en moyenne.

| Galions de 1612 à 1623 | 12 | 13 | 14 | 15 | 16 | 17 | 18 | 19 | 20 | 21 | 22 | 23 |
|---|---|---|---|---|---|---|---|---|---|---|---|---|
| Ntra. Sra. de la Antigua | **V** | | | | | | | | | | | |
| Espíritu Santo | **X** | | | | | | **V** | | | | | |
| Santa María de Jesús | **X** | | | | | | | | | | | |
| San Pedro | **V** | | | | | | | | | | | |
| San Andrés | | **V** | | **V** | | | | **V** | | **V** | | **V** |
| Ángel de la Guarda | | **V** | | | **V** | | | | | | | |
| Santa Margarita* | | | | **A** | | | | | | | | |
| San Joseph* | | | | **A** | | | | | | | | |
| Santiago | | | | **V** | | | | | | | **V** | |
| San Antonio de Padua | | | | | **A** | | | | | | | |
| Ntra. Sra. de los Remedios* | | | | | **A** | | | | | | | |
| San Jerónimo* | | | | | | **A** | | **V** | | | | |
| San Juan Bautista* | | | | | | | **V** | | | | **V** | |
| Ntra. Sra. de Guía* | | | | | | | | | **N** | | | |
| San Nicolas Tolentino | | | | | | | | | **V** | **N** | | |
| Ntra. Sra. de Guadalupe | | | | | | | | | | | | |
| Ntra. Sra. del Rosario* | | | | | | | | | **V** | | **V** | |
| San Jacinto | | | | | | | | | | | **V** | |
| Ntra. Sra. de Atocha | | | | | | | | | | | | **V** |

De 1610 à 1635, la loi est appliquée : généralement, il n'y a que deux bâtiments par voyage. À partir de 1622, le nombre des accidents de mer diminue.

| Galions de 1624 à 1635 | 24 | 25 | 26 | 27 | 28 | 29 | 30 | 31 | 32 | 33 | 34 | 35 |
|---|---|---|---|---|---|---|---|---|---|---|---|---|
| Ntra. Sra. del Rosario | V | | | | | | | | | | | |
| Capitana | V | | | | | | | | | | | |
| Ntra. Sra. de Atocha | | V | | | | | | | | | | |
| Santísima Trinidad | | V | | | | | | | | | | |
| San Luís | | | V | | V | | | | V | | | V |
| San Raymundo | | | V | | V | | | | V | | V | |
| San Jacinto | | | | V | | V | | | | | | |
| San Ignacio | | | | V | | V | | | | | | |
| San Juan Bautista | | | | | | | V | | | V | | |
| San Juan Evangelista | | | | | | | | V | | | | |
| San Francisco* | | | | | | | | V | | | | |
| Santa María Magdalena | | | | | | | | | | V | | |
| Ntra. Sra. Concepción* | | | | | | | | | | | V | |
| Almiranta | | | | | | | | | | | | V |

**Période de 1635 à 1671**

| Galions de 1636 à 1647 | 36 | 37 | 38 | 39 | 40 | 41 | 42 | 43 | 44 | 45 | 46 | 47 |
|---|---|---|---|---|---|---|---|---|---|---|---|---|
| Capitana | V | | | | | | | | | | | X |
| San Ambrosio | V | | | N | | | | | | | | X |
| San Juan Bautista* | | A | | | | V | | | | | | X |
| Ntra. Sra. Concepción | | A | N | | | | | | | | | X |
| Ntra. Sra. Limp. Concepción* | | | | | V | | | V | | | | X |
| San Luís Rey de Francia | | | | | | | V | | V | | N | X |
| Ntra. Sra. de la Encarnación | | | | | | | | | | V | | X |
| Ntra. Sra. de Gracia | | | | | | | | | | | A | X |

La période de 1637 à 1657 est chaotique par la quantité de fortunes de mer. La rentabilité unitaire y est faible. Il y a deux années blanches. Le gouvernement des Philippines et les commerçants trouvent avantage à n'envoyer qu'un seul galion, de plus fort tonnage.

| Galions de 1648 à 1659 | 48 | 49 | 50 | 51 | 52 | 53 | 54 | 55 | 56 | 57 | 58 | 59 |
|---|---|---|---|---|---|---|---|---|---|---|---|---|
| El Buen Jesús | A | | | X | | | | | X | | | |
| Ntra. Sra. de la Encarnación | | N | | X | | | | | X | | | |
| Ntra. Sra. de Guía | | | V | X | | | | | X | | | |
| San Francisco Javier* | | | | X | H | V | | N | X | | | |
| San Diego | | | | X | | H | V | | X | | | |
| San Joseph | | | | X | | | | | X | H | V | |
| Ntra. Sra. de la Victoria | | | | X | | | | | X | # | V | |
| Ntra. Sra. Limp. Concepción | | | | X | | | | | X | | | V |

À partir de 1658, commence une amélioration, la communication est continue jusqu'en 1670, année blanche.

| Galions de 1660 à 1671 | **60** | **61** | **62** | **63** | **64** | **65** | **66** | **67** | **68** | **69** | **70** | **71** |
|---|---|---|---|---|---|---|---|---|---|---|---|---|
| San Joseph | **V** | | | **V** | | **V** | | **V** | | **V** | ⊠ | |
| Ntra. Sra. Limp. Concepción | **X** | | | | **V** | | **V** | | | | ⊠ | |
| San Damián | | **V** | | | | | | | | | ⊠ | |
| Aviso | | | **A** | | | | | | | | ⊠ | |
| San Sabiniano | | | | **X** | | | | | | | ⊠ | |
| Ntra. Sra. del Buen Socorro | | | | | | | | | **V** | | ⊠ | **V** |
| San Diego | | | | | | | | | **V** | | ⊠ | |

**Période de 1672 à 1699**

| Galions de 1672 à 1683 | **72** | **73** | **74** | **75** | **76** | **77** | **78** | **79** | **80** | **81** | **82** | **83** |
|---|---|---|---|---|---|---|---|---|---|---|---|---|
| Ntra. Sra. del Buen Socorro | | | **V** | | | | | | | | | ⊠ |
| San Diego | **V** | | | | | | | | | | | ⊠ |
| San Antonio de Padua | **V** | **V** | | | **V** | | | **V** | | | **V** | ⊠ |
| San Telmo | **X** | | | **V** | | | **V** | | | **V** | | ⊠ |
| Santa Rosa | | | | | | **V** | | | **V** | | **X** | ⊠ |

De 1671 à 1699, les voyages se rationalisent, la communication avec les îles est quasiment continue malgré les problèmes. Apparaît une cadence de trois ans. Il y a moins de pertes et de fortunes de mer. Les bateaux font plusieurs voyages avant d'être remplacés.

| Galions de 1684 à 1695 | **84** | **85** | **86** | **87** | **88** | **89** | **90** | **91** | **92** | **93** | **94** | **95** |
|---|---|---|---|---|---|---|---|---|---|---|---|---|
| San Telmo | **V** | | | | | | | | | | | |
| Santa Rosa | **V** | | **V** | | | | | | | | | |
| Santo Niño y Ntra. Sra. Guía* | | **V** | | **X** | | | **V** | | | | | |
| Santo Rey don Fernando | | | | | **A** | | | | | | | |
| Ntra. Sra. del Pilar | | | | | | **V** | | | | | | |
| Santo Cristo de Burgos | | | | | | **V** | | **V** | **X** | **N** | | |
| Ntra. Sra. Rosario y San Francisco Javier* | | | | | | | | | **V** | | | |
| San José | | | | | | | | | | | **N** | |
| Aviso | | | | | | | | | | | **A** | |
| Ntra. Sra. Limp. Concepción | | | | | | | | | | | | **A** |
| Nombre de Jesús | | | | | | | | | | | | **A** |

1696 voit arriver le galion de très fort tonnage faisant le voyage aller et retour dans la même année. On note aussi que les galions prennent le nom des galions désarmés avec lesquels on construit le nouveau bateau, comme le « Santo Niño y Nuestra Señora de Guía » et le « Nuestra Señora del Rosario y San Francisco Javier » qui effectue le voyage en 1696, 1697, 1698, 1699.

### 3. Une navigation à l'aveuglette : position vraie et estimée

Pour naviguer, le galion devait connaître sa latitude, position sur l'axe Nord Sud, sa longitude, position sur l'axe Est Ouest, et l'heure.

L'observation du soleil, faite d'habitude à midi[379], et des étoiles, utilisait le quadrant et l'astrolabe[380]. Les résultats de ces mesures étaient corrigés à l'aide des tables de déclinaison, permettant de calculer la latitude sur le globe terrestre, et le déplacement sur l'axe Nord Sud et de positionner la trajectoire réelle sur les latitudes utiles pour rencontrer les vents favorables.

La sphère était primordiale pour comprendre les mouvements des astres, les observer et se positionner. À l'aide du quadrant et de la sphère, on mesurait la hauteur de culmination des étoiles dites fixes comme l'Étoile Polaire dans l'hémisphère Nord et la Croix du Sud dans l'hémisphère Sud. Néanmoins, encombrante et lourde, la sphère n'embarqua pas à bord du galion de Manille.

Au XVII<sup>e</sup> siècle, la mauvaise qualité du calcul du temps influait grandement sur la navigation. L'heure n'était pas transportable : les montres terrestres perdaient en général quinze minutes par jour[381], ce qui aurait occasionné des erreurs de navigation de plus de mille kilomètres par jour. Les montres de marine ou les chronomètres suffisamment précis pour arriver à connaitre à la mer la longitude n'avaient pas encore été inventés. On mesurait le temps au moyen d'ampoules [382] ou de montres sabliers, très imprécises, car elles nécessitaient une action humaine systématique et répétitive pour être retournées. C'est pourquoi, jusqu'en 1785, la détermination de la longitude ne put qu'être approchée[383].

La boussole, le loch à nœuds et le temps permettaient de calculer une position approximative. La boussole, sujette à des variations et anomalies déjà rencontrées par Christophe Colomb lors de son premier voyage le 13 septembre 1492, donnait le cap magnétique sous la forme imprécise des trente-deux secteurs de la rose des vents. Le déplacement estimé était obtenu par le loch à nœuds et le temps. Introduit en 1567 par l'anglais William Bourne, le loch à nœuds consistait en une planche de bois attachée à un bout qui présentait des nœuds à intervalles réguliers[384]. Larguée de la poupe, on pouvait calculer la vitesse du galion par rapport à l'eau. Les incertitudes de position étaient grandes, car la vitesse n'était connue que de manière imprécise, les courants n'étaient pas mesurés, et la dérive ne pouvait être appréciée en haute mer. L'absence de prise en compte du courant augmentait l'inexactitude totale.

Le pilote, homme clé du voyage, devait connaitre la bibliographie nautique espagnole, si abondante au XVI<sup>e</sup> siècle, mais plus pauvre au XVII<sup>e</sup> siècle malgré

---

[379] Si le soleil n'était pas suffisamment visible, le galion de Manille pouvait passer plusieurs jours à attendre que le temps s'améliore pour voir le soleil réellement à son zénith.

[380] Il y eut deux types d'astrolabe : l'astrolabe sphérique, très volumineux, laissa la place en particulier sur les bateaux à l'astrolabe plan. L'astrolabe était plus précis que le quadrant.

[381] SOBEL, Dava, *Longitude,* Paris, J.-C. Lattès, 1996, p. 45. (Pointes ; s°126).

[382] Les différentes ampoules marquaient la demi-heure, ou les minutes, appelées dans ce cas *minuteros*, ou les secondes, appelées alors *segunderos*.

[383] BRAND, Donald, *Geographical Exploration by the Spaniards. European entry into the Pacific Spain and the Acapulco-Manila galleon*/ ed. par Ashgate Publishing Limited. Hampshire : p. 111. (The Pacific World Series, n° 4).

[384] GONZÁLEZ, Francisco José, *Astronomía y Navegación en España siglos XVI-XVIII,* Madrid, Editorial MAPFRE, 1992, p. 64 (Colección Mar y América; n° 3).

les actualisations disponibles[385]. En 1669, Francisco de Ruesta rappelle l'étendue des connaissances d'un pilote, portant sur trente et une sciences, comme l'astrologie rustique et judiciaire, la géographie, l'hydrographie, la météorologie, la science des vents[386], ce qui souligne l'importance de la navigation et du pilote qui devait résoudre de nombreux problèmes durant la traversée, par la théorie et la pratique. Sa responsabilité était très grande, comme le montre le châtiment prononcé à l'encontre du pilote qui échoua en 1620 la Nuestra Señora de Guía sur des récifs de l'Archipel[387].

La combinaison de ces approximations pouvait engendrer de grandes erreurs de position : lors du voyage de Gemelli Careri, les positions des différents pilotes embarqués étaient éloignées de soixante à quatre-vingt-dix lieues les unes des autres, et la position réelle était deux cents lieues plus loin. Les erreurs de latitude pouvaient empêcher de rencontrer la veine des vents utilisables, ou faire atterrir loin du point visé. Les pilotes devaient résoudre de nombreux défis : suivre la route malgré les vents et les courants, ménager le bateau, observer le soleil malgré la météorologie, rattraper la position perdue dans la dérive. Ainsi, quand un pilote ancien comme Andrés de Urdaneta dirigeait la manœuvre, il arrivait, peut-être avec un peu de chance, à réaliser le voyage vers Acapulco en quatre mois malgré les tempêtes, alors que, pendant tout le XVII^e^ siècle, les pilotes moins préparés mettaient jusqu'à huit mois, entraînant maladie et mort[388].

## 4. La prise de passage à bord

À ses débuts, la prise de passage sur le galion de Manille, bateau du roi, était gratuite, mais par la suite, au XVII^e^ siècle, son coût fut de deux à quatre mille pesos[389]. Pour s'assurer leur nourriture, les passagers devaient donner un pourboire au commis[390], ou embarquer leurs provisions, à la façon des religieux. Les voyageurs économiquement faibles, les marins, et les soldats destinés aux Philippines recevaient une ration et souffraient des plus grands maux en particulier si le voyage se prolongeait.

Depuis 1604, la Loi ordonnait d'ajouter une réserve aux provisions du galion pour prévoir un possible retard. Comme dans le reste de l'Empire, une liste de vivres bon marché et supposés de longue conservation avait été établie, mais n'avait pas tenu compte des conditions climatiques locales. Ainsi, les produits utilisés à bord étaient des légumes secs, fèves, lentilles, haricots, pois chiches, qui composaient la *menestra*, du fromage sec, du lardon, de la viande

---

385 BERNABÉU ALBERT, Salvador, «Cualidades de los pilotos de Indias según el piloto mayor Francisco de Ruesta (1669)», *Revista de Indias*, Enero-Junio 1986, n°177, p. 337.

386 Salvador Bernabéu, *op.* cit., p. 338. Dans : Cualidades de los pilotos.

387 SANTIAGO CRUZ, Francisco. *La Nao de China,* México, Editorial Jus, 1962, p. 133.

388 Gemelli Careri attribue les naufrages des galions Santo Cristo de Burgos et San José, en 1693 et en 1694, à la perte de leur route.

389 William L. Schurtz, *op. cit.,* p. 243.

390 *Ibid.*

salée, du poisson séché, de l'ail, des oignons, du sel, du vinaigre et de l'huile. Ces aliments ne résistaient ni à la chaleur ni à l'humidité des tropiques.

Les plats étaient accompagnés du *bizcocho,* du biscuit, un pain sec à base de son de blé cuit deux fois pour qu'il perde son humidité et résiste plus longtemps. L'eau puisée dans la rivière Pasig de Manille, la meilleure des Philippines[391], était conservée en jarres protégées par des lianes ou des nattes de palme.

391 Pedro Cubero Sebastián, *op. cit.*, p. 274.

CHAPITRE IV

# LES NAVIGATIONS DU GALION

## 1. De Manille à Acapulco : trois phases de différentes difficultés

Dans la *Recopilacion de Indias*, la loi 32, Titre 45, publiée en 1622, ratifiée en 1631 et 1660, prévoyait de partir de Manille durant le mois de juin, car en appareillant plus tard, on augmentait le danger de s'échouer ou de couler.

La période de départ était définie par la mousson qui commençait pendant juin, et si le bateau était encore au port, il devait attendre entre quinze jours et un mois avant d'appareiller. Par contre, si le galion avait entamé sa navigation, il pouvait profiter des vents jusqu'à arriver à ceux qui le poussaient vers l'Est avec régularité jusqu'à bon port, ce qui permettait de profiter du beau temps, les eaux du Japon étant considérées comme les plus dangereuses du transit[392]. Les exemples suivants justifient la Loi 32 et ses ratifications : Antonio de Morga partit un 20 juin pour un difficile voyage, Cubero Sebastián un 24 juin, et arrivèrent à l'heure. Mais Pedro Texeira appareilla le 18 juillet 1600 avec un groupe de quatre bateaux, et le sien fut le seul à arriver à temps ; deux se perdirent près de l'île de *los Ladrones*, le quatrième mit sept mois pour toucher Acapulco[393].

## 2. Le départ de Manille

L'équipage embarqué, les logements affectés, l'armement terminé, les canons sur leurs affûts, les munitions, les provisions, le bois, l'eau et les chats[394] à bord, le galion, mouillé au lieudit *El Pozo* de la pointe de Cavite à l'intérieur de la grande baie de Manille, se préparait à recevoir son chargement.

À l'aube, aux trois coups de cloche de la garde, la manœuvre commençait, surveillée par deux officiers désignés par le capitaine du galion et un officier royal. Sur le pont des *champanes*, on disposait un filet sur lequel on arrangeait le chargement de la *Permission*, composé de paquets hétéroclites[395] de diverses tailles. Les chalands s'amarraient le long de la coque pour embarquer le matériel

392 Hernándo de los Ríos Coronel. Dans : William L. Schurtz, *op. cit*, p. 232.

393 Manuel Romero de Terreros, *op. cit.*, p. 39.

394 Dès les débuts de la route du galion de Manille, plusieurs chats étaient embarqués. Leur présence suffisait pour éloigner le terrible *alichan de les mares,* le monstre qui attaquait les bateaux et dévorait leur équipage, ne laissant que des squelettes comme témoignage. Ils étaient un moyen empirique pour prévenir de l'arrivée des tempêtes, mais aussi pour faire fuir les rats et protéger les délicates soies, les tissus de coton et les provisions. Dans : ROMERO GIORDANO, Carlos, «Aquellos tiempos de galeones», *México en el tiempo,* 1969, Año 4, n° 25, p. 14.

395 Caisses, ballots, demi-ballots, demi-caisses, petits ballots, jarres pour la faïence, de secrétaires, de lits, de paravents, d'écritoires, des sacs de cannelle et d'épices, etc.

en apiquant[396] une vergue de voile principale et en le hissant au cabestan au son du sifflet[397] du contremaître, pour le descendre dans la cale.

Les opérations continuaient jusqu'à la montée de la garde du second quart. Puis on sonnait la soupe, composée de légumes secs et de viande. Après une période de repos, on reprenait les opérations jusqu'à la sonnerie de la prière du soir. Le dimanche, il y avait double ration de vin, et on assistait à la messe[398]. Les marchandises étaient rangées dans les coursives sous le pont couvert, avec les caisses des marins, les provisions, les gréements et voiles de rechange, ce qui réduisait d'autant l'espace pour les passagers ; malgré la Loi, le galion durant tout le XVII<sup>e</sup> siècle fut surchargé.

Le chargement effectué, les pavillons de *l'Amiral y General* et de l'Empire espagnol, blanc avec l'écusson du roi en son milieu, étaient envoyés. La *capitana* tirait onze coups de canon à l'embarquement du *General de Mar y Guerra.* Tous confessés et ayant reçu la communion, les équipages à la bande saluaient en poussant par trois fois les vivats *Viva el Rey.* Sous la protection de la patronne des voyages du galion, la vierge de *la Paz y el Buen Viaje*, avec la bénédiction de l'archevêque, le carillon des cloches de la ville sonnait l'appareillage.
L'inquiétude des passagers est perçue par Pedro Cubero Sebastián :

> « … Au moment de partir, les voyageurs disent à haute voix, comme s'ils allaient mourir, nous nous remettons dans tes mains Seigneur, prenez soin de cette misérable embarcation qui s'expose en naviguant dans cet Archipel si éloigné ; et d'une seule voix : nous l'espérons, et faisant gonfler la voile, ils commencent à naviguer[399] ».

### 3. La phase inter-îles

Les Philippines étaient présentées comme un archipel de trente à quarante grandes îles, et beaucoup d'autres plus petites, long de deux cents lieues et large de cent[400], huit cents sur quatre cents kilomètres, ce qui explique la complexité de la navigation depuis la sortie de Manille jusqu'au débouché sur l'océan.

Les Instructions de don Gabriel de Curucelaegui recommandaient de disposer dès la sortie du port les apparaux et le chargement le plus convenablement possible pour naviguer, résister aux coups de la mer et au vent,

---

396 Apiquer : Terme maritime. Placer une vergue en direction oblique par rapport à l'horizontale.

397 Sifflet d'argent aussi utilisé pour rendre les honneurs aux personnalités. GARCÍA PALACIO, Diego, de, *Instrucción Náutica para Navegar. Por el doctor Diego García de Palacio del Colegio de su Majestad y Oidor en la real Audiencia obra impresa en México por Pedro Ocharte en 1587*, Ediciones Cultura Hispánica, Madrid : 1944, p. 138. (Colección de incunables americanos siglo XVI, vol. VIII).

398 GARCÍA DEL VALLE GÓMEZ, Jesús, *Retrato de un Navío Nuestra Señora del Pilar de Zaragoza de la carrera Manila-Acapulco (1733-1750)*, Madrid, Editorial Naval, 1993, p. 72.

399 Pedro Cubero Sebastián, *op. cit.*, p. 341.

400 HERRERA y TORDESILLAS, Antonio de. *Historia General de los Hechos de los Castellanos en las Islas y Tierra Firme del Mar Océano o "Décadas" de Antonio de Herrera y Tordesillas*, Tomo I, Madrid : Universidad Complutense de Madrid, p. 218.

être libre de déplacement, utiliser sans encombre les armes[401], car à partir de ce tronçon de voyage, débutait le risque de rencontrer les flottes de pirates.

De Manille à Acapulco, le cap moyen est Est. Lors du long trajet complexe dans l'Archipel qui pouvait durer jusqu'à deux mois, ces énormes et lourds bateaux naviguaient près de la côte dans les canaux formés par les îles ; ils profitaient du *vendaval*, un vent de mousson qui souffle du Sud au mois de juin. Ce vent changeait de force et de direction au cours de la journée, se transformant parfois en de fortes bourrasques ou de brusques tempêtes, obligeant le navire à de nombreuses manœuvres fatigantes. En louvoyant, le galion courait le risque de toucher les hauts fonds à son passage au large des côtes des îles où le fond était moindre. La surcharge augmentait son tirant d'eau : il s'enfonçait plus, demandant plus de fond pour progresser. Pour aggraver la difficulté, les cartes étaient très imprécises. Les galions y souffrirent la majorité de leurs *arribadas*.

En cas d'*arribada*, la vie de la colonie se paralysait : non seulement catastrophe humaine et économique parce qu'elle pouvait causer la perte de vies humaines et de marchandises, c'était aussi une tragédie financière, un désastre, parce que le permis d'exportation en Nouvelle-Espagne était perdu, et l'année suivante, ils ne pouvaient pas grouper les chargements de deux ans[402]. Plus, la Couronne ne disposait pas du nombre suffisant de bateaux pour en envoyer en remplacement. Tout s'effondrait, l'unique lien avec la Nouvelle-Espagne se rompait, il n'y avait pas de renfort de soldats, de religieux, de fonctionnaires, de médicaments, d'armes, etc. Mais surtout, n'arriveraient pas les pesos d'argent : l'année suivante, les jonques chinoises et leurs marchandises se feraient rares. Le cycle faisait une pause.

Les navires du voyage hasardeux des Philippines à la Nouvelle-Espagne du docteur Antonio de Morga rencontrèrent du mauvais temps et mouillèrent à l'abri de la terre à seulement dix lieues de Manille. Après trois jours de vents et de fortes pluies, ils furent poussés à la côte et s'échouèrent. Des renforts arrivèrent de Manille, et à la marée montante, les galions furent tirés sur une lieue pour leur permettre de continuer leur voyage sous voiles[403].

Cette partie du voyage n'était certainement pas favorable pour cet éléphant de mer. Les dégâts physiques et psychologiques étaient le quotidien des équipages et des passagers, et affronter ces dangers depuis le début de la course diminuait les forces du personnel. Malgré tout, la vie suivait son cours à bord.

Le matin, on récitait le chapelet, des litanies et on chantait un Te Deum. Durant la journée, les prières à haute voix se faisaient aux heures habituelles de l'Angélus, comme à terre, et les dimanches étaient jours de sermon.

---

401 AGI. Filipinas, 68, 1688-1701/Autos sobre la arribada del galeón Santo Niño y Nuestra Señora de Burgos. Instrucciones de Gabriel de Curucelaegui para el almirante y general del galeón Santo Niño y Nuestra Señora de Guía Lucas Mateo de Urquiza.

402 William L. Schurtz, *op. cit.*, p. 238.

403 Antonio de Morga, *op. cit.*, p. 185.

Au début du voyage, tant qu'ils étaient dans l'Archipel, les jeudis et dimanches, on servait de la viande fraîche. Les autres jours à proximité des côtes, on mangeait du poisson frais, du requin, ou de l'albacore.

Durant les moments tranquilles de navigation, on faisait la lessive, la propreté, on rappelait au *zafarrancho*[404], on lavait le pont à l'eau et au vinaigre. Gemelli Careri relate que les marins faisaient fi de toute pudeur en sortant nus quand il pleuvait pour se laver avec l'eau de pluie et la récupérer.

Quand les circonstances le permettaient, des distractions étaient organisées : on donnait quelques représentations d'humour spirituel appelées *jácaras*[405] qui racontaient les faits de la vie joyeuse, comme celui de *Renegado Cáscara*[406]. On jouait de la viole ou de la guitare, on chantait, on donnait des bals. La pêche au requin était très appréciée des passagers : on les sortait de l'eau, on leur amarrait à la queue une planche qui les empêchait de plonger quand on les remettait à la mer. Ou bien on attachait ensemble par la queue deux requins, en rendant aveugle l'un d'entre eux et on les rejetait à la mer : l'aveugle se croyant capturé empêchait l'autre de plonger[407].

## 4. La progression sur la route

À la sortie du détroit de San Bernardino, les attendait la plus longue, la plus risquée des navigations, en solitaire même si plusieurs vaisseaux avaient quitté Manille de concert. Le bateau comme les personnes devaient parfois fuir les flottes de pirates, défier et affronter la mer et les dures conditions d'un océan qui ne faisait que porter le nom de pacifique. Débouchant sur l'océan en naviguant à l'Est, le galion profitait encore du *vendaval* qui venait du Sud avec tendance à l'Ouest, mais à mesure qu'il avançait, les vents tournaient pour devenir les alizés, ces flux d'air venant de l'Est Nord Est. Gabriel de Curucelaegui, pour éviter les pirates à la sortie de l'Archipel et près du cap de l'*Engaño*, recommandait de naviguer quatre à cinq jours sous faible voilure en passant par le canal entre la terre et l'île de *Catanduanes*, et d'envoyer de la toile la nuit pour s'éloigner le plus rapidement possible de ce danger.

À son passage aux Mariannes, le galion s'approvisionnait en eau et achetait aux îliens des cochons, des poules et des fruits[408]. Une fois les Îles quittées, le risque de rencontre avec l'ennemi étant supprimé, le galion se mettait en posture hauturière, fermant les sabords d'artillerie et les écoutilles pour empêcher l'eau de mer de rentrer, et plaçant les canons à fond de cale comme

---

404 *Zafarrancho* : selon les indications du vice-amiral Sáinz-Rozas, de la Marine Espagnole, vient de l'ordre donné pour *zafar los ranchos*. De *zafar*, débarquer, et *rancho*, l'espace personnel dans lequel l'équipage accrochait son hamac. Sonner le *zafarrancho*, le poste de combat, signifiait que le bâtiment prenait une posture particulière, que ce soit pour la propreté ou le combat.

405 Propres au Siècle d'Or espagnol.

406 William L. Schurtz, *op. cit.*, p. 245.

407 GEMELLI CARERI, Giovanni Francesco, *A voyage to the Philippines*, Manila : Filipiniana Book Guild II, 1963, p. 172.

408 Manuel Romero de Terreros, *op. cit.*, p. 39.

lest[409]. Le galion mettait le cap au Nord, afin de maintenir les voiles carrées[410] pleines, puis rencontrer le courant favorable de Kuroshio au large du Japon, et augmenter sa latitude jusqu'à trouver de nouveaux vents favorables de l'Ouest qui, selon Andrés de Urdaneta, étaient établis vers les quarante degrés de latitude. Don Antonio de Morga raconte que lors de son voyage, ils ne voyaient pas la terre pendant plus de trois mois, combattant les *baguios*, ces vents d'ouragan et de pluie générés par les typhons de l'océan Pacifique.

Ne pas monter à ces latitudes élevées les faisait atterrir sur les côtes de Nouvelle-Espagne beaucoup plus au Sud de l'excellente référence qu'étaient les algues flottantes, appelées *señas* : en raison des vents contraires, ils ne pouvaient pas remonter au Nord pour les trouver, courant le risque de se perdre en descendant vers le Sud. La patache qui partit à la même date que le San José alla seulement chercher les trente-cinq degrés de latitude, ne vit pas les *señas*, et ne dut son salut qu'en trouvant par dix-huit degrés de latitude une île inconnue où il s'approvisionna en eau et en oiseaux[411].

Par trente-six degrés trente-sept minutes de latitude, le cap donné par l'aiguille de la boussole était altéré : la variation était parfois importante, parfois minime.

Aux trente-huit degrés de latitude, selon don Antonio de Morga, on cherchait les îles Rica de Oro et Rica de Plata, pour lesquelles, dit Rizal, « Fernando de los Ríos Coronel donnait même leur superficie »[412]. Gemelli Careri nous révèle la cause de la recherche de ces îles mythiques : un galion, sur son trajet vers Acapulco par ces latitudes, fut poussé par une tempête jusqu'à une île. En raison du mauvais temps, la terre des fours fut perdue et remplacée par de la terre en provenance de l'île touchée. À l'arrivée à Acapulco, on avait trouvé les fours couverts d'or fondu par le feu[413].

Les descriptions de cette seconde phase du voyage parlent de vagues grandes comme des montagnes qui entraient de part et d'autre du pont, s'écrasaient sur les couples du navire avec les trépidations et le fracas de pièces d'artillerie[414], mentionnent que le galion paraissait s'enfoncer dans les abîmes. Ballotés, terrorisés, les passagers se confessaient, demandaient l'absolution. On attachait les reliques à la voile, on implorait Dieu et ses Saints pour sortir de la furie, on criait miséricorde, pendant que les marins, prudents, protégeaient leur bateau en le mettant à la cape[415], tentant à huit ou dix de maîtriser la barre pour conserver le cap, et pompant l'eau embarquée.

---

409 Giovanni Francesco Gemelli, *op. cit.*, p. 162. Dans : *A voyage to the Philippines.*

410 Juan Carlos Cádiz, Fernando Duque de Estrada, *op. cit.*, p. 93.

411 Giovanni Francesco Gemelli, *op. cit.*, p. 152. Dans : *A voyage to the Philippines.*

412 MORGA, Antonio de, *Sucesos de La Islas Filipinas. Obra publicada en Mejico el ano de 1609 nuevamente sacada a luz y anotada por J. Rizal. Y precedida de un prologo del prof. F. Plumentritt*, Paris, 1890.

413 Giovanni Francesco Gemelli, *op. cit.*, p. 150. Dans : *A voyage to the Philippines.*

414 Pedro Cubero Sebastián, *op. cit.*, p. 340.

415 Mettre à la cape : maritime : disposer les voiles de manière à ce que l'embarcation avance peu. Se maintenir sans reculer plus que l'inévitable quand le vent est fort et contraire.

La pluie, les éclairs, le tonnerre tombaient sur le mât, blessaient, tuaient. Don Antonio de Morga vit « un éclair frapper dix-sept personnes, certaines restèrent sans parler et sans comprendre toute la journée[416] ».

Au fur et à mesure que le galion gagnait en latitude, les basses températures, la grêle, la brume, le froid acéré causaient des pertes, principalement parmi les mousses philippins. Ceci motiva la Couronne en 1620 pour faire punir les officiers de vaisseau si un mousse embarqué mourait de ne pas porter les habits nécessaires à sa protection[417]. Si le commis avait fait disparaître le vin de la table, le capitaine distribuait le vin de cocos à l'équipage pour le réchauffer.

Il est certain que tous affrontaient de grands périls durant cette partie, mais les marins étaient actifs, même si leur exposition aux conditions maritimes diminuait leurs forces.

### 5. La côte de Nouvelle-Espagne, enfin !

Entassés, affamés, morts de froid, dans une totale promiscuité, s'observant, malades, tel était le cadre de vie quand on approchait des côtes de la Nouvelle-Espagne où il fallait affronter la mort. Les choses ne s'arrêtaient pas là : aux difficultés du climat s'ajoutaient la mauvaise conservation des aliments, les mouches, les punaises, les charançons du biscuit ; rapidement on les trouvait dans les chambres, les lits, et ils s'accrochaient à la peau[418]. L'eau était rationnée, les vers nageaient dans les assiettes de bouillon de poisson salé pestilentiel, ou de viande si dure qu'il n'était pas possible de la mastiquer. Ni le chocolat conservé dans les *tibores*, les potiches chinoises, ni les fruits en conserve, uniques aliments qui ne se perdaient pas et qui résistaient au long voyage, ne pouvaient sauver la vie des passagers et de l'équipage, même si à ce moment du périple la consommation de ces aliments s'était démocratisée : les marins et les mousses étaient autorisés à consommer du chocolat en grandes quantités.

Après des mois de navigation, de jours obscurs, de froid coupant, de vagues gigantesques, de forts vents et de courants contraires, entendre la pluie, encore une fois, mais maintenant accompagnée de tonnerre et d'éclairs, ramenait à la vie les embarqués : cette pluie leur semblait un signal de proximité de la terre. Gemelli Careri en rapporte une explication pseudo scientifique :... l'éclair, le tonnerre ne peuvent se produire qu'à partir des rejets de la terre et non des vapeurs de l'eau, car l'air au-dessus de l'eau ne contient pas suffisamment de soufre et de nitrate pour occasionner des éclairs et du tonnerre[419].

Considérés comme des marques de bon augure et de beau temps, les feux de Saint-Elme apparaissaient de nuit sur les mâts après la tempête, vers les trente-neuf degrés quand on commençait à descendre en latitude.

---

416 Antonio de Morga, *op. cit.*, p. 186.
417 Loi 53. Livre 8. Titre 45. *De la Navegacion y Comercio de Filipinas.*
418 Giovanni Francesco Gemelli, *op. cit.*, p. 155.
419 Giovanni Francesco Gemelli, *op. cit.*, p. 154.

Approximativement à trente-sept degrés de latitude, les voiles étaient changées, on sortait la misaine rangée au débouché des îles, puis les ancres pour que le galion puisse mouiller et ne soit pas emporté par le courant El Niño en cas du calme plat que l'on pouvait rencontrer en descendant le long de la côte. María de la Jara, passagère désespérée du galion de Manille, ne supporta pas le calme et se jeta à la mer durant son voyage vers Acapulco, donnant son nom à une île à la latitude de trente-quatre degrés.

Les pilotes tentaient aussi de déterminer leur position par des méthodes plus rustiques comme l'observation de la nature, en particulier à l'approche des côtes : le vol d'oiseaux, les algues flottantes ou *señas*, la présence d'eaux chaudes ou décolorées leur permettaient d'estimer leur position avec toute l'imprécision que ce savoir présentait.

Les voyageurs pariaient sur le jour où on verrait les côtes ; pour cela, Gemelli Careri perdit deux boutons en or et émeraude. Selon lui, la présence des thonidés, thons ou dauphins, indiquait que la côte était proche. Les morceaux de bois qui flottaient sur l'eau corroboraient cette appréciation, mais à l'apparition des *señas*, « des racines coloriées comme des betteraves avec des feuilles très larges comme celle du cocotier », comme les décrivait Pedro Cubero Sebastián, on sonnait la cloche du galion et un Te Deum avec trompettes et tambours était chanté : enfin, on arrivait aux côtes de la Nouvelle-Espagne !

## 6. Voyageurs ou moribonds ? L'arrivée sur Acapulco

Mais la mort harcelait le galion de Manille quand il poursuivait sa descente le long des côtes de la Nouvelle-Espagne. Affaiblis par l'effort d'un tel voyage, par le manque de vitamines, les voyageurs tombaient malades du *berben*, ou du scorbut connu sous le nom de mal de *loanda*. Symptôme de cette maladie, les taches sur la peau causées par les hémorragies, firent dire au XVII^e^ siècle que les personnes qui mouraient avec des taches sur le cœur[420] et sur tout le corps ne mouraient pas du mal de *loanda* mais de mélancolie et de tristesse. On souffrait de furieuses démangeaisons à cause de la nourriture salée. Alors, l'aumônier était chargé de s'assurer que les malades fussent soignés ; si leur état s'aggravait, il devait aviser le capitaine, leur administrer les derniers sacrements, et veiller à ce que le malade rédigeât son testament.

Comme à terre, le coût des enterrements à la mer fut cause de plaintes et de débats : les curés de Cavite, d'Acapulco, ou l'aumônier du bateau, se disputaient les droits correspondants ; les uns alléguaient que le mort appartenait à leur paroisse, mais comme dans le cas du curé d'Acapulco don Melchor Añejo, la

---

420 *Mapas de las costas de la Nueva España en el Mar del Sur, desde la última población de españoles en ellas, que es la ciudad de Compostela, en adelante, poniendo en cada uno los frutos, aguada y naturaleza de sus habitadores, demostrando los bajos, arrecifes y fondos de sus puertos, ríos y esteros navegables, para que sirva de Norte a los navegantes que surcaren aquellas costas o que, por algún accidente, fueren arrojados a ellas.* Celsus Kelly, Some early maps relating to the Queiros-Torres discoveries of 1606, Lisboa, 1961, p. 4. Mapa de Acapulco con los galeones que entran por la boca chica, detrás la Roqueta.

facture de l'enterrement était exorbitante. Gemelli Careri mentionne la mort d'un accompagnateur du pilote, puis d'un marin, enfin que l'on célébra cinq messes de funérailles du *General* avant que son corps soit jeté à la mer.

Le père Pedro Cubero Sebastián relate que :

> « … de la dysenterie, il est rare que l'on en réchappe, à ces endroits, il nous arrivait de jeter trois ou quatre morts à l'eau chaque jour ; de telle façon qu'en moins de quinze jours, nous jetâmes quatre-vingt-douze morts ; ce qui fait pour le voyage, sans compter ceux qui moururent à Acapulco, qui furent neuf, de quatre cents personnes qui venaient entre marins et mousses, nous arrivâmes cent quatre-vingt-douze, et beaucoup si souffrants que pendant longtemps ils ne parvinrent pas à retrouver la santé[421] ».

Le Nuestra Señora de la Victoria passa en 1657 au large d'Acapulco, à la dérive, arriva ensuite au large de Huatulco ; à bord, on ne trouva que des squelettes.

Sur ce tronçon, la vie quotidienne passait du Te Deum et de la fête après la découverte des algues flottantes, aux messes de défunts et aux immersions des cadavres par-dessus bord. Mourir en haute mer sans sépulture chrétienne, loin de la protection des autels et des intérieurs d'église, sans aide des Saints et sans le soutien de la messe journalière, entraînait la panique : l'âme désemparée ne pouvait obtenir le repos éternel.

Frère Pedro Cubero Sebastián, le jour de la fête du Tribunal organisée après la découverte de las *señas* fut nommé par les marins le *Lazarillo de la muerte* car chaque fois qu'il visitait un malade, le lendemain on le jetait par-dessus bord. Mais on lui reprochait aussi de toujours les houspiller. La présence de l'aumônier à bord du navire servait d'exemple pour limiter le vice du jeu, les mauvaises paroles. Malgré tout, il y avait des moments de détente, on jouait aux cartes ou aux dés. Les jeux de cartes, vraie passion en Nouvelle-Espagne, étaient permis à bord bien que le roi, par Ordonnance royale du 30 décembre 1679, les eût condamnés. À l'arrivée du galion sur les côtes de la Nouvelle-Espagne, les commerçants philippins, sûrs de terminer le voyage, pariaient le montant de leurs bénéfices potentiels à la foire dans les combats de coqs[422].

Vers vingt-trois degrés de latitude, les canons revenaient sur leurs affûts et tiraient pour vérification ; l'île de *Cedros* passée, près du cap San Lucas, même sans signaux de présence de pirates, on armait tout le monde de mousquets[423].

Gemelli expliquait la violence du courant rencontré par vingt-deux degrés de latitude, dans le détroit entre le cap San Lucas et la terre :

> « … le détroit avait une communication avec la mer du Nord et la Californie est une île. Mais d'un autre côté, à cause des bas-fonds, du besoin d'eau, et de l'étroitesse du canal, il semble qu'il n'y a pas d'autre passage et que la Californie fait partie du continent. On ajoute que le continent fait partie de la Gran Tartaria, et les Jésuites de Pékin, Macao et Canton me dirent que pendant que

[421] Pedro Cubero Sebastián, *op. cit.*, p. 342.

[422] Référence un récit de Jose Antonio Calderón. Dans : Maria Justina Sarabia, *op. cit.*, p. XX. :

[423] Giovanni Francesco Gemelli, *op. cit.*, p. 164.

> Martín Martínez était missionnaire à Pékin, une femme chrétienne de Mexico fut emmenée comme esclave, qu'elle avait été esclave depuis toute petite à Mexico, et qu'elle avait été emmenée par voie de terre jusqu'à la Gran Tartaria, et de là en Chine ; elle fit le voyage par mer, seulement pour traverser un détroit, ce qui ne prit pas plus de deux jours de navigation, et qui fait supposer que c'est le détroit d'Anián, certains disant qu'un navire hollandais navigua de la mer du Sud à la Mer du Nord...[424] »

Le gentilhomme débarquait dans le port de Navidad avec les lettres pour Mexico et Madrid, et le galion continuait sur Zihuatanejo, Petatlàn, Coyuca, embouquait le canal de la *Boca Chica,* formé entre la côte et l'île des *Chinos.*

Au moment d'abattre sur la gauche, épousant la côte et veillant à ne pas trop coller à la berge en raison des hauts fonds de la pointe du Grifo, le galion entrait dans la baie et louvoyait contre le vent, sans obstacle ni problème de fonds. Vêtu de ses plus beaux atours, ce galion de Manille exténué entrait dans la baie d'Acapulco. Mais en quel état !

Enfin, devant eux, les attendaient le fort de San Diego, l'anse, la grande plage, les maisons. Le galion mouillait face à la ville, à mi-portée de mousquet du fort, s'amarrait la poupe en terre, à un tronc de fromager ou de deux tamariniers, restant à un demi-câble de la berge[425].

## 7. D'Acapulco à Manille. Un voyage tranquille jusqu'aux Mariannes

Deux facteurs régulaient le rythme du galion d'Acapulco : les conditions météorologiques et les besoins de la ville. Le Procureur des Philippines Don Juan Grau y Monfalcón justifiait la première raison dans sa lettre au roi :

> « ... je supplie Votre Majesté de demander au vice-roi de la Nouvelle-Espagne d'envoyer les galions à temps et au plus tard le 25 mars, car l'expérience a montré ces dernières années que les navires qui étaient arrivés aux Îles étaient arrivés miraculeusement et avec un risque évident en raison de leur départ tardif d'Acapulco...[426] »

Le roi ordonna que les bateaux appareillent à temps de la Nouvelle-Espagne vers les Philippines pour qu'ils puissent arriver en décembre ou janvier[427]. Cette directive considérait les nombreuses infortunes que le galion pouvait rencontrer s'il partait en retard, mais prenait aussi en compte le fait qu'il était l'unique vecteur permanent du soutien des Îles Philippines ; la perte d'un navire pouvait entraîner de graves conséquences pour l'Archipel, affectant la volonté espagnole de rester en Extrême-Orient, et touchant aussi Acapulco.

Après l'embarquement des religieux, des soldats, des forçats, des fonctionnaires et de la protectrice des galions Nuestra Señora de la Paz y del

---

424 Giovanni Francesco Gemelli, *op. cit.*, p. 166-167.

425 CALDERÓN QUIJANO, José Antonio, *Nueva Cartografía de Acapulco, Campeche y Veracruz.* Sevilla, EEHA, 1969, p. 49 (Colección Anuario ; n° 171).

426 AGI. Filipinas, 27, N. 179/08-11-1633.

427 Loi 31. Livre 9. Titre 45. *De la Navegación y Comercio de Filipinas de la Recopilación de Indias.*

Buen Viaje[428], le protocole prévoyait la présence du *Castellano* qui s'adressait au *General de la Armada*, au capitaine, aux officiers et sous-officiers, pour transmettre le commandement du galion et le faire appareiller[429].

La navigation d'Acapulco à Manille était plus facile, on pourrait dire que les vents favorables étaient proches, ce qui rendait en général la durée de trajet beaucoup plus courte, peu variable par rapport à celle du trajet de Manille à Acapulco, beaucoup plus aléatoire : le trajet était d'un peu plus de trois mois si l'on partait aux bonnes dates.

Durant mille huit cents lieues, on naviguait avec des brises fraîches, sans changer de voiles, toujours vent arrière, presque en ligne droite et sans voir la terre jusqu'à arriver à l'île de Guam, une des îles de *los Ladrones*. Néanmoins, le bateau pouvait rencontrer de grandes houles qui frappaient les membrures du navire ; selon frère Domingo Fernández de Navarrete, le *General* de la patache expliquait que le phénomène était dû à la présence de courants qui venaient de Californie, cependant un expert dans l'art de la navigation refusa le motif. Le plus sûr est qu'au sortir du port et dans leur recherche de vents, ils traversaient effectivement le courant mieux connu de nos jours sous le nom de *El Niño*, ou de longues périodes de calme plat qui pouvaient durer jusqu'à huit jours. Alors, pour se rafraîchir, on profitait de ce temps calme en se jetant à la mer, mais il fallait parfois remonter à bord à toute hâte à cause des requins[430].

Il était autorisé de fumer la pipe ou le cigare, mais ce ne l'était pas dans les chambres et les cabines : le fumeur de pipe était puni de quinze jours de prison au pain et à l'eau, et celui qui était pris en train de fumer une cigarette pouvait être privé d'un an de solde, ou, à l'arrivée à Manille, envoyé aux galères. Au retour vers Manille, le galion transportait de la poudre aux Philippines.

## 8. Les Mariannes

Les Mariannes furent toujours un passage obligé pour le galion, à l'aller comme au retour ; les habitants échangeaient des fruits, des poissons et de l'eau contre des cerclages de tonneaux et des clous. À son retour d'Acapulco, en 1601, le galion Santo Tomas s'y arrêta : cinq des vingt-six survivants de la Santa Margarita qui avait fait naufrage l'année précédente leur furent amenés. Religieux et passagers demandèrent au *General* don Antonio Ribera Maldonado de les embarquer, mais il refusa, ne voulant pas prendre de retard. Frère Joan Pobre, un laïque franciscain, resta avec les survivants sur l'île de Guam sans y

[428] Cette statue de la Vierge Nuestra Señora de Antípolo avait été emmenée en 1626 à Manille par le gouverneur Niño de Távora; elle fut choisie comme patronne des galions allant au port de Cavite; Nuestra Señora de la Paz y del Buen Viaje fit neuf voyages aller et retour entre 1641 et 1662. Dans : Blas Sierra de la Calle, *op. cit.*, p. 70.

[429] AGI. Escribanía, 186C/1699/Pleitos Audiencia de México.

[430] Domingo Fernández de Navarrete, *op. cit.*, p. 302.

être autorisé[431]. Avec les fortunes de mer des galions, les naturels s'habituèrent à traiter avec les Espagnols et les religieux[432].

Le transit du galion entre Guam et Rota vers Cavite donna une importance stratégique aux Mariannes à partir desquelles commençait le guet des pirates et des corsaires. En 1648, aidé par les vents, la patache le Buen Jesús de frère Domingo Fernández de Navarrete put esquiver quatre bateaux hollandais[433]. Plus tard, grâce à la signalisation imaginée pour prévenir le galion, la situation incertaine changea. À partir du point culminant de Guam, île sur laquelle les galions recalaient leur navigation, on allumait des feux à partir de juin pour annoncer que le passage était libre ; s'il n'y avait pas eu de bateau vers Acapulco, on débutait cette signalisation au mois de mai[434].

Le jésuite Diego Luís de San Vitores est à l'origine de l'intérêt pour Guam : à son passage, il décida de commencer l'évangélisation des îles de *los Ladrones*. Avec l'appui de la Reine régente, il débarqua à Guam en 1668 avec cinq prêtres et des soldats[435], et rebaptisa ces îles "Mariannes" en l'honneur de doña Mariana de Austria. Tout d'abord, la situation fut calme ; mais en 1672, surgirent des hostilités et le père San Vítores fut sacrifié. Cet événement entraîna l'installation définitive des Espagnols, les Mariannes passant sous la coupe de la Nouvelle-Espagne comme les Philippines, et recevant par la suite un *situado* et un *soccoro* acheminés par le galion d'Acapulco. Une Ordonnance royale du 17 juin 1678 demanda de laisser à Guam le linge et les approvisionnements pour les pères de la Compagnie de Jésus, et si c'était nécessaire un peu d'infanterie avec toutes ses provisions, mais sans dégarnir le galion[436].

## 9. La sérénité revient à Manille

En entrant par le canal de Espíritu Santo et en embouquant le détroit de Capul, un galion en retard courait le risque de rencontrer le début de la mousson jusqu'à Cavite. Terminons cette partie avec le voyage de frère Domingo Fernández de Navarrete. Leur patache incendiée, frère Domingo et ses compagnons progressèrent quatre jours vers Apanguiel, parfois à pied, parfois à la nage, sous des pluies torrentielles. Il nous raconte que du couvent des franciscains d'Apanguiel, tout propres, ils partirent par deux embarcations

---

431 Antonio de Morga, *op. cit.*, p.151.

432 Antonio de Morga, *op. cit.*, p. 301.

433 Même si l'ennemi découvrit à la fin la patache cachée derrière une île, les Espagnols purent débarquer l'argent et les marchandises envoyées de gouvernement à gouvernement comme celles des passagers, et mirent le feu à la patache pour que les Hollandais ne puissent s'en saisir.

434 Manuel Carrera Stampa, *op. cit.*, p. 99. Dans : La nao de la China.

435 RODAO, Florentino, *España en el Pacífico. Islas del Pacífico. El Legado Español/* ed. par Javier GALVÁN GUIJO. Madrid : Ministerio de Educación, Cultura y Deporte, Secretaria de Edo. De Cultura, 2000, p. 29.

436 AGI. Filipinas, 68, 1688-1701/Autos sobre la arribada del galeón Santo Niño y Nuestra Señora de Burgos. Recomendaciones del virrey duque de Albuquerque.

vers Manille pour arriver à l'entrée de la baie où les attendaient dix embarcations remplies de Chinois, métis et Indiens[437].

Un cycle se terminait, un autre commençait.

Jusqu'en 1815, le galion de Manille navigua, payant de nombreux efforts pour améliorer la navigation sur cette route, la plus longue, la plus difficile du XVIIe siècle, et une des plus riches de son temps.

[437] Domingo Fernández de Navarrete, *op. cit.*, p. 304.

# CHAPITRE V

# MARINS, NAVIGANTS ET COMMERÇANTS SUR LA ROUTE TRANSPACIFIQUE

## 1. La difficulté de constituer un équipage

Le fort besoin d'équipage pour le galion de Manille se heurtait au manque de personnel qui trouvait ses raisons dans la longueur de la traversée, le grand nombre de pertes durant le voyage, les mauvais traitements de la part des officiers à bord du galion, les extorsions, les injustices et les vexations des gardes à Acapulco, et la lenteur du paiement des soldes. Tout ceci poussait les équipages à déserter à leur arrivée à Acapulco. Comme encouragement au recrutement, Manille avait autorisé les équipages à emporter des « vêtements et quelques petites choses » jusqu'à mille pesos. Mais à Acapulco, les gardes les leur retiraient[438]. Par ailleurs, les officiers royaux d'Acapulco n'autorisaient les officiers du galion à n'emporter que leur vin, le chocolat, les olives, l'huile de leurs rations, pour autant qu'ils en aient payé les droits[439].

La solde de l'équipage couvrait théoriquement la période commençant le jour de départ de Cavite, leur séjour à Acapulco, et un an d'avance. En réalité, les marins pouvaient passer un, trois, jusqu'à quinze ans sans recevoir de traitement, ou étaient payés par des bons qu'ils revendaient au sixième de leur valeur, même si plus tard ces billets purent être convertis à leur prix officiel[440]. On comprend ainsi facilement qu'on ait dû enrôler de force les vagabonds ou les désœuvrés pour constituer un équipage.

## 2. Le rôle d'équipage

Le rôle d'équipage décrit l'organisation du bateau. Un *General* et un *capitán y maestre* assuraient le commandement, un chef pilote et un ou deux adjoints la navigation. Un contremaître et un secrétaire traitaient les questions administratives. Un aumônier et un chirurgien soutenaient l'équipage. Un commis et un gardien de l'eau s'occupaient de la subsistance. Un plongeur pouvait être très utile en cas d'accident. Un patron aidait à la bonne gouvernance du bateau. La défense était à charge du *condestable* et des artilleurs. Le nombre de marins, mousses et pages, était variable : l'armement ne comprenait pas les esclaves, faisant l'aller et retour comme domestiques des officiers, participant à la manœuvre mais non payés par le Trésor Royal.

---

[438] AGN. Californias (017). Volumen 26. Expediente 66. Año 1655.

[439] AGI. Escribanía, Pleitos de la Audiencia de México, 186C.

[440] Francisco Santiago Cruz, *op. cit.*, p. 127. Dans : La Nao de China.

Le paiement de la solde était très formel : trois jours avant le départ d'Acapulco, sous la tonnelle royale d'embarquement, devant le *Castellano*, le sergent major, le Trésorier royal et le *General*, tous juchés sur une estrade, le Secrétaire Royal appelait un par un les membres de l'équipage et leur remettait leur solde en mains propres [441]. Ce formalisme combattait la fraude : les documents pouvaient mentionner plus de *gente de Mar y Guerra*[442] que la réalité, à cause des désertions de l'équipage qualifié de Manille, ou parce qu'Acapulco gonflait les dépenses[443].

En 1655 à bord du galion San Francisco Javier, le *General* fut payé quatre mille cent vingt-cinq pesos, le chef pilote six cents pesos. Les postes de maître, contremaître, adjoint de pilote, charpentier, plongeur, tonnelier, calfateur et *condestable* reçurent trois cents pesos, avec droit à une ration et une cantine pour leurs effets[444]. Les secrétaire, patron, gardien de l'eau et artilleur touchaient deux cents pesos et avaient les mêmes avantages. Les marins, comme le chirurgien, recevaient cent cinquante pesos, plus une ration et une caisse de marin, les mousses espagnols cent pesos, les simples mousses soixante pesos, avec les mêmes avantages que les marins. L'aumônier recevait cinquante pesos, une ration et le droit à une caisse de marin.

Tout membre d'équipage, y compris les pages, avait une fonction importante dont il ne pouvait s'échapper, nécessaire pour tous. Les avantages attractifs adoucissaient la difficulté du travail et diminuaient le risque de désertion.

### 3. Le commandement et le contrôle du bateau

Même si le galion de Manille était la propriété du roi, dont il recevait la mission d'acheminer le *situado* et le *socorro* aux Philippines, et même si les équipages étaient payés par le Trésor Royal, tout le personnel embarqué, du *General*[445] au mousse, avait l'approbation tacite des fonctionnaires de Manille et de la Nouvelle-Espagne pour commercer, malgré l'interdiction. Le moyen stratégique fourni par le roi se transformait ainsi en un moyen d'enrichissement individuel. La charge de *General y Almirante*, la plus haute à bord, demandait des qualités de courage, de discrétion, d'honnêteté dans l'organisation et la direction du galion, de piété, de rigueur lors de difficultés et d'affabilité envers les jeunes marins[446].

---

441 AGI. Contaduría 905B, 1653/Caja de Acapulco.

442 *Gente de Mar y Guerra :* ensemble de l'équipage et des soldats à bord du galion.

443 AGI. Filipinas, 68, 1688-1701/Autos sobre la arribada del galeón Santo Niño y Nuestra Señora de Burgos. Recomendación de Juan Grau Monfalcón.

444 AGI. Contaduría, 905B, 1654/Caja de Acapulco.

445 Depuis le XV^e^ siècle jusqu'à la fin du XVIII^e^ siècle, le grade de *General* de la Marine espagnole était concédé au commandant en chef de la Carrera même s'il naviguait seul.

446 AGI. Filipinas, 68/1688-1701/Autos sobre la arribada del galeón Santo Niño y Nuestra Señora de Guía. Instrucciones de Gabriel de Curucelaegui para el almirante y general del galeón Santo Niño y Nuestra Señora de Guía. Lucas Mateo de Urquiza.

Dans l'attribution de ce poste, le favoritisme et le népotisme étaient des pratiques courantes du gouverneur[447] et, de façon occasionnelle, du vice-roi de la Nouvelle-Espagne, tous deux intéressés par ces nominations. Les charges à Manille se vendaient aux parents, aux amis ou aux plus offrants[448] : on payait entre six cents et dix mille pesos[449] pour obtenir la fonction de *General y Almirante*, la plus convoitée que le gouverneur des Philippines puisse assigner.

Lorsque le *Consulado* et *la Universidad de Mercaderes* de Séville demandèrent que le commerce avec les Philippines se fasse directement avec l'Espagne, le marquis de Montesclaros[450] dans sa lettre de 1610 au roi, mentionnait que les vice-rois « désignaient des personnes parmi les plus adéquates et honorables, et qu'un *General* n'avait ni intérêts dans la cargaison ni envie de surcharger ses bateaux ». En effet, il y eut des cas litigieux : l'évêque de Troya, frère Ginés Barrientos rapporta qu'en 1683, on avait interdit la présence du *General* Antonio Nieto lors du chargement du galion afin d'embarquer les marchandises que le Gouverneur envoyait en Nouvelle-Espagne ; la *capitana* était tombée par la suite en *arribada* pour excès de chargement[451].

Mais habituellement, la règle était autre, car le *General*, en plus de sa mission de transport, de la nomination de ses subordonnés, de la surveillance du chargement entier du navire, était responsable de ce qui passait en contrebande[452]. Pour ces raisons, il recevait de cent à cent cinquante mille pesos des passagers et des commerçants de Manille, de Nouvelle-Espagne et du Pérou, qui embarquaient à bord du galion de Manille. D'habitude, un *General* ne commandait qu'un ou deux voyages. Dans son *Diario de Sucesos Notables*, Antonio de Robles mentionnait qu'en 1666, Francisco Esteivar arrivé comme *General de la nao de China*, était resté en Nouvelle-Espagne, don José de Zamora ayant pris le poste pour le retour. En 1667, Robles expliquait que lors du voyage retour du galion San José, le *General* était le capitaine Pedro Rodríguez, remplaçant du *General* Antonio Pérez, qui après avoir dirigé un aller et retour en 1665, était resté en Nouvelle-Espagne[453]. Seul le vice-roi avait pu autoriser ces nominations, alors que la loi de 1635[454] interdisait de modifier les nominations et les successions prévues à Manille, même en cas de mort ou d'absence. Finalement, en 1697, un brevet du roi stipula que la nomination des marins devait se faire selon la compétence technique, mais le personnel expérimenté était rare en raison de l'éloignement des Îles, des difficultés de voyage, et parce

[447] Le fils du Gouverneur des Philippines, don Felipe Montemayor y Prado, fut le *General* du galion à bord duquel voyagea Pedro Cubero Sebastián.
[448] William L. Schurtz, *op. cit.*, p. 200.
[449] FERNÁNDEZ, Miguel Ángel, *La Nao de China*, Monterrey : Grupo Vitro, 1998, p. 180.
[450] Alors vice-roi au Pérou.
[451] AGI. Filipinas, 75, N.11. 03-06-1683/Carta de Ginés Barrientos sobre carga de las naos.
[452] Manuel Carrera, *op. cit.*, p. 97-118. Dans : La nao de China.
[453] ROBLES, Antonio de, *Diario de Sucesos Notables,* Tomo I, México, Editorial Porrúa, 1946, p. 15. (Colección de Escritores Mexicanos, n° 30).
[454] Loi 43. Livre 8. Titre 45 de la *Navegacion y Commercio de Filipinas de la Recopilacion de Indias.*

qu'un seul voyage suffisait pour s'enrichir, depuis le contremaître jusqu'au *General de la Carrera.*

Le deuxième personnage du galion était le commandant, le *capitán y maestre* : comme *capitán*, il était chargé de la direction générale du galion, et comme *maestre,* il était responsable de l'administration des biens transportés, des échanges commerciaux, du respect de la réglementation royale, de l'argent du *situado*, ainsi que des Bulles envoyées à Manille.

La gestion de tant de biens lui donnait une énorme responsabilité : Pedro de Castañeta, *capitán y maestre* du San Andrés, reçut comme *situado* de la part des officiers royaux d'Acapulco deux cent quarante-sept barres d'argent estampillées, de différents titres, petites et grandes[455]. En 1615, Juan Ruiz, en charge de la *capitana* Santiago, emporta aux Philippines dix paquets de Bulles de la Sainte Croisade de premier prêche, cent quatre-vingt-dix-sept mille deux cent quarante-deux pesos, ce qui le détourna des problèmes techniques comme l'entrepôt des vivres, des munitions, du chargement, la propreté ou la carène du bateau [456] . Face à deux responsabilités, le *capitán y maestre* délaissait ses préoccupations maritimes pour surveiller le *situado* et les Bulles.

Seul le Gouverneur des Philippines pouvait attribuer le poste, sous peine de jugement de *residencia* si la personne choisie était malhonnête ou incompétente[457]. Néanmoins, les vice-rois nommèrent et promurent, malgré l'ordre de 1663 : en 1672, le marquis de Mancera nomma Juan Fernández de Nebril *capitan y maestre* de la *capitana* San Francisco de Padua, après la promotion du capitaine précédent don Juan de Ochoa au grade de *General* [458].

## 4. La conduite du navire

Le pilote occupait la troisième place de la hiérarchie fonctionnelle du galion. Cette charge avait un grand prestige dans la *Carrera.* Mais s'il était difficile de trouver des pilotes éprouvés pour la flotte des Indes, le problème était encore plus délicat pour le galion de Manille[459]. Ils étaient peu nombreux, car ils abandonnaient leurs fonctions une fois leur fortune faite. Ils étaient inexpérimentés, mal préparés, même si le vice-roi Montesclaros assurait que leurs connaissances étaient vérifiées. Leur incompétence causa la perte de bateaux en 1620[460] et 1694[461]. Ces raisons poussèrent à engager des pilotes étrangers, comme le Portugais Antúnez qui amena sans encombre la patache de

[455] AGI. Contaduría, 902, de 4-XII-1609 jusqu'à fin X-1610/Caja de Acapulco.

[456] AGI. Contaduría, 903, du 7-I-1615 au 31-XII-1616/Caja de Acapulco.

[457] Pour occuper ce poste, on exigeait une caution qui pouvait être payée dans les Caisses Royales de la Nouvelle-Espagne ou des Philippines.

[458] AGN. Indiferente Virreinal. Media anata. Exp. 16. Año 1672. Caja 6479. Folio 2.

[459] Salvador Albert Bernabéu, *op. cit.*, p. 339. Dans : Cualidades de los pilotos de Indias.

[460] Nuestra Señora de Guía.

[461] San Joseph.

frère Fernández de Navarrete, et même si l'interdiction d'emploi d'étrangers fut stipulée en 1696, la pénurie de pilotes obligea à continuer à en employer[462].

Durant la plus grande partie du XVII^e^ siècle, le pilote du galion de Manille voyagea avec ce que les comptes de la Caisse Royale d'Acapulco appelaient son accompagnateur. Celui-ci devait le remplacer dans la conduite du navire en cas de décès du pilote. On voit ainsi que la mort fut aussi une cause de leur rareté : en 1624, prévenant la *Real Audiencia* du décès du chef pilote, les officiers royaux d'Acapulco nommèrent Francisco Rosales pour lui succéder, et ajoutèrent : « il manque des pilotes »[463]. Et lors du voyage de Gemelli Careri, l'un des deux pilotes assistants, cependant robuste, du chef pilote portugais Pedro Fernández, fut difficilement convaincu de se confesser, et mourut peu après dans la nuit[464].

Les pilotes relevaient les hauteurs à partir du château, endroit de plus grande stabilité, et lieu de la conduite où se trouvait la barre[465]. Régulièrement, ils louaient leurs cabines, comme le fit le capitaine et marchand Vasco Fernández qui paya quatre cents pesos au chef pilote Joan de Morgana pour la location de la moitié de sa cabine[466]. Une de leurs maladies professionnelles était la perte de la vue d'un œil, due à l'absence de filtres de protection lors des observations du soleil[467]. En 1608, le Procureur général des Philippines Fernando de los Ríos Coronel proposa un instrument d'aide à la prise de hauteur à mi-journée[468], très primitif par rapport à ceux utilisés au XVIII^e^ siècle.

Le secrétaire de bateau n'officiait que durant le voyage aller ou retour. Honnête, sachant lire, écrire et compter, ses fonctions débutaient dès l'embarquement de l'équipage : au moment de la revue, il vérifiait les listes et rendait compte des modifications au vice-roi[469]. Durant la traversée, il recueillait les testaments des moribonds, enregistrait les pertes, faisait les inventaires, rédigeait les écritures. On ne pouvait le remplacer qu'en cas de décès, et avec l'accord des passagers[470].

Le contremaître vérifiait que les ordres du capitaine en matière de service général, police, discipline, gardes, propreté, lumières, feux du four, etc. fussent respectés et exécutés. Il était aussi chargé des manœuvres de réception, d'enregistrement et d'embarquement à bord du chargement du galion, sans en

---

462 RUEDA SMITHERS, Salvador, La Nao de China Riqueza a contracorriente. *Arqueología Mexicana,* 1998, Sept.-Oct., vol. VI, n° 33, p. 59.

463 AGI. Contaduría, 904 desde febrero hasta fin de diciembre de 1624/Caja de Acapulco.

464 Giovanni Francesco Gemelli Careri, *op. cit.*, p.163. Dans : A voyage to the Philippines.

465 Les chefs pilotes étaient responsables de deux équipements considérés comme principaux, la barre et la trinquette, probablement parce que cet appareil et cette voile particulière d'avant servent à contrôler la route du navire et à le diriger de façon précise. Dans : Diego García de Palacio, *op. cit.*, p. 156.

466 AGN. Indiferente Virreinal. Filipinas. Caja 5247. Expediente 064. 1601.

467 Information du Dr Sánchez-Navarro.

468 AGI. Filipinas. 36, N. 22.

469 AGI. Filipinas, 68, 1688-1701/Autos sobre la arribada del galeón Santo Niño y Nuestra Señora de Burgos. Recomendación de Juan Grau Monfalcón.

470 HEREDIA HERRERA, Antonia. « Los escribanos de naos », *Separata de, Jornadas de Andalucía y América,* 1991, Actas 9°, p. 299.

être le véritable responsable, mais il était un acteur principal pour les décisions de répartition du personnel aux différentes tâches. Pour obtenir ce poste, il devait payer une caution, et savoir lire et écrire.

Comme les officiers du galion, le contremaître était impliqué dans le commerce. Fernando de los Ríos Coronel se plaignait au roi que les contremaîtres permettaient un embarquement de marchandises supérieur à l'autorisation de répartition, les rangeant dans les compartiments et les cabines, remplissant les soutes à provisions, et surchargeant les navires[471].

Les officiers, comme l'équipage du galion, étaient autorisés à emmener leurs domestiques, s'ils avaient été enregistrés et si les droits avaient été payés, que ce soit pour revenir à Manille ou pour les vendre à Acapulco ; dans le cas du contremaître du galion Santa Ana, son esclave Juanico fut confisqué et mis aux enchères parce qu'il était hors registre[472].

L'ensemble des responsables du galion de Manille du XVII^e^ siècle tenait donc simultanément deux fonctions : l'une directement liée au navire, et l'autre en liaison avec le commerce. Cette dualité pouvait avoir des conséquences fatales si, après avoir surchargé le galion, ils avaient le malheur de rencontrer une tempête dans les étroits canaux des Îles : dans le meilleur des cas, les paquets étaient jetés à la mer pour alléger le navire, dans le pire, le galion s'échouait.

Néanmoins, le manque de personnel capable lassait-il de punir les responsables pour leurs infractions ?

Le mélange de tâches officielles et d'arrangements particuliers était finalement autorisé par une sorte de collusion entre les hauts responsables, vice-roi, Gouverneur, ou *Castellano*, et acteurs subalternes, qui améliorait le mauvais salaire payé par la Couronne et compensait le risque de ce voyage si dangereux. L'anecdote suivante est significative : dans sa *Relación de las Islas Filipinas*, don Jerónimo de Bañuelos y Carrillo révélait qu'en 1637, l'inspecteur don Pedro de Quiroga, en raison du risque de perte du navire s'il partait plus tard, l'avait obligé à appareiller d'Acapulco avant le 1er avril, malgré le mauvais état du galion San Juan Bautista qui avait perdu son mât à l'aller. En haute mer, Bañuelos y Carrillo demanda au contremaître de lui présenter l'existant du gréement. L'inventaire au départ de Manille mentionnait trois voiles de rechange, cinq câbles et de nombreux apparaux, mais les voiles et les câbles avaient été perdus dans le mauvais temps. Le contremaître confessa avoir employé l'argent destiné au matériel pour payer la dette de trois mille écus contractée pour obtenir sa charge.

Bañuelos y Carrillo voulut le punir, mais le *General* le protégea et interdit de le sanctionner avant Manille. Finalement, Manille pardonna le contremaître parce qu'il avait payé sa charge[473]. La motivation de la décision a dêu tre la

---

471 AGI. Filipinas, 27 N.108, R.4.

472 AGI. Contaduría, 902, desde 05-08-1607 hasta fin de 09-1607/Caja de Acapulco.

473 BAÑUELOS Y CARRILLO, Hieronimo, *Relation des Isles Philippines. A translation of Estado de las Islas Filipinas y sus conveniencias.* In THEVERNOT, Melchisedec, *Relation de divers voyages curieux*

rareté d'équipage, même si on interdisait à tous de commercer, contracter, occuper ou charger sous peine d'interdiction à vie de travailler à bord du galion[474].

## 5. L'équipage

L'adjoint du contremaître, le *guardián*, le patron, chef des mousses et des pages, était chargé de l'embarcation utilisée au chargement et déchargement, de la propreté, du maintien des réserves de bois et d'eau du navire, et des feux, lanternes, bougies et four.

Extrêmement dangereux, le four devait, selon la Loi, se trouver sous le château avant ; par fort vent, on devait tenir des seaux d'eau à proximité. On ne pouvait cuisiner qu'en chaudrons, et le four devait être éteint avant la tombée de la nuit[475]. Les seules lumières qui pouvaient rester allumées éclairaient le pont, et l'intérieur de *Santa Barbara*[476].

Les comptes des officiers royaux d'Acapulco présentent le coût et la provenance de l'énorme consommation de chandelles : en 1611, pour les galions Santa Ana et San Juan Bautista, on acheta trois cent soixante-sept paquets de bougies à un peso le paquet. D'abord en provenance d'Espagne, puis vers 1627 de Chilapa, on les produisait en 1659 dans les services annexes de l'arsenal d'Acapulco. La continuité de la fabrication montre leur importance.

Le *despensero,* le commis aux vivres, sage, résistant, taiseux et mesuré, assurait la subsistance du personnel. Sous sa conduite, les pages dressaient la table, balayaient le château arrière, récitaient leur catéchisme à voix haute et audible et sonnaient la cloche pour appeler à la prière.

Le charpentier et le calfateur avaient en commun la technicité de leurs fonctions. On leur demandait d'être bons marins et d'embarquer avec leurs propres outils. Le calfateur devait réparer les avaries en cas d'apparition d'eau, et surveiller la pompe. Le plongeur devait être habile nageur, pour reconnaître sous l'eau les avaries dont aurait souffert le galion. Il ne faisait pas exception pour commercer : en 1684, le plongeur du galion San Telmo, Esteban de la Cruz, s'entendit avec Bartolomé Ezquiroz, *encomendero* d'Acapulco et représentant d'Andrés Díaz de Orozco, *vecino* de la ville de Mexico, pour emporter mille pesos d'or commun et les remettre à Cavite à Juan de Neues[477].

La santé était du ressort du chirurgien-barbier qui rasait barbes et cheveux, soignait les blessures, saignait, posait les ventouses, amputait. Considéré au XVII$^{e}$ siècle comme subalterne au médecin parce qu'il ne détenait pas de grade

---

*qui n'ont pas esté publiées données au public par les soins de feu Melchisedec Thevernot.* T I, Chez Tomas Moette, Paris, 1696, p. 1-7.

474 Ley 48. Libro 9. Titulo 45. De la navegación, y comercio de Filipinas. Recopilación de Indias.

475 Ley 19. Libro 9. Titulo 45. De la navegación y comercio de Filipinas. Recopilación de Indias.

476 Ordenanzas de Marina. Libro sexto, Policía y Disciplina, *op. cit.*, p. 34.

477 AGN. Indiferente Virreinal. Filipinas. C. 3350. Ex. 28. 1684.

académique[478], il était pourtant logé dans *Santa Barbara*, et prenait ses repas à la table du capitaine. Sa discipline était plus manuelle, ses instruments semblables à ceux des barbiers, mais en Nouvelle-Espagne, les chirurgiens-barbiers furent les premiers à utiliser les remèdes indigènes, ce qui fut ensuite mis en pratique sur le galion.

## 6. Les artilleurs

La richesse transportée exigeait la protection du galion, à la fois navire militaire avec tout ce qui était nécessaire à sa défense - canons, arquebuses, mousquets, artillerie de mer, soldats -, et bateau de charge, par l'autorisation octroyée à la ville de Manille pour profiter du voyage en commerçant.

De Manille, le galion arrivait armé, disposait des effectifs de guerre ; mais au retour d'Acapulco, c'était réellement un navire de guerre, emportant les troupes qui défendraient les Philippines, les soldats du galion, et le matériel de guerre.

Le *condestable* était responsable de l'artillerie, des armes, de la poudre, des munitions, et des artilleurs. Il devait savoir utiliser toutes les armes de guerre de son temps, canons, mousquets, arquebuses, grenades, bombes de feu, etc., vérifier le contenu et la sécurité de la soute à poudres et munitions.

En mer, les canons devaient être bien fixés, approvisionnés de leurs boulets, le matériel correctement rangé sous le château et dans *Santa Barbara.* Il rendait compte de l'utilisation des boulets pour les salves, les saluts, le combat, ainsi que de la destruction, perte ou mauvais état du matériel d'artillerie. L'artilleur de mer du galion de Manille, ou *lombardero* selon Diego Garcia de Palacio, probablement à cause du type de canons embarqués sur les galions de la flotte, pouvait être responsable de deux canons à bord.

Les artilleurs posèrent problème durant le XVII^e^ siècle en raison de leur rareté. Les Lois de la Navigation et du Commerce des Îles Philippines demandaient que l'on arme les navires et que l'on puisse compter un artilleur par pièce. Cependant, en 1600, Pedro Texeira, embarquant sur le San Jerónimo, a été informé du danger des pirates sur les côtes de Nouvelle-Espagne et s'est rendu compte que pour « un chargement évalué à près de quatre cent mille ducats, il n'y avait pas plus de sept ou huit épées et une arquebuse en mauvais état[479]». Les comptes des officiers royaux d'Acapulco mentionnent six artilleurs et un *condestable* sur *l'almiranta* San Jacinto, cinq artilleurs et leur *condestable* sur la *capitana* San Ignacio[480]. En 1644, le gouverneur Diego Fajardo écrivait au comte de Salvatierra qu'il « souffrait d'un manque important d'artilleurs et d'équipage »[481]. En 1699, le Nuestra Señora del Rosario partit avec dix-neuf artilleurs au total[482], ce qui démontre une amélioration de la situation.

---

478 RODRÍGUEZ SALA, María Luisa, *Los cirujanos del mar en la Nueva España, (1572-1820, ¿Miembros de un estamento profesional o una comunidad científica?* México, I.I.S.-UNAM, 2004, p. 23.
479 Manuel Romero de Terreros, *op. cit.*, p. 40.
480 AGI. Contaduría, 904, 1627/Caja de Acapulco.
481 AGI. Filipinas, 9, R, 1, N.1.
482 AGI. Escribanía, 186C/1699/Pleitos Audiencia de México.

Au XVIIIe siècle, durant la traversée, on entraînait les artilleurs à la lutte en mer. Les exercices consistaient à utiliser le canon, à rappeler aux postes de combat, à débarrasser les ponts et les batteries, à mettre en place les munitions, à se préparer à l'offensive, à *empalletar* le bâtiment en fabriquant un bastingage avec les vêtements et la literie de l'équipage, ou des *salchichones* – des saucissons dans le langage maritime du moment –, faits de vieux bouts de corde, pour se protéger des balles ennemies. Pour combattre le feu, on prépositionnait des seaux d'eau. Afin de développer rapidité et ordre, la discipline faisait partie de la formation des compagnies embarquées pour les Philippines.

On s'entraînait à livrer bataille face à face. Les compagnies d'infanterie, ainsi que l'équipage, devaient connaître le maniement des armes. Pour le tir, les deux servants se plaçaient de profil de chaque côté de la pièce, et l'artilleur sifflait ses ordres : après avoir vérifié la présence de tous les matériels nécessaires et enlevé la tape qui fermait la bouche du canon et le protégeait de l'eau, on gréait la pièce de palanquins pour la remise en batterie, on la chargeait et la pointait. On utilisait différents types de boulets suivant l'effet recherché : pour abattre les mâts, le gréement, des boulets à chaîne ; pour couler le navire ennemi, on tirait à courte distance sous la ligne de flottaison des boulets simples ; les têtes de clous, les goujons, les boulets chauffés au four pour mettre le feu cherchaient à blesser. Après l'abordage, on sautait avec ses armes sur l'autre navire, pour se battre au corps à corps.

### 7. Les marins et l'exécution des ordres

La taille de l'équipage embarqué était variable ; on y trouvait des marins, les plus expérimentés, des mousses en formation, et de jeunes pages qui s'engageaient pour apprendre le métier de la mer. Ils pouvaient être volontaires, mais souvent, en raison de la sempiternelle carence, on enrôlait de force les vagabonds ou les gens désœuvrés, Espagnols, Novohispanos[483], et Indiens *chinos*[484], généralement comme mousses[485].

Marins et mousses *chinos*, considérés comme inexpérimentés et indécis, étaient moins payés que les autres. Le Procureur Fernando de los Ríos Coronel estimait « qu'ils avaient le même traitement que les chiens [486]», ce qui explique le nombre de désertions des Indiens *chinos*[487] à leur arrivée à Acapulco. Les défections concernaient aussi les officiers, artilleurs, marins, mousses espagnols ou novohispanos. Le galion de Manille en subissait les conséquences : les fonctionnaires de Manille souhaitaient un traitement correct et le respect des

---

483 La Caisse Royale d'Acapulco note qu'ils venaient de Veracruz, de Mexico, d'autres villes de la Nouvelle-Espagne, et d'Acapulco même.

484 En provenance de Paranaque, Longalo, Tondo, Cagayán et Cavite, de régions du Sud et de l'Est d'Asie, y compris le Japon, la Chine, l'Inde, Ceylan, Malacca et les Moluques.

485 Deborah Oropeza, *op. cit.*, p. 61.

486 Francisco Santiago Cruz, *op. cit.*, p. 127. Dans : La Nao de China.

487 *Ibid.*, Soixante-quatre des soixante-dix-sept mousses *chinos* du Espíritu Santo désertèrent en 1618.

avantages, mais à l'arrivée à Acapulco, on leur interdisait de sortir du port et les inspections redoublaient.

L'équipage s'installait avec ses effets sur le pont, sous le château, cherchant de la place libre entre les caisses et le gréement. Cette population rude, marquée par les cicatrices, avait de vingt à trente-trois ans, alors que les pages pouvaient être adolescents. À la différence de ce qui se passait au XVIIIe siècle, il semble que l'équipage n'avait pas d'uniforme : on ne trouve mention que de l'obligation de protéger les Indiens *chinos* contre le froid.

Les marins expérimentés, ou *de profesión*, manœuvraient la voilure, les apparaux, l'ancre, tenaient la barre, pouvaient relever les hauteurs, travaillaient sur le gréement. Les mousses les aidaient, grimpaient dans les mâts, écopaient, entretenaient le navire. La navigation ne les concernait pas. Plus jeunes, les pages étaient embarqués pour faciliter la vie de tous, retournant les sabliers, exécutant toutes les petites tâches qui déchargeaient les responsables spécialisés, ce qui leur valait une attention particulière de la part du capitaine.

## 8. La religion à bord du galion

La religion imprégnait la vie quotidienne du galion. La messe était célébrée les dimanches et jours festifs. Même si la manière d'officier et de célébrer était différente en raison des conditions particulières, toute la vie religieuse et ses tâches annexes, les soins aux malades, aux moribonds et aux morts, étaient organisées de façon similaire à bord comme à terre.

À partir de 1650, l'aumônier est enregistré dans la liste d'équipage avec un salaire de cinquante pesos[488]. L'envoi de religieux par chaque galion pourrait avoir été le motif de ne pas officialiser de poste d'aumônier : nous en avons les exemples avec Pedro Cubero Sebastián lors de son voyage à Acapulco et frère Domingo Fernández de Navarrete à Manille, qui prêtèrent leurs services.

Lors des trajets difficiles, l'aide spirituelle du prêtre était grande pour calmer l'incertitude, la peur, comme le fit frère Pedro Cubero Sebastián : après sa confession, le pilote, défait, lui dit : « Mon Père, j'ai navigué sur beaucoup de mers, mais de ma vie je n'ai vu une telle tempête[489] ».

La date de départ du galion d'Acapulco pouvait coïncider avec la Semaine Sainte. Lors de son voyage, Domingo Fernández de Navarrete dit la messe de la Résurrection[490], si importante qu'il était obligatoire que tout le monde y communie, mais comme l'espace de la patache était très réduit, il fut difficile de la célébrer, car on devait équiper une chapelle, avec tous ses ornements.

---

488 AGI. Contaduría 905B, 1655/Caja de Acapulco.
489 Pedro Cubero Sebastián, *op. cit.*, p. 340.
490 Domingo Fernández de Navarrete, *op. cit.*, p. 301.

## CHAPITRE VI

## LES RAISONS DU SUCCÈS DU GALION DE MANILLE

Bernardo de Balbuena et Thomas Gage ont laissé un riche tableau de la Nouvelle-Espagne du XVIIe siècle. L'un exalta sa grandeur et l'autre raconta la vie quotidienne du Mexique du siècle du Baroque. Démesurée, abondante, grandiose, excessive sont quelques adjectifs qui peuvent décrire cette époque. Cependant, c'est la période de plus grande plénitude dans l'architecture, la peinture, la littérature et la musique. À cette époque, la ville de Mexico, édifiée sur l'eau, se montrait splendide par ses avenues, ses grands immeubles, ses promenades, ses jardins, et les différentes langues des nations qui la peuplaient[491]. La société de la Nouvelle-Espagne, résolue et dynamique, était orgueilleuse d'avoir enrichi le monde et d'être le soutien du Trésor Royal[492], mais ne bénéficiait pas de la reconnaissance de l'Espagne qui de façon péjorative traitait ses membres d'*Indianos*.

La singularité du galion de Manille fut de satisfaire des nécessités considérées comme vitales : ses ravissantes marchandises gommèrent les inégalités avec l'Espagne, accentuèrent les différences de condition sociale en Nouvelle-Espagne si nécessaires pour l'aristocratie, embellirent ses somptueuses maisons, et donnèrent à la cuisine mexicaine sa touche d'orientalisme. Les signes distinctifs de la catégorie de chacun étaient communiqués par le costume, par le luxe dans la décoration de la maison et de la voiture. Dans la société baroque, « paraître riche, noble et puissant était presque aussi important que l'être[493] ». En conséquence, le succès de cet apport extérieur naquit de la demande intérieure que l'on rencontrait chez les Espagnols et les Novohispanos de la capitale, et des grands centres miniers comme Taxco, Zacatecas, et Guanajuato, où se concentrait la richesse de la Nouvelle-Espagne. L'opulence et le faste du vice-royaume faisaient aussi partie du mode de vie du Pérou comme des autres Capitaineries générales de la couronne espagnole.

Qui de mieux pour expliquer ce mode de vie que Tomas Gage !

Ce frère dominicain estimait que vanité et fortune caractérisaient l'élite de la capitale de Nouvelle-Espagne, qui vivait dans des maisons spacieuses et confortables, avec jardins et vergers. Il trouvait que les femmes, les vêtements, les chevaux et les rues étaient, comme le disait un refrain du XVIIe siècle, les quatre Beautés du Mexique, mais en ajoutait une cinquième, les voitures,

---

491 BALBUENA Bernardo, *Grandeza Mexicana.* Sociedad de bibliófilos mexicanos, México 1927. Capítulo III, p. 74.

492 DURAND José, « El lujo indiano », *Historia Mexicana*, vol. 6, n° 1, Jul.-Sept., 1956, p. 59-60.

493 GONZALBO AIZPURU, Pilar, *Vivir en Nueva España, orden y desorden en la vida cotidiana*, México, COLMEX, Centro de Estudios Históricos, 2009, p. 250.

beaucoup plus splendides et coûteuses que celles des cours de Madrid et des royaumes d'Europe. Cette élite ne renonçait à rien, ni à l'or, ni à l'argent, ni aux pierres précieuses, ni au brocard, ni aux soies de Chine, pour les embellir[494].

## 1. Le galion de la soie

Durant des siècles, en Europe, luxe et prestige du vêtement étaient synonyme de soie et tissus précieux. La Nouvelle-Espagne, sans gros effort, avait le marché à portée de main : le galion de Manille lui fournissait soies, porcelaines, ivoires, épices, esclaves, toutes marchandises si appréciées. Avec justesse, les Novohispanos en usèrent largement. Ces raisons se conjuguèrent à la limitation du volume des soutes pour faire de la soie le chargement le plus précieux, ce qui explique l'appellation de « galion de la soie » à l'arrivée à Acapulco.

La majorité des soies parvenait à Manille de Chine, de Canton et de Lanquín, parfois du Japon, ou d'Inde, alors appelées « soie de Bengala »[495]. Elles arrivaient dans tous les états d'élaboration, non tissées, écrues, pour être ensuite terminées dans les ateliers de Mexico, de Antequera ou de Puebla.

Le capitaine et commerçant don Pedro Zúñiga expédia de Manille en 1602 un chargement au commerçant Antonio Rodríguez, *vecino* de Puebla, dont la liste révèle la multiplicité des soies et le goût pour les couleurs de ce luxe caractérisant le vêtement du XVII^e^ siècle : satins de couleur noire, blanche ou *chorreados*[496], velours plats noirs, verts, ou bleu foncé ; velours chinois travaillés, noirs, violets, verts, rouges, ou bruns décorés de demi-oranges, étaient très appréciés pour leurs broderies et leur finition. Les accompagnaient des damas mandarine foncé et de toutes les couleurs, des soies transparentes finies par un cordonnet, appelées *gorgoranes,* parfois rayées ou brodées, des *capicholas*, voiles en soie de couleur, ou en soie noire pour porter pendant le deuil[497].

Arrivaient aussi des soies fleuries, les *primaveras*[498], des gazes délicates pour les collerettes, éventuellement décorées de fleurs d'or et d'argent[499], des broquarts brodés à l'or et à l'argent, de la soie en mèches pour broder les ornements religieux, les étendards, les bannières, les dais, les baldaquins, les tapis de table ou les coussins[500].

Parvenaient également des parties de vêtements brodés ou des pièces confectionnées comme les *basquiñas*[501], des *polleras*[502], coupées ou cousues,

---

494 Thomas Gage, *op. cit.*, p. 138.

495 Carmen Yuste, *op. cit.*, p. 147. Dans : Un Océano de Intercambios.

496 RAE. *Chorreado* : Sorte de satin ancien.

497 AGN. Filipinas. Caja 4976. Expediente 006. Año 1602.

498 William L. Schurtz, *op. cit.*, p. 68.

499 LORENZANA, Francisco Antonio de, Bandos y reglas correspondientes al virreinato de la Nueva España. Libro 2, sobre: Aduana. Filipinas y Acapulco…comercio ilícito.

500 ARMELLA de ASPE, Virginia, *Artes Asiáticas y Novohispanas.* El galeón del Pacifico Acapulco-Manila 1565-1815/ ed. par Javier, WIMER. México: Espejo de Obsidiana Ed., 1992, p. 226.

501 *Basquiñas* : dernière jupe que l'on mettait pour sortir dans la rue.

502 *Polleras* : espèce de fond de jupe de *basquiña.*

brodées, des bas de soie de couleur[503], des mouchoirs, de la passementerie assortie, des chemises, des capes, des robes de chambre, des kimonos[504], des pourpoints ou *corpiños* très appréciés à Acapulco : lors de l'implication du Trésorier royal don Martín Calvo dans la plainte contre le *Castellano*, le secrétaire Joseph de Olivares le rencontra à onze heures du matin dans son salon pour lui transmettre la requête, en *corpiño de seda y fundas de tafetán*[505], en pyjamas dirait-on aujourd'hui, mais de soie. En outre, les jolies chasubles peintes ou brodées fabriquées à Canton furent les pièces les plus exportées[506].

Les soies étaient accompagnées de lin, de chanvre et surtout de coton qui occupait le plus gros du chargement et dont les toiles étaient très appréciées par les *Indios* et les noirs en raison de leur prix. Les Philippines envoyaient d'autres toiles, blanches ou écrues, appelées *elefantes*, des hamacs ou des toiles de *Illocos*, des bas, des chemises, des caleçons, de la lingerie féminine, des moustiquaires de coton ou de *medriñaque*[507]. Cambay envoyait une toile légère, la *cambaya*[508], teinte en bleu, et Palicut des toiles peintes dénommées *paliacates*[509].

Les marchands chinois et les Portugais de Malacca et d'Inde apportaient à Manille des perles, des rubis et des saphirs pour rehausser l'éclat des vêtements[510] des gens aisés, et des ras du cou[511] pour les femmes du peuple.

Les *lentejuelas* ou paillettes commencèrent à arriver à partir du début du XVIIe siècle par le galion de Manille, et eurent tant de succès qu'« on les utilisa dans l'habit, religieux comme civil, masculin et féminin »[512].

L'aristocratie de la Nouvelle-Espagne recevait par le galion les produits de base du parfum : des Philippines, arrivait une résine aromatique appelée *estoraque*, et de Chine, des Moluques, de Java et de Ceylan, la *algalia*[513] et l'*almizcle*[514].

---

503 Ils remplacèrent ceux en laine : José R. Benítez, *op. cit.*, p. 71.

504 AGI. Contaduría, 902, desde 20-11-1612 hasta 1-03-1614/Caja de Acapulco.

505 AGI. Escribanía, Pleitos de la Audiencia de México, 177B.

506 Blas Sierra de la Calle, *op. cit.*, p. 104.

507 RAE. *Medriñaque* : Tissu philippin fait en fibres d'*abacá*, de *burrí*, et de quelques autres plantes. On l'utilisa en Europe et en Amérique pour doubler et faire bouffer les vêtements de femme.

508 Selon Marita Martínez del Rio, « le nom de *cambaya* provient de Cambay de la région de Gujerat en Inde. On y trouvait des industries de tissage, en particulier une toile légère de coton, connue à Mexico comme *cambaya.* » Dans : MARTÍNEZ del RÍO de REDO, Marita, *El comercio con Asia.* El galeón de Acapulco/ ed. por Marita Martínez del Río de Redo, México: Museo Nacional de Historia, INAH, 1988, p. 89-90.

509 On appelle toujours *paliacates* les mouchoirs de couleur. Miguel Ángel, Fernández, *op. cit.*, p. 149.

510 Antonio de Morga, *op. cit.*, p. 355.

511 AGI. Contaduría, 903, 7 de enero de 1615 -31 de diciembre de 1616/Caja de Acapulco.

512 ARMELLA de ASPE, Virginia, *La influencia asiática en la indumentaria novohispana.* La presencia novohispana en el Pacifico Insular. Actas de las Segundas Jornadas Internacionales celebradas en México/ ed. par María Cristina, BARRÓN. México: INBA, CONACULTA, UIA, 1992, p. 59.

513 *Algalia* : cette substance est extraite d'une boule se situant près de l'anus du chat d'*algalia.*

514 RAE. *Almizcle* : Substance grasse, onctueuse, de forte odeur que certains mammifères sécrètent par des glandes situées dans le prépuce, le périnée ou près de l'anus ; matière de base de certaines préparations cosmétiques et de parfumerie.

Le galion apporta d'autres objets de la vie quotidienne, comme les peignes d'écaille, les verres à lunettes de cristal, les bois de canne, des pots de chambre, des crachoirs de cuivre blanc, et des nettoyeurs d'oreille en os[515]. Un Chinois essaya de vendre des nez en bois taillé : cette nouveauté n'embarqua jamais[516].

## 2. La décoration des intérieurs

Pour l'embellissement des maisons, le mobilier et les objets rapportés par le galion de Manille étaient hautement appréciés. Tous ceux qui en avaient les moyens les acquéraient avec démesure : dans ce siècle du Baroque, plus on accumulait, plus c'était beau, plus il fallait montrer, car toute famille d'importance voulait s'afficher.

La chambre, à laquelle on accédait directement depuis le salon, manquait d'intimité. Le lit, le meuble le plus important, était choisi plus pour le luxe déployé que pour sa commodité : la valeur des tissus ostentatoires de décoration dépassait son coût intrinsèque. Pour orner les lits généralement à quatre montants avec armatures soutenant ciels et rideaux, on préférait les précieux jeux de soies et tissus chinois. On perçoit la richesse recherchée par la description de l'envoi depuis Manille de don Pedro de Zúñiga[517] : « un couvre-lit de velours cramoisi avec six pièces comportant quatre rideaux, une tête de lit, et un drap de pieds, et trois autres pièces pour le ciel, des couvre-lits et des parements, ce qui fait neuf pièces toutes richement brodées avec des fils d'or, et finies de six douzaines de garniture de franges courtes ; en plus un coussin et deux petits oreillers brodés faisant jeu ». Le meuble pouvait être en bois laqué, de fond noir ou rouge, et avec des décorations d'or. Souvent, les plus beaux, en ébène, présentaient des colonnes salomoniques et des incrustations en ivoire[518].

Parvenaient des caisses ou des grands coffres laqués ou incrustés de nacre, ou délicatement sculptés, qui, posés sur des supports de bois, conservaient les habits personnels, la literie, et autres objets de valeur.

L'usage était de pendre un christ en ivoire à la tête du lit. Au début du XVIIe siècle, commencèrent à arriver les statues en ivoire travaillées dans les provinces de Canton et Fujian, ou par les Chinois des Philippines[519]. Ces ivoires étaient interprétés par les tailleurs à partir des images ou des gravures que les missionnaires apportaient, raison pour laquelle les premières pièces eurent les

---

515 AGI. Contaduría, 903, 7 01 1615 / 31 12 1616/Caja de Acapulco.

516 Un Espagnol qui avait perdu le nez par maladie fit venir un Chinois pour lui en fabriquer un en bois et cacher son infirmité. L'ouvrier lui fit un nez si bien ajusté que, très content, l'Espagnol paya généreusement vingt écus. Le Chinois, attiré par ce gain facile, chargea l'année suivante une embarcation pleine de nez de bois, revint à Manille mais ne rencontra pas ses attentes. Dans : *Relation des Isles Philippines, Faite par un Religieux qui y a demeuré 18 ans. Traduit d'un manuscrit espagnol. In : THEVERNOT, Melchisedec, Relation de divers voyages curieux qui n'ont pas esté publiées données au public par les soins de feu Melchisedec Thevernot.* Chez Tomas Moette. Paris, 1696, T I.

517 AGN. Indiferente Virreinal. Filipinas caja 4976 expediente 006 año 1602.

518 CURIEL, Gustavo. *Ajuares domésticos. Los rituales de lo cotidiano. Historia de la vida cotidiana en México. La Ciudad Barroca/* ed. par Antonio, RUBIAL GARCÍA, México : FCE, 2005, p. 98.

519 Deborah Oropeza, *op. cit.*, p. 171.

yeux bridés. Principalement destinés aux églises et aux couvents, on les rencontrait aussi dans les oratoires des maisons des familles importantes. L'élaboration très minutieuse de ces œuvres rendait le corps sur la croix plus représentatif par la taille dans la courbure d'une défense unique. Par ailleurs, on envoyait des têtes et mains de vierges en ivoire, pour leur donner en Nouvelle-Espagne un corps de bois, les habiller de brocards et les décorer de perles, d'une couronne d'or et d'argent. On envoyait aussi des figures d'Enfant Jésus, de saints, ou d'archanges comme le San Miguel.

Les oratoires furent embellis par des tableaux appelés *enconchados*. La complexité de leur réalisation, par application de morceaux d'huitre perlière, et les thèmes traités dans ces oeuvres, proviennent du rapprochement de techniques japonaise et européenne connu sous le nom de l'art Namban. Expulsés du Japon, religieux européens et chrétiens japonais se réfugièrent à Manille et au Macao portugais, où ils développèrent cet art dans les peintures de tableaux ou de meubles[520].

La maîtresse de maison recevait les visiteurs de son rang dans la luxueuse pièce du *salón del estrado* ainsi nommée en raison de l'estrade sur laquelle on disposait un tapis en soie chinoise aux magnifiques dessins et coloris. La mise en place de ce tapis avait un double but : il décorait, et il permettait de disposer de nombreux coussins et tabourets sur lesquels s'asseyaient les dames, habillées des jupes amples caractéristiques du vêtement féminin d'alors. L'élite recherchait un luxe extrême pour ces sièges[521] et on les rencontrait dans toutes les maisons moyennement confortables[522]. De façon prévisible, don Pedro de Zúñiga envoya vingt coussins de velours façonnés et de toutes les couleurs[523].

Les *biombos* ou paravents étaient le mobilier le plus estimé et le plus cher. Les paravents laqués, peints des deux côtés de paysages orientaux, étaient recherchés, mais les grands paravents japonais, allant jusqu'à dix-sept panneaux, étaient les plus précieux. Ceux de la chambre donnaient l'intimité nécessaire, étaient plus hauts que les paravents du *salón del estrado* appelés *rodastrados*, utilisés pour limiter l'espace autour de l'estrade du salon de visites.

Des bureaux, des écritoires, des tables à tiroirs appelés *bufetes*, des bonheurs-du-jour, des secrétaires, en provenance d'Orient s'entassaient dans les chambres, et dans les autres pièces de la maison. Pour l'homme du Baroque, l'excès était synonyme de beauté, de richesse, et dans ce cas, on cherchait à disposer de ce mobilier pour améliorer sa réputation, plutôt qu'en vue de l'emploi auquel il était normalement destiné : les propriétaires, au mieux, écrivaient avec difficulté. L'art de vivre ne se dissimulait pas, ne suivant en rien le dicton français « pour vivre heureux, vivons cachés ». Il était habituel de

---

520 ALBERRO, Solange, «El arte Namban en el México Virreinal, de Rodrigo Rivero Lake», *Historia Mexicana*, vol. 56, n° 3, Ene.-Mar., 2007, p. 1045.

521 Gustavo Curiel, *op. cit.*, p. 84.

522 Pilar Gonzalbo, *op. cit.*, p. 229.

523 AGN. Indiferente Virreinal. Filipinas. Caja 4976. Expediente 006. 1602.

garder à l'intérieur des écritoires les bijoux, les mouchoirs, les chapelets, les perles en verre[524], les fils[525], les paillettes.

Les visites faisaient partie de la vie de société. Dans le *salón del estrado*, on se réunissait pour jouer aux cartes, aux échecs ; les femmes y venaient broder ou jouer de la musique. Quelques hôtels particuliers disposaient de pièces spéciales pour se divertir au *truco*, l'ancêtre du billard. Le galion aussi apportait les boules d'ivoire du *truco* et les pièces d'échecs. À l'occasion de ces réunions, on faisait alors assaut de féminité dans l'art de la conversation[526], grâce aux éventails[527] provenant d'Asie. On buvait le chocolat durant les visites. Le chocolat pouvait être servi de plusieurs manières : le galion de Manille apportait des *mancerinas* ou chocolatières de porcelaine, et la Nouvelle-Espagne réalisait de précieux cocos ornés d'anses et de pieds en argent, ou encore des *mancerinas* d'argent équipées en leur centre d'un coco taillé ou d'une tasse de porcelaine.

Au XVIIe siècle, les porcelaines chinoises étaient en Europe des objets de décoration très précieux en raison de leur rareté et de leur prix. La plus prisée était bleue et blanche. Produites dans la ville de Jingdezhen, province de Jiangxi[528], elles arrivèrent aussi à Acapulco et suscitèrent le même attrait en Nouvelle-Espagne, devenant après les textiles le chargement le plus important.

Le bleu et blanc des pièces de la dynastie Ming furent remplacés par les magnifiques couleurs carmin, roses et vertes des pièces extrêmement fines et exquises de la dynastie Ching. Éminemment capables de s'adapter, les Chinois surent évoluer pour satisfaire les goûts de forme, de dessin et de motifs de leurs clients, proposant des phénix, des pivoines, et des personnages asiatiques avec couette et parasol[529]. Arrivaient aussi de la porcelaine japonaise, et quelques pièces philippines comme des pots de céramique, ou de faïence vernissée[530].

Sous le nom de *loza de China*, vaisselles, *tibores*, vases, pièces à l'unité comme assiettes, tasses, ou *mancerinas,* occupaient les garde-manger qui pouvaient se trouver dans le *salón del estrado* ou dans les remises près de la cuisine.

---

[524] Les *chaquiras* ou *cuentas de vidrio*, furent embarquées pour l'expédition de Legaspi, pour les échanger avec les caciques locaux des Philippines comme l'avait fait Christophe Colomb. Ils se révélèrent inutiles parce que les commerçants arabes et chinois les avaient introduits auparavant. Au XVIIe siècle, leur provenance espagnole s'estompa pour devenir vénitienne, hindoue ou chinoise, de coût moins élevé. Dans : CASTELLÓ YTURBIDE, Teresa, « La Chaquira en México », *Artes de México, Museo Franz Mayer*, 72, México, 1998, p. 20-26. (Colección Uso y Estilo, n°6).

[525] Gustavo Curiel, *op. cit.*, p. 88.

[526] Gustavo Curiel, *op. cit.*, p. 87.

[527] Sierra de la Calle nous renseigne sur les éventails : l'éventail à branches pliable est d'invention japonaise et fut introduit en Chine au XIe siècle, alors que les éventails circulaires furent très populaires durant la dynastie *Tang (618-906).* Blas Sierra de la Calle, *op. cit.*, p. 129.

[528] Timothy Brook, *op. cit.*, p. 61.

[529] Miguel Ángel Fernández, *op. cit.*, p. 144.

[530] OBREGÓN, Gonzalo, « Influencia y Contra Influencia del Arte Oriental en la Nueva España », *Historia Mexicana,* 1964, Oct.-Dic., vol. 14, n° 2, p. 294.

Les *tibores* ou potiches chinoises qui mesuraient jusqu'à un mètre vingt-cinq de haut[531] décoraient les salons, l'oratoire, les galeries, et conservaient le chocolat. À la fin du XVIIe siècle, les galeries ou les antichambres étaient agrémentées de pots de fleurs, tellement appréciés que les morceaux cassés étaient réutilisés pour confectionner d'imposantes pièces appelées *riscos*, typiques du Baroque[532].

La porcelaine se démocratisa alors en proposant différentes qualités, permettant aux plus modestes de disposer de quelques pièces.

On illuminait les salles avec des chandeliers d'argent. La demande de cire était forte, et une grande partie, blanche ou jaune, en abondance dans les îles Camarines, Panay, Cebú, Calamianes, Oton, Mindanao, et Negros, arrivait par le galion de Manille[533].

Les voitures, les coursiers et les sièges à porteurs participaient à l'ostentation de l'autorité et de la fortune de leurs propriétaires lors des promenades, des messes, ou à l'occasion d'événements sociaux importants. Les intérieurs des voitures étaient tapissés de riches tissus brodés au fil d'or ou d'argent, les bêtes d'attelage parées de taffetas de Chine, de garnitures de luxe, les crinières tressées de perles, d'or et de pierreries, raconte Bernardo de Balbuena dans sa *Grandeza Mexicana*[534]. Les sièges à porteurs étaient ornés d'écaille et de nacre, dorés ou peints de paysages, l'intérieur tapissé de damas et de velours[535].

Thomas Gage décrivit que lors des promenades à la Alameda pouvaient se rencontrer jusqu'à deux mille voitures, ce qui montre bien l'importance du moyen de transport personnel, signe extérieur de richesse à cette époque.

## 3. Les épices

Les épices étaient l'objet d'une forte spéculation en Nouvelle-Espagne : un achat de clou de girofle aux Philippines permettait d'envisager un bénéfice en Nouvelle-Espagne vingt fois supérieur à la mise de fonds initiale[536]. En sus de leur utilisation pour la conservation des produits, le poivre, le clou de girofle et la cannelle furent largement employés comme condiments dans la cuisine créole qui combina les aliments des deux mondes. La cannelle fut la plus demandée : récoltée en abondance dans l'île de Mindanao, elle arrivait aussi de Ceylan et de Malabar. Les Portugais faisaient parvenir à Manille le poivre, le clou et la noix de muscade des îles Moluques. La cannelle, le clou de girofle et la noix de muscade furent incorporés au pulque et au chocolat, comme à d'autres boissons comme le *charape*, l'*hipocrás*, et le *rosolí*.

---

531 Gonzalo Obregón, *op. cit.*, p. 194. Dans : Influencia y Contrainfluencia.

532 Gonzalo Obregón, *op. cit.*, p. 90. Dans : Aspectos Artísticos.

533 Deux cents pains de cire, appartenant à un *personaje sabido, pero callado*, cachés dans le lest du galion, participèrent à la surcharge du galion Santa Rosa qui subit une *arribada* en 1682.

534 Bernardo Balbuena, *op. cit.*, p. 74.

535 Don Manuel Romero de Terreros. Dans M.Martínez del Rio, *op. cit.*, p. 37. El comercio con Asia.

536 Guillermo Tardiff, *op. cit.*, p. 90.

Les marchandises du galion de Manille eurent un effet à la fois matériel et immatériel. Elles modifièrent le goût des Novohispanos, le raffinèrent. On les rencontrait dans de très nombreux domaines de la vie quotidienne, dans la décoration de la maison et dans le vêtement que les riches comme les pauvres embellissaient pour satisfaire leur désir de montrer qu'ils étaient partie intégrante de cette société privilégiée.

Le commerce du galion de Manille fut plus que la conséquence d'une mode. L'engouement des Novohispanos pour ces marchandises fut l'expression de leur intime volonté d'oublier le passé préhispanique qui, durant le XVIe siècle, avait généré un grand intérêt, mais était considéré à cette époque comme exotique. La nouvelle et récente société novohispana cherchait à se tourner vers la modernité, à se singulariser, à affirmer à la fois son existence et sa supériorité sur les anciennes populations de la Nouvelle-Espagne.

# TROISIÈME PARTIE

# LA TRANSFORMATION SOCIALE AU XVII$^{e}$ SIÈCLE

# CHAPITRE I

# L'ORGANISATION DES ACTIVITÉS COMMERCIALES

Avant l'arrivée des Espagnols, *Acapolco*, partie d'une des seigneuries indépendantes qui s'étaient unies au royaume de Mescaltepec, était occupée par une population dense de *Yopes* ou *Tlapanecos*, répartie dans de nombreux hameaux[537]. Mais après la Conquête, comme dans les autres ports, Acapulco fut vidée par la peste de sa population autochtone et connut la *premiación*, l'octroi de récompense de la Couronne à ses conquistadors. Les Indiens soumis furent attribués à ces fidèles qui reçurent le droit de percevoir un tribut en espèces, sans disposer de la propriété territoriale, sauf dérogation royale. Ce système, appelé *encomienda,* exigeait que l'*encomendero* soit dévoué au roi, réside sur les terres attribuées, s'occupe temporellement et spirituellement de ses Indiens, et fournisse l'aide militaire demandée par les autorités locales[538].

Le royaume de Mescaltepec, qui incluait Coyuca et d'autres dépendances, fut donné en *encomienda* au conquistador Juan Rodríguez de Villafuerte, *vecino* de Zacatula[539]. En 1569, l'ensemble de la Juridiction d'Acapulco comptait mille cinq cent quatre-vingt-neuf Indiens assujettis au tribut[540].

La diminution de la population indigène[541] due aux mauvais traitements et aux diverses pestes[542] et les controverses suscitées par ce régime entraînèrent la perte progressive des privilèges des *encomenderos.* En 1573, à la proclamation des *Ordenanzas de Descubrimiento, Nueva Población y Pacificación*, la transmission par héritage des avantages de *l'encomienda* en Nouvelle-Espagne fut limitée à trois générations, bien que cela fût parfois prorogé contre paiement. Alors que le statut de *l'encomienda* évoluait, le panorama changeait à Acapulco : la route Manille-Acapulco-Manille se stabilisait, le système de la foire s'établissait, et arrivaient au port tous ceux qui étaient impliqués dans l'entreprise des Philippines. À partir de 1595, la production des vergers de cacao de la région de Coyuca entama son déclin en raison du vieillissement des plantes fatiguées par les épidémies, et de la concurrence des régions de Chontalpa-Tabasco, de Soconusco-Chiapas et Veracruz, de Venezuela-Caracas et Maracaibo, et d'Équateur-Guayaquil.

---

537 Peter Gerhard, *op. cit.*, p. 39. Dans : Geografía Histórica de la Nueva España.

538 TAKAHASHI, Hitoshi, « De la Huerta a la Hacienda, el Origen de la Producción Agropecuaria en la Mixteca Costera », Historia Mexicana. vol. 3, n° 1, Jul-Sept., 1981, p. 1.

539 Peter Gerhard, *op. cit.*, p. 40. Dans : Geografía Histórica de la Nueva España.

540 Peter Gerhard, *idem.*

541 Elle fut, jusqu'en 1570, deux fois plus importante sur les côtes.

542 Peste *cocoliste,* de *matlazáhuatl* ou tifus épidémique, de variole et de rougeole.

Au début du XVII^e siècle, la fille de Juan Rodríguez de Villafuerte, doña Aldonza Rodríguez de Villafuerte, hérita de *l'encomienda* de Mescaltepec[543], donc d'Acapulco et de Coyuca, toutes deux communautés non indigènes.

L'*encomienda* fut une deuxième fois ébranlée en 1601 par la décision de Philippe III de supprimer le service personnel des Indiens, laissant les *encomenderos* recevoir les rentes produites par les villages. La diminution progressive de la population indigène provoqua une baisse drastique des bénéfices. Ainsi, l'*encomienda*, vidée de son sens initial, se transforma en un « simple ornement et le titre d'*encomendero* devint une marque de distinction sociale »[544].

L'*encomendero* d'Acapulco vivait un scénario évolutif où la prospérité apportée par *l'encomienda* et par les vergers de cacao s'évanouissait, et où l'ancienne main-d'œuvre manquait. Pour remplacer la culture du cacao, on innova avec le palmier de coco, acclimaté. Le problème du manque de main-d'œuvre fut résolu par la Couronne d'une manière pragmatique, en important des esclaves. Acapulco eut accès à cette dotation de bras via l'Atlantique, mais également via le Pacifique, par le galion de Manille qui finit donc par donner la solution à la recherche du développement économique grâce à la forte croissance de la demande de services associés.

La population d'Acapulco au XVII^e siècle, constituée d'Espagnols, de noirs, de mulâtres, d'*indios de la tierra* et *indios chinos*, illustre bien les conséquences des profonds changements géopolitiques ressentis tant en Nouvelle-Espagne qu'aux Philippines. Ce choc toucha la bourgade de deux cents habitants, comme le Trésorier royal don Alonso de Funes l'écrivit en 1611 à son beau-père, et fut à l'origine de nouvelles activités économiques comme de grandes transformations urbaines, raciales et multiculturelles.

## 1. La population en retrait d'Acapulco, les Indiens *de la tierra*

À la fin du XVII^e siècle, bien que la collectivité des indigènes mexicains ait entamé un renouveau dans toute la Nouvelle-Espagne, « on ne voyait que très rarement un natif du lieu, aux traits olivâtres »[545] à Acapulco.

Lors de la réalisation de travaux ordonnés par la Couronne, comme la fonte d'artillerie, l'édification du couvent de Nuestra Señora de Guía, la construction du fort de San Diego ou sa reconstruction, les autorités du port, suivant l'habitude de la Nouvelle-Espagne, recouraient aux indigènes du *Repartimiento* de la juridiction d'Acapulco ou des juridictions les plus proches.

---

543 L'*encomienda* héritée *en segunda vida* par doña Aldonza Rodríguez de Villafuerte comprenait Acapulco, Coyuca et les villages de Oyacapan, Acamalutla, Citlamajal, Tepeque, Atezca, Tepejuchitl, Jastianguez, Calcenpotla, Tescalan, Mescaltepeque. Dans : PASO y TRONCOSO, Francisco del, *Epistolario de Nueva España. 1505-1818*, Tomo X y XIII, México, Antigua Librería Robledo, 1949, p. 8-9. (Biblioteca Histórica Mexicana de Obras Inéditas Segunda Serie n° 10).

544 DOUCET, Gastón Gabriel, *América y España. El encuentro de dos mundos. La encomienda Indiana*/ed. par Heberto Oscar ACEVEDO. Buenos Aires:Editorial Ángel Estrada,1988, p. 51.

545 Giovanni Francesco Gemelli, *op. cit.*, p. 8. Dans : *Viaje a la Nueva España.*

Le système de Repartimiento, développé par les vice-rois Martín Enríquez de Almansa[546] et le marquis de Villamanrique[547] pour résoudre le problème de la rareté de la main-d'œuvre, imposait aux populations indigènes de fournir par rotation saisonnière[548] des ouvriers de quinze à soixante ans ; les nobles et les détenteurs de poste public en étaient exemptés.

Les fonctionnaires du port utilisaient aussi une main-d'œuvre esclave, soit étatique, soit privée, minoritaire par rapport aux indigènes et beaucoup plus coûteuse. À cause de l'urgence dans laquelle ces travaux publics étaient généralement exécutés, et du grand nombre de travailleurs nécessaires, on utilisait les esclaves jusqu'à ce que la fragile population indienne de la Juridiction arrive à les remplacer. Cacaotepeque, Igualapa, Tixtla, Chilapa envoyaient à Acapulco de la main-d'œuvre pour trois semaines si les indigènes étaient mariés, et quatre pour les jeunes célibataires[549]. Leurs tâches terminées, ils retournaient dans leurs villages. La Caisse Royale les payait deux *tomines* par jour, alors que la location journalière d'un esclave était d'un peso[550].

## 2. Les groupes de pouvoir et le commerce du galion de Manille

Le galion de Manille et le déclin du système de *l'encomienda* modifièrent le modèle socio-économique initial du port. Les Espagnols et les *criollos* ou créoles, formaient le groupe des gens de distinction. Ce groupe du pouvoir sut profiter des évolutions : que ce soit les *encomenderos* qui se servirent de leur position privilégiée, ou les *vecinos* d'Acapulco, tous se reconvertirent à cette nouvelle vague marchande. C'est ainsi qu'au XVII^e^ siècle, les officiers royaux pouvaient très souvent ajouter le titre *d'encomendero* au nom d'un *vecino* d'Acapulco. Ceci était dû à l'implication du *vecino* dans le commerce du galion de Manille, qu'il travaille à son compte, ou le fasse par *encomienda*, sur commande des marchands de la ville de Mexico, de Puebla ou d'autres villes de Nouvelle-Espagne, en prêtant ses services comme agent commercial.

Durant les vingt premières années, son image est un peu floue. Les *encomenderos* apparaissent dans les comptes des officiers royaux en 1621 avec don Francisco Pacheco qui achète trente-huit cruches de clous de girofle[551]. Leur modeste participation dans le commerce du galion de Manille est due au fait que, malgré les interdictions de 1593, les Péruviens continuaient à se déplacer à Acapulco et achetaient une grande partie de la cargaison. En 1640, on interdit définitivement ce commerce aux Péruviens, et les marchands de Nouvelle-Espagne entrèrent progressivement dans ces opérations, parmi eux les *encomenderos* et les *vecinos* d'Acapulco.

---

546 1568-1580.

547 1585-1590.

548 Appelée *rueda* ou *tanda*.

549 BORAH, Woodrow, *El siglo de la Depresión en la Nueva España. El pasado de México, Aspectos Socio-demográficos*/ ed. par Sherburne, F. COOK. México : FCE, 1989, p. 263.

550 AGI. Contaduría, 904, 1622/ Caja de Acapulco.

551 AGI. Contaduría, 904,1621/ Caja de Acapulco.

La Loi limitait la participation des Novohispanos en leur interdisant d'acquérir les marchandises d'Extrême-Orient directement à Manille ou de passer commande aux commerçants philippins présents à la foire à Acapulco. Mais il était habituel que les Espagnols ou les Novohispanos établis aux Philippines envoient des marchandises et des esclaves directement à des membres de leur famille ou de quelques connaissances en Nouvelle-Espagne[552].

Dans la seconde partie du XVII^e^ siècle, la présence dans les affaires des *vecinos* d'Acapulco est claire et franche. Dans les comptes des officiers royaux du port, le capitaine Martín de Eguiluz, Francisco Diaz Hidalgo, Pablo de Carrascosa, Domingo de Iraegui, Pedro Martínez Castellanos et Francisco Gutierrez achètent des marchandises et des esclaves, sont garants de personnes qui arrivent des Philippines, payent les droits des marchandises chinoises emportées hors registres, ou ceux des personnes qui arrivent par le galion, et envoient des marchandises et des cadeaux aux Philippines. De même, les *encomenderos* et les *vecinos* d'Acapulco sont parfois fournisseurs à la fois du bateau et des bureaux du gouvernement.

À l'arrivée du galion de Manille à Acapulco, on devait approvisionner les matériels dont le bateau avait besoin pour sa carène et les vivres pour son retour vers Manille, l'élaboration des documents administratifs demandait du matériel de bureau, et la ville devait fournir provisions et services pour toute la population temporaire qui la remplissait.

D'autres nouveaux systèmes d'exploitation économique durent voir le jour. Pour garantir l'exécution des services requis, différentes méthodes furent utilisées. Certains utilisèrent leurs propriétés, d'autres sollicitèrent la Couronne pour se faire octroyer des *mercedes de tierra*, des concessions de terre et y installer des *estancias de ganado*, des fermes de bétail, des *pesquerias*, des poissonneries, ou entreprirent toute sorte d'activités commerciales liées au galion de Manille.

## 3. Les conséquences de l'augmentation du besoin : les fermes de bétail et les poissonneries

Le début de la colonie en Nouvelle-Espagne ne fut pas aussi simple que nous pourrions le croire. Manquant totalement dans ce nouveau territoire des produits de base du régime alimentaire espagnol, cette nouvelle société importa les modes de vie et les coutumes européennes. De nouvelles plantes et espèces animales firent leur apparition, enrichirent l'écosystème, mais modifièrent les anciennes méthodes de culture et firent évoluer le système de possession de la terre. Le porc, le mouton et la chèvre étaient très présents dans le régime alimentaire espagnol ; le cochon, bon marché, resta à la portée des Espagnols, métis, mulâtres et noirs qui en firent grande consommation.

À Acapulco, à cause de la composition des menus du galion de Manille à base de viande et de poisson, on dut fournir ces produits en plus grande quantité, ce qui mena à développer de nouvelles opérations

---

552 AGN, Tierras (110). Contenedor 1417. Volumen 3274. Expediente 15. 1652.

d'approvisionnement qui impliquèrent toute la population. Dans les parages plus ou moins éloignés d'Acapulco, surgirent les concessions de terre, appelées *estancias*, qu'elles fussent de gros bétail, *ganado mayor* ou de petit bétail, *ganado menor*. La différence entre les deux provenait de la superficie de leurs terres, du type d'animaux élevés. Les lois indiquaient que pour s'occuper des bêtes, chaque propriétaire de ferme de gros bétail devait disposer, pour deux mille têtes, de quatre noirs ou Indiens, dont deux à cheval et deux à pied. En raison du manque de main-d'œuvre, on recourut aux noirs. Une des nombreuses règles était de réunir les propriétaires de bovins et de chevaux deux fois par an, en janvier et en août, pour qu'ils déclarent les animaux de leurs troupeaux. Lors de cette réunion, appelée *rodeo*, chaque propriétaire marquait ses animaux d'un fer distinct pour pouvoir les reconnaître. Cette pratique fut à l'origine de nouvelles coutumes auxquelles chaque région apporta son style.

Quant au poisson, frais ou séché, la Couronne accorda des concessions de poissonneries près d'Acapulco, incluant les terres et les eaux associées.

### 4. *L'obligado de abasto* remplace *l'encomendero* dans les marchés d'approvisionnement. La montée en puissance d'une nouvelle bourgeoisie

À la différence de l'indigène qui n'y était pas habitué, l'aliment le plus important du repas de l'Espagnol était la viande. Pour des raisons religieuses, on lui substituait du poisson les jours de jeûne indiqués par l'Église. Il est évident que le ravitaillement de ces denrées était une activité commerciale intéressante.

L'approvisionnement de viande au XVIe siècle pour le galion de Manille et la ville d'Acapulco était entre les mains d'un *encomendero*, García de Albornoz. L'exclusivité des concessions n'était cependant plus autorisée et l'attribution des licences pouvait être disputée par celui qui offrait un prix plus bas. García de Albornoz, neveu du Trésorier royal d'Acapulco Bernardino de Albornoz, marié avec *l'encomendera* doña Aldonza Rodríguez de Villafuerte, était propriétaire de fermes de gros bétail et de vergers à Acapulco. Depuis 1571, il avait monopolisé le contrat de viande et de poisson pour l'approvisionnement des bateaux retournant aux Philippines. Pour répondre à la demande, García de Albornoz, *encomendero* par son mariage, utilisait les cinq concessions dont les limites dans la province avaient été fixées par *l'alcalde mayor* Juan del Hierro[553].

Cinq ans plus tard, pour des raisons avantageuses pour le Trésor Royal, on concéda le marché de la viande, du poisson salé et du biscuit, à l'hidalgo Francisco Pérez Payan. Pour ne pas perdre ce négoce lucratif et épuiser la concurrence, García de Albornoz s'appuya sur ses relations, utilisa menaces et actions illégales. Prenant le meilleur sur son concurrent, il continua d'assurer le ravitaillement d'Acapulco.

---

553 Antonio F. García Abasolo, *op. cit.*, p. 77.

La situation ne fut pas la même au XVIIe siècle ; le marché n'était plus dans les mains de *l'encomendero*, mais dans celles des *vecinos* d'Acapulco. Si, au début du siècle, Lucas de Rosales fournissait les bateaux, deux ans plus tard, Antonio Gonzalez Prieto était *l'obligado de abasto,* le chargé d'approvisionnement en viande : cette modification fut probablement rendue possible par l'obtention du poste de Comptable Royal par Lucas de Rosales en 1602.

Entre 1606 et 1615, deux groupes distincts, sans relations entre eux, vendaient la viande ou le poisson salé. L'augmentation du nombre de galions en provenance de Manille a probablement influé en ce sens.

En 1622, deux *obligados de abasto* fournissaient la viande et le poisson salés, la viande fraîche, les bougies, le suif utilisé pour l'éclairage, fabriquer le savon et calfater les bateaux, et les peaux de mouton utilisées à la carène ou dans la construction des immeubles pour lier les poutres entre elles. L'un d'entre eux, Sebastián Muñoz, était majordome des *haciendas* de Fernando de Santa Cruz Velázquez, *corregidor*[554] de Chilapa, ce qui montre bien le bénéfice économique qu'Acapulco apportait jusque dans les régions de la *Montaña.* Mais ces éléments mettent au jour aussi les manœuvres et les luttes intestines qui se tramaient à Acapulco, mêlant pouvoir et argent, intérêt de la Couronne et intérêt individuel, favorisées par les difficultés économiques de la couronne espagnole qui l'amenèrent à vendre les charges de fonctionnaires du vice-royaume [555] : ainsi à partir d'une concession, on pouvait acheter un poste royal.

## 5. L'arrivée de la concurrence

La multiplication du nombre des *obligados de abasto* montre que la fourniture de provisions pour le galion de Manille était un commerce rentable débouchant sur une concurrence évolutive.

En 1640, Bartolomé Gallardo, Joan Ruiz de Corcuera et Francisco Báez, *vecinos* de la Juridiction d'Acapulco, titulaire de la concession d'approvisionnement de poisson salé pour les galions des Philippines, demandèrent l'attribution du bénéfice de poissonneries, des terres et des eaux attenantes, à la lagune de Naguala qui se trouvait à neuf lieues d'Acapulco[556], en échange d'un loyer de cinq cents cinquante pesos. Treize années plus tard, il y avait deux *obligados de abasto* de poisson salé : Bartolomé Gallardo et le capitaine Francisco Rincón.

À partir de 1653, le ravitaillement en viande fut dans les mains de Juan Fernández Tomé et du capitaine Fernando de Santotis, *vecino* de Mexico, qui par ailleurs, fournissait d'autres marchandises. Bartolomé Gallardo en 1655, marchand de poisson salé, était alors aussi charpentier du *Servicio Real.*

---

554 *Corregidor* : magistrat nommé par le roi.

555 Woodrow Borah, *op. cit.*, p. 252. Dans : *El siglo de la Depresión en la Nueva España.*

556 AGN. Vol. 47. F. 37. Año 1640.

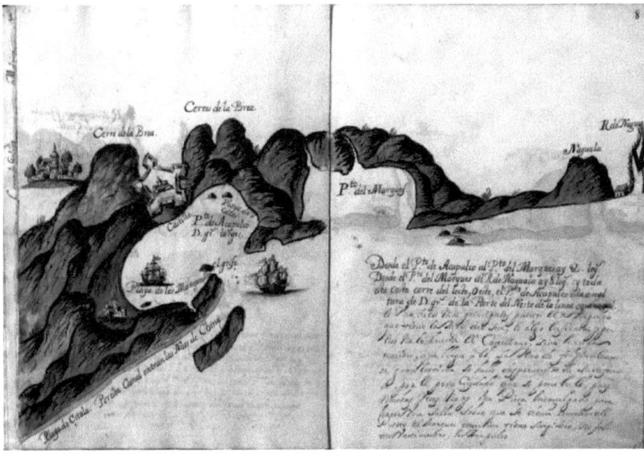

**Fig. 6 : Plan d'Acapulco au XVII^e^ siècle.**
**Port d'Acapulco et de Puerto Marqués**
*España. Ministerio de Educación y Deporte. Biblioteca Nacional España* MSS 2957.

En 1656, la libre concurrence commença entre Gallardo, Juan Fernández Tomé et un *vecino* de Coyuca, Antonio de la Peña. Bartolomé Gallardo était le fournisseur de poisson, de viande fraiche, de *tasajo* – la viande séchée –, de bougies, de suif et de cuirs. Juan Fernández Tomé, outre sa concession de viande, vendait du papier à sceau et louait des maisons. Malgré sa mort en 1657, la concurrence se poursuivit en fait entre les trois partenaires, car le curé Licenciado Bernardo Ruiz de Valderrama reçut en cession ses commerces.

Ces arrangements nous montrent les stratégies utilisées et les diversifications économiques mises en place après l'acquisition des autorisations initiales ; en même temps, ils révèlent l'éclosion d'une nouvelle bourgeoisie, les relations internes de la communauté, la manière de protéger sa fortune. Juan Fernández Tomé créa une *capellanía de misas,* une chapellenie de messes, y nomma comme aumônier le curé Bernardo Ruiz de Valderrama ; le curé veilla au repos éternel de l'âme de ce paroissien, aux biens de sa veuve, Micaela Vargas : en continuant à s'impliquer dans ces négoces comme cessionnaire, il assura son bien-être et protégea les intérêts de l'Église.

## 6. Les vergers et les palmeraies

Au XVI^e^ siècle, alors que la culture du cacao diminuait et que la demande de ravitaillement au profit du galion augmentait, le type de propriété et la production de *huertas*, les vergers, évoluèrent. Au XVII^e^ siècle, deux changements de nature distincte eurent lieu : la production des vergers se tourna vers le palmier de cocos et les fruits, et la propriété des espaces fut partagée entre les *encomenderos* et les notables d'Acapulco.

Le cocotier, natif des régions tropicales d'Orient et très commun aux Philippines, avait été introduit en 1569 par Álvaro de Mendaña qui, après avoir découvert les îles Salomon lors de son retour au Pérou, laissa à Salahua entre autres espèces végétales, la noix de coco. La culture relativement facile du coco s'étendit depuis Colima jusqu'à Zacatula, Tecpan, Coyuca et Acapulco[557]. Depuis le littoral d'Acapulco jusqu'aux limites de Coyuca, on rencontrait des vergers et *haciendas* plantés de cocotiers, ou mêlant cocotiers et arbres fruitiers. Don Juan Sánchez Niño et doña Leonor Sánchez possédaient les vergers de San Isidro, San Ildefonso, San Antonio el Nuevo, San Miguel, San Francisco del Golpe, Santo Domingo, et celui de l'Ángel, limitrophe de Nuestra Señora del Buen Suceso, l'*hacienda* à Coyuca de don Pablo de Carrascosa. Les Philippins apportèrent leurs connaissances du cocotier, l'utilisant pour le calfatage des galions, pour la cuisine et la fabrication d'alcool : de la fermentation de sa sève on obtenait la *tuba*, et par distillation, on en tirait une eau-de-vie appelée en Nouvelle-Espagne *vino de cocos*. Les *haciendas* d'Acapulco et de Coyuca étaient largement spécialisées dans la fabrication de ce vin ; pour apprécier l'importance de cette production dans la région, il suffit de rappeler que la palmeraie de l'*hacienda* de Coyuca de *l'encomendero* Pablo de Carrascosa comportait quarante-deux mille arbres !

### 7. Le biscuit et la location de maisons, commerces des femmes

À bord du galion de Manille, le biscuit était un complément du régime alimentaire. Le bénéfice de son approvisionnement en avait été délégué à la ville de Puebla de Los Ángeles qui fournissait aussi les bâtiments de la *Flota* qui partaient en Espagne ; néanmoins, le biscuit fut aussi fabriqué à Acapulco. Ce sont des femmes qui le vendirent, ce qui révèle qu'elles n'étaient pas absentes du commerce : Felipa en prépara vingt-cinq quintaux en 1609 et Inés de Contreras trente-deux en 1612.

La même Felipa, selon les officiers royaux, loua deux années plus tard une maison comme remise pour que les franciscains déchaussés puissent y conserver leurs bagages. Le placement de Felipa dans des maisons de location montre le besoin de logement lors de la foire, mais aussi la stabilité de ce commerce permettant aux hommes d'assurer un patrimoine à leurs épouses. Les comptes des officiers royaux indiquent que la majorité des maisons louées à Acapulco appartenaient aux veuves de cette nouvelle bourgeoisie, comme Micaela de Vargas, veuve de Juan Fernández Tomé, qui finalement vendit ses maisons pour en faire l'Hôpital Royal. Ce commerce pouvait être partagé avec une autre classe de la société, comme celle de Felipa, qui pourrait être une mulâtre libre en raison de la familiarité avec laquelle elle est nommée.

À Acapulco, personne ne s'endormait pendant la saison du galion de Manille. Les derniers arrivés offraient leurs services comme charpentiers, tonneliers, ou maçons ; d'autres vendaient du matériel pour l'arsenal, la Caisse Royale, la Douane, ou apportaient du métal à la fonderie. Beaucoup achetaient des esclaves, hommes ou femmes, pour les louer durant la présence du galion.

[557] Deborah Oropeza, *op. cit.*, p. 84.

# CHAPITRE II

# L'ACAPULCO DU XVII^e SIÈCLE MAJORITAIREMENT NOIR

Dans le contexte général du XVII^e siècle, la servitude du Noir, justifiée par les théologiens et juristes du siècle précédent, était licite et honnête. En Espagne, même avant la découverte du Nouveau Monde, des esclaves noirs étaient destinés au service personnel et domestique. En Nouvelle-Espagne, cet usage était bien enraciné et tous disposaient d'esclaves, depuis le vice-roi jusqu'aux *Novohispanos* d'Acapulco. Posséder un esclave était une nécessité, un synonyme de statut, de bonne lignée, un symbole de prestige et de richesse : il était presque impossible de ne pas en avoir un.

## 1. L'importation de la main-d'œuvre

Pendant son séjour de plusieurs mois, Fernández de Navarrete observa que durant les pluies, de juin à octobre, à l'exception des noirs, de quelques pauvres et des soldats, tous se retiraient vers l'intérieur pour changer d'air[558].

Arrivé par le galion en 1688, Pedro Cubero Sebastián rapporta que ses habitants étaient noirs à la manière de *cafres*. Débarquant en 1697 à Acapulco en provenance de Manille, presque à la fin de son périple autour du monde, Gemelli Careri écrivit lui aussi « que n'y habitent que des noirs et des mulâtres ». Ces voyageurs attestèrent que les habitants d'Acapulco au XVII^e siècle étaient majoritairement noirs.

En 1603, le *Factor Real* d'Acapulco demandait à ses collègues de la Caisse Royale de Mexico de lui acheter huit à dix noirs *bozales* qui ne soient pas d'Angola ou du Mozambique. Cubero utilise le mot *cafre* pour les désigner. *Bozales* était la dénomination des esclaves récemment arrivés. Et Augustin Henke indique que « *cafri* en malais signifie noir »[559] ; par contre, pour Aguirre Beltrán, l'appellation *cafre* proviendrait du mot arabe *kefir* signifiant infidèle et du mot portugais *cafer*, donné par les Arabes aux Bantous, et ainsi pourrait indiquer leur provenance africaine, alors que l'appellation *negro* se rapporterait à ceux de la côte des Indes Orientales[560].

Par où arrivèrent-ils ? Par l'Atlantique ? Le Pacifique ? Selon Gonzalo Aguirre Beltrán, dès la Conquête des Philippines, des esclaves d'Orient commencèrent à arriver en Nouvelle-Espagne. López de Legaspi en envoya à

---

558 Domingo Fernández de Navarrete, *op. cit.*, p. 299.

559 ALCALA Y HENKE, Agustín, (1919) « Esclavitud de los negros en la América española ». *Colección Clásicos.*

560 AGUIRRE BELTRÁN, Gonzalo, *La Población negra de México. Estudio Etnohistórico,* México, Fondo Cultura Económica, 1989, p. 143.

ses héritiers qui possédaient des *haciendas* à Coyuca ; les esclaves étaient encore vivants au XVIIe siècle[561].

Par le Pacifique, ils arrivèrent de la *India de Portugal*, éclatée en divers territoires depuis Sofala dans le canal du Mozambique jusqu'à Java et les Îles Moluques[562]. Les navires portugais transportaient à Manille des esclaves qui, selon Pedro Chirino S.J., « étaient blancs et noirs, jeunes enfants ou plus grands »[563] . Don Antonio de Morga les décrit avec sobriété comme *negros y cafres*. Les esclaves vendus par les Portugais pouvaient être des noirs, mais ce pouvait être aussi des *indios chinos* que les officiers royaux d'Acapulco appelaient ainsi pour les différencier des *indios de la tierra* mexicains. Ils ne spécifiaient que rarement leur lieu d'origine, en les enregistrant avec des chiffres parfois annotés de India, Bengala, Macao, Java, Japon ou Cebú[564].

Les esclaves noirs arrivés en Nouvelle-Espagne via l'Atlantique [565] au XVIIe siècle provenaient des dépôts concentrant les originaires de Mina, Santo Tomé, Cabo Verde, Angola et Guinée. Certains ont dû arriver à Acapulco, puisque dès cette époque existait un quartier appelé *de Guinea*.

À la différence de ceux qui traversèrent l'Atlantique par bateaux négriers, les esclaves voyagèrent en compagnie de l'équipage et des passagers du galion de Manille. Le propriétaire de Manille qui voulait vendre un esclave à Acapulco s'entendait avec un marin du galion qui se chargeait de lui donner sa subsistance, de le loger, et le vendait au meilleur prix à l'arrivée, en prenant comme commission un tiers de son prix de vente[566].

Le trafic par le Pacifique était réglementé depuis 1597 en raison de la contrebande ; en 1600, l'*asentista* Gómez Reynel qui avait l'exclusivité de la fourniture d'esclaves, demanda au roi que ceux qui arrivaient par Acapulco soient considérés comme *descaminos*, de contrebande, et soient attribuées à son monopole. La proposition ne fut pas acceptée, mais leur nombre fut diminué et les esclaves furent taxés de l'*almojarifazgo* comme toutes les marchandises.

Néanmoins le trafic illégal continua. Philippe III, au courant de la fraude, légalisa ce commerce en 1620 en n'autorisant qu'un seul esclave par passager et marin, à l'exception des notables. En 1626, Philippe IV, mécontent que les esclaves ne soient pas enregistrés, décida une taxe supplémentaire par esclave de quatre cents réaux, ou quarante ducats, alors que les fournisseurs d'esclaves de l'Atlantique payaient seulement vingt-quatre ducats. Pour faire appliquer

---

561 Gonzalo Aguirre, *op. cit.*, p. 50. Dans : *La Población negra de México*.

562 La côte Est de l'Afrique abritait les ports de Sofala, Angosha, Mozambique, Quiloa, Zanzibar, Pemba, Mombasa, Melinde, Kismaya et Mogadoxo.

563 Pedro Chirino, *op. cit.*, p. 10.

564 Deborah Oropeza, *op. cit.*, p. 70.

565 Au début du XVIIe siècle, les Portugais s'adonnèrent à cette traite. En 1663, un nouvel *asiento*, un contrat, fut accordé par la Couronne aux Génois Domingo Grillo et Ambrosio Lomelín. Ces *asentistas* furent autorisés à s'approvisionner en esclaves dans les dépôts des îles de Curaçao, de la Barbade et de Jamaïque, sans avoir besoin d'aller en Afrique.

566 AGUIRRE BELTRAN, Gonzalo, *Races in 17th Century Mexico, Phylon,* 1940-1956, Vol. 6, n° 3, 1940-1956, p. 421.

cette disposition, il fut décidé qu'aucun secrétaire à Acapulco ne rédige une écriture de vente sans certification par les officiers royaux du paiement des droits. Ces taxes élevées n'arrêtèrent pas le trafic par le galion de Manille : des arrangements ou des compensations furent certainement trouvés, car la traite, cependant moindre qu'en Atlantique, continua durant le XVII^e^ siècle. Les preuves en sont nombreuses : le San Raymundo et le San Luis transportèrent en 1631 quatre-vingt-quatre esclaves ; en 1633, en arrivèrent trente-neuf sur le San Juan Bautista et la Santa María Magdalena ; en 1637, année de la visite de Quiroga y Moya, cent quatre-vingt-six arrivèrent par la *Capitana* et *l'Almiranta*, en 1639 le San Ambrosio en transporta quarante-cinq, et en 1640, la Nuestra Señora de la Concepción en amena soixante et un ; en 1642, onze arrivèrent par la *Capitana*, et cette même année le capitaine Ascanio Goazón protesta devant le roi parce qu'un des bateaux « était chargé seulement d'esclaves, hommes et femmes, du Gouverneur, de ses serviteurs et aides du Palais » [567]. *L'Almiranta* en amena quinze en 1644 ; en 1646, la *Capitana* arriva avec vingt-six esclaves et la *Capitana* de 1650, vingt-deux.

La traite par l'Atlantique prévoyait que pour deux tiers d'hommes on transportât un tiers de femmes. Pour le Pacifique, il fut interdit en 1608 d'amener des femmes seules, libres ou esclaves. Pourtant durant tout le XVII^e^ siècle, les esclaves femmes arrivèrent à Acapulco, en contrebande, comme à bord du San Antonio de Padua qui, en 1607, amena hors registre une esclave appelée Gracia, « de race inconnue », adjugée à l'*encomendero vecino* du port Mateo de Landa[568], ou légalement par l'intermédiaire des gouverneurs, marchands fortunés et personnes bien placées qui avaient le droit d'amener leurs domestiques et esclaves. Ainsi, en 1632, don Fernando de Silva, arrivant avec sa femme et un domestique, paya soixante-quinze pesos pour deux de ses esclaves.

En 1696, la Couronne signa de nouveaux contrats avec les compagnies dites Royales[569]. La première fut la *Compañía Real de Guinea del Reino de Portugal* ; les clauses du contrat mentionnaient les caractéristiques des *piezas de Indias*, esclaves sans défaut, d'âge compris entre quinze et vingt-cinq ans. Cette compagnie Royale n'exista que jusqu'en 1703, et on dut régler entre monarques un problème suscité par l'introduction de trente-cinq esclaves noirs par le galion Nuestra Señora del Rosario en 1698 à Acapulco : la compagnie demanda que ces esclaves fussent déclarés comme de contrebande, mais les autorités de Nouvelle-Espagne s'y refusèrent.

La vente au marché d'Acapulco était similaire à celle de Veracruz. Gemelli Careri dépeint la scène de vente de l'esclave qui l'avait servi durant le voyage :

> « … le vendredi 8, le contremaitre de l'amiral voulant m'acheter un noir, après avoir fixé le prix à quatre cents pesos, il commença à lui palper les lèvres, les

---

567 Thomas Gage, *op. cit.*, p. 141.

568 AGI. Contaduría, 902, 1607/Caja de Acapulco.

569 Appelées ainsi parce que le capital investi appartenait aux Monarques.

joues et les jambes pour voir s'il était gonflé, sans considérer que les noirs ont naturellement les lèvres grasses et gonflées[570]. »

Le prix des esclaves variait en fonction de la demande de main-d'œuvre sur le marché. Néanmoins, les esclaves noirs étaient plus chers que les esclaves *chinos*. À Acapulco, le coût oscillait entre deux cents et quatre cent vingt pesos[571]. L'âge faisait la valeur, l'état de santé était pris en compte. Le prix des femmes était légèrement inférieur à celui des hommes.

Les *Leyes de Indias* protégeaient les esclaves, obligeant les maîtres à respecter leur vie, à les instruire dans la foi catholique, à leur apprendre l'espagnol, à leur donner le gîte et le couvert, des habits, et à les protéger. Toutefois subsistait l'idée qu'un esclave *ladino*, celui qui parlait espagnol, avait été baptisé et avait reçu de l'éducation religieuse, était moins précieux qu'un autre sans instruction, car ces enseignements réveillaient le désir de liberté.

## 2. Les esclaves noirs et *chinos* du *Servicio Real*

Lorsque le *Factor Real* d'Acapulco demanda l'achat d'esclaves à la Caisse Royale de Mexico, il informa que depuis la fondation du port d'Acapulco, « il y avait des esclaves de Sa Majesté qui servaient dans les entrepôts et ailleurs, et parmi eux quelques charpentiers et ferronniers »[572]. Propriété du roi, ces esclaves étaient appelés "de Sa Majesté" ou "Royaux".

Les officiers royaux d'Acapulco préféraient les *bozales*, arrivés récemment en Nouvelle-Espagne, plus faciles à contrôler à cause de leur inexpérience : ils ne connaissaient pas les ruses, si coûteuses pour le galion de Manille. Ils distinguaient toujours la condition des esclaves noirs en spécifiant leur couleur et leur état : « la carène est faite avec les esclaves noirs »[573] ; pour les *chinos*, on n'utilisait pas le terme esclave, mais parfois on ajoutait *sirviente* ou *criado* qui pouvait faire penser à esclave, ou *del Servicio Real*[574] : *Francisco Encan indio carpintero del Servicio Real*[575], *Lorenzo Cogan chino sirviente de los Reales Almacenes*[576].

Les esclaves travaillaient du lever au coucher du soleil. À l'embauchée, on disait les prières, et à la fin de la journée, en présence de leur maître, on récitait le chapelet. Les dimanches et les jours de fête, ils devaient assister au prêche. Sous la surveillance du *Factor Real*, les esclaves du *Servicio Real* dormaient dans *las casas de los negros*, les maisons des noirs[577], avaient le même régime que les

---

570 Giovanni Francesco Gemelli, *op. cit.*, p. 15. Dans : *Viaje a la Nueva España.*

571 Deborah Oropeza, *op. cit.*, p. 72.

572 AGN. Indiferente. Virreinal. Marina. Caja 4873. Expediente 35. 1603, Foja 2.

573 AGI. Contaduría, 902, 4-dic-1609-oct-1610/Caja de Acapulco.

574 AGI. Contaduría, 904,1621-1632/Caja de Acapulco.

575 AGI. Contaduría 902. 1607. Caja de Acapulco.

576 AGI. Contaduría, 904/1621-1632/Caja de Acapulco.

577 AGI. Contaduria 901. Caja de Acapulco. 1602-1603.

soldats du Fort de San Diego et l'équipage du galion de Manille[578] et étaient soignés à l'Hôpital Royal d'Acapulco.

Avant l'arrivée du galion de Manille, les fonctionnaires d'Acapulco faisaient vérifier par les esclaves du *Servicio Real* que les services et installations étaient prêts à recevoir le galion et la foule qui viendrait à la foire.

Les activités prépondérantes des esclaves royaux durant tout le XVII^e siècle furent la coupe du bois, si nécessaire pour la construction, l'aménagement des immeubles et bureaux royaux, la maintenance et la préparation des bateaux et embarcations. Ils apportaient le sable, extrayaient les pierres de construction, portaient les pierres jusqu'aux fours de la plage au sud-est de la ville pour y fabriquer la chaux[579]. Ils assuraient l'armement des barques des autorités pour leur visite du galion. En raison de l'absence de quai, ils débarquaient sur leur dos les passagers, les marchandises du galion, surveillés par les gardes. Ils aidaient à la ferronnerie, à la tonnellerie, calfataient, sortaient le salpêtre provenant du lest et plaçaient du lest neuf. Ils fabriquaient le charbon de bois et coupaient le bois destiné aux cuisines des galions, lavaient les tonneaux, entreposaient les sacs de fèves, de pois chiches et de lentilles du galion et du *Servicio Real* du port. Ils chargeaient le navire, en particulier l'argent, sous la surveillance des officiers royaux et du *Maestre* du galion, ainsi que les barils de poudre dont on vérifiait le poids[580]. Durant tout le XVII^e siècle, les galions de Manille[581] et du Pérou[582] transportèrent le mercure nécessaire à la séparation de l'argent des mines de Nouvelle-Espagne : les esclaves noirs du *Servicio Real* déchargeaient les sacs de mercure et les empaquetaient en caisses de cuir pour leur transport à dos de mule jusqu'à Mexico[583]. Le sort de ces esclaves n'est pas connu, mais à Veracruz, les esclaves chargés d'arrimer et de désarrimer le mercure étaient appelés *esclavos de avería* qui, tombant malades par saturation de mercure ou hydrargie, étaient souvent remplacés[584].

Les activités des esclaves *chinos* du *Servicio Real* étaient plus spécialisées que celles des esclaves noirs : ils occupaient des postes de charpentage, travaillaient dans les entrepôts, étaient scieurs, ferronniers, tourneurs, fondeurs, chargés des pompes à eau, mousses de prame du *Servicio Real.* En 1602, pour l'expédition de Sebastián de Vizcaíno vers le Nord de la côte du Pacifique, partirent comme charpentiers et mousses les *indios chinos* Lucas Cate et Agustín Longalo, Cristóbal Catoya *indio chino visaya*, comme plongeur Antón Thomas *indio*

[578] AGI. Contaduría 905B, 1652-1662/Caja de Acapulco. 1656

[579] Aujourd'hui, cette plage se nomme Playa de Hornos.

[580] AGI. Contaduría, 905B, 1653/Caja de Acapulco.

[581] AGI. Filipinas, 212, N.1/ Oficio de Juan de Larrea a Luís Cerdeño. 12-03-1693. *L'azogue*, ou mercure, était acheté en Chine où, abondant, il était meilleur marché que celui d'Espagne.

[582] AGN. Hospitales (054). Contenedor 06. Volumen 15. Expediente 6. 1691. F.318.

[583] AGI. Contaduría, 902, 20-11-1612 -1-03-1614/ Caja de Acapulco.

[584] AGUIRRE BELTRÁN, Gonzalo, *El negro esclavo en Nueva España. Obra Antropológica XVI*, México, Fondo de Cultura Económica, 1994, p. 54.

*malabar*, et d'autres mousses comme Antonio Bengala *indio*, et Francisco Miguel dit en provenance du Japon[585].

### 3. La location d'esclaves

Le besoin en esclaves fut clairement ressenti et compris à Acapulco : les *vecinos* n'hésitèrent pas à se lancer dans la lucrative activité de leur location.

En 1606, un *vecino* espagnol possédait de un à quatre esclaves journaliers. En 1627, le capital moyen de chaque *vecino* était passé à cinq esclaves. Cette augmentation provenait de la fugacité du besoin lors du retour du galion, circonstance qui favorisait la location d'esclaves dont les maitres recevaient un peso par jour. Certains travaux de construction demandaient une main-d'œuvre importante. Ce fut le cas de la modernisation du fort de San Diego : quelques *vecinos* louèrent cinquante esclaves, certains d'entre eux en fournissant jusqu'à dix[586]. Ces esclaves journaliers tenaient les mêmes emplois que les esclaves royaux, mais étaient aussi employés comme mousses, gagnant un peso et demi par jour quand ils partaient en haute mer[587].

Les esclaves de service personnel, dont le travail peut paraître moins pénible que celui des esclaves royaux ou privés loués à Acapulco au *Servicio Real*, habitaient, mangeaient et s'habillaient selon le niveau social de leurs maîtres. Symboles du statut de leurs propriétaires, ils les accompagnaient là où il fallait être vu. Les femmes étaient à la cuisine, aux travaux de maison.

Leur sort changeait vers quatorze ans, l'âge de procréer, soit parce que, partie du patrimoine du maître, il s'en servait, soit parce qu'elles se mariaient, avec ou sans le consentement de leur propriétaire. Même sans leur approbation, le mariage était valide. Cependant, la liberté ne s'obtenait pas au changement d'état civil. Les *Leyes de Indias* prévoyaient que les noirs se marient avec des noires. Les enfants suivaient la condition de leur mère. En cas de vente de mulâtre, enfant d'Espagnol et de Noire, le père avait la priorité pour les acheter.

La grossesse augmentait la valeur d'une esclave, car elle pouvait être louée après l'accouchement comme *chichigua* [588], mère nourricière d'enfants d'Espagnols.

Les maîtres prostituaient aussi leurs femmes esclaves. Thomas Gage mentionne que « la plus grande partie des prostituées étaient esclaves, ou l'avaient été, et que l'amour leur donnait la liberté d'enchaîner les âmes et de les assujettir au jeu du péché et du démon »[589].

Le port d'Acapulco, centre d'attraction à cause du le galion de Manille et de la foire, lieu de confluences de voyages de longue durée, d'arrivée d'un grand nombre d'hommes, d'argent facile, poussait à mettre les femmes esclaves en

---

[585] Deborah Oropeza, *op. cit.*, p. 64.

[586] AGI. Contaduría, 904, 1628/Caja de Acapulco.

[587] AGI. Contaduría, 902, 1612-1614/Caja de Acapulco.

[588] AJOFRIN, Francisco de, *Diario del viaje que hizo a la América en el siglo XVIII el padre fray Francisco de Ajofrin*, México, Instituto Cultural Hispano Mexicano, 1964, p. 79.

[589] Thomas Gage, *op. cit.*, p. 141.

location. Mais parallèlement, l'influence d'autres normes et coutumes proposait aux femmes des conduites plus franches et ouvertes. L'arrivée du galion de Manille leur permettait de faire usage de leur liberté et de gagner leur subsistance pour un an, les transportant de joie comme le dit la mélopée que trois femmes chantaient et dansaient de nuit en 1621 : « femmes, réjouissez-vous, deux bateaux arrivent, un grand et un petit »[590]. Cette désinvolture gratifia Acapulco de la qualification de lieu des plus vicieux.

## 4. Les marrons, la liberté

Un esclave pouvait obtenir sa liberté en s'enfuyant ; mais le risque était grand et les peines très sévères : une simple absence de service de quatre jours était punie de cinquante coups de fouet, attaché au pilori depuis la formulation de la sentence jusqu'au coucher du soleil. Les marrons qui s'enfuyaient d'Acapulco se réfugiaient dans les montagnes. Un enclos de noirs mulâtres et *chinos* se trouvait à neuf lieues du port[591].

Le testament de Catalina González montre que les esclaves tentaient aussi leur chance par voie de mer : les esclaves de doña Catalina, Ana de la Cruz son esclave noire et le petit noir Nicolás, s'enfuirent au Pérou[592]. Ana de la Cruz ne serait pas passée inaperçue à bord du galion de Manille puisque noire et femme seule, elle ne pouvait pas s'en aller aux Philippines.

Esclaves domestiques ou journaliers pouvaient acheter leur liberté, ou l'obtenir quand leur maître la leur octroyait par testament. Le capitaine Felipe del Bosque y Aguilar donna la liberté à son fils Pedro mais sa mère resta esclave[593].

La proportion d'esclaves libres changea au cours du temps : à partir de 1629, on note que les officiers royaux d'Acapulco payent autant d'esclaves que de noirs ou de *chinos* libres. En 1632, confectionnent les roues et les affûts de l'artillerie du fort de San Diego plus de noirs, mulâtres et *chinos* libres que d'esclaves, ces derniers ne constituant que trente pour cent des travailleurs. Il est probable que cette situation provienne du fait que la prospérité touchait toutes les couches de la société, y compris les esclaves domestiques et journaliers. Autorisant leurs esclaves à travailler ou à commercer à leur profit pendant la foire, les maîtres acceptaient que l'esclave achète sa liberté, récupéraient leur investissement et renouvelaient leur patrimoine avec des remplaçants plus jeunes.

Libres, ils devenaient sujets de la Couronne mais devaient payer une contribution et vivre sous la tutelle d'un patron. Dans le cas où un esclave se voyait refuser sa liberté par son maître, il pouvait porter plainte.

---

590 CÁRDENAS, Alejandra, *Hechicería, saber y transgresión. Afromestizas en Acapulco, 1621*, Chilpancingo , Imprenta Andy, 1997, p. 35.

591 AGN. Civil, v. 365, exp. 7, f. 358.

592 AGN. Tierras (110). Contenedor 0066. Volumen 122. Expediente 3. 1677. f. 1-41.

593 AGN. Bienes Nacionales (014). Volumen 1028. Expediente 26. 1691.

Le sort des esclaves *chinos* commença à changer en 1659 quand la Couronne approuva une demande de l'*Audiencia de Nueva Galicia* en vue de leur libération : entre 1672 et 1673, l'esclavage des *chinos* fut interdit en Nouvelle-Espagne.

Ces groupes ethniques formaient l'ossature de la population d'Acapulco. Dans leur grande majorité pauvres et obligés de supporter l'insalubrité du port, ils enduraient les maladies propres aux tropiques, et la misère les faisait vivre entassés dans une totale promiscuité. Le climat leur imposait des tenues particulières : les hommes portaient le *calzón*, une sorte de braie, se passaient de chemise pour avoir plus frais, se couvraient la tête de chapeaux de palmier ou de mouchoirs. Les femmes portaient une jupe longue et une blouse, généralement confectionnées en tissu léger qui arrivait par le galion de Manille, à l'exception des femmes noires qui allaient souvent nues jusqu'à la ceinture. Tous allaient pieds nus.

Le vêtement a toujours été une manière de communiquer sa position dans la société. Durant le XVII^e^ siècle, déjà preuve d'appartenance à cette classe dédaignée, la nudité, liée à l'immoralité, était très mal vue par les Espagnols. Les visiteurs pensèrent que la population d'Acapulco avait des habitudes libertines. De toute manière, en raison du climat, cette société multiethnique était la seule qui, en accord avec l'idiosyncrasie de l'époque, pouvait vivre à Acapulco, Bouche de l'Enfer[594].

---

594 Domingo Fernández de Navarrete, *op. cit.*, p. 298.

CHAPITRE III

# ACAPULCO, VIE ET PARADOXES

## 1. La ville

La gravure intitulée « Le Port d'Acapulco au Royaume de la Nouvelle-Espagne dans la Mar del Sur » de l'Ingénieur Adrián Boot nous donne une perspective de la ville depuis le haut d'une de ses montagnes, installée entre la péninsule et le monticule du fort de San Diego. Au premier plan, Boot y dessine un arbre et signale la présence d'une végétation exubérante.

**Fig. 7 : « Port d'Acapulco du Royaume de la Nouvelle-Espagne dans la Mer du Sud ».**

*España. Ministerio de Educación y Deporte. Archivo General de Indias.* MP-Impresos, 34.

À son arrivée en 1595, Francesco Carletti décrit des arbres bien différents de ceux qu'il connaissait, sauf « l'un d'entre eux dont on tirait le sang de dragon »[595]. Celui-ci poussait sur la colline qui séparait la ville de la péninsule

[595] CARLETTI, Francesco, En : Enrique Cárdenas, *op. cit.*, p. 25.

actuellement appelée Tlacopanocha. L'arbre de Drago, *Dracaena draco*, originaire des Canaries, n'a aucune ressemblance avec celui d'Acapulco. Pourtant il fut appelé *drago*[596] pour la même couleur rouge des sèves. Les deux espèces avaient des capacités médicinales et servaient de teinture.

Urdaneta comme Carletti et Boot notent la présence de chênes rouvres, de cèdres, de *parotas*[597], de fromagers, de *huamúchiles*[598], de cirians[599], bois si importants pour les navires. Par la suite, la flore du port et de Nouvelle-Espagne s'enrichit avec le tamarinier[600], le manguier[601], et le cocotier[602].

Sur la même gravure, la mer est calme. Lorsque Fray Domingo Fernández de Navarrete y habita, il nous dit « avoir cru au début de son séjour, que des navires rentraient pendant la nuit en raison du bruit similaire à des pièces d'artillerie » : le bruit était en fait causé par les sauts des baleines qui pénétraient dans la baie. La présence de baleines est un indicateur de l'abondance de plancton dont elles se nourrissent, plancton qui lui-même attire quantité de poissons dans des eaux calmes et limpides : l'écosystème d'Acapulco et de ses alentours au XVIIe siècle était d'une grande richesse.

Boot dessine le village regardant la mer sur le bord de la grande baie. En 1647, Fernández de Navarette disait que « les maisons étaient toutes basses, sans hauteur aucune, les meilleures avaient des murs et toutes étaient couvertes de paille »[603]. Fin 1678, Pedro Cubero Sebastián relatait que la ville du « si célèbre port d'Acapulco était très petite », décrivait la paroisse comme « une petite église qui se trouvait au milieu de la place », et précisait qu'il y avait « deux ermitages, celui de San Francisco, et celui de San Nicolas »[604]. Gemelli Careri parle de l'apparence quelconque des maisons d'Acapulco de la fin du XVIIe siècle, « basses et laides et faites de bois, de pisé et de paille[605].

En effet à Acapulco il n'y avait pas de demeures seigneuriales : les constructions étaient basses, d'un seul étage, car le port se trouve dans une zone sismique. Les matériaux de construction et l'architecture étaient en accord avec le climat tropical, très chaud, très humide, aux pluies abondantes. En conséquence, on utilisait des matériaux de bas de gamme comme du pisé, de la laîche, du bois et de la paille. Les maisons n'avaient pas de fenêtres et les toits à deux pans étaient en feuilles de cocotier, technique apportée par les *indios chinos* parfaitement adaptée à la Nouvelle-Espagne qui présentait des conditions

---

596 Drago. *Pterocarpus acapulcensis*.

597 *Enterolobium cyclocarpum*. Natif du Mexique, arbre de vingt à trente mètres de haut.

598 *Pithecellobium dulce* : l'arbre de *guamúchil* est natif du Mexique.

599 *Crescentia alata Kunth*. Cirian ou cuatecomate, d'origine inconnue. Les fruits quasiment sphériques naissent collés au tronc, mesurent près de quinze centimètres de diamètre, ont une chair noirâtre et douçâtre.

600 *Tamarindus indica :* d'origine africaine, il fut introduit aux Indes.

601 *Mangifera indica* : originaire d'Inde Orientale et de Birmanie.

602 *Cocos nucifera :* on ne connaît pas l'origine du palmier de coco. À partir de l'océan Pacifique ou de l'Extrême Orient, le cocotier fut disséminé de tout l'océan Indien jusqu'en Afrique.

603 Domingo Fernández de Navarrete, *op. cit.*, p. 299.

604 Pedro Cubero Sebastián, *op. cit.*, p. 345.

605 Giovanni Francesco Gemelli, *op. cit.*, p. 8. Dans : Viaje a la Nueva España.

climatiques similaires à celles des Philippines. Tout cela était hautement inflammable, ce qui explique les incendies dont souffrit la ville. En fait, la progression de l'incendie de 1648, qui éclata en février, saison de vents à Acapulco, et embrasa la ville à partir de la petite place devant l'ermitage de San Nicolas Tolentino où le crieur public faisait son dernier arrêt, provint de l'étroitesse de ses rues et de l'inflammabilité des matériaux de construction. Les dommages dus à cette catastrophe furent si importants qu'on l'appela la *quema universal*. Le vent faisait sauter le feu d'une maison à l'autre qui brûlaient comme de l'amadou. Les cloches du couvent de San Francisco tombèrent à terre. L'entière Pharmacie Royale, avec ses pots de céramique fine de Chine, fut détruite. Les poulaillers et les trois cents poules que Fernandez de Navarette et ses compagnons avaient réussi à accumuler pour le voyage furent emportés[606].

Sous l'influence du commerce avec Manille, l'agglomération grandit autour des édifices officiels et des zones de la foire. Le premier quartier établi à Acapulco fut celui de Tecomate, dans la partie basse du fort où habitaient les soldats. Vers 1643, on parlait d'un quartier des *Chinos*[607], et en 1652 d'un quartier de *Guinea*, proche des vieux murs[608].

Au XVII^e^ siècle, le *Castellano* disposait de la meilleure maison, dotée d'une galerie, de quatre piliers de bois tourné, d'un patio et d'un toit à deux pentes ; clôturée, elle était protégée par un poste de corps de garde en bois et en toile.

Par ses récits, on sait que Fernández de Navarrete habita une maison d'un *camarín*, sorte de cagibi, d'une basse-cour avec ses poulaillers. Les maisons louées par les officiers royaux pour les religieux en attente de départ se trouvaient généralement près de la plage et disposaient d'une salle, d'une ou deux chambres, d'une cuisine[609], de latrines à part de la maison en raison des mauvaises odeurs. Certaines pouvaient avoir un verger, d'autres des puits, mais toutes avaient une basse-cour pour les poulaillers et les bêtes de charge. La lecture de l'ordre de couvre-feu du *Castellano* Sepúlveda Troche[610] sous-entend que certaines maisons disposaient d'échoppes. Les plus pauvres n'avaient qu'une seule pièce faisant salle de séjour, chambre et cuisine, obligeant les habitants à dormir entassés.

La déception de Gemelli Careri est logique, il s'attendait à arriver au « *premier comptoir du Pacifique et escale de la Chine* », mais non, Acapulco était, comme il le dit, « une humble bourgade de pêcheurs ». Mais plus, c'était une île : ouverte sur la mer, éloignée de plusieurs milliers de kilomètres d'une société très différente, enfermée par ses montagnes et isolée du monde novohispano pourtant si proche, en contact avec deux modes de vie distincts, même si les Philippines comme la Nouvelle-Espagne suivaient le même modèle colonial espagnol. Peut-être la configuration particulière de la région influa-t-elle sur le tissu

606 Domingo Fernández de Navarrete, *op. cit.*, p. 299.

607 AGN. Media anata. 23-12-1643.

608 AGN. Tierras (110). Contenedor 089. Volumen 163. Expediente 1. 1696.

609 AGI. Contaduría, 901,1600-1601/Caja Acapulco.

610 AGN. Media anata. Vol. 25. Ex único.

finement entrelacé de la population multiethnique d'Acapulco, en accord avec le premier marché global du monde, mais noire et pauvre. Quel paradoxe !

## 2. Les difficultés de la vie quotidienne à Acapulco

Au XVIIe siècle, à cause du climat, vivre dans un port faisait craindre les maladies tropicales dévastatrices. L'élite d'Acapulco désertait la ville lors de la saison des pluies, car la mort les frappait tous, *Castellanos*, officiers royaux, enfants, gardiens d'entrepôts, tonneliers, soldats, *indios chinos* du *Servicio Real*, jusqu'à l'inspecteur don Pedro de Quiroga. De nombreux exemples le montrent. Dans sa lettre de 1606, le *factor real* Juan Rodríguez de Salamanca écrivait au roi :

> « Depuis que je suis arrivé au port d'Acapulco de la Nouvelle-Espagne pour servir votre Majesté comme *factor y proveedor*, je n'ai pas eu une heure de bonne santé et je suis en train de finir ma vie avec de grands malheurs tels que sans doute il était mieux de ramer sur une galère que d'être comme je suis[611] ».

En 1611, le secrétaire royal don Alonso de Funes informait son beau-père de la naissance de sa fille, morte juste après son baptême, et du grand découragement de sa femme après cet accouchement. Lorsqu'en 1647 Domingo Fernández de Navarrete séjourna à Acapulco, ses deux compagnons tombèrent malades, et le *Castellano* Don Juan de Bracamontes Santiesteva mourut. En 1677, surgit un différend entre le *Castellano* d'Acapulco, don Diego Antonio Polo y Navarro, et le trésorier don Francisco de Rodezno. Durant ces chamailleries, le *Castellano* envoya son officier supérieur chez don Francisco de Rodezno qui s'était excusé de ne pas avoir la paye des soldats, disant qu'il était « indisposé par les remèdes qu'on lui avait donnés »[612].

La fonction de Comptable Royal fut tenue par don Francisco de Meca y Falces à compter de 1681, alors que les postes d'officiers royaux avaient été remplis pendant des années par des intérimaires, car personne ne voulait le poste à cause du climat d'Acapulco. Peu de temps après, Meca y Falces demanda son remplacement au vice-roi marquis de la Laguna, alléguant qu'il avait une petite santé qui s'aggravait à cause des maladies causées par le mauvais air du port, et que les médecins conseillaient le changement d'air pour retrouver sa forme[613].

Mais un autre motif de ces départs réguliers, que l'on découvre dans les archives, a pu être la méfiance vis-à-vis de cette population défavorisée, jugée libertine, mais aussi pieuse que le reste de la Nouvelle-Espagne.

---

611 AGN. México, 371/1598-1697/ Cartas y expedientes de los oficiales reales de Acapulco.

612 AGI. Escribanía, 177B, Pleitos de la Audiencia de México.

613 AGI. México, 454, Nombramientos Oficiales Reales.

## 3. Les pratiques religieuses

Comme dans chacune des petites villes de la Colonie, la vie à Acapulco était ponctuée par les cloches de l'église qui sonnaient aussi en cas de fête ou de danger. L'aube était annoncée par la sonnerie de l'Angélus ou de l'Ave Maria. À midi, on sonnait pour le second Angélus : c'était l'heure d'arrêt des travaux, du repas principal et de la sieste. À trois heures, elles annonçaient solennellement la passion du Christ et indiquaient la fin du repos[614]. Au coucher du soleil, la troisième sonnerie marquait l'heure de l'Ave Maria[615] : c'était le moment d'aller à l'église, de faire ses visites, de se promener, ou simplement de prendre le frais devant la maison. À l'appel de huit heures, les habitants du port étaient invités à prier pour le repos éternel des morts ou des mourants.

Au XVII^e^ siècle, la religion régissait l'existence de tous, depuis le roi jusqu'au dernier vassal. Une foi profonde animait les âmes, et la vie n'était qu'un transit vers l'au-delà. La quête du salut éternel était inséparable de l'existence : durant la vie, tout bon chrétien se préparait à bien mourir[616].

Les avantages apportés par le galion de Manille à la population d'Acapulco rehaussèrent et réaffirmèrent les croyances de l'époque, même si elle se trouvait exposée à de multiples influences extérieures, comme à Manille ; on constate que les échanges avec de nombreux groupes d'origines diverses, de cultes distincts, ne modifièrent ni la religiosité, ni la foi des *Acapulqueños*. Dans ce siècle du Baroque, caractérisé par l'indissociabilité de la vie, de la religion et de la mort, la principale préoccupation, que l'on fût riche ou pauvre, était de se préparer à ce pas transcendantal qui conduirait au Ciel après la mort, en menant une vie chrétienne.

## 4. À la poursuite de la Vie éternelle

Les *cofradías*, ou confréries, cherchèrent à développer le culte de la religion et à promouvoir la charité envers son prochain. Créées dès l'arrivée du christianisme au Nouveau Monde[617], elles furent placées sous la tutelle de l'Église. Leur grande popularité en Nouvelle-Espagne provint des avantages spirituels et matériels que ces congrégations offraient, et des sentiments

---

614 LEÓN CAZARES, María del Carmen, *A cielo abierto. La convivencia en plazas y calles.* Historia de la vida cotidiana en México. La Ciudad Barroca/ ed. par. Antonio, RUBIAL GARCÍA. México : FCE, 2005, p. 19-46.

615 La coutume de la récitation de l'Ave Maria trois fois par jour date du roi français Louis XI le Prudent, en 1472.

616 WOBESER, Gisela von, *Las Capellanías de Misas, su Función Religiosa, Social y Económica en la Nueva España.* Cofradías, Capellanías y Obras Pías en la América Colonial/ ed. par María del Pilar, MARTÍNEZ LÓPEZ-CANO, México : UNAM, 1998, p.122. (Instituto de Investigaciones Históricas. Serie Historia Novohispana, No. 61).

617 BAZARTE MARTINEZ, Alicia. *Las Limosnas de las Cofradías, su Administración y Destino.* Cofradías, Capellanías y Obras Pías en la América Colonial/ ed. par María del Pilar, MARTÍNEZ LÓPEZ-CANO, México : UNAM, 1998, p. 66. (Instituto de Investigaciones Históricas. Serie Historia Novohispana, No. 61).

d'appartenance et d'exception qu'elles généraient chez les confrères : ceux-ci constituaient à l'intérieur de l'Église des groupes spéciaux où ils partageaient devoirs et privilèges, ce qui les distinguait des autres fidèles[618].

Dirigées par l'évêque du diocèse, les confréries avaient des règles bien précises, surtout les séculières. L'une de ces règles était qu'elles devaient être résidentes dans une église ou un oratoire public. À Acapulco au XVIIe siècle, il y en eut trois : celles des ermitages de San Nicolás Tolentino et de San José, considérées comme *frías*[619] parce qu'elles promettaient le droit d'asile, et celle du *Santísimo Sacramento* qui se trouvait dans l'église paroissiale. Les confréries étaient placées sous la protection d'un saint protecteur. En honorant ainsi un saint particulier, on en encourageait le culte et on participait aux fêtes du saint patron, occasions de grandes célébrations religieuses ou profanes.

La Confrérie de San Nicolás Tolentino, protecteur des âmes du Purgatoire, fut initialement une confrérie de noirs. En 1691, elle ouvrit ses portes aux Espagnols, « *chinos* » et mulâtres. Ses statuts prévoyaient un droit d'entrée d'un peso, et les confrères participaient mensuellement d'un réal aux dépenses religieuses et profanes de la communauté ; cette obole était appelée *jornalillo*, partie du salaire journalier[620], ou *cornadillo*, petite monnaie. La confrérie n'était pas tenue à ses engagements si les confrères n'étaient pas à jour de leurs cotisations. Elle était dirigée par un recteur, quatre députés et un majordome élus tous les 12 septembre, lendemain de la fête du saint patron. Le majordome était chargé de l'administration, de l'organisation des fêtes de la confrérie aux dates décidées, de l'achat des vêtements et bijoux des statues que l'on ne pouvait ni prêter ni vendre sans approbation des dirigeants. Quinze jours avant l'assemblée, le recteur et le majordome devaient présenter leurs comptes.

Cette confrérie offrait plusieurs avantages spirituels. Une messe était chantée à la mort de chacun de ses confrères. Tous les deux dimanches, on chantait une messe pour les vivants et pour les morts. Le jour de San Nicolás, il y avait vêpres et messe chantée qui rapportait douze pesos au curé *beneficiado*, augmentés de dix pesos pour un sermon. À la fête des Morts, on disait une messe pour les confrères, payée dix pesos au curé *beneficiado*. Le grand feu de 1648 fit disparaître les archives de la ville et de la Confrérie[621].

La garnison du fort de San Diego se rassemblait dans la Confrérie de San José ; son ermitage, construit en 1634 par le sergent de milice don Francisco Gallardo, se trouvait sur le chemin menant à la ville de Mexico. Les avantages matériels et spirituels que cette confrérie offrait étaient la messe chantée et l'enterrement avec linceul et habit du Señor San Francisco. Tous les mardis, on y célébrait une messe des défunts[622]. À l'époque coloniale, la dévotion à San

---

618 LAVRIN Asunción, «La Cofradía de San Pedro, una cofradía urbana del México colonial - 1604-1730», *Historia Mexicana,* vol. 29, n° 4, Apr-Jun., 1980, p. 565.

619 *Relaciones geográficas del arzobispado de México, op. cit.*, p. 22.

620 Asunción Lavrín, *op. cit.*, p. 563.

621 AGN. Bienes Nacionales (014). Volumen 1028. Expediente 26. 1691.

622 *Relaciones geográficas del arzobispado de México, op. cit.*, p. 22.

Francisco fut intense[623] ce qui explique que le couvent des franciscains *Nuestra Señora de Guía,* ait eu la préférence de l'élite d'Acapulco pour s'y faire enterrer[624].

On acceptait dans la Confrérie du Santísimo Sacramento toute personne, et diverses *capellanías de misas*, des chapellenies de messes, lui furent léguées ; parmi elles, celle de Marta de la Cerna, créée à partir des rentes de ses maisons : l'une jouxtait la cordonnerie, une autre était située près de la plage et la troisième était sise sur la petite place de San Nicolás[625].

Le galion et la richesse créée permettaient la création de ces congrégations ; au-delà du renforcement des pratiques religieuses, ces confréries rassemblaient la population, favorisaient l'assimilation des différents groupes. Les processions, les messes et les activités solennelles donnaient du prestige non seulement aux curés *beneficiados*, mais aussi aux notables du port. Bien établis par leur relation avec le galion de Manille, ils mêlaient questions matérielles et spirituelles, et cherchaient à sauver leurs âmes en fondant des chapellenies de messes qui aidaient à mettre l'âme en route vers son salut[626].

Selon l'Église, tout possesseur de biens avait le droit de fonder une chapellenie de messes, ce qui augmentait le prestige de familles fondatrices généralement de statut économique et social déjà élevé. L'appartenance à l'une d'entre elles diminuait le temps nécessaire au passage de l'âme vers le Purgatoire. En effet, on avait peur de rester longtemps au Purgatoire, mais grâce à la bienveillance divine obtenue par l'assistance aux messes des défunts et des âmes, qui possédaient à l'époque des pouvoirs exceptionnels, on réussissait finalement à arriver au Ciel.

Les fondateurs créaient généralement leur chapellenie de messes à l'article de la mort. Mais celle de Juan de Arroyo et Inés Valdez, *vecinos* d'Acapulco, fut fondée de leur vivant en 1629, par contrat, sur autorisation de l'évêque, et à perpétuité. Chacune avait ses propres règles : Don Juan et doña Inés décidèrent que l'on dirait trente messes par an, selon les jours et les festivités, à l'église, paroisse ou couvent que les chapelains préféreraient. Le patron de chapellenie de messes veillait à ce que les règles fussent respectées et nommait les chapelains. Juan de Arroyo et Inés Valdez nommèrent premiers patrons Juan Esteban et Gregorio Sánchez, et stipulèrent qu'en cas d'empêchement, pouvaient devenir patron et chapelain les enfants d'Alfonso de Valderrama, médecin et pharmacien d'Acapulco, ses petits-enfants ou descendants légitimes. Puis, le ménage décida qu'en cas de vacance complète, le patronat resterait dans les mains de l'archevêque qui pourrait nommer à sa guise le chapelain, pour autant que ce fût un descendant légitime des fondateurs. Ces désignations mettent en lumière les usages de l'époque : on préférait les descendants directs et les hommes adultes.

---

623 GARCÍA ABASOLO, Antonio, *La vida y la muerte en Indias. Cordobeses en América (siglos XVI-XVIII),* Córdoba, Publicaciones del monte de Piedad y Caja de Ahorros de Córdoba, p. 139.

624 AGN. Tierras. Vol. 122. Acapulco puerto.

625 AGN. Capellanías. 239. Vol. 41. 1696. F. 1-3.

626 Gisela von Wobeser, *op. cit.*, p. 122.

Le modus operandi de ces chapellenies de messes était le suivant : les biens matériels du défunt assuraient à perpétuité le nombre décidé de messes dites par un chapelain, soutenu ainsi grâce aux rentes du patrimoine. Elles amélioraient le soutien du clergé séculier, ce qui avait été un des objectifs du Concile de Trente : pour pouvoir être ordonné, l'aspirant au sacerdoce devait compter sur des biens suffisants à son soutien. Pour cette raison, en Nouvelle-Espagne, l'Église favorisa la création de chapellenies de messes parmi les Novohispanos, car, même si elle ne disposait pas librement des rentes, elle recevait un appui matériel très important. Les biens de ces fondations étaient considérés comme spiritualisés : cela signifiait qu'à la mort du prêtre titulaire d'une chapellenie de messes, la rente perpétuelle qu'il recevait était transférée au clergé. Les entrées financières de ces fondations furent telles que l'Église dut créer un tribunal des *Capellanías, Testamentos y Obras Pias* dans chaque évêché pour surveiller le respect des dernières volontés des défunts et la bonne administration des biens.

La chapellenie de messes du couple de Juan de Arroyo et Inés Valdez est un exemple de ces pratiques pieuses qui appartenaient au quotidien des Novohispanos du XVII^e^ siècle. Ses statuts prévoyaient les lignes de parenté généralement utilisées dans les transmissions post mortem et le patronage exercé au profit de l'un des héritiers pour rejoindre le sacerdoce, une voie réservée pour les créoles.

L'utilisation et la transmission des biens du Licenciado Bernardo Ruiz de Valderrama montrent comment l'Église trouvait son intérêt. En 1654, le Licenciado Ruiz de Valderrama succéda au *beneficiado* Melchor Añejo. À partir de 1654, les comptes des officiers royaux mentionnent le paiement aux curé, vicaire, et Commissaire du Saint-Office Bernardo Ruiz de Valderrama, de la location de quelques maisons de tuiles où se trouvaient la Caisse Royale et les entrepôts du port. Ruiz de Valderrama était chargé de l'approvisionnement de brai pour les bateaux du *Servicio Real* et les galions qui arrivaient de Manille, et comme exécuteur testamentaire du défunt Juan Fernández Tomé, on lui payait la fourniture de viande fraiche et salée pour les équipages et les ouvriers du port. À sa mort, le Licenciado Bernardo Ruiz de Valderrama légua à la Confrérie del Santísimo Sacramento et à l'église paroissiale la location de ses maisons, ce qui correspondait à une somme élevée. En 1674, le nouveau *Castellano* d'Acapulco, don Juan de Zelaeta, prit possession des dites maisons en toute tranquillité. Les officiers royaux arrêtèrent de payer le loyer, mais le majordome de la Confrérie porta plainte auprès de l'archevêque de Mexico : don Juan de Zelaeta perdit le jugement et eut à régler le loyer[627].

Pour réduire le temps de Purgatoire et acquérir d'une manière libre la Vie éternelle, l'Église, par l'intermédiaire de ses confréries, proposait des indulgences octroyées par les Bulles, avantage qui pardonnait les fautes et accordait les grâces. Elles avaient une valeur partielle ou totale, étaient comptabilisées en jours, constituaient une réserve spirituelle cumulable. On

[627] AGN. Virreinal. Cofradías y Archicofradías. Caja 5383. Expediente 76. 1674-75, Foja 7.

pouvait aussi investir en assistant à l'enterrement d'un confrère, ce qui valait une année d'indulgences.

À la fin de la vie, on s'assurait la sortie du Purgatoire en additionnant toutes les acquisitions partielles, ou d'une façon totale par l'achat de la Bulle de la Santa Cruzada[628] qui faisait obtenir par deux fois une absolution totale, à son achat et quand la personne allait mourir. Large en grâces, pardons et remises, la Bulle de la Santa Cruzada[629], devait être acquise en premier, sous peine de voir tous les autres bénéfices accumulés annulés. La variante des Défunts proposait une indulgence générale, mais ne s'appliquait que pour les âmes des morts. Les grâces et facilités de ces deux bulles avaient un an de validité. Cependant, en raison de la distance et pour ne pas perdre les privilèges, tant en Nouvelle-Espagne qu'aux Philippines, on accorda que leur péremption n'intervienne qu'au bout de deux ans.

Durant la Colonie, distribuées dans les paroisses et vicariats de la Nouvelle-Espagne et des Philippines, les indulgences devinrent très importantes. Aux Philippines, et en accord avec les *Ordenanzas de Intendentes*, tout ce qui était récolté par la vente de la bulle de la Santa Cruzada finançait les dépenses des garnisons et des fortifications et le soutien des missions religieuses.

À Acapulco, les Officiers Royaux recevaient les bulles qu'ils devaient vérifier selon la loi 24. Livre I. Titre XX de la *Recopilación de Indias*. Les comptes royaux de 1612 à 1616 mentionnent en particulier les nombres de *fardos* envoyés, le type de bulles, leurs montants[630]. Celui de la Bulle des défunts allait de quatre, deux et un réal jusqu'à quatre *tomines*, celui de la Bulle de *composición*[631] était de douze *tomines,* et ceux des bulles des Bonnes Oeuvres et des Vivants, de deux *tomines*. Emballées en *fardos* encaustiqués, on les remettait méticuleusement au *General de la armada* ou au *capitán y maestre*, comme on le faisait pour le *situado,* et elles devaient être acheminées en toute sécurité pour être récupérées à Manille avec solennité et vénération[632].

## 5. *Pueblo chico, infierno grande*[633] : l'univers impitoyable d'Acapulco

Les histoires de Pablo de Carrascosa, Catalina Gonzáles, du capitaine Felipe del Bosque y Aguilar, de Martin Garatuza et les raisons du *Castellano* don Martín

---

[628] L'origine remonte à la période pendant laquelle on cherchait à récupérer les Lieux Saints ; elle reçut son nom des lettres apostoliques qui accordaient le pardon à tous ceux qui allaient à la Croisade et avaient un sceau papal - bula -. Dans : CUMMINGS H. Victoria. «The Church and Business Practices in Late Sixteenth Century Mexico», *The Americas,* vol. 44, Apr. 1988, p. 438.

[629] En 1573, l'application de la Bulle de la *Santa Cruzada* fut étendue aux Indes, et en 1578, Grégoire XIII attribua aux rois espagnols le produit de tout ce qui se réclamait de la Bulle de la *Santa Cruzada* aux Indes. Dans : PLEHN C. Carl, "Taxation in the Philippines", *Political Science Quarterly,* 1901, Dec., vol. 16, n° 4, p. 140.

[630] AGI. Contaduría, 903,1615-1616/Caja de Acapulco.

[631] RAE : *bula de composición* : bulle que donnait le commissaire général de Cruzada à ceux qui possédaient des biens d'autrui quand ils n'étaient pas revendiqués par leur propriétaire.

[632] Loi 25. Livre I. Titre XX. de la *Recopilación de Indias.*

[633] Dicton espagnol.

de Sepúlveda Troche[634] pour ordonner un couvre-feu permettent de découvrir des facettes intimes de la vie quotidienne de la société du XVII^e^ siècle.

Le capitaine Pablo de Carrascosa naquit en 1607 en Espagne à Villa Mayor, du *maestrazgo* de Santiago de Castille[635]. On le retrouve en 1637 à Acapulco, maître de charpentage à la construction de la prison[636]. Un an plus tard, sous le titre d'*encomendero*, il commerce avec le galion de Manille, est sommé de payer mille trois cent seize pesos d'argent lors de la deuxième imposition du *visitador* don Pedro de Quiroga y Moya[637]. Mais il est aussi le propriétaire de l'*hacienda* de Nuestra Señora del Buen Suceso à Coyuca.

Vivant depuis 1644 à Mexico, Pablo de Carrascosa revient à Acapulco pour recevoir les marchandises enregistrées à son nom sur le galion de Manille, et il embarque du cacao et des cadeaux pour les Philippines[638]. En 1647, il est *alguacil mayor* d'Acapulco, et il fait travailler vingt esclaves dont douze sont des *indios chinos*, à la production de vin de cocos de son hacienda[639].

En 1655, il est témoin à charge du *Castellano* d'Acapulco don Diego de Ledesma au tribunal de l'Inquisition. Il l'accuse de blasphémer, d'arriver tard à la messe, de ne pas rendre visite au couvent, de ne pas vénérer le Saint Sacrement, d'être toujours vu avec un livre de théologie mais jamais avec son chapelet en mains. Carrascosa signale que Ledesma détient chez lui des livres en latin, allemand et français. Pour tout cela, Acapulco estime sa conduite scandaleuse[640]. Pablo de Carrascosa reste actif dans le commerce du galion de Manille jusqu'en 1660.

Dans les biens déclarés dans le testament de Doña Catalina Gonzáles, on trouve ses esclaves domestiques : une *china* et un *chino* appelés María et Simón, une Noire appelée Ana de la Cruz, une petite mulâtre de deux ans et un petit noir appelé Nicolás[641]. Doña Catalina lègue ses esclaves chinois à ses filles María et Estefana, mais souligne que ses filles doivent s'occuper de la petite mulâtre, car Ana de la Cruz a pris la fuite au Pérou avec son enfant Nicolás, laissant derrière sa fillette.

Le capitaine Felipe del Bosque y Aguilar déclare dans son testament détenir un esclave mulâtre appelé Pedro, fils de son esclave noire Juana, mentionne ne pas avoir d'écriture de vente et ajoute « je l'aime et c'est mon fils ». Il laisse libre ledit Pedro auquel il lègue les terres de Sabanilla de Vega avec tout ce qui y est rattaché[642], sa mère Juana conservant sa condition d'esclave.

---

634 AGN. Media anata. Vol. 25. Ex único.
635 AGN. Inquisición (61). Volumen 457. Expediente 18. 1655. F. 338.
636 AGN. Reales Cédulas D. 11. Ex 427. D11. Ex 434.
637 AG. Indiferente Virreinal. Real Caja. Expediente 63. Caja 4804, Año 1638, Foja 1.
638 AGN. AHH (008). Volumen 1437. Expediente 45. 1643.
639 Deborah Oropeza, *op. cit.*, p. 93.
640 AGN. Inquisición (61). Volumen 457. Expediente 18. 1655. F. 338.
641 AGN Tierras (110). Contenedor 0066. Volumen 122. Expediente 3. 1677. F. 1-41.
642 AGN. Bienes Nacionales (014). Volumen 1028. Expediente 26. 1691.

Martín de Villavicencio Salazar, personnage de légende[643], gagnait sa vie en se faisant passer pour prêtre sans avoir été ordonné. Il disait la messe, entendait en confession, autorisait le baisemain. Il voyagea par toute la Nouvelle-Espagne.

Selon José Manuel López Victoria, il arriva à Acapulco sous le faux nom de José Rivera fin 1624, lorsqu'Hugo Schapenham s'emparait du port et que les habitants s'étaient enfuis. Après le départ des pirates, il convainquit les commerçants de reprendre leurs activités en alléguant qu'il avait forcé les pirates à quitter Acapulco. En l'absence de vicaire, on le sollicita pour dire la messe. Villavicencio Salazar le fit, et demanda une aide financière pour des missions en Extrême-Orient. Il quitta Acapulco avec les dons[644]. Poursuivi par la Sainte Inquisition à partir de 1640, il échappa à la prison et continua ses méfaits. Un autodafé de mars 1648 mentionne, parmi les vingt-huit personnes auxquelles furent lues leurs peines, le nom de Martín de Villavicencio Salazar, alias Garatuza, appelé aussi Martín Droga ou Martín Lutero, condamné à deux cents coups de fouet et à la peine de galère aux Philippines.

Durant ce siècle, les esclaves avaient l'interdiction de sortir de nuit. Néanmoins, il était coutumier à Acapulco que lors du temps de foire, de nuit, les esclaves noirs, mulâtres, ou *chinos*, hommes et femmes, y compris les marrons qui vivaient dans les montagnes, sortent vers les magasins du port, gagent, vendent, ou troquent argent, vêtements ou autres, contre des vivres, des marchandises, du vin de Castille et de cocos. Ceci entraînait de grandes beuveries, des larcins pour les maîtres, et des bagarres entre esclaves[645].

Pablo de Carrascosa est-il *encomendero* par mariage ou travaille-t-il par *encomienda* pour les marchands novohispanos ? Il pourrait avoir épousé une héritière de l'*encomienda* de doña Aldonza Rodríguez de Villafuerte, retournée à la Couronne avant 1643. Serait-il propriétaire et exploitant d'une hacienda de Coyuca provenant d'une descendante de López de Legaspi, puisqu'après la conquête de Manille, celui-ci remit quelques esclaves à ses héritiers propriétaires d'*haciendas* à Coyuca, terres encore conservées au XVIIe siècle.

Mais Pablo de Carrascosa découvre que la fortune se trouve dans les opérations d'achat de marchandises asiatiques et de vente pour le retour. Il met en oeuvre les relations qui se créent à l'époque coloniale : ses garants sont des

---

643 Selon Julie Greer Johnson, l'histoire de Martín Garatuza servit de support à Sœur Juan Inés de la Cruz dans son œuvre *Los Empeños de una Casa*. Par ailleurs, au XIXe siècle, Vicente Riva Palacio se servit de ce personnage pour écrire son roman *Monja y Casada, Virgen y Mártir*, publié pour la première fois en 1868. Au XXe siècle, Fernando Moret produisit pour Televisa le feuilleton historique Martín Garatuza. Cet alias se transforma dans le verbe *engatusar* qui, selon le dictionnaire de la Real Academia Española, veut dire : se gagner la volonté de quelqu'un par des flatteries pour obtenir quelque chose. GREER JOHNSON Julie, Sor Juana's Castaño, From "Gracioso" to Comic Hero. *South Atlantic Review*, 2001, Autumn, vol. 66, n° 4, p. 94-108. http://www.jstor.org/stable/3202062

644 José Manuel López Victoria, *op. cit.*, p. 56-58.

645 AGN. Media Anata. Vol. 25. Ex Único. F. 8v-10v.

*vecinos* de Mexico, qui concentrent le pouvoir et la richesse de la Nouvelle-Espagne. Son changement de résidence montre que, en quête d'ascension sociale[646], il fait de nouvelles connaissances, monte de nouveaux arrangements avec des personnes influentes, échange de la protection et des avantages contre les services qu'il peut rendre en étant connu et en appartenant au tissu local. Avec l'appui de ses amis influents, Pablo de Carrascosa ose accuser le Castellano, le personnage le plus important du port et de la Juridiction.

Que montre la fuite au Pérou des esclaves noirs de Catalina González ? Pourquoi aller chercher Ana et son fils jusqu'au Pérou ? Pourquoi Catalina souligne-t-elle que ses filles doivent s'occuper de la petite mulâtre ? De mauvais traitements, un viol ? Leur demi-sœur ? Nous découvrons probablement une relation s'appuyant sur la force et sur la haine, normale pour le siècle.

Chez Felipe del Bosque y Aguilar, la perception de l'autre est conforme aux préjugés de l'époque mais la mort égalise la condition du père et du fils. Juana, elle, est une femme, noire, elle n'est rien.

L'histoire de Garatuza est symptomatique du comportement, de l'ignorance des habitants d'Acapulco, de leur crédulité envers les hommes d'Église, et de la présence d'escrocs, excellents indicateurs de la richesse que la foire apportait. Il faut noter que les méfaits de cet habile personnage survinrent à un moment de chaos. Si son arrivée ne dérangea pas la société, la cause en fut parce que les habitants étaient habitués à ces nombreux religieux qui allaient aux Philippines.

Le groupe des défavorisés présente un trait d'identité très caractéristique de l'*Acapulqueño* : l'orgueil. Cette attitude lui permit de supporter les inégalités, considérées comme normales, dans lesquelles le conflit était toujours latent, et d'y faire face. Il est jugé brutal et rebelle par ses faiblesses, et va contribuer, en concurrence avec le climat, à la fuite estivale répétitive des classes supérieures.

Ces types de relations entre les groupes de niveaux inégal ou différent, le Blanc et le Blanc, le Blanc et le Noir, le fort et le faible, vont donner naissance à une population locale déjà rongée par la méfiance.

---

646 ALBERRO, Solange, « Les Espagnols dans le Mexique colonial. Histoire d'une acculturation », Armand Colin Éditeur, Paris, 1992, p. 100 (*Cahiers des Annales*, n° 43).

CHAPITRE IV

# L'AMORCE DE NOMBREUX AUTRES PROCESSUS DE TRANSCULTURISATION

## 1. L'Ambassade du Japon

La couronne espagnole, par le projet de s'implanter en Extrême-Orient, cherchait à contrôler le marché des épices alors portugais et, dans son idée d'expansion de la Foi catholique, rêvait de la conquête de la Chine et du Japon. À la fin du XVIe siècle, la Couronne comprit que l'invasion de la Chine était utopique et abandonna toute intention de conquête de cet empire mythique.

Cependant, le galion de Manille devait remonter jusqu'à la latitude de quarante degrés Nord pour y trouver les vents qui le pousseraient vers les côtes de Nouvelle-Espagne, en profitant du courant de Kuroshio : plusieurs galions arrivèrent sur les côtes du Japon à la recherche d'un refuge, ou y firent naufrage. Ce fut le cas du bateau de don Rodrigo de Vivero, Gouverneur intérimaire des Philippines qui, après l'arrivée de son remplaçant, don Juan de Silva, le 25 juillet 1609, revenait à Acapulco par le San Francisco accompagné de la Santa Ana. Ce fait divers fut le début d'une succession d'événements au Japon qui impliquèrent la Nouvelle-Espagne, l'Espagne, et dans une moindre mesure, les Philippines.

En 1609, le contexte politique japonais était le suivant : alors que l'empereur du Japon était isolé dans son palais, le dirigeant le plus important, le général Tokugawa Ieyasu, gouvernait, assisté de son fils Hidetada à qui il avait cédé le titre de *Shogun* depuis 1604. Sous sa gouvernance, on trouvait les *Daimyos*, mandataires pour les autres provinces, dont quelques-uns disposaient d'une certaine indépendance.

Les jésuites portugais s'étaient installés au Japon après les prédications de Francisco Javier en 1550, convertissant de nombreux membres de la noblesse et ouvrant la voie au commerce. Ainsi, les Portugais, qui travaillaient à Goa et Macao depuis 1571, avaient organisé un comptoir de commerce à Nagasaki : par le galion de Macao, on importait la soie au Japon et au retour, on chargeait l'argent japonais qui entrait en Chine.

Par ailleurs, les ordres religieux espagnols augustin, franciscain et dominicain implantés à Manille avaient réussi à établir des missions au Japon, principalement sur l'île de Hondo, malgré le décret du *shogun* précédent, Jideyoshi, qui interdisait l'entrée des religieux[647]. En 1596, voyageant vers la Nouvelle-Espagne, le San Felipe fit naufrage sur les côtes japonaises, avec un groupe de religieux franciscains à son bord. Devant la désobéissance frappante

647 VIVERO, Rodrigo de, *Du Japon et du bon Gouvernement de l'Espagne et des Indes.* Traduit et présenté par Juliette Monbeig, Paris : S.E.V.P.E.N., 1972, p. 13.

à son ordre et comme leçon, Jideyoshi punit les franciscains[648] en les faisant crucifier le 5 février 1597 à Nagasaki.

Ayant compris l'importance du développement économique du Japon, au début de son mandat, Tokugawa Ieyasu chercha à se rapprocher du gouvernement espagnol, à établir des relations commerciales avec la Nouvelle-Espagne, et montra une certaine tolérance à l'égard des jésuites portugais et des religieux espagnols. Mais en 1606, il s'inquiéta de la montée du christianisme et interdit les conversions de Japonais[649]. Sa nouvelle politique commerciale lui fit rencontrer d'autres Européens qui avaient établi des comptoirs en Asie : déjà aux Moluques, les Hollandais, ennemis des Espagnols, entamèrent des négociations.

Lors du naufrage du San Francisco[650] sur les côtes de Kuanto, malgré l'attitude japonaise du moment, la relation entre Rodrigo de Vivero, Ieyasu, et son fils Hidetada, fut très cordiale. Rodrigo de Vivero bénéficiait d'une attention particulière, car durant son intérim à Manille, il avait laissé en liberté et rapatrié dans leur pays deux cents Japonais condamnés par l'*Audiencia* pour leur soulèvement en 1606[651]. Aussi, il put signer un Traité de Paix et de Commerce[652] par lequel les Espagnols étaient autorisés à construire un dépôt à Kuanto, et envoyaient cinquante mineurs[653] pour montrer les techniques d'exploitation et des ouvriers qualifiés dans la construction des galions[654]. Enfin, on instaurait le libre commerce entre la Nouvelle-Espagne et le Japon[655].

Ieyasu rendit à don Rodrigo de Vivero ce qui avait été sauvé du naufrage, lui prêta une forte somme pour acheter des marchandises japonaises ; il envoya des cadeaux au vice-roi et ordonna que sous la supervision de Wil Addams[656] on construisît un galion pour qu'il pût revenir en Nouvelle-Espagne.

Apprenant que la Santa Ana s'était réfugiée sur la côte près de Usuki de la région de Bungo[657] et qu'un galion hollandais était arrivé, Rodrigo de Vivero décida de rester au Japon et ordonna que la Santa Ana continuât vers Acapulco ; la nouvelle du naufrage fut ainsi connue en Nouvelle-Espagne.

Finalement le 27 octobre 1610[658], accompagné de vingt-trois Japonais, don Rodrigo de Vivero arriva à Matanchel-Nayarit - à bord du San Juan Bautista.

---

648 Parmi eux, il y avait Felipe de Jesús, le premier saint mexicain. Felipillo avait seulement vingt-six ans et à Mexico, le figuier de sa maison reverdit lors de sa mort.

649 Rodrigo de Vivero, *op. cit.*, p. 15.

650 30 septembre 1609.

651 Rodrigo de Vivero, *op. cit.*, p. 54.

652 *Op. cit.*, *ibid.*, p. 225.

653 *Ibid.*, p. 70.

654 *Ibid..*, p. 15.

655 LEÓN-PORTILLA, Miguel, « La Embajada de los Japoneses en México, 1614. El testimonio en náhuatl del Cronista Chimalpahin », *Estudios de Asia y África*, vol. 16, n° 2 (48), Apr.-Jun., 1981, p. 225.

656 Pilote anglais qui vivait au Japon et jouissait d'une grande influence à la cour de Ieyasu.

657 Rodrigo de Vivero, *op. cit.*, p. 66.

658 *Ibid.*, p. 72.

## 2. Rica de Oro et Rica de Plata, objectifs de l'ambassade du Japon

Depuis plusieurs années, un problème de navigation accablait la Couronne et les responsables de l'entreprise du galion de Manille : le besoin d'un port refuge sur la route transpacifique entre Manille et Acapulco. L'artisan de la recherche de ce port fut Sebastián Vizcaíno qui partit à la tête de l'ambassade du Japon.

Sebastián Vizcaíno arriva à Acapulco en 1586 pour partir vers Manille et y faire fortune. Il revint en 1587 par le Santa Ana qui débarqua le pirate anglais Thomas Cavendish près de Cabo San Lucas. Par la suite, *vecino* de Mexico, il se dédia au commerce des marchandises orientales. Il commença ses voyages d'exploration en 1596 : titulaire d'une commission royale, il partit d'Acapulco avec trois navires pour découvrir la Californie[659].

En 1602, Philippe III l'envoya[660] lever un plan des côtes occidentales de Californie et chercher le détroit d'Anián. Les résultats scientifiques de l'expédition furent inégaux : il arriva à la latitude de quarante degrés Nord, découvrit et baptisa le port de Monterrey en l'honneur du vice-roi[661]; le levé de Vizcaíno était exact jusqu'au cap Mendocino, mais les informations de la frégate Tres Reyes laissèrent penser que l'embouchure de la rivière Santa Inés pouvait être le détroit reliant les deux océans. Frère Antonio de la Ascensión diffusa l'idée que la Californie était une île[662].

Sebastián Vizcaíno, voyant une grande partie de son équipage touché par le scorbut, décida de revenir et, en passant au large des deux îles de Mazatlán, débarqua les malades qui guérirent après avoir mangé un fruit sauvage, appelé *xocuiyetztli* par les Mexicains et ananas dans les îles Caraïbes[663]. Cette grande trouvaille sanitaire ne fut jamais mise en pratique à bord du galion de Manille.

Bien que le comte de Monterrey lui eût promis en 1604 le poste de *General* du galion de Manille, le nouveau vice-roi marquis de Montesclaros le lui refusa et le nomma *Alcalde Mayor* de Tehuantepec. Homme de jugement[664], il s'attacha à construire la route depuis la rivière Coatzacoalcos jusqu'à Tehuantepec, améliorant le chemin ouvert par Hernán Cortés. Le soin et la célérité qu'il mit à cet ouvrage lui valurent en 1606 une recommandation de l'Audiencia de Mexico pour qu'on lui octroyât un poste naval, judiciaire ou au Trésor Royal[665].

---

659 Lors de cette expédition, on changea le nom de la baie de Santa Cruz pour celui de La Paz en raison de la rencontre d'Indiens qui y firent bon accueil. Dans : Miguel León Portilla, *op. cit.*, p. 79.

660 Par la *capitana* San Diego accompagnée de l'*almiranta* Santo Tomas et de la frégate Tres Reyes.

661 Miguel León-Portilla, *op. cit.*, p. 155.

662 *Ibid.*, p. 130.

663 CAVO, Andrés, *Los Tres Siglos de México*, México, 1836, Imprenta de Luis Abadiano y Valdés, Tomo I, Libro sexto, p. 239.

664 BERISTAIN SOUZA, José Mariano de, *Biblioteca Hispano americana Septentrional*, Tomo III, México, 1821, p. 127.

665 MATHES W., Michael, *Sebastián Vizcaíno y la Expansión Española en el Océano Pacífico. 1580-1630*, México, UNAM, 1973, p. 75. Serie de Historia Novohispana. Instituto Investigaciones Históricas de México.

Pendant ce temps-là, pour des raisons techniques maritimes, la Couronne cherchait un port d'escale pour le galion de Manille[666]. Cavite est plus un port régional d'Extrême-Orient qu'un port d'escale ouvert sur le Pacifique vers l'Amérique. La difficile et dangereuse période de navigation à travers les îles ne faisait que repousser le départ pour la vraie traversée, entamant les capacités physiques et psychologiques de l'équipage qui payait les effets de sa fatigue à son arrivée sur les côtes américaines. Une période de repos dans un port d'escale ouvert sur l'océan, qui se trouverait au Japon ou dans les îles mythiques Rica de Oro et Rica de Plata supposées proches du Japon, aurait coupé en deux le périple Manille-Acapulco du galion, lui permettant de récupérer avant de se lancer dans l'aventure océanique, et d'arriver sur les côtes novohispanas en meilleure condition.

Plusieurs propositions furent présentées. La baie de Monterrey, découverte par Vizcaíno, convenait : le marquis de Montesclaros estima que la proximité d'Acapulco pousserait les capitaines à continuer un mois de plus ; le port était sensible aux attaques de pirates et vulnérable à cause de la difficulté à le ravitailler. Il proposa de chercher les îles Rica de Oro et Rica de Plata, qui se trouvaient à la hauteur du port de Monterrey, mais au nord du Japon, dans la zone où les galions souffraient les pires dommages[667].

Dans sa lettre du 18 juin 1608, Frère Antonio de la Ascensión proposa au roi la baie de San Bernabé du cap San Lucas, riche en poissons et en perles, facile à soutenir par sa proximité avec la province du Nuevo Mexico, et par ailleurs position stratégique, car les galions pourraient passer directement dans l'Atlantique par le détroit d'Anián[668].

Lorenzo Ferrer de Maldonado proposa la route qu'il avait utilisée en 1588, prenant cap au Nord-Est depuis l'Espagne, passant le Groenland, naviguant six cent quarante lieues par soixante-quinze degrés de latitude Nord, puis continuant vers le Sud-Ouest cinq cents autres lieues supplémentaires par le détroit d'Anián, et débouchant à soixante degrés de latitude Nord dans l'océan Pacifique. Son mémoire détaillé suggérait à la Couronne de se servir de ce passage, avant que les Hollandais ne l'utilisent pour négocier avec la Chine, avant les Anglais et les Français qui se trouvaient déjà au Canada, et de le charger de conduire l'expédition qui en assurerait le contrôle[669].

Finalement, la Couronne opta pour la localisation des îles Rica de Oro et Rica de Plata, et Acapulco prépara l'expédition menée par Vizcaíno. Des arguties entre Manille et la Nouvelle-Espagne retardèrent l'opération : de quel port devait partir l'expédition, puisqu'on supposait que Rica de Oro et Rica de Plata se trouvaient à sept cents lieues du Japon et à deux cents des Philippines ?

Le 24 octobre 1610, le vice-roi don Luís de Velasco II écrivit au roi avoir convoqué une réunion pour analyser les problèmes apparus et l'informait des

---

[666] *Ibid.*

[667] *Ibid.*, p. 77.

[668] *Ibid.*, p. 78.

[669] *Ibid.*, p. 82.

événements arrivés au Japon et aux Philippines[670]. Trois jours après la lettre de don Luís de Velasco II, don Rodrigo de Vivero, accompagné de vingt-deux Japonais[671] arrivaient à Matanchel. Chimalpahin[672] relate son arrivée alors qu'on le donnait pour mort en Nouvelle-Espagne : il se rendit directement à Mexico, tandis que les Japonais, poursuivant vers Acapulco, n'y parvinrent que le 16 décembre 1610. Chimalpahin, qui n'avait vu que les *indios chinos* du galion de Manille, raconte qu'il pouvait « s'agir de dix-neuf personnes du Japon, ou de Chinois, dirigés par un noble comme ambassadeur »[673]. Impressionné par leur manière de s'habiller, de se peigner, par leurs traits physiques, il les décrit ainsi :

> « ... Ils se pomponnent la tête, la rasent au couteau, la font briller, ils se laissent pousser les cheveux, les coupent longs comme ceux des filles, les attachent en les enroulant, n'ont pas de moustache, leurs visages sont comme ceux de femme, blanchis et embellis. Ainsi est le corps des hommes du Japon, qui ne sont pas très grands[674] ».

Le vice-roi les reçut en grande pompe, les accueillant au couvent de San Agustín. Trois furent baptisés ; le chef, appelé don Alonso, s'habillait à l'espagnole à son retour au Japon.

La réalité des événements modifia les plans. Poursuivant les négociations initiées par don Rodrigo de Vivero, le vice-roi don Luís de Velasco II décida d'envoyer une ambassade au Japon, d'en profiter pour chercher les îles mythiques et demander à Ieyasu et Hidetada la permission de lever et sonder les côtes de leur pays.

### 3. Le revers de l'ambassadeur

Le 7 mars 1611, Sebastián Vizcaíno, ambassadeur et chef de l'expédition[675], partit de Mexico vers Acapulco avec trois religieux franciscains, cinq frères laïcs, un pilote et son assistant, un secrétaire, cinquante et un hommes d'équipage, et les Japonais.

Le galion San Francisco, construit à Acapulco, les attendait[676], et entama sa navigation le 22 mars. Le voyage débuta mal : de graves bagarres entre l'équipage espagnol et les Japonais obligèrent à instaurer la peine de mort et le mauvais temps retarda l'arrivée.

Finalement le 10 juin, ils entrèrent au port d'Uraga escortés par de nombreuses jonques et échangèrent le salut au canon. Vizcaíno expliqua par

670 Michael W. Mathes, *op. cit.*, p. 83.
671 L'un d'entre eux mourut pendant le voyage.
672 Domingo Francisco de San Antón Muñón Chimalpahin Cuauhtlehuanitzin, ou plus simplement Chimalpahin, descendant de la noblesse de Chalco, fut un chroniqueur indigène de la Nouvelle-Espagne au XVIIe siècle.
673 Miguel León-Portilla, *op. cit.*, p. 233.
674 *Ibid.*, p. 235.
675 Michael W. Mathes, *op. cit.*, p. 99.
676 AGI. Contaduría, 902, desde 06-12-1610 hasta 25-09-1611/Caja de Acapulco.

lettre à Ieyasu le propos du voyage, le remercia des cadeaux envoyés au vice-roi, paya ce qui avait été prêté à don Rodrigo de Vivero et dépensé pour la construction du San Juan Bautista[677]; il demanda de faire visite à Hidetada pour lui remettre des lettres et des cadeaux.

Hidetada accorda la visite dans son palais de Edo. Sebastián de Vizcaíno, premier ambassadeur espagnol, refusa de suivre le cérémonial japonais, mais voulut se présenter à la manière espagnole, chaussé et en armes, et menaça de repartir si ce protocole n'était pas respecté[678].

Disposer des informations nautiques sur le Japon était très important pour la traversée du galion de Manille. Sebastián Vizcaíno demanda l'autorisation d'Ieyasu pour le relevé géographique et partit d'Uraga vers la côte orientale de Jonshu. À Shiogama, il rendit visite au Date Masamune, puissant *daymio* du principat de Sendai, qu'il avait connu lors de son audience avec Hidetada.

Après sa rencontre, il continua l'exploration, un tsunami et un tremblement de terre endommagèrent le San Francisco, et le froid les obligea à revenir à Shiogama où Vizcaíno resta tandis que le bateau continuait vers Edo.

Le succès de l'ambassade vacilla en raison des attitudes hollandaise, anglaise et de frère Luís Sotelo : tous contribuèrent à rendre la relation avec les Japonais difficile. Les Hollandais et les Anglais avaient profité de son absence pour envenimer l'ambiance, déclarant que la cartographie et la recherche des îles Rica de Oro et Rica de Plata masquaient l'objectif réel, la conquête du Japon[679].

Par l'envoi de cette ambassade, la Couronne envisageait-elle la possibilité d'une invasion du Japon ? Le levé du trait de côte, le sondage des approches et la recherche d'un port de base pourraient en constituer des preuves. La description de l'empire du Japon par Rodrigo de Vivero peut avoir deux lectures, celle de la surprise lors de la découverte d'un nouvel endroit, ou celle de l'étonnement pour son gouvernement et sa capacité militaire. Présentant les villes principales, les forteresses, les soldats, admiratif, il décrit l'arsenal de Hidetada, riche de garnitures dorées de piques, de lances, d'arquebuses et de sabres, disposant de suffisamment d'armes pour équiper cent mille hommes[680]. Cependant, dans sa lettre au roi, le marquis de Salinas annexe une lettre de Rodrigo de Vivero écrite à Usuki le 3 mai 1610, dans laquelle celui-ci expose l'impossibilité de prendre le Japon par les armes[681].

Le doute subsiste mais l'intrigue anglo-hollandaise aurait pu avoir un réel fondement tant que Vivero était au Japon. Avec Vizcaíno, les temps avaient changé : l'Espagne était harcelée dans les conflits européens, la Nouvelle-Espagne voyait arriver ces luttes à ses côtes, et les attaques des pirates locaux et celles des Européens empêchaient les Philippines de reprendre leur souffle.

---

677 Michael W. Mathes, *op. cit.*, p. 100.

678 Selon Michael W. Mathes, *op. cit.*, p. 101., Charles R. Boxer estime l'attitude de Vizcaíno arrogante et orgueilleuse, et cause de l'échec de la mission

679 Michael W. Mathes, *op. cit.*, p. 105.

680 Rodrigo de Vivero, *op. cit.*, p. 59.

681 AGI. Filipinas, 193, N. 3/Carta del marqués de Salinas informando sobre el Japón.

Derrière leur ruse, les Hollandais et les Anglais cherchaient à déstabiliser l'influence espagnole. La méfiance fut ainsi semée, et les premières mesures d'Ieyasu furent de détruire les églises et de faire embarquer des Japonais sur le navire qui partirait en quête des Îles[682].

À son départ, Vizcaíno reçut une carte pour le vice-roi Velasco II : Hidetada le remerciait de ses cadeaux, désirait poursuivre l'échange commercial, mais interdisait l'envoi de missionnaires.

Le San Francisco navigua pendant presque quarante jours entre trente-quatre et trente-huit degrés de latitude Nord, mais ne rencontra ni Rica de Plata, supposée se trouver plus près du Japon, ni Rica de Oro. En poursuivant leur voyage vers Acapulco, ils trouvèrent du mauvais temps. Devant couper les mâts, au bout de six jours, avec beaucoup de peine et quelques espars de fortune, ils revinrent au Japon[683].

Entretemps, frère Luís Sotelo[684], évangélisateur zélé malgré les persécutions d'Ieyasu, s'était attaché l'amitié du Date Masamune, bienveillant vis-à-vis des chrétiens, et élabora avec lui un plan pour envoyer une ambassade du principat de Sendai faire visite au vice-roi, au roi et au Pape, avec l'idée d'établir des relations commerciales et d'envoyer des religieux franciscains au Japon.

Le San Francisco détruit, Sebastián Vizcaíno sollicita le crédit des commerçants espagnols de Nagasaki, mais frère Luís Sotelo avait déjà manœuvré pour obliger Vizcaíno à s'unir à accepter l'ambassade qu'il préparait avec le Date Masamune et à donner un caractère officiel à la proposition. Vizcaíno, abattu par des problèmes insolubles, tomba malade et donna son accord à la construction du navire que le Date Masamune offrait pour revenir à Acapulco.

Vizcaíno partit à bord du San Juan Bautista du port de Sendai le 27 octobre 1613, avec l'ambassade japonaise composée de Jasekura et de cent quatre-vingts Japonais, de frère Luís Sotelo[685], et de deux autres frères.

Le 25 janvier 1614, le commissaire d'Acapulco Pedro Monroy annonçait au marquis de Guadalcàzar l'arrivée d'un navire du Japon, et laissait supposer que Sebastián Vizcaíno arrivait très malade comme passager[686]. Frère Luís Sotelo avait pris le commandement dès le départ.

---

682 Michael W. Mathes, *op. cit.*, p. 105.

683 SANTIAGO CRUZ, Francisco, *Relaciones diplomáticas entre la Nueva España y el Japón,* México, Editorial Jus, 1964, p. 64 (Colección México Heroico; n° 32).

684 Ce religieux franciscain de la communauté de *Nuestra Señora de los Ángeles* de Fugime, influent à la cour de Ieyasu, et de grande aide pour don Rodrigo de Vivero lors du *Tratado de Paz y Comercio*, rejoignit l'ambassade au Japon douze jours après son arrivée et accompagna Vizcaíno durant sa visite auprès de Hidetada.

685 Sotelo ne suivit pas l'ordre du Provincial de San Gregorio de Filipinas de faire revenir tous les franciscains à Manille en raison des persécutions. Il ne ferma pas son église, n'abandonna pas Edo, fut fait prisonnier, puis accusé d'aider les chrétiens japonais ; Ieyasu l'autorisa à se rétracter et à sortir de la ville, ce qui lui fut ensuite refusé : il fut condamné au bûcher. *Date Masamume* le sauva, parce qu'il vit ses plans en péril.

686 AGN. Inquisición (61). Volumen 302. Expediente 7. Año 1614. F-88.

Selon le père Escipión Amato, l'entrée dans la baie d'Acapulco du San Juan Bautista arborant ses pavillons royaux fit impression non seulement sur la population mais aussi sur le *Castellano* et les officiers royaux :

> « … il fut décidé d'honorer les ambassadeurs avec des démonstrations et des signes de courtoisie extraordinaires et comme le bateau fit des signaux de paix et des salves répétées de canons, ils le firent aussi du port, en ajoutant une grande quantité d'arquebuses, il y eut des tambours et des fifres, avec trompettes et timbales pour recevoir les ambassadeurs et les escorter à la Casa Real, où ils furent reçus en grande pompe et emmenés vers un logement qui était arrangé de la manière la plus luxueuse[687]. »

## 4. Les allers et retours des Japonais

Escortée jusqu'à Mexico avec tous les honneurs par le *Castellano* lui-même, l'Ambassade fut reçue dans toutes les villes, bourgs et villages par des arcs de triomphe dans les rues et de jolis tapis parsemés de petits morceaux d'or. À l'avant-garde allaient la cavalerie et la garde armée avec trompettes, timbales et autres instruments de musique militaire[688].

Les quelques Japonais qui restèrent à Acapulco construisirent des maisons et un entrepôt pour garder cadeaux et marchandises, mais il semble qu'il y ait eu un problème, car, selon le chroniqueur Domingo Chimalpahin, certains Japonais étaient mourants à cause de leurs blessures[689]. Début mars, le marquis de Guadalcàzar informa le roi avoir nommé Antonio de Morga, alors *Alcalde de la Corte* et *Auditor General de la Guerra*, comme unique autorité pour punir les Japonais si besoin. Il ordonna de les désarmer et de leur rendre leurs armes à leur départ. Il publia un édit valable à Acapulco et dans la région pour interdire toute injure, violence, ou mauvais traitement sur les Japonais. Cette ordonnance a probablement été diffusée après l'événement relaté par Chimalpahin, car les premiers paragraphes mentionnent la volonté d'éviter d'autres difficultés[690].

Des cent quatre-vingts Japonais, combien restèrent à Acapulco ? Selon Chimalpahin, quarante-quatre furent baptisés à Mexico en avril, soixante-trois y furent confirmés et au mois de mai, Jasekura, avec le frère Luís Sotelo et quelques serviteurs japonais, partirent en Espagne par la Flota.

Méfiant, le marquis de Guadalcàzar informa Philippe III que l'ambassadeur et Luís Sotelo, « personne de peu de sagesse, avaient embarqué par la Flota, et qu'« il attendait une réponse pour le renvoi des Japonais qui étaient restés en Nouvelle-Espagne ».

Chimalpahin rapporte que quelques Japonais arrivés avec don Rodrigo de Vivero, après avoir passé quatre ans en Nouvelle-Espagne, étaient revenus à

687 Francisco Santiago Cruz, *op. cit.*, p. 46. Dans : Relaciones diplomáticas.
688 *Ibid.* Description d'Escipión Amato.
689 Miguel León-Portilla, *op. cit.*, p. 237.
690 AGI. México 28, N, 17. Cartas del virrey marqués de Guadalcàzar.

Acapulco[691]. Pendant que Jasekura continuait en Europe, l'exode des Japonais se poursuivit. Le 28 avril 1615, le San Juan Bautista repartit avec les marins japonais et quatre frères franciscains dont Diego de Santa Catalina[692] comme ambassadeur, qui apportaient la réponse du roi pour l'Ambassade du Japon, et un cadeau de sa part. Cette mission avait l'ordre du roi de rendre le bateau aux Japonais, sous peine de mort pour les Espagnols s'ils revenaient en Nouvelle-Espagne sans avoir réussi leur mission.

L'ambassadeur rendit compte de l'atmosphère particulièrement froide qu'ils rencontrèrent : ils arrivèrent à Uraga au moment de nouvelles persécutions, Ieyasu refusa de les voir. Deux mois après, son fils Hidetada les reçut, mais, distant, leur fit savoir l'inutilité de l'Ambassade parce que le christianisme était considéré hors-la-loi. Ils notèrent un traitement différent pour les Hollandais et les Anglais qui pouvaient librement entrer et sortir des ports. Ieyasu mourut, et loin de s'améliorer, la relation empira : Hidetada ne les reçut pas, n'accepta pas non plus le cadeau du roi en raison de son deuil.

Voyant l'échec de l'Ambassade, les frères essayèrent de partir vers Manille, mais on leur interdit de retourner aux Philippines et ils furent emprisonnés. Envoyés à la prison d'Uraga, ils furent finalement renvoyés en Nouvelle-Espagne par le San Juan Bautista, sous prétexte que le bateau appartenait au *Date Masamume* et non au *Shogun*, avec deux religieux franciscains prisonniers[693] et avec les Japonais qui emportèrent tant de marchandises qu'ils ne pouvaient que rester debout dans l'unique chambrée qu'on leur attribua dans le château. Le voyage fut difficile, le galion arriva dans la baie de Tintoque[694], démâté, prenant l'eau, avec des morts et beaucoup de malades.

Le 1er mars 1617, le marquis de Guadalcàzar apprit l'arrivée du galion par le gouverneur de Guadalajara. Pendant la traversée, les Japonais avaient maltraité les franciscains : les menaçant d'incendier le galion s'ils n'arrivaient pas à terre, ils leur avaient fait signer une lettre qui garantissait leur bon traitement en Nouvelle-Espagne, et avaient exigé des mules sur le compte du roi pour emporter leurs marchandises. Cependant, le vice-roi interdit de se venger sur eux et demanda qu'on leur rappelle comment ils avaient traité les religieux et les chrétiens au Japon[695].

Pendant ce temps-là, Jasekura et ses serviteurs étaient restés deux ans en Europe sans avoir atteint les buts de son ambassade. Le 22 juin 1616, ils revinrent par la flotte en Nouvelle-Espagne. Jasekura était habillé à l'espagnole, en deuil cérémonieux avec une collerette blanche. À Acapulco, il eut la surprise de s'apercevoir que les Japonais qui y étaient restés, par mélange avec la population du port, avaient eu des enfants de traits franchement orientaux[696].

691 Miguel León-Portilla, *op. cit.*, p. 240.

692 Il remplaça frère Alonso Muñoz tombé malade. Dans : Michael W. Mathes, *op. cit.*, p. 114.

693 Dont un était couvert de poux et de gale.

694 Maintenant baie de Banderas à Nayarit.

695 AGI. México, 28, N. 49, 19 julio de 1616/ Cartas del virrey marqués de Guadalcàzar.

696 Francisco Santiago Cruz, *op. cit.*, p. 60. Dans : Relaciones diplomáticas.

Fin mars 1618, le marquis de Guadalcàzar prévenait le roi qu'étaient parties à Manille par la *Capitana y Almiranta* quatre compagnies de soldats, que cela faisait un total de six cent quatre-vingt-trois hommes, deux cents personnes en tant que passagers, ministres ou familles qui allaient peupler les Philippines, cinquante-six religieux et le groupe de Japonais le plus important depuis plusieurs années[697]. Parmi eux se trouvait Jasekura.

Trop d'intérêts étaient en jeu lors de ces deux événements séparés de milliers de lieues, Sebastián Vizcaíno au Japon, Jasekura en Nouvelle-Espagne, à Madrid et à Rome. Les négociations n'aboutirent à rien, le Japon ne put entamer de commerce direct avec la Nouvelle-Espagne, et la christianisation du Japon fut brusquement interrompue.

Les deux causes étaient apparemment sensées, quelles étaient les intentions occultes ? Une conquête suivant le schéma des Philippines, avec évangélisation pour exploitation et contrôle ? Une situation bien connue du Japon, trop près de l'Archipel. Un échange de marchandises contre de l'argent de la Nouvelle-Espagne ? Scénario très connu pour le vice-royaume et la Couronne. Le résultat fut l'engourdissement des relations entre les deux pays. Mais comme toujours, comme dans le jeu du pendule de Newton, Acapulco en eut l'impact.

Par l'arrivée des Japonais, Acapulco put se rapprocher d'un monde si lointain et si différent ! Le port fut le premier à recevoir officiellement l'Ambassade japonaise, plus de cent personnes différentes de traits, de langue, de cultures, ce qui frappa ensuite toute la Nouvelle-Espagne. Cet ensemble d'événements est un bon exemple de l'Acapulco du XVII^e^ siècle : un rapprochement suivi d'un affrontement débouchant finalement sur la fusion des populations, une amorce de nombreux autres processus de transculturation.

---

[697] AGI. MEXICO, 29, N.5. Cartas del virrey marqués de Guadalcàzar.

# CHAPITRE V

# LES TEMPS D'ABONDANCE

Le cycle de la *temporada*[698] commençait des mois avant que les cloches annoncent ce grand événement à toute la Nouvelle-Espagne, à la descente à terre à Navidad du *gentilhombre*. La bourgade de pêcheurs sortait alors peu à peu de sa léthargie, son élite et ses fonctionnaires entamaient leur retour après l'avoir désertée à cause des chaleurs. Parsemé de bicoques aux toits de feuilles de cocotier, d'un hôpital aux murs étayés, d'une misérable église, et protégé par une forteresse de loin imposante, le port ne correspondait en rien avec le nom pompeux d'Acapulco, « ville des Rois », et ayant acquis la renommée mondiale en sa qualité du « premier comptoir du Pacifique et escale de la Chine »[699].

La métamorphose s'opérait en quelques semaines : surtout les premières années, les bateaux en provenance du Pérou, du Realejo, de Sonsonate, et de Guayaquil, faisaient leur apparition. Des villes de Mexico, Puebla de los Ángeles, Guadalajara, Tlaxcala, Antequera – Oaxaca –, Valladolid – Morelia –, Celaya, Veracruz, arrivaient les acheteurs de marchandises orientales, et les vendeurs de produits aux Philippins ou aux Péruviens.

Pendant trois mois, les ruelles, la Rue Royale, les places, les bureaux gouvernementaux, l'ensemble de la ville grouillaient d'une population temporaire. Trois mois qui apportaient la prospérité à Manille, à la Nouvelle-Espagne, au Pérou, à tout Acapulco, riches, pauvres, esclaves, marrons, à ses fonctionnaires, aux dévoués frères *hipólitos*, et jusqu'au curé *beneficiado*. Trois mois pendant lesquels les pesos d'argent de huit réaux, les *macuquinas,* changeaient de mains comme si on avait été sur une place financière, car les mouvements étaient réellement de millions. Et alors, oui, Acapulco devenait « la ville des Rois », était effectivement à la hauteur du « premier comptoir du Pacifique et escale de la Chine ».

Les amphitryons, les fonctionnaires, les religieux, les notables, le peuple, tous prêts, attendaient de voir descendre des montagnes les premiers participants à cette foire importante, et poindre du Sud à l'ouvert de la baie, du côté de Puerto Marqués, les premiers bateaux. Ayant franchi le canal de l'île de *Chinos* – la *Roqueta* –, le galion de Manille apparaissait.

## 1. Les formalités

À l'arrivée d'un galion, le piège rigide se refermait, un filet bien serré s'affalait sur les personnes et la cargaison, pour que la Loi, défenderesse des intérêts royaux et des privilèges octroyés à des particuliers très proches comme

698 *Temporada* : Période de la foire et de la présence du galion.
699 Giovanni Francesco Gemelli, *op. cit.*, p. 7. Dans : Viaje a la Nueva España.

les commerçants de la Péninsule, s'applique avec toute sa force et toute son injustice. Les formalités commençaient à l'approche du galion de Manille, du moment que c'était de jour : de nuit, le galion attendait au mouillage extérieur, surveillé pour empêcher tout contact avec la terre.

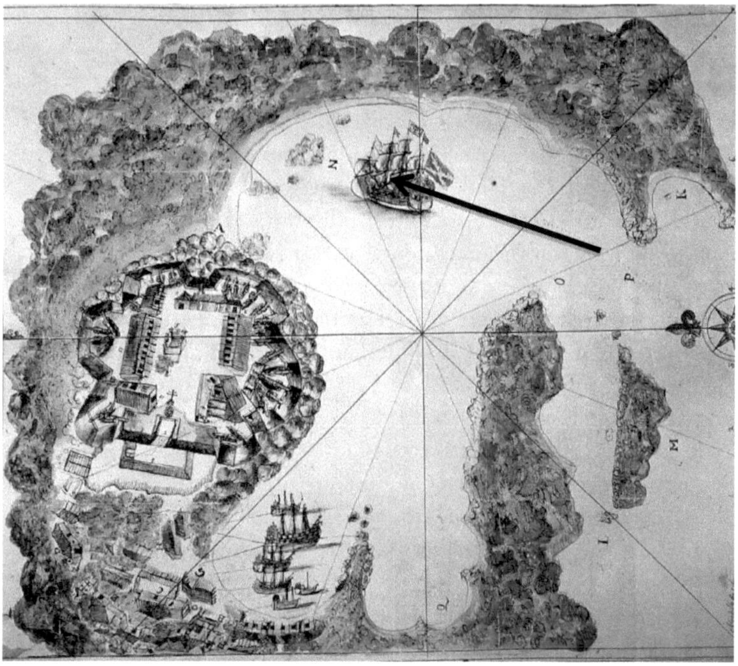

**Fig. 8 : Carte du Château et du Port d'Acapulco.**
*España. Ministerio de Educacion y Deporte. Archivo General de Indias.*
MP- México, 106. 1712-11-07.

Le *Castellano*, le garde principal, les officiers royaux se rendaient à bord par l'embarcation royale pour effectuer la visite officielle du galion avant que celui-ci ne mouille. Devant le *General* et le *Capitán y Maestre* du galion, ils recevaient les plis, les listes de marchandises et de frais de transport payés envoyées par Manille ; le journal de bord était présenté[700]. Après la revue des officiers et de l'équipage, l'adjoint du Comptable Royal et le Garde Principal commençaient l'inspection des chambres, des cabines et de la soute. On cadenassait ensuite les écoutilles pour éviter tout escamotage. Le *Castellano* et les officiers royaux demandaient alors au *General* et au *Maestre*, aux représentants du Commerce des Philippines et à l'équipage, de présenter en moins de quarante-huit heures le chargement non enregistré, tout ce qui ne serait pas déclaré étant confisqué. Le

[700] AGI. Escribanía, Pleitos de la audiencia de México, 186C. Visita a bordo del galeón capitana Nuestra Señora del Rosario, Francisco Javier y Santa Rosa, para efecto de visitarla de entrada en este puerto de Acapulco, martes 13 de Enero de 1699.

galion jetait l'ancre. Pour éviter les mouvements illicites, on activait un système de surveillance continuelle par des gardes, à bord et sur la plage.

En raison de l'absence de quai, les esclaves transportaient sur leurs épaules les passagers jusqu'à la plage, de l'eau jusqu'à la poitrine[701]. Suivait la cérémonie d'actions de grâces : accompagnée de cantiques, l'image de *Nuestra Señora de la Paz* était débarquée et emmenée en procession par les passagers et équipages plus ou moins valides vers l'église, alors que le galion déchargeait ses canons[702].

La population à terre voyait cet appareil formidable de technique et de connaissances plus ou moins scientifiques, provenant d'une terre si lointaine, dirigé par ce qui restait de ce groupe de moribonds qui avaient connu les affres d'un voyage si difficile. Mais en fin de compte, l'intérêt personnel, la tension de l'attente, le mythe de la provenance, les récits des aventures renforçaient le paroxysme du sentiment d'espérance : le cycle se renouvelait.

Les autorités signaient l'autorisation de séjour, envoyée au vice-roi avec l'avis d'arrivée du navire, le journal de bord, les listes officielles, et celles des marchandises non enregistrées. Ces dernières étaient remises en double, contresignées par le *Maestre*. Le vice-roi transmettait les listes au *Tribunal de Cuentas* qui les recopiait et les faisait parvenir à Séville au Conseil des Indes[703].

La visite terminée, le courrier envoyé, on attendait les ordres du vice-roi pour le débarquement. Plusieurs jours ou semaines pouvaient s'écouler avant l'ouverture de la foire : le formalisme, la bureaucratie, quelques subterfuges, et la distance entre la capitale et le port raccourcissaient le temps précieux du galion qui devait, selon la Loi et surtout à cause des conditions climatologiques, repartir rapidement. Les Novohispanos contribuaient à cette lenteur pour tirer parti de la perte de temps lors de la foire en faisant baisser les prix, ce qui intéressait aussi les Philippins.

Pendant les formalités administratives, le vice-roi communiquait la nouvelle de l'arrivée du galion aux *Corregidores* et aux *Alcaldes* pour que ceux-ci informent de la tenue de la foire d'Acapulco par édit. Cependant, depuis que l'arrivée du gentilhomme avait été annoncée, chacun avait entamé son voyage.

## 2. La *Temporada*, la haute saison

Des quatre chemins Royaux de la Nouvelle-Espagne[704], on confluait vers Acapulco. Parmi les commerçants, les principaux acheteurs venaient de Mexico. À cette population commerciale s'ajoutaient missionnaires, soldats et forçats, familles, hauts fonctionnaires ecclésiastiques et gouvernementaux qui partaient

701 AHEG/ RM/PCE/V10-E1. 1782-87 F. 18.

702 Giovanni Francesco Gemelli, *op. cit.*, p. 172. Dans : A voyage to the Phillippines.

703 Esteban de la Carrera y Prado, *op. cit.*, p. 20.

704 Vers l'est avec Vera Cruz, au sud avec Acapulco ou Antequera continuant sur Chiapas et Guatemala, au nord avec Zacatecas et la connexion avec les centres miniers de Nuevo Mexico.

aux Philippines, et de temps en temps un vice-roi qui allait prendre ses fonctions au Pérou.

Pedro Cubero Sebastián, Giovanni Francesco Gemelli Careri et Domingo Fernández de Navarrete, passagers du galion de Manille, laissèrent leurs impressions sur Acapulco, à leur embarquement comme Fernández de Navarrete, ou au débarquement comme Cubero et Gemelli.

Approchant la question par la religion, Cubero Sebastián est peu disert sur la foire : il mentionne le nombre important de mouvements[705], le nombre de missions, l'afflux des soldats et des forçats destinés aux Philippines. Arrivé à Acapulco avec deux autres religieux pour préparer le départ des missionnaires de leur communauté aux Philippines, Fernández de Navarrete décrit la ville d'Acapulco hors saison, car en 1647 il n'y eut pas de galion et il dut attendre avril 1648 pour embarquer. Au contraire, Gemelli Careri note tout, s'informe de tout ; son récit, riche en détails, décrit de manière précise la vie quotidienne durant la période de la foire. Il rapporte que « même après le débarquement des passagers du galion et la messe d'Actions de grâce, pendant les jours d'attente de l'autorisation du vice-roi, continuaient à arriver au port commerçants, muletiers avec leurs bêtes de somme chargées de vivres, religieux de Bethléem qui partaient au Pérou »[706].

Le passage de tout ce monde affectait l'économie de la ville : les provisions venaient des villages voisins[707], ce qui augmentait le coût de la vie. La location de maisons subit une forte inflation : en 1603, un loyer à Acapulco était de deux cents réaux[708], et en 1647, de quatre cents[709]. Le prix des services aussi : un serviteur libre se payait un peso avant la foire et trois pesos pendant. La cherté excessive du lieu est expliquée par les sommes mises en jeu : tous vivaient du port et en peu de temps on gagnait beaucoup. Les populations voisines recevaient leur part, et pendant que la nourriture et l'argent abondaient, tous en profitaient, achetant, empruntant, troquant, plus ou moins honnêtement, pour se fournir en victuailles, vin de Castille ou de cocos[710].

Par ailleurs, les périodes de présence du galion à Acapulco dans l'année sont importantes. Si le voyage se faisait sans contretemps, et si le bateau était parti de Manille au mois de juin, il arrivait fin décembre ou début janvier, et devait repartir avant avril. Les trois mois de passage au port recouvraient ainsi la période du Carême, commençant début février au plus tôt à début mars au plus tard. La foire pouvait ainsi se dérouler au moment des festivités du Carnaval, en entamant par le Mercredi des Cendres le temps de retraite et de pénitence de l'Église, ou au début de la Semaine Sainte, ce dont les officiers royaux se plaignaient, car cela les obligeait à faire charger dans la précipitation.

---

705 Pedro Cubero Sebastián, *op. cit.*, p. 345.

706 Giovanni Francesco Gemelli, *op. cit.*, p. 7. Dans : Viaje a la Nueva España.

707 En fait, Joris von Speilbergen remarqua cette situation quand il se présenta à Acapulco parce qu'il eut à attendre que les provisions arrivent.

708 AGI. Contaduría, 901, 1603. Caja de Acapulco.

709 Domingo Fernández de Navarrete, *op. cit.*, p. 299.

710 AGN. Media Anata. Ex único, vol. 25. 8v hasta 10v.

Fernández de Navarrete embarque un dimanche des Rameaux, Cubero Sebastián arrive pendant le Carême et voit partir le galion un Jeudi Saint, et Gemelli Careri parvient à Acapulco quelques jours avant le Carnaval, c'est-à-dire à une période permissive, de tolérance, avant le temps de contrition imposé. Pedro Cubero décrit une ambiance de célébrations de messes, de prédications, de récitations de chapelet, de confessions, d'administration de sacrements, de litanies, de chemins de croix, etc. C'est la partie religieuse du scénario, parallèle aux activités profanes de contrariétés entre le *Castellano* et les officiers royaux, de querelles entre ces derniers et les commerçants de Manille, d'altercations entre hauts officiers de marine, d'attente anxieuse pour les Philippins du début de la foire, des problèmes éloignés du spirituel, mais touchant de près à la bourse royale ou à celle de ses vassaux.

## 3. Le débarquement du chargement

On déchargeait par des chaloupes du *Servicio Real,* puis à dos d'hommes près de la grève[711]. Chaque pièce débarquée était inspectée par les officiers royaux qui comparaient la liste de Manille avec le registre et le manifeste, vérifiaient quantités, appellations, types de marchandises, évaluations, droits payés, pour ensuite établir un nouveau registre[712]. Une *Cédula Real* de 1639 interdisait d'ouvrir ou de peser le chargement.

Ensuite, on déposait tous les ballots en règle dans les entrepôts Royaux jusqu'au moment de la foire : ceux qui n'étaient pas enregistrés mais déclarés, pour lesquels les propriétaires avaient promis de payer les droits déterminés par le *Tribunal de Cuentas*[713], et ce qui venait consigné pour les Novohispanos. Les cadeaux de moins de mille pesos pouvaient être retirés ; les autres étaient confisqués[714]. Une nouvelle visite du navire vérifiait que le débarquement était terminé, saisissait les paquets cachés ; puis on examinait l'état du galion.

Cette routine dénote la volonté de contrôle rigoureux de l'administration de la colonie espagnole. Selon Acapulco, le cœur du problème résidait dans les dénominations, et les difficultés s'enchaînaient à la comparaison des listes.

---

711 AHEG/ RM/PCE/V10-E1. 1782-87 F. 18.

712 YUSTE LÓPEZ, Carmen, *El Comercio de la Nueva España con Filipinas, 1590-1785,* México, INAH, 1984, p. 24 (Colección Científica, n° 109).

713 Les marchandises importées étaient taxées à *l'Audiencia* de Manille; la taxation des exportations de la Nouvelle-Espagne était du ressort de deux comptables, un nommé par le *Tribunal de Cuentas de la Real Hacienda*, l'autre par le *Consulado* de Mexico, d'un officier de la *Real Hacienda*, nommé expressément par le vice-roi, désignés chaque année quinze jours avant l'arrivée du navire aux côtes mexicaines. Dans : Carrera Stampa, *op. cit.*, p. 209. Dans : *La Feria de Acapulco.*

714 Guillermo Tardiff, *op. cit.*, p. 86.

### 4. Confusions, extorsions, pots de vin. Le chargement

La loi 66. Livre 8. Titre 45 de la *Recopilación de Indias* ordonnait que l'on taxe toutes les marchandises qui arrivaient à Acapulco des Philippines selon les régimes en vigueur de façon à payer l'impôt de l'*almojarifazgo*.

La tonne était la mesure de poids, mais jusqu'à la fin du siècle, Manille envoya le chargement par pièces, prenant comme unité divisible le *fardo*[715], ou ballot. Cette mesure existait dans les *Ordenanzas de Pesos, Marcas, Romanas y Medidas para la Nueva España*[716], applicables aux Philippines. La Nouvelle-Espagne modifia le système de poids et mesures utilisé en Espagne, les Philippines en firent autant, occasionnant une grande incohérence dans les mesures de poids, de volume et de longueur[717]. À Manille, on étiquetait les marchandises différemment chaque année : une pièce d'un ballot pouvait être présentée comme un demi-ballot, un petit ballot, ou un demi-petit ballot, quelle que soit la dimension du paquet[718].

Les vrais problèmes débutèrent sous la vice-royauté du comte de Paredes : le chargement ne correspondait ni au manifeste ni à sa valeur. On déclarait de façon identique les soies, les essences, les toiles de coton, la porcelaine, en demi-petits ballots. Comme on ne pouvait ni ouvrir ni peser les paquets, le tonnage ne correspondait à rien. On déclarait par pièce et taille et on ne payait que si cela excédait l'autorisation : la fraude vis-à-vis du Trésor Royal devint très importante[719], ce qui est confirmé par la diminution de l'*almojarifazgo* perçu de 1595 jusqu'à 1690 décrite par Pierre Chaunu et Salvador Bernabéu[720].

Durant plusieurs années, les Philippins avaient tiré profit du court temps de présence du galion à Acapulco pour que, s'il y avait doute de la part des officiers royaux, les ballots ne pussent pas être mesurés un par un pour en vérifier la taille, ce qui permettait d'échapper aux restrictions de la Couronne. Cette pratique joua un rôle décisif en 1684 : en raison du départ imminent du galion, le comte de Paredes ne put que procéder à une sorte d'ajustement de l'impôt en octroyant un forfait de soixante-quatorze mille pesos intégrant toutes les taxes. Le dernier galion du temps du comte de Paredes qui profita de ce forfait fut la Santa Rosa[721].

---

715 En plus du *fardo*, on utilisait pour le contenu d'autres unités de poids comme la *marqueta* -207.18 Kg- pour la cire travaillée ou en pains, la *balsa* -368.2 Kg- pour la porcelaine, le *pico* -63.3 Kg- pour les essences de parfumerie, le *churlo* pour la cannelle, le poivre. CARRERA STAMPA, Manuel, «El Sistema de Pesos y Medidas Colonial», *Memoria de la Academia Mexicana de la Historia*, 1967, Año XXVI, sobretiro del n°1, p.29.

716 Le 27 juillet 1620, le marquis de Guadalcàzar unifia les poids et mesures.

717 Manuel Carrera, *op. cit.*, p. 31. Dans : Sistema de Pesos y Medidas Colonial.

718 AGI. Filipinas, 203, N.1/ Expediente sobre el comercio entre Filipinas y Nueva España.

719 AGI. Filipinas 203. Oficio de Juan de Larrea secretario del Consejo de Indias a Manuel Garica Bustamante consejero de Indias. 1692.

720 Salvador Bernabéu, *op. cit.*, p. 73-75. Dans : El Pacifico Ilustrado.

721 À son arrivée en décembre 1685, la Santa Rosa réussit à échapper aux flibustiers, et à son retour à Manille, le Santo Niño, qui n'avait pas fait le voyage à Acapulco, la protégea de sept navires-pirates. Dans : AGI. Filipinas, 12, R.1, N.52.

Le galion suivant arriva durant la vice-royauté du comte de Galve. Les officiers royaux s'opposèrent au *General* du Santo Niño et aux commissaires du Commerce de Manille pour débarquer librement les marchandises, enregistrées ou pas. Le temps et les motifs des Philippins, alléguant qu'ils ne connaissaient pas les clauses du forfait, qu'ils n'étaient pas au courant du désordre dans lequel arrivaient les marchandises, mais surtout que trois ans s'étaient écoulés depuis l'arrivée du dernier bateau[722], permirent au comte de Galve de concéder à nouveau le forfait mais pour la dernière fois : pour les prochains bateaux, on devrait respecter la limite de deux cent cinquante mille pesos et tout ce qui ne serait pas enregistré serait confisqué[723].

Les années suivantes furent noires pour Manille : un an sans foire, les naufrages du Santo Cristo de Burgos en 1693 et du San Joseph en 1694, une foire dérisoire, et une autre raisonnable même si le galion était petit. Lorsque le San Francisco Javier arriva à Acapulco en 1697, chargé de quatre-vingt-cinq mille pièces, grandes ou petites, les officiers royaux d'Acapulco estimèrent qu'il ne fallait pas faire confiance au registre, que la quantité de marchandises dépassait ce qui était déclaré[724]. Le comte de Moctezuma, à cause de cette fraude, fixa le taux de l'*almojarifazgo* à treize pour cent, comme avant le forfait institué par le comte de Paredes, et le montant de l'impôt de *avería*[725] à quarante-quatre ducats par tonne, l'imposition minimale pour chaque vaisseau étant de cent mille pesos[726], considérant que, malgré cette taxe, les profits étaient si importants que les commerçants philippins resteraient très bénéficiaires[727].

Cette péripétie met en lumière la duplicité royale qui conduisait à des interprétations distinctes de la même loi : les ordres transmis par la chaîne hiérarchique débouchaient sur des éléments techniques de décompte et de paiement, étaient appliqués à Acapulco par les officiers royaux dans le but de remplir la Caisse Royale ; mais la manière de compter ne correspondait pas à celle du chargement à Manille. Ce qui était correct à Manille était incorrect à Acapulco. La visite protocolaire et le débarquement à Acapulco montraient que les pratiques de Manille, à ses yeux correctes, devenaient contrebande en Nouvelle-Espagne. Néanmoins, comme une pièce de monnaie, ce commerce avait deux faces, et Manille avait aussi à dire sur les Novohispanos, comme Acapulco et Manille sur les Péruviens.

---

722 Manille expliquait dans son Mémorial qu'en 1686 il ne fut pas possible d'envoyer de bateau, en 1687 il n'y eut pas de foire, en 1688 le bateau dut laisser le chargement des commerçants de Manille, en 1689, le Santo Niño avait été envoyé à moitié chargé. Dans : AGI. Filipinas, 211, N.1.

723 AGI. Filipinas, 203, N.1 Fol., 47-57, 14-03-1689.

724 AGI. Escribanía, Pleitos Audiencia de México, 186C, 1699.

725 AGI. Filipinas, 203, N.1 Fol. 187. 30-03-1698.

726 AGI. Filipinas, 211, N.1. Memorial de la ciudad de Manila. 28-06-1699.

727 AGI. Filipinas, 203, N.1 Fol. 187. 30-03-1698.

## 5. Intérêts royaux ou des vassaux ?

Le XVIIe siècle en Nouvelle-Espagne fut une période de transformation, d'intégration et de changements économiques. De 1620 à 1670, certains secteurs du vice-royaume se trouvaient en situation difficile, et d'autres, comme le commerce par le galion de Manille, en plein essor, ce qui provoqua comme le dit Carmen Yuste « le réajustement de la structure économique »[728]. Cette modification est visible dans la réorientation des activités des *encomenderos* d'Acapulco et des commerçants novohispanos, la volatilité des situations entraînant des succès incroyables ou des échecs retentissants.

L'ingérence des Novohispanos dans le commerce du galion de Manille est d'abord prudente. Au contraire, les Péruviens le firent avec audace, directement avec Manille, ou, malgré la restriction de 1593, à la foire d'Acapulco. Les lois de 1604, 1609, 1620, et 1634 ne permirent pas de les chasser. En 1634, le roi suspendit à nouveau les échanges entre Acapulco et le Pérou ; cependant, une lettre au marquis de Cerralvo, mentionne une autorisation annuelle pour qu'un navire de deux cents tonnes fasse le voyage à Acapulco en remportant un maximum de deux cents ducats de marchandises. En fait, un galion de six à huit cents tonnes revenait chargé jusqu'à trois millions de marchandises chinoises[729]. En 1636, la visite de Pedro Quiroga y Moya fut suivie d'une nouvelle interdiction qui devint définitive en 1640.

Durant ces années, les riches Péruviens monopolisèrent une grande partie du commerce à la foire d'Acapulco. Les Novohispanos, et parmi eux les *encomenderos* et *vecinos* d'Acapulco, observèrent puis s'impliquèrent de plus en plus. Pendant ce siècle de transformation, leur intérêt suivait la mentalité changeante de la Nouvelle-Espagne. Ils cherchèrent à se rendre autosuffisants, mais ceux qui investirent leur capital dans le commerce s'aperçurent qu'à la différence de l'Atlantique, où il fallait partager le contrôle avec des associés espagnols, le risque de perdre leur investissement était fort[730]. Les attraits étaient plus grands en ce qui concernait le Pacifique, leur position plus indépendante ; traiter avec les Philippines était un commerce à la fois entre provinces et avec la Chine, par lequel ils pouvaient devenir les uniques fournisseurs du marché avide et captif de la Nouvelle-Espagne. Même s'ils n'avaient que l'autorisation d'acheter, les Novohispanos trouvèrent la manière de contourner le monopole de commerce de Manille[731].

Les comptes des officiers royaux montrent une hausse de la participation des *encomenderos* d'Acapulco à partir de 1640. Selon Carmen Yuste, à compter de cette date, l'attention novohispana sur ce commerce inter colonial s'accentue.

---

728 Carmen Yuste, *op. cit.*, p. 32. Dans : *El Comercio de la Nueva España con Filipinas.*

729 British Library. Mandato del Rey al Virrey de la Nueva España, marqués de Cerralvo. Mandato que suspende el tráfico entre Perú y Acapulco. 1634.

730 Carmen Yuste, *op. cit.*, p. 12. Dans : *Emporios Transpacíficos.*

731 SCHELL HOBERMAN, Louisa, «Merchants in Seventeenth-Century Mexico City, A Preliminary Portrait», *Hispanic American Historical Review,* 1977, vol. 57, n° 3, p. 491.

Pourtant, dès le début du siècle, des tentatives avaient eu lieu. Les capitaines Gaspar Méndez et Vasco Fernández de Elvas, administrateur du galion Santo Tomas, montèrent une entreprise avec Diego López de Flandes, marchand de Mexico. Leurs méthodes pour échapper aux restrictions devinrent courantes.

Officiers et commerçants à la fois, ces *vecinos* de Mexico embarquèrent en 1601 à Acapulco sur le Santo Tomas. Avant l'appareillage, ils firent charger de l'argent sur le navire : ils payèrent de quelques pesos des noirs du port pour le transporter et seulement de deux bouteilles de vin du Pérou les marins que le capitaine Vasco Fernández connaissait.

L'ensemble de ces arrangements nous renvoie à l'implication dans le commerce des officiers et équipages de galions ; elle montre en outre que le flot de capitaux arrivait à tous les niveaux et que tous y trouvaient leur compte.

Fonder une entreprise n'était pas chose facile : le Santo Tomas se perdit à l'embouchure de San Bernardino, l'argent fut englouti pour partie, mais le capitaine Gaspar Méndez poursuivit dans son entreprise. Il chargea sur le galion Nuestra Señora de los Remedios, sur le María de Jesús et l'Espíritu Santo qui s'échouèrent, et sur le San Antonio de Padua qui fit naufrage.

Il procéda aux démarches nécessaires à sa *residencia* et à celle de son partenaire. Disposer de la *residencia* était important : cela permettait de séjourner licitement à Manille, et comme associés commerciaux de recevoir, illicitement, des fonds de Nouvelle-Espagne. Dès lors, on pouvait acquérir des certificats, acheter directement les marchandises à Manille et les envoyer en Nouvelle-Espagne en évitant les intermédiaires. Les opérations effectuées créèrent de forts liens entre protagonistes, embrassant deux rives éloignées du Pacifique.

Dans son article sur les commerçants de la ville de Mexico au XVII$^{e}$ siècle, Louisa S. Hoberman cite Domingo de Baraynca comme un marchand important impliqué dans le tumulte de 1624 qui opposa l'archevêque Juan Pérez de la Serna au vice-roi marquis de Gelves[732]. Domingo de Baraynca était *prieur* de *l'Universidad de Mercaderes* et l'amiral Juan López de Olaíz y occupait un poste de Comptable Royal[733]. Ces deux personnages sont liés au port par l'intermédiaire de *l'encomendero* d'Acapulco Domingo de Iraegui dont le nom est mentionné dans les comptes royaux en 1629 en même temps que celui de Pablo de Carrascosa. La Caisse Royale de Mexico pour le *socorro* des Philippines étant vide, le marquis de Cerralvo demanda quinze mille sept cent cinquante-cinq pesos à Iraegui, et encore plus à Carrascosa[734].

En 1640, la relation entre Iraegui, l'*encomendero* d'Acapulco, Baraynca, le grand commerçant de la ville de Mexico, et l'amiral Juan López de Olaíz est établie. Iraegui envoie pour Baraynca à Mexico les caisses de tissus de Chine arrivées non enregistrées, et il en paye les taxes[735]. L'amiral López de Olaíz fut

---

[732] Louisa Schell, *op. cit.*, p. 486.

[733] Louisa Schell, *op. cit.*, p. 484. Peut-être à Mexico.

[734] AGI. Contaduría, 904, 1629/Caja de Acapulco.

[735] AGN. Indiferente Virreinal. Filipinas. Caja 6441. Expediente 092. 1640.

caution du capitaine Domingo de Iraegui qui reçut à Acapulco le tissu de Chine et en paya les droits[736]. En 1644 et 1645, Domingo de Baraynca est garant du capitaine Iraegui, alors *vecino* de Mexico, quand ce dernier se rend à Acapulco pour recevoir les marchandises qui lui arrivaient consignées sur le galion[737].

Louisa Shell Hoberman rapporte que l'amiral Juan López de Olaíz voyagea aux Philippines, alors que la Loi interdisait aux Novohispanos de se rendre à Manille pour commercer avec l'Asie. Par ailleurs, le Gouverneur envoya à ce même amiral de la part de Sa Majesté cent cinquante-huit arrobes de clous de girofle, par les galions qui arrivèrent à Acapulco en 1637, avec la consigne « d'en disposer et d'en tirer profit ». Une forte spéculation entourait cette épice en provenance des Moluques. En l'enregistrant au nom de Sa Majesté[738], il ne payait pas l'impôt sur les fruits et produits des Philippines. La relation entre le Gouverneur et López de Olaíz montre à quel point les affaires étaient partagées entre les autorités et les commerçants, même sur deux continents différents.

Les bénéfices acquis par le commerce et les fonctions qu'ils tenaient permettaient à Domingo de Baraynca et Juan López de Olaíz de profiter de privilèges et de pouvoirs que Baraynca utilisa au moment du tumulte pour s'opposer aux politiques économiques que le vice-roi marquis de Gelves avait essayé d'imposer[739], ou comme en 1638, membres de la *Junta de Repartimiento del Consulado de México*[740], de combattre les impositions de Pedro de Quiroga y Moya lors de sa visite. Ces puissants commerçants entrèrent aussi en relation avec les *encomenderos* ou les *vecinos* d'Acapulco qui prêtèrent leurs services comme agents pour régler les opérations de réception des marchandises en consignation dans le galion de Manille, ou qu'eux-mêmes leur achetaient à la foire. Les Novohispanos furent dynamiques : une méthode inefficace était remplacée par une autre, mais personne n'était statique. En se développant, cette diversification d'intérêts créa un réseau : le grand commerçant s'appuyait sur son *encomendero* ce qui donnait du travail à l'officier, au garde, aux équipages, à ceux de Manille, aux muletiers, aux noirs d'Acapulco…

---

[736] AGN. AHH (008). Volumen 1435. Expediente 26. 1640.

[737] AGN. AHH (008). Volumen 1437. Expediente 44. 1643.

[738] AGN. Reales Cédulas. D.11. Ex 449. 26-01-1637.

[739] Louisa Schell, *op. cit.*, p. 486.

[740] AGN. Indiferente Virreinal. Filipinas. Caja 3855. Expediente 3. 1635-1638.

## CHAPITRE VI

## LA RÉGULATION DE L'ENTREPRISE MONDIALE

### 1. Les désaccords

Le commerce du galion de Manille créa bien sûr une relation de dépendance, par la pratique de la contrebande et de l'évasion fiscale, méthodes utilisées en Amérique, du nord comme du sud[741]. Mais une conséquence positive de ces agissements illicites fut qu'ils permirent d'amasser de grandes fortunes ; et ainsi, ce fut ceux-là, les grands commerçants aux attitudes ambigües, et non l'Espagne, qui soutinrent et permirent la croissance du commerce de Manille.

Niant les faits, l'Espagne ne l'entendit pas et durant tout le siècle envoya ses *visitadores*. Malgré les inspections, la surdité s'accentua.

En 1634, les bulles posèrent problème : la capacité de transport du galion en était diminuée. La raison provenait du fait que le trésorier de la *Santa Cruzada* de Manille utilisait l'argent récupéré par la vente des bulles ainsi que celui qui provenait d'autres capitaux, pour envoyer en Nouvelle-Espagne quatre tonnes de marchandises qui appartenaient soit aux Novohispanos soit aux *peruleros*[742].

Le Procureur général de Manille don Diego de Villatoro dénonça à la Couronne qu'en 1675 le galion San Telmo emportait trois millions deux cent quatre-vingt-dix mille cent trente et un pesos appartenant aux commerçants de Mexico et de Nouvelle-Espagne, et les confisqua. Par la suite, à l'arrivée du Santa Rosa à Acapulco en 1677, et sur demande de l'ensemble des négociants de Mexico, le vice-roi saisit pour la même quantité les marchandises de commerçants de Manille, sous prétexte de donner une récompense à ceux de Mexico, de Puebla de Los Ángeles et à d'autres de Nouvelle-Espagne. Pour en terminer avec le siècle, en 1698, à bord du galion Nuestra Señora del Rosario, les commerçants de Mexico envoyèrent à leurs courtiers de Manille deux millions de pesos, comme ils l'avaient fait par le San Francisco Javier[743].

Peu respectueux des lois, les Péruviens vinrent à Acapulco durant tout le siècle : les exemples rapportés sont nombreux. Dans son journal, Antonio de Robles note que le 23 février 1689, un mercredi des Cendres, on apprit l'arrivée à Acapulco de deux navires en provenance du Pérou, venant pour le comte de la Monclova, nouveau vice-roi. Quelques jours plus tard, le 14 mars, il parle de l'arrivée de l'*almiranta de China* à Acapulco. Ceci apparaît normal, mais en 1697, lorsque Gemelli Careri se trouvait à Acapulco, les galions du Pérou arrivaient couramment à Puerto Marqués pour vendre les marchandises illicites qui les

741 Louisa Schell, *op. cit.*, p. 489.

742 AGI. Filipinas, 3,N.234.

743 AGI. Filipinas, 211, N.1. Carta de Juan del Pozo Bobadilla 12-06-1699.

empêchaient de rentrer à Acapulco. Il vit les Péruviens se loger à Acapulco, sut qu'ils apportaient deux millions de pesos pour acheter des marchandises de Chine. Les commerçants de Mexico qui arrivèrent les jours suivants lui dirent que « par crainte de voir les Péruviens faire monter les prix des marchandises de la Chine, il y avait moins des commerçants que les années auparavant »[744]. Le Procureur de Manille Grau y Monfalcón rapporta au roi que la majorité des problèmes du commerce était due à l'ingérence des Mexicains[745]. Face à ce désordre, que fit la Couronne ?

## 2. *El visitador* don Pedro de Quiroga y Moya

Consciente de la violation de *la Permission* des Philippines et de toutes les irrégularités commises, la Couronne envoya quatre *visitadores* à Acapulco durant le XVII$^{e}$ siècle : Martín Carrillo y Alderete, Pedro de Quiroga y Moya, don Juan de Palafox y Mendoza, et Pedro de Gálvez. Ces fonctionnaires détenteurs de pouvoirs spéciaux avaient prééminence sur les autorités du port.

En 1628, Martín Carrillo y Alderete procéda personnellement à la visite du galion et découvrit que le vice-roi marquis de Cerralvo était partie prenante de la contrebande, sans pouvoir prouver le fait.

En 1635, avant d'embarquer vers son poste de Gouverneur des Philippines, Sebastián Hurtado de Corcuera surprit une concertation entre le *General* des galions, le *Castellano*, les officiers royaux et le garde supérieur : pour huit mille pesos, les marchandises non inscrites au manifeste purent débarquer, et au retour, ces responsables fermèrent les yeux sur l'embarquement de l'argent des commerçants mexicains[746].

Nous avons mentionné plusieurs fois le nom de Pedro de Quiroga y Moya, *visitador* nommé en 1635 par le roi pour le jugement de *residencia* du marquis de Cerralvo et l'inspection des galions qui arrivèrent en sa présence.

Dans les dossiers de *l'Archivo de Indias*, on voit que, pour les fraudes commises auparavant, Pedro de Quiroga interdit aux *vecinos* de Manille de charger les bateaux de 1636. Malgré tout, le Gouverneur convainquit les commerçants de Manille d'embarquer leurs marchandises sur les deux bateaux en partance, assurant au nom du roi que si « tout était enregistré dans la forme habituelle, il n'y aurait pas de problème à Acapulco »[747]. À l'arrivée à Acapulco, Pedro de Quiroga, faisant fi de la lettre du Gouverneur, décida avec zèle d'en finir avec toutes ces anomalies, et mena sa visite en toute rigueur et sévérité. Oubliant les habitudes et les prescriptions royales, sans dénonciation initiale ni indice de dépassement, il compta, mesura, ouvrit et pesa sur la plage les ballots et les caisses enregistrés, ce qui entraîna la perte de marchandises, surtout les soies. Il évalua le chargement au prix exorbitant de quatre millions de pesos,

---

744 Giovanni Francesco Gemelli, *op. cit.*, p. 11. Dans : *Viaje a la Nueva España.*

745 William L. Schurtz, *op. cit.*, p. 181.

746 AGI. Filipinas 8, R. 3, N.66.

747 AGI. Filipinas 8, R. 3, N.76.

alors que la valeur déclarée à son arrivée en Nouvelle-Espagne était de huit cent mille[748]. Vexés, plusieurs membres d'équipage ne voulurent pas repartir, ce qui causa un grave problème pour Manille, car trouver des marins était toujours difficile[749] ; en leur enlevant les avantages donnés lors de leur engagement, Manille était discréditée. Pedro de Quiroga confisqua toute la marchandise sans qu'il y ait délit, et pour lever l'embargo, taxa les deux navires de six cent mille pesos, mais il accepta un jour avant sa mort que le vice-roi marquis de Cadereyta ne fasse payer que trois cent mille pesos à la Chambre de Commerce pour l'acquittement des droits.

L'événement dépassa les limites du prévisible, et fut durement ressenti par les commerçants de Manille. En 1637, les Philippins décidèrent de paralyser le trafic, refusant d'embarquer les marchandises tant que Philippe IV ne résout pas le dérèglement occasionné par Quiroga[750]. En 1638, il n'y eut pas de foire, il n'y eut pas d'argent pour payer les commerçants chinois qui s'en retournèrent. Le roi, sous pression, envoya l'évêque de Tlaxcala, don Juan de Palafox y Mendoza, pour l'informer de la situation.

À Mexico, les commerçants de la Nouvelle-Espagne, à travers le *Consulado* de Mexico, acceptèrent de payer les six cent mille pesos imposés par Quiroga y Moya, en échange de la promesse royale solennelle d'abroger les décisions du *visitador*. Plus tard, le *Consulado* dut envoyer à Madrid une mission pour rappeler sa promesse au roi, et demander que Philippe IV concédât sans contrepartie diverses faveurs à *l'Universidad de Mercaderes*, comme la levée des taxes que Pedro de Quiroga avait imposées, la diminution des restrictions de commercer avec le Pérou et les Philippines, et la réforme des impôts[751]. En 1639, la Couronne décida de lever la suspension du trafic, et en 1640, désavoua Pedro de Quiroga, ratifia l'autorisation de 1593, et permit que les marchandises venant des Philippines ne soient pas comprises dans les deux cent cinquante mille pesos[752].

### 3. Les ambiguïtés du pouvoir

L'intransigeance du *visitador* Pedro de Quiroga y Moya, envoyé pour régler un problème de contrebande, transforma une affaire économique en un conflit politique. Le cours des événements aggrava l'économie des Philippines déjà déficitaire. Bloquer le cycle du galion conduisit les Philippins à défier l'Autorité, ce qui aurait pu causer la perte des Îles. L'envoi d'une mission de rappel au roi du compromis accordé est significatif de la liberté d'esprit des commerçants novohispanos, préludant aux tensions et conflits contre l'autorité de ce siècle. Cependant, même si les sujets américains ou philippins jugeaient ces mesures odieuses, ils n'avaient pas le désir de menacer le système ; la Couronne le savait.

---

748 Esteban de la Carrera y Prado, *op. cit.*, p. 145. Tiempo cuarto.

749 Juan Grau y Monfalcón, *op. cit.*, p. 35. Mémoire pour le Commerce des Ifles Pilipines.

750 AGI. Filipinas 27, N. 234.

751 SMITH, S. Robert, y José, RAMÍREZ FLORES, *Los consulados de comerciantes de Nueva España,* México, IMCE, 1976, p. 24.

752 Carmen Yuste, *op. cit.*, p. 14. Dans : *El Comercio de la Nueva España con Filipinas.*

Don Juan de Palafox y Mendoza calma les esprits et une fois vice-roi, adopta une tactique plus tolérante. Mais la Couronne n'écouta pas les demandes des commerçants de Nouvelle-Espagne, de Manille et du Pérou, et on en revint aux habitudes ancestrales : la contrebande, l'évasion, les arrangements. Les Novohispanos poursuivirent leurs affaires avec les Philippines, les Péruviens trouvèrent le moyen pour faire jusqu'à douze voyages par an de Callao à Acapulco en plus du galion autorisé : tout prélat, tout ministre qui passait d'un vice-royaume à l'autre, embarquait à des dates différentes, car, selon Grau y Monfalcón, « chacun voulait être l'unique à bord »[753].

La Couronne envoya en 1650 le *visitador* Pedro de Gálvez, mais l'argent mexicain continua à couler aux Philippines, consommant selon Louisa Shell Hoberman « entre vingt-neuf et trente-cinq pour cent de la production annuelle d'argent de Nouvelle-Espagne »[754]. En apparence, la Couronne fermait les yeux, jusqu'à l'arrivée du vice-roi comte de Paredes et aux changements successifs dans le recouvrement des impôts.

Les raisons de l'inconstance de la Couronne dans le contrôle du commerce sont complexes. À quoi doit-on cette posture ? Dans la pelote de laine, il y a plusieurs fils : la prédication évangélique en Orient, le besoin d'affirmer son autorité, sa grandeur et sa réputation face aux couronnes européennes, la nécessité de trouver des gains par le commerce, sont les causes principales de cette attitude changeante ; par ailleurs, Grau y Monfalcón énumérait huit raisons, qui évoluèrent au cours du siècle, pour conserver les Philippines : parmi elles, celle de défendre les Moluques et son commerce pendant que les deux couronnes étaient unies paraît être de poids, évoluant de la protection des Moluques à celle des Mariannes pour le dernier quart de siècle. Le dernier motif annoncé par Grau y Monfalcón était la conservation du commerce avec la Chine[755], ce qui n'est pas cohérent avec le souhait d'éviter la fuite de l'argent.

Pourtant, les montants du *situado* des Philippines estimés par John Tepaske paraissent insuffisants pour acquitter les dépenses de défense, d'administration, de construction de bateaux, d'aide aux missions, de financement des Moluques pendant l'union des deux Couronnes et plus tard de celui des Mariannes. C'est peut-être ce que sous-entendait Grau y Monfalcon lorsqu'il écrivait dans son *Memorial* que « maintenir l'île de San Martín dans les Caraïbes, dont le roi ne tirait aucun avantage, était plus cher que le soutien des Philippines ».

[753] Juan Grau y Monfalcón, *op. cit.*, p. 39.
[754] Louisa Sschell, *op. cit.*, p. 493.
[755] Juan Grau y Monfalcón, *op. cit.*, p. 30.

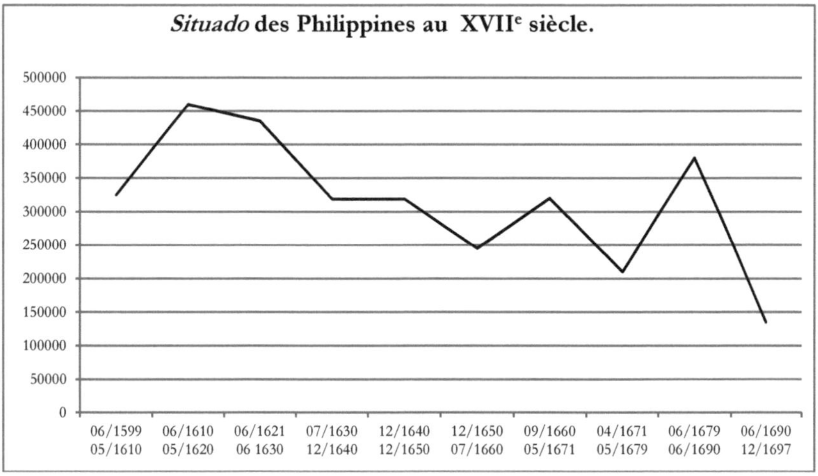


**Fig. 9 : Graphique des montants de *situado* des Philippines au XVIIe siècle à partir des éléments fournis par J. Tepaske**

## 4. Acapulco, maillon du circuit commercial mondial

La foire d'Acapulco était non seulement l'occasion de procéder aux transactions de marchandises orientales contre de l'argent, mais créait aussi les conditions d'offre et de demande pour différents produits d'autres régions de Nouvelle-Espagne ou pour certaines marchandises qui venaient d'Espagne par la Flotte, nécessaires aux Philippines et surtout au Pérou.

Outre l'argent, trois produits locaux furent de grand commerce avec les Philippines. Le plus important fut la cochenille [756] d'Antequera, matière première [757] essentielle pour teindre la soie en pourpre [758]. Puebla faisait commerce de deux produits fortement demandés : le savon et les chapeaux de drap, utilisés par les religieux comme par le gouvernement des Philippines[759].

En 1672, le San Felipe de Jesús en provenance du Pérou se trouvait à Acapulco, au large du San Antonio de Padua arrivant de Manille[760]. La lecture des documents de transport des articles transbordés vers le Pérou permet de savoir ce qui s'exportait, d'où venaient les marchandises et les commerçants.

756 De 1597 à 1614, cette culture avait été stimulée par les vice-rois, réussissant à supplanter la culture du murier blanc et l'élevage des vers à soie. Le travail était aux mains des indigènes, les Espagnols servant d'intermédiaires. Dans : Andrés Lira, Luís MURO, *op. cit.*, p. 401.

757 Extrait de l'insecte qui vit sur le *nopal*, figuier de Barbarie, réduit ensuite en poudre.

758 Servait de colorant pour les toiles, peintures et laques.

759 En accord avec l'observation de Mr B. Lavallé, le chapeau de drap ou de feutre, vêtement à fort sens symbolique, était pour les Espagnols une marque de différence avec les gens de la terre.

760 AGN. Media Anata Vol. 25 Ex Único Folio50 Acapulco 09-05-1672. Cristóbal Osorio de Quiñones tesorero Real.

Plus de la moitié des produits arrivait de Mexico. Parmi eux étaient livrés des tissus de soie[761] comme des taffetas, des velours unis brodés ou lisses, des damas noirs et de couleur, des satins brodés, ainsi que des textiles en laine comme des flanelles, des vêtements confectionnés, des robes mexicaines brodées, des chemises, des capes d'apparat, et des chapeaux de différentes qualités. Le tout était accompagné d'articles de mercerie comme des perles dorées, des boutons imitation or ou argent, des rubans clinquants, des galons de différentes couleurs. On y trouvait aussi des objets pour la maison comme de la faïence dorée de luxe, de la vaisselle de Mexico, des couvre-lits en soie, des serviettes de coton, de simples miroirs, des paravents, ainsi que des objets usuels comme pics, marteaux, coins, haches à charbon, serrures, machettes, houes, enfin des guitares et leurs cordes, et des jouets de pacotille.

Puebla envoyait du savon, des machettes et des houes, Michoacán, des écritoires, coffres, plateaux et, pour les chevaux, des garnitures de tête, des trousse-queues, des mors et éperons. Antequera vendait *petates* et couvertures de laine de la Mixteca. Toluca des couvre-lits, et Nuevo México de la peau de chamois, des couvre-lits. Acapulco vendit des arbres de Cirian à un peso et des chapelets en bois odorant de *lináloe*[762].

De cette énumération, on peut tirer quelques conclusions. Les marchandises proprement mexicaines provenaient principalement de Mexico, Antequera, Valladolid, Puebla de los Ángeles au centre, même Nuevo Mexico en plus faibles quantités, exportaient aussi leurs produits. L'exemple de Nuevo Mexico est significatif : il montre le circuit commercial des petits marchands *novohispanos*, semblable à celui des grands commerçants de Mexico : la vente de peau de chamois, matière de bon marché à Nuevo Mexico, revendue plus cher à Acapulco, permettait d'acquérir des marchandises orientales du galion, pour les vendre à prix élevés dans les bassins miniers de la région de Parral[763] au nord de la Nouvelle-Espagne, ce qui manifeste le dynamisme commercial de tout le vice-royaume.

La plus grande partie du fer travaillé en Nouvelle-Espagne provenait d'Espagne, mais une production locale de quelques villages dotés de gisements permettait de satisfaire le marché interne en conservant une légère capacité d'exportation, ce qui limitait le besoin d'importation depuis la Péninsule[764].

Gemelli Careri note l'entrée à Acapulco de marchandises européennes ; en effet, Richard Boyer mentionne que les commerçants novohispanos avaient

---

[761] Le travail de la soie arrivée par le galion de Manille était finalisé dans les ateliers novohispanos, principalement dans plus de cent *obrajes* qui au début du XVIIe siècle avaient été installés dans la région centrale du vice-royaume. Dans : PASTOR, María Alba. *Crisis y recomposición social. Nueva España en el tránsito del siglo XVI al XVII,* México, FCE, 1999, p. 159.

[762] *Bursera aloexylon.*

[763] Enrique Florescano e Isabel Gil, *op. cit.*, p. 478.

[764] BARBOSA RAMÍREZ, A. René, *La Estructura Económica de la Nueva España. 1519-181,* México, Siglo Veintiuno Editores S.A., 1977, p. 156.

détourné le système du monopole commercial espagnol vers le Pérou[765]. Les importations européennes apportées par la *Flota* à Veracruz étaient acheminées à Acapulco puis vers Callao, ce qui augmenta l'importance d'Acapulco.

En conséquence, Acapulco était un port important d'échange commercial avec les ports du Pacifique. La régularité des voyages de navires péruviens à Acapulco, signalée par Grau y Monfalcón, correspond au doublement de sa flotte marchande entre 1590 et 1690 pour traiter le commerce en expansion avec la Nouvelle-Espagne comme le dit Richard Boyer[766]. Le Pérou exportait vers la Nouvelle-Espagne du mercure pour la séparation de l'argent de son minerai, de l'étain, du cacao, du vin, du vinaigre, de l'huile, des olives, des raisins secs, de la corde travaillée[767] et beaucoup d'argent qui partait par le galion de Manille.

Arrivant par mer et par voie terrestre à Acapulco pour être envoyé à Manille, *l'añil*, ou indigo, très apprécié, provenait du Realejo – Nicaragua ou de Guayaquil – Équateur -. Acapulco était aussi port d'entrée du cacao. Les navires du Sonsonate ou du Realejo arrivaient chargés de cacao, même si son origine était autre. Néanmoins, Guayaquil cultivait la plus grande partie de ce produit quasiment stratégique[768], plus amer mais meilleur marché pour les pauvres de la Nouvelle-Espagne qui le buvaient avec du sucre[769].

Acapulco s'employait à assurer le soutien des Philippines, mais ce port était un maillon important du circuit commercial mondial dont la Nouvelle-Espagne avait le leadership : la route marchande qui reliait l'Europe et l'Asie à travers l'Amérique commençait à Séville, traversait l'Atlantique, la mer Caraïbe, arrivait à Veracruz, transitait par la Nouvelle-Espagne via Puebla pour repartir d'Acapulco, naviguer par le Pacifique, et arriver à Manille, et de là aux ports chinois d'Amoy et de la province de Fukien. Acapulco était ainsi une gare de triage : la route principale rappelée ci-dessus permettait de relier la Chine, le Japon, l'Inde, les Philippines, avec Sonsonate au Guatemala, le Realejo au Nicaragua, Guayaquil en Équateur et surtout avec Callao-Lima au Pérou.

765 BOYER, Richard, «Mexico in the Seventeenth Century, Transition of a Colonial Society», *Hispanic American Historical Review*, vol. 57, n° 3, 1988, p. 473.

766 *Ibid.*

767 AGI. Contaduría, 904, años 1622-1627-1628-1629-1631-1632 /Caja de Acapulco.

768 Riches ou pauvres, ils avaient fait du chocolat un élément important de leurs menus.

769 Richard Boyer, *op. cit.*, p. 476.

# CHAPITRE VII

# IL Y A FOULE À LA FOIRE

## 1. Les missionnaires

Selon frère Domingo Fernández de Navarrete, deux mois avant le départ des missionnaires vers Acapulco, les différents couvents des alentours de la ville de Mexico y envoyaient deux religieux pour préparer leur séjour et la réservation des logements. À leur arrivée à Mexico, afin de se reposer et de se remettre de la fatigue de leur long voyage depuis l'Espagne, les missionnaires étaient logés dans les maisons de campagne et jardins construits par les ordres religieux installés aux Philippines, et supervisés par des vicaires affectés par les Provinciaux des Philippines. Les religieux y restaient deux à trois ans.

Le religieux anglais Thomas Gage[770], d'un groupe de frères dominicains qui partait en mission aux Philippines, arriva le 3 octobre 1625 à la maison de repos de San Jacinto que les dominicains de Manille maintenaient. Il décrit les habitudes suivies pour la récupération des frères dans ces couvents : afin de leur redonner des forces, ils recevaient tous les lundis des pâtes de fruits, des confitures, des fruits en sirop, des biscuits ; ils prenaient une collation le matin et l'après-midi. Mais même un repas où avaient été servis trois ou quatre plats de mouton, de bœuf, de veau, de chèvre, de dinde, ne leur suffisait pas et ils tombaient presque d'évanouissement ; aussi, il leur fallait prendre du chocolat, de la confiture ou quelques-uns des biscuits qu'ils avaient reçus en abondance.

Dans son récit, Gage dévoile le double propos de ces maisons : d'un côté, on permettait aux missionnaires de ne pas suivre l'austérité rigoureuse de la règle, et d'un autre, en étant logés en dehors de la ville de Mexico, on les empêchait de côtoyer les religieux locaux qui ainsi ne pourraient pas les décourager et les persuader de rester en Nouvelle-Espagne. En effet, faire repartir de Mexico les missionnaires devint un problème si difficile et important que le Pape Pie V autorisa le Provincial des augustins d'Espagne à récupérer les augustins récollets qui seraient hors de leur établissement[771].

Le processus de départ était lancé dans les couvents missionnaires de Mexico à la nouvelle de l'arrivée du galion de Manille sur les côtes de la Nouvelle-Espagne. Ils pouvaient arriver entre décembre et mars, en fonction des conditions de navigation, du nombre et de la taille des galions. Quand les navires étaient trop petits pour la quantité de religieux, soldats, fonctionnaires, passagers et marchandises à embarquer, on laissait quelques missionnaires à Acapulco. Dans le cas de frère Domingo et de ses compagnons, ils attendirent pour embarquer en raison de l'absence de galion.

---

[770] Sussex 1591-1656.

[771] Arturo Guevara Sánchez, *loc. cit.*, p. 21.

L'arrivée des religieux à Acapulco était bien visible : ils se présentaient avec leurs serviteurs et leurs bagages comprenant habits, livres, provisions d'eau douce et de bouche, médicaments et cadeaux. La quantité de religieux en instance de départ était telle qu'ils étaient parfois dans l'obligation de louer des maisons pour entreposer leurs bagages, même s'ils disposaient d'un couvent à Acapulco : cela arriva aux franciscains[772].

Les conditions de la traversée d'Acapulco à Manille justifiaient aussi le séjour et le repos des religieux dans leurs couvents. En général, ils affrontaient le voyage avec grande philosophie. Les archives conservent cependant les plaintes déposées dans les cas graves. En 1612, le dominicain Diego Duarte regretta le manque de confort lors de son passage sur le galion Nuestra Señora de la Antigua : en raison de la taille très réduite du bateau, les vingt-huit religieux embarqués avec le prieur de cette Compagnie furent répartis dans le château, dans les coursives, à la poupe et sur le pont supérieur, devant dormir à la belle étoile, sous les averses ; la majorité en fut malade et quatre d'entre eux en moururent durant le voyage[773]. Frère Domingo de Navarette embarqua en avril 1648 sur une patache avec trente autres religieux, passagers, équipages et leurs provisions. Alors que, ami du général, celui-ci lui avait attribué une petite chambre dans le château du galion, la majorité des passagers durent voyager en plein air. Frère Domingo explique que, sur le pont couvert, on ne pouvait pas rester debout, et qu'en dessous, personne ne pouvait y vivre, car tout était rempli de provisions et marchandises.

## 2. La troupe mexicaine en Extrême-Orient

Au cours du XVII^e^ siècle, l'envoi régulier de forces militaires fut nécessaire pour soutenir un état de guerre quasi constant. L'armée fut employée comme une force de stabilisation d'une région secouée par de nombreuses attaques internes ou externes. La présence militaire permit de satisfaire le double propos de la Couronne : la défense de ses intérêts, et l'appui au peuplement des îles philippines, alors que la distance avait compliqué la colonisation.

L'enrôlement se faisait en Nouvelle-Espagne : le drapeau déployé, au son du tambour et du fifre, le capitaine annonçait en grande pompe son mandat pour enrôler les volontaires. Les postes de recrutement accueillaient généralement les gens du peuple. Ils partaient aux Philippines comme *soldados distinguidos*[774], novices ou débutants, bien que généralement ils n'eussent aucune valeur et ne sachent pas se servir d'un mousquet[775], ou fussent anciens lorsqu'ils s'étaient battus en Flandres. Mais l'expérience dans les guerres européennes n'était pas utile.

---

772 AGI. Contaduría. 905B. 1654. Caja de Acapulco.

773 AGI. Filipinas, 79, N.96/18-08-1612 (SUP).

774 RAE. *Soldado distinguido* : soldat noble et manquant de moyens pour subsister comme cadet, qui profitait de certaines distinctions dans son corps de troupe comme l'utilisation de l'épée.

775 FERNÁNDEZ DE VILLALOBOS, Gabriel, Marqués de Varinas. *Estado eclesiástico, político y militar de la América o Grandezas de las Indias.* Fol. 469. Capitulo 30.

Le Gouverneur Pedro de Acuña sollicita le comte de Monterrey[776] pour que les condamnés de l'Inquisition purgent les peines de deux à dix ans aux Philippines et non en Espagne, comme galériens. Beaucoup de soldats furent enrôlés de force, certes pour satisfaire les besoins des Philippines, mais aussi pour profiter de la commission allouée pour chacun d'entre eux. On enrôlait les prisonniers, les vagabonds, les mauvais vivants, les déserteurs récidivistes, les religieux, les nobles, ceux qui étaient dénoncés par leurs propres parents pour être envoyés aux Philippines comme une mesure de correction[777]. C'est ainsi que Felipe de las Casas, un créole de Puebla puni par sa famille, envoyé aux Philippines, entra comme frère laïc au couvent de San Francisco, prenant le nom de religion de Felipe de Jesús, et devint le premier saint mexicain, martyr au Japon[778].

Les avantages de recruter en Nouvelle-Espagne plutôt qu'en Espagne étaient une diminution du coût de déplacement aux Philippines, et une meilleure adaptation des Novohispanos par rapport aux conscrits de la Péninsule qui ne supportaient pas le climat et ne disposaient pas des défenses immunitaires nécessaires. Tous les enrôlés de la Nouvelle-Espagne correspondant aux besoins émis par Manille se retrouvaient à Mexico[779]. Gregorio de Guijo rapporte qu'en 1658, tous les drapeaux des enrôlés arrivèrent à la place d'armes de Coyoacán ; ils y furent payés et ils en partirent à pied vers Acapulco. S'y retrouvaient les compagnies d'infanterie de Veracruz, Puebla, Mexico, Valladolid, San Luis Potosí, Celaya, Antequera, Zacatecas.

Plusieurs sources rapportent des levées de troupes à Acapulco durant la foire. Les comptes des officiers royaux en mentionnent en 1628 et 1632 ; le livre de *Conversaciones* du Trésorier Royal don Esteban de la Carrera y Prado raconte qu'en 1648 et 1650, Domingo Duarte avait recruté ; et en 1653, le capitaine *encomendero* d'Acapulco Martín de Eguiluz fit de même.

À la différence des troupes enrôlées pour le fort de San Diego, les soldats devaient être Espagnols : on n'acceptait ni métis, ni mulâtres, ni noirs, ni *chinos*, ni indigènes, ni les malades de San Antonio, l'érysipèle malin, ou de San Lázaro[780], l'éléphantiasis. Espagnol signifiait blanc, groupe qui profitait de plus de privilèges. Mais l'enfant légitime d'Espagnol et d'Indienne était considéré comme Espagnol, ainsi que le métis présentant sept huitièmes d'Espagnol : cette population, qui revendiquait le statut favorable dont jouissaient les créoles, fils d'Espagnols nés en Nouvelle-Espagne, arriva à se faire accepter comme leurs égaux[781]. L'ordre de 1575 reçu par le vice-roi Martín Enríquez de Almansa interdisait le transfert de mulâtres aux Philippines[782]. N'y envoyer que des

[776] 1595-1603.

[777] Carrera Stampa explique qu'on appelait cette habitude *echar a la China*. Manuel Carrera, *op. cit.*, p. 105. Dans : *La nao de la China*.

[778] Rafael Bernal, *op. cit.*, p. 188. Dans : México en Filipinas.

[779] À l'exception des *banderas* recrutées à Acapulco, qui embarquaient directement.

[780] AGN. Reales Cédulas. F.576.

[781] Andrés Lira, Luis Muro, *op. cit.*, p. 390.

[782] Antonio Francisco García-Abasolo, *op. cit.*, p. 59.

Espagnols montrait la volonté de la Couronne de peupler les Philippines en évitant les conflits connus en Nouvelle-Espagne. Néanmoins, en 1696, le gouverneur Fausto Cruzat se plaignait au roi du fait que parmi les soixante-dix soldats enrôlés et payés qui venaient d'arriver de Nouvelle-Espagne, trente étaient des mulâtres et des métis qu'il qualifiait de *« facinerosos y de mala vida »*, autrement dit de criminels potentiels et de mauvaise vie[783].

La période de service était limitée, mais pouvait déboucher sur une installation définitive aux Philippines, pour cause de décès, de désertion, ou parce que les soldats rejoignaient la société philippine. Ces hommes, célibataires et blancs, préféraient se marier avec les métisses de l'Archipel : ainsi, le problème de rareté de la population blanche s'estompait[784].

En 1688, le comte de la Monclova ordonna que pendant leur présence en Nouvelle-Espagne, on paye les soldats de cent cinquante pesos d'or commun, à régler sur table et en mains propres. On leur donnait une solde d'avance, une au début du transfert vers le port, une autre à l'arrivée aux Philippines[785].

Le soldat était propriétaire de son armement, une arquebuse, une épée et une dague[786]. Dans toutes les possessions espagnoles, ses signes distinctifs étaient une bande de tissu rouge en travers de la poitrine et la croix de Saint-André[787] qui ornait les tissus de drap et le taffetas des drapeaux[788].

La liste des emplois de l'infanterie espagnole recrutée en 1684 par le capitaine Joseph Hurtado de Mendoza montre la manière d'identifier les soldats : leur teint, leur âge, leur provenance, leur aspect physique, leur stature.

> « Porte-drapeau. Joseph de Guzman, fils de Juan né à Mexico, dans l'impasse de Bilbao, quatorze ans, courtaud, visage allongé, grand nez et grands yeux.
> Fifre. Pedro de la Reguera, fils de Juan né à Mexico, seize ans, taille moyenne, petite bouche, marque de variole, un grain de beauté à la joue droite[789]. »

La Nouvelle-Espagne envoyait souvent de jeunes recrues de moins de douze ans. Cette infanterie envoyée au secours des Philippines n'apportait que des ennuis et des dépenses, car il fallait deux ans pour les rendre utilisables[790].

Même s'il s'agissait d'Espagnols, le traitement des troupes envoyées aux Philippines apparait comme un trafic humain : on envoyait des adolescents, les effectifs qui partaient de la ville de Mexico pouvaient se perdre et ne pas appareiller pour maladie, décès, désertion, ou parce que des novices

---

783 AGI Filipinas, 17, R.1, N.14.

784 GARCÍA ARCOS, María Fernanda de los, *Forzados y Reclutas... Los criollos novohispanos en Asia.1756-1808*, México, Potrerillos Editores, 1996, p. 38.

785 AGN. Reales Cédulas. F.572.

786 MURO, Luís, *Soldados de Nueva España a Filipinas (1575)*, México, COLMEX, p. 472 (Separata de Historia Mexicana ; Vol. XIX, n° 4).

787 Croix de Saint André : Emblème de la Casa de Borgoña.

788 HEFTER, J., «Crónica del Traje Militar en México del siglo XVI-XX», *Artes de México*, 1968, Año XV, n° 102, p. 28-32.

789 AGN. Vol. 6. 1684.

790 AGI. Filipinas 9. R, 1, N.1.

remplaçaient les plus experts. En 1648, le Gouverneur don Diego Fajardo se plaignit au roi du renvoi au dernier moment de quatre-vingts soldats pris parmi les meilleurs de ceux qui devaient partir par le galion. Plus tard, Francisco de Seijas y Lobera s'indignait des manipulations des vice-rois et de leurs officiers pour faire croire qu'ils envoyaient plusieurs compagnies d'infanterie alors qu'une poignée d'hommes seulement arrivait aux Philippines[791]. On explique ainsi le formalisme de la cérémonie officielle du paiement de la solde.

Les jeunes soldats peu expérimentés ou même les vétérans ne connaissaient pas le sort qui leur serait réservé. En 1696, la ville de Manille exposait l'amère destinée des soldats pauvres soutenus seulement par les aumônes des œuvres de charité[792]. Gabriel Fernández de Villalobos y de la Plaza, marquis de Varinas, estimait la fortune d'un esclave meilleure que celle d'un soldat aux Philippines[793] : les gouverneurs ne s'y intéressaient pas, conservaient leurs soldes en cas de décès ou de désertion.

### 3. Les femmes : leur présence dans un monde d'hommes

Cherchant à limiter la participation directe des Novohispanos dans le commerce de Manille, la Couronne fixa un temps de présence minimal de huit ans[794] aux Philippines, et interdit aux hommes mariés de partir sans leur femme, sauf dérogation. En cas de départ, devait être déposée une caution spécifiant la date de son retour et attestant laisser le soutien nécessaire pour l'épouse[795].

Ainsi, les passagers du galion de Manille au départ d'Acapulco étaient en majorité masculins. Cependant, partaient des familles comme en 1653 le contrôleur don Juan de Bolívar Cruz et l'auditeur don Salvador Gómez de Espínola, ce que rapporte don Gregorio de Guijo. Doña Catalina de Calderón y Serrano accompagna son mari en 1674. Les médecins, les ouvriers spécialisés, ou certains proches qui suivaient leurs maîtres fonctionnaires comme serviteurs, voyagèrent avec leurs familles. Enfin, les officiers royaux rapportent deux cas de forçats qui partirent avec leurs femmes, en 1653[796] et 1658[797].

Certaines familles y élirent résidence. Plusieurs religieux y restèrent pour toujours, et en général les soldats ne revenaient pas en Nouvelle-Espagne. Ce flux apporta de la nouveauté, surtout les soldats qui créèrent une société nouvelle en se mariant et en transmettant leurs coutumes, autre facette qui présente Acapulco comme exportatrice de traditions. Les transformations les

---

791 SEIJAS y LOBERA, Francisco, Gobierno militar y político del Reino Imperial de la Nueva España. (1702). Dans : SEIJAS y LOBERA, Francisco. *Gobierno militar y político del Reino Imperial de la Nueva España. (1702)/* ed. par Estudio, transcripción y notas. Pablo Emilio, PEREZ-MALLAÍNA BUENO. México : UNAM, 1986, p. 8. (Instituto Investigaciones Históricas, Serie documental, n°. 17).

792 AGI. Filipinas, 203, n°.1 Fol.129-135 15-06-1696. La ciudad de Manila.

793 Gabriel Fernández de Villalobos, *op. cit.*, p. 549.

794 Loi 29. Livre 9. Titre 45. *Recopilación de Indias.*

795 Loi 30. Livre 9. Titre 45. *Recopilación de Indias.*

796 AGI. Contaduría, 905B, 1653/Caja de Acapulco.

797 AGI. Contaduría, 905B, 1658/Caja de Acapulco.

plus importantes et typiques furent la consommation du chocolat et l'usage du tabac. Le cacao et le tabac, deux produits américains connus depuis l'époque préhispanique, largement utilisés en Nouvelle-Espagne, n'existaient pas aux Philippines. Le galion de Manille les y apporta et le tabac passa en Chine.

Deux exemples nous prouvent le transfert de l'habitude de prendre le chocolat aux Philippines. Quand le *Castellano* de Acapulco Juan de Zelaeta fut promu *visitador* aux Philippines, il partit avec son habitude de prendre le chocolat : à sa mort, l'inventaire de ses biens mentionne un pot à chocolat en cuivre, deux moulins à battre le chocolat, un service à chocolat en argent et cinq cocos peints[798]. Aux Philippines, selon le père Sierra de la Calle, des Chinois allaient de porte en porte, avec leurs pierres à moudre, préparant les différentes recettes de chocolat au goût de chacun[799].

Le XVII^e^ siècle estimait que le tabac comme le chocolat étaient des médicaments efficaces. Le bienheureux Gregorio López donnait diverses recettes de consommation du tabac, en infusion, en emplâtre, inhalé, ou en poudre, pour soigner une douleur de tête, provoquer la mixtion, expectorer les glaires, soigner les indigestions, la toux, l'asthme même.

Au XVIII^e^ siècle, Francisco de Ajofrin estimait que le tabac en feuilles était un autre abus de l'Amérique. Habitués depuis leur tendre enfance par leurs *chichiguas*[800], tous, hommes, femmes, religieux, civils, fumaient[801], partout, dans les maisons, les rues, les sacristies, à bord du galion. Selon Gonzalo Curiel, l'élite novohispana fumait des fines cigarettes et aspirait par le nez de la poudre de râpé[802]. Les soldats et marins le mâchaient ou le fumaient pour s'enlever la faim, la soif et la sensation du froid[803]. Il n'y a qu'à l'église que ce fut interdit[804].

La Chine n'avait pas l'habitude de fumer. Vers 1610, quand le tabac en provenance de Manille arriva dans ses ports, elle devint en quelques années la nation la plus grande consommatrice de tabac, au point de croire que le tabac était originaire de Fujian[805].

D'autres plantes firent le voyage vers les Philippines, comme la cacahuète, la tomate, le *chile* ou piment, l'avocat, l'*achiote*[806], la papaye, la *jícama*, l'ananas, le *chico zapote* ou sapotille, la *lantana* ou lantanier le *guamuchil* fut ensuite transféré sous le nom de *camachile,* puis arriva en Inde où on l'appela tamarinier de Manille[807]. Certains sont d'avis que la canne à sucre a été apportée aux

---

798 AGI. Escribanía, Comisiones de la Audiencia de México, 260 A.

799 Blas Sierra de la Calle, *op. cit.*, p. 67.

800 *Chichigua :* nourrice mulâtre ou noire.

801 VILLA-SEÑOR Y SÁNCHEZ, Joseph Antonio, *Theatro Americano. Descripción General de los Reynos y Provincias de la Nueva España y sus Jurisdicciones.* T. I. México, Ed. Nacional, 1952, p. 190.

802 Gustavo Curiel, *op. cit.*, p. 86.

803 Timothy Brook, *op. cit.*, p. 130. Dans : Vermeer's Hat.

804 Brève d'Urbain VIII à la ville de Séville interdisant l'usage du tabac dans les églises de son diocèse (14 juin 1642).

805 Timothy Brook, *op. cit.*, p. 135. Dans : Vermeer's Hat.

806 *Achiote* : semence en nahuatl. Plante aux propriétés médicinales, utilisée comme teinture végétale et au Mexique comme dans toute l'Amérique Latine comme condiment.

807 *Phitecollobium dulce.* Maximino Martínez, *op. cit.*, p. 277.

Philippines par le galion ; cependant, Antonio de Pigafetta rapporte qu'à l'arrivée de Magellan à Cebú, elle existait déjà dans l'île, y ayant été introduite par les Arabes[808]. Depuis le temps du galion de Manille, on utilise le mot *panocha*, seulement au Mexique et aux Philippines, pour désigner le sucre brun.

Plus de cinq mille mots de l'espagnol parlé en Nouvelle-Espagne et certains mots mexicains furent incorporés au *tagalo*, langue nationale des Philippines[809]. José Villa Panganiban en cite certains : *madrekakaw* ou *mirikakaw* pour cacahuète, *tsiko* pour *chico zapote*, *kapurko* pour Acapulco, *sili* pour *chile*, *tabako* pour *tabaco*, *kamatin* pour tomate, *sincama* pour *jícama*, *pazote* pour *epazote*[810].

Bien que la tortilla n'eût pas la même importance qu'en Nouvelle-Espagne, des recettes de cuisine mexicaine à base de pâte de maïs comme *l'atole*[811], les *tamales*[812], et le *champurrado*[813] traversèrent le Pacifique et s'intégrèrent aux coutumes philippines.

Le *compadraje*, cette union religieuse pratiquée au Mexique et dans toute l'Amérique hispanique plus comme un pacte d'aide mutuelle entre individus et familles que comme un véritable engagement de baptême d'un enfant, se développa aussi fortement aux Philippines.

Les relations réciproques entre les trois sociétés de Nouvelle-Espagne, des Philippines et de Chine, soutenues par les voyages du galion de Manille, entraînèrent de forts échanges qui influèrent sur la vie quotidienne des trois sociétés. La rapidité avec laquelle les changements s'opérèrent et modifièrent les coutumes chinoises rappelle le processus mondial actuel de la globalisation.

## 4. L'Acapulco des *Diarios* de Gregorio de Guijo et d'Antonio de Robles

Dans la vie quotidienne que Gregorio de Guijo et Antonio de Robles décrivirent dans leur journal, Acapulco tient une place importante. Au fil des pages, ils nous font part des éléments significatifs sur la foire, le galion, les personnes, surtout les notables, qui passaient à Acapulco. Si on en rapproche les informations contenues dans les Archives, le tableau s'enrichit : apparaissent les retards, les ajournements et le remue-ménage durant la foire, comme quelques événements de l'élite.

En mars 1652, Guijo rapportait que le vice-roi avait reçu de *l'alcalde mayor* de Colima la nouvelle du débarquement de deux gentilshommes du San Francisco

---

808 PIGAFETTA, Antonio, *Primer Viaje Alrededor del Mundo,* Madrid, DASTIN S.L., p. 108 (Crónicas de América n° 27).

809 CASTILLO Andrés, *El galeón de Manila. Un mar de historias*, ed. JHG Ed., México : 1997, p. 18.

810 VILLA PANGANIBAN José, «Influencia Hispano Mexicana en el Idioma Tagalo», *Historia Mexicana,* Oct.-Dic. 1964, vol. XIV, n° 2, p. 263-271.

811 RAE. *Atole* : Boisson chaude de farine de maïs dissoute dans de l'eau ou du lait, à laquelle on peut ajouter des saveurs édulcorantes.

812 Rafael Bernal, *op. cit.*, p. 196. Dans : *México en Filipinas.*

813 *Champurrado* : boisson de chocolat et *d'atole* qui se sert chaude.

Javier ; mais il ne dit rien du départ du galion. Le 14 février de l'année suivante, le San Diego toucha Acapulco.

Les dates d'arrivée de ces deux bateaux, mars et février, traduisent des problèmes de navigation, puisque généralement un transit normal se terminait en décembre ou tout début janvier. Pour éviter les risques de naufrage en raison de la saison des vents qui commençaient en juin, le galion restait en hivernage pour ne repartir que l'année suivante. Effectivement, Guijo explique que le San Diego resta à Acapulco pour passer l'hiver, et que le San Francisco Javier, arrivé en premier, partit en mars 1653.

À bord embarquèrent deux personnages clés de la scène des Philippines : le nouveau gouverneur don Sabiniano Manrique de Lara, et l'archevêque de Manille, le Dr. don Miguel de Poblete Casasola. Le retard perturba l'envoi des fonctionnaires. Acapulco reçut aussi cette année-là deux évêques, un contrôleur et un auditeur avec leurs familles, ainsi que des religieux, pour partir sur le même galion avec des compagnies d'infanterie recrutées à Veracruz, Cuernavaca, Puebla, Mexico et à Acapulco, et enfin trente-six forçats. Les écrits des officiers royaux montrent le tracas en allers et retours que ces retards engendrèrent. Un courrier partit à Mexico le 11 janvier, deux le 12 février, les 3, 5, 10 et 29 mars. Acapulco fut submergée : les entrepôts royaux ne réussirent pas à stocker l'excédent de marchandises : on dut louer des maisons à doña Casilda de Zepeda, à Isabel de Pineda, au curé *beneficiado* don Bernardo Ruiz de Valderrama. Pablo de Carrascosa, Sebastián Sánchez Niño et Ventura Sánchez louèrent des maisons pour les religieux.

La modification du calendrier du galion eut ainsi de fortes conséquences : augmentation de travail, mais surtout saturation de la ville par de hauts fonctionnaires, des responsables religieux et missionnaires qui devaient modifier leur séjour. La situation était beaucoup plus compliquée que si les dates d'arrivée annoncées étaient respectées : la surprise désorganisait.

Don Miguel de Poblete Casasola, créole né à Mexico, *maestrescuela* à l'église de Tlaxcala, compagnon et ami de l'évêque de Puebla don Juan de Palafox, revint en Nouvelle-Espagne par la flotte qui arriva à Veracruz le 13 septembre 1648. À bord voyageait aussi le *maestre de campo* don Sabiniano Manrique de Lara, remplaçant du *Castellano* d'Acapulco décédé.

En septembre 1650, le Dr Miguel de Poblete était consacré archevêque de Manille par don Manuel de Mañosca, archevêque de México ; jusqu'en décembre, il administra le sacrement de confirmation depuis Tlalnepantla jusque dans les montagnes de Queretaro, et dut revenir à la capitale pour se charger des honneurs funèbres de don Manuel de Mañosca.

Don Sabiniano Manrique de Lara, chevalier de l'ordre de Calatrava et *Castellano* d'Acapulco, fut nommé en 1651 Gouverneur des Philippines. Cet homme maladif conserva son poste jusqu'à son départ par le San Francisco Javier : il prépara l'hivernage du galion, nomma des gardes pour surveiller le déchargement du San Diego, et organisa les foires. Il alla chercher à Mexico ses lettres de gouverneur. Faible, il dut voyager en chaise à porteurs, mais l'urgence pour prendre le San Francisco le méritait.

En juillet 1651, les vies de Manrique de Lara et de Miguel de Poblete se croisèrent à nouveau. Ils partirent à Manille en 1653. Durant le voyage, ils s'engagèrent probablement à nommer la vierge de Antípolo, que le San Francisco Javier transportait, comme *Nuestra Señora de la Paz y del Buen Viaje*[814], car en septembre de la même année, la nouvelle appellation de la vierge fut célébrée à Manille par une messe solennelle.

À leur arrivée, ils s'aperçurent de l'état de pénurie extrême des Philippines. Outre le tremblement de terre, les attaques hollandaises, le naufrage du San Luis Rey de Francia avec le *situado*, les problèmes d'*arribadas* et l'envoi de navires en Nouvelle-Espagne, les années 1645 à 1648 avaient été véritablement désastreuses. Depuis Sebastián Hurtado de Corcuera, Manille souffrait des censures ecclésiastiques de l'archevêque de Manille, fray Hernando Guerrero, qui avait été banni à l'île de Corregidor ; depuis ces temps-là, les sardines de la baie de Manille avaient disparu. Manrique de Lara et Poblete de Casasola levèrent les peines qui pesaient sur la ville : lors de la procession de célébration, les sardines réapparurent[815]. Les attitudes et mesures prises par Sabiniano Manrique de Lara et Miguel de Poblete Casasola furent correctes au vu du désastre qui affligeait les Îles. Le magistrat don Francisco de Samaniego y Tuesta, qui avait fait l'objet d'accusations de la part de Diego Fajardo, en profita, car les poursuites à son encontre furent suspendues, et il put continuer dans sa carrière.

Avec tant de conflits à résoudre, don Sabiniano Manrique de Lara, déjà faible, tomba dans la mélancolie et l'hypocondrie, et passa seize mois atteint de diarrhées et de gale[816]. Il finit par présenter sa démission. Comme le rapporte don Antonio de Robles en 1665 dans son journal : « don Sabiniano, Manrique de Lara, qui fut gouverneur de Manille revint en Nouvelle-Espagne »[817], à la différence de l'archevêque qui mourut dans une complète pauvreté à Manille quelque mois après qu'on lui eut refusé sa retraite.

Généralement, les gouverneurs revenaient à Acapulco et de là continuaient leurs chemins professionnels, vers l'Espagne ou dans d'autres postes, du moment qu'ils supportaient le voyage ou ne sombraient pas avec le galion : en 1659, Diego Fajardo Chacón mourut durant la traversée, même si les médecins avaient prévenu qu'il mourrait dès que le bateau serait en mer[818]. En 1670, Diego de Salcedo, déchargé de son poste et prisonnier de l'Inquisition, réussit à peine à rédiger son testament à bord du galion Nuestra Señora del Socorro[819].

Ces anecdotes dévoilent un pan de la vie quotidienne des hauts fonctionnaires à Mexico, à Acapulco, ou à Manille ; le travail était ardu dans le vice-royaume et exténuant aux Philippines. Le Gouverneur et l'Archevêque partagèrent un voyage depuis l'Espagne, la navigation vers Manille leur donna

---

814 Blas Sierra de la Calle, *op. cit.*, p. 68.
815 Rafael Bernal, *op. cit.*, p. 189. Dans : México en Filipinas.
816 AGI. Filipinas, 22, R, 10, N.59. 1656.
817 Antonio de Robles, *op. cit.*, p. 3.
818 AGI. Filipinas, 22, R, 8, N.33.
819 AGN. Inquisición. (61). Volumen 616. Expediente 2. 1671. F.26.

l'occasion de sympathiser, de s'accorder sur le chaos philippin. Cela fonctionna : même les sardines revinrent ! Mais leur attitude commune servit pour redresser la gouvernance des Îles. À la fin de leurs mandats, le gouvernement et l'Église chancelèrent à nouveau. Par ailleurs, la difficulté du voyage saute aux yeux : on pourrait croire que faire partie de l'élite et pouvoir profiter des conditions d'espace et d'alimentation qui en découlaient diminueraient les risques, et que, au cours du voyage, les gouverneurs pouvaient récupérer des jugements de *residencia* ; il n'en était pas ainsi, le galion de Manille leur donnait seulement le coup de grâce. La mort ne distinguait pas entre la racaille et la bonne société.

Le départ d'un vice-roi au Pérou était un grand événement : dans leur journal, similaire aux revues actuelles qui rendent compte de la vie des personnalités, Gregorio de Guijo et Antonio de Robles décrivaient comment le nouveau vice-roi et son épouse, la noblesse et les hauts fonctionnaires de la ville de Mexico, en carrosses, au son des clairons, accompagnaient à San Agustín de las Cuevas -Tlalpan- le vice-roi partant et sa suite[820], comment les gardes hallebardiers de l'avant les protégeaient jusqu'à Acapulco où les grosses chaleurs[821] les faisaient embarquer rapidement.

En 1603 passa le comte de Monterrey ; en 1607, le marquis de Montesclaros fit embarquer mille cinq cents quintaux de mercure manquant au Pérou et en trop en Nouvelle-Espagne[822] ; en 1621, le marquis de Guadalcàzar, qui eut des difficultés pour obtenir un bateau : la frégate préparée à Acapulco était de taille réduite et il dut attendre un moyen du Realejo ou de Guayaquil qu'il avait sollicité pour le transporter au Pérou. En 1648, le comte de Salvatierra devait embarquer sur la patache Le Buen Jesús de Panama, qui changea d'itinéraire en raison de l'absence de nouvelles des Philippines depuis deux ans ; il partit finalement en juin 1648 à bord d'un bâtiment que le marquis de Mancera, vice-roi sortant, lui envoya du Pérou[823]. En 1649, selon Guijo, don Francisco Murillo, ancien secrétaire de l'archevêque Manuel de Mañosca, alla en carrosse et litière rencontrer le marquis de Mancera qui arrivait du Pérou à Acapulco pour gouverner à la Nouvelle Espagne, mais un pli du roi transmis par la flotte lui ordonna son retour en Espagne. En 1654 partit le comte de Alba Aliste et, en 1689, le comte de la Monclova.

Même si ces épisodes ne constituaient pas le cœur de l'activité liée au galion de Manille, l'importance des personnages, le décorum associé, leur suite, sont des éléments utiles pour décrire et comprendre la vie d'Acapulco. L'ostentation qu'affectait la cour du vice-royaume, jamais perçue dans aucune autre ville de lignage de la Nouvelle-Espagne, était habituelle pour les noirs, ceux que Cubero Sebastián distinguait par l'expression « à la façon des Cafres »[824], pour les

---

820 Composé de familiers, d'esclaves et de personnes à son service.

821 AGI. México. 36, N. 49, 1 r.

822 AGI. México, 27, N. 22/Cartas del virrey marqués de Montesclaros.

823 AGI. México. 36, N.49, 1 r.

824 Pedro Sebastián Cubero, *op. cit.*, p. 345.

mulâtres, ceux que Gemelli considérait comme « nés de noirs et blancs »[825], pour les *chinos*, les soldats, en fin de compte pour les habitants permanents d'Acapulco, et bien sûr dans ces temps d'ostentation, pour les autorités gouvernementales et ecclésiastiques comme pour la fine fleur de la population de la ville. Ainsi, tout Acapulco côtoyait les grands de ce monde, ce qui, d'une façon ou d'une autre, façonnait son caractère.

## 5. La foire

Elle avait lieu dans l'espace à ciel ouvert de la Grand-Place ; pour se protéger du soleil, on improvisait des tonnelles : comme dans l'ancien marché d'Acapulco et à la manière campagnarde, l'endroit se remplissait de toiles blanches amarrées à des piquets. Dans le brouhaha général, on entendait les chants funèbres d'une célébration de fin de cycle : ayant terminé le débarquement des marchandises, les arrimeurs s'ouvraient le passage en portant l'un d'eux dans un cercueil ; ce simulacre de funérailles signifiait la fin du gain que leur avait apporté le travail[826] de déchargement de ce que Seijas y Lobera estimait à treize ou quatorze mille gros ballots, seulement de textiles, qui allaient être divisés en deux par les marchands pour les faire transporter à dos de mule[827].

Les *vecinos* d'Acapulco profitaient du marché : pour équiper sa nouvelle église, le Frère Supérieur des *hipólitos* acheta des toiles de damas de Chine pour l'autel, de la soie pour les rideaux des autels de San Pedro et de San Nicolás Obispo et de ses reliques, ainsi que pour les voiles du tabernacle et les tissus du calice. Pablo de Carrascosa avait acquis pour la chapelle de son Hacienda de Nuestra Señora del Buen Suceso à Coyuca des tissus de damas blancs, de la soie blanche avec des franges or, ainsi que des damas mandarine et de la soie brodée de fils verts et or avec lesquels on avait confectionné les parements d'autel, et une bannière en damas mandarine qui portait le Saint Sacrement sur un côté[828]. La foire était la saison des bénéfices, mais aussi de la sévérité de la Loi, des restrictions, des impôts, comme on l'a bien vu. Les problèmes, les disputes ne manquaient pas, mais c'était aussi la période des fêtes.

## 6. Une affaire louche

Fernández de Navarrete mentionne que la majeure partie des ordres religieux qui allaient aux Philippines passait de huit à dix jours à Acapulco. Ceci explique les grandes quantités de vin de messe payées pendant la saison de la foire au curé *beneficiado* par les officiers royaux. Le récit à suivre des ennuis du curé *beneficiado* don Melchor Añejo est démonstratif à la fois de la complexité

---

825 Giovanni Francesco Gemelli, *op. cit.*, p. 8. Dans : *Viaje a la Nueva España.*

826 *Ibid.*, p. 12.

827 Francisco Seijas y Lobera, *op. cit.*, p. 455.

828 Deborah Oropeza, *op. cit.*, p. 173.

des participations liées au galion de Manille, de l'importance de l'implication du curé *beneficiado* dans la société d'alors et des dérives de comportement de tels notables, qui bien que non autorisées n'étaient pas interdites…

Le Licenciado don Melchor Añejo, prêtre natif d'Osorno, passa vingt-huit ans, de 1626 à 1654, comme curé, vicaire, *beneficiado* de la paroisse du port d'Acapulco, et chapelain du fort de San Diego. Tant les Archives de Séville, celles de Mexico, que les écrits du frère dominicain Domingo Fernández de Navarrete, regorgent d'anecdotes sur ce curé *beneficiado*, en raison de la longueur de la période de sa charge et des nombreuses pertes humaines durant le trajet du galion de Manille et à son arrivée au port.

Don Melchor Añejo se rendit célèbre par les factures d'enterrements qu'il présentait : le procureur général des Philippines, don Juan Grau y Monfalcón, se plaignit au roi parce que le curé faisait payer quatre-vingts pesos pour un Espagnol qui mourait sur le galion durant son voyage vers Acapulco, quarante pour un *indio chino*, et dix pour un esclave ; et si les honoraires n'étaient pas réglés, il excommuniait les exécuteurs testamentaires, les propriétaires des esclaves décédés, ou les défunts eux-mêmes[829] !

Ces plaintes lui compliquèrent la vie : il fut accusé à l'archevêché de Mexico qui ouvrit une enquête en 1636 et envoya un *alguacil mayor*, moins pour le montant des frais d'enterrement que pour ses absences sans autorisation. En effet, dès que don Melchor avait célébré la messe du Saint Sacrement[830], fête qui se déroulait soixante jours après le dimanche de la Résurrection et qui coïncidait avec le début des pluies à Acapulco, il s'en allait comme les notables du port, fuyait le climat malsain, en recherchant les villages de plus haute altitude dans la montagne comme Tixtla et Chilapa, ou en se rendant à Mexico. Il revenait en novembre pour célébrer la fête de Sainte Catherine, un peu avant l'arrivée du galion de Manille, et quand les conditions climatiques avaient changé.

Les résultats de l'enquête montrèrent qu'il ne prenait en considération que les *lustrados*[831], qu'il faisait du commerce avec les galions qui arrivaient de Manille ou du Pérou, ce qui causa un grand scandale dans la ville. Par ailleurs, un grand nombre d'indigènes et d'Espagnols avaient été enterrés dans la campagne, mais don Melchor Añejo, le curé d'Acapulco, n'avait pas ordonné de les déterrer pour leur donner une sépulture chrétienne comme il devait le faire. Son attitude était doublement anormale à l'époque, car mourir sans avoir reçu les sacrements était un péché, et être enterré en dehors de l'église signifiait que, dans l'au-delà, l'âme n'arriverait pas au ciel et irait directement en enfer[832].

Les débats du procès sont instructifs : ils montrent le détachement de Melchor Añejo, et mettent en relief certains aspects de la vie quotidienne

829 AGI. Filipinas, 27, N. 239./Petición de Manila sobre muertos en naos de Filipinas.

830 Ou messe du Corps du Christ.

831 *Lustrados* : les riches.

832 MALVIDO, Elsa, *El mexicano y el concepto de la muerte*. Las caras de la muerte en el mundo/ ed. par Sonia, BUTZE. Querétaro : INAH, 1996, p. 95.

d'Acapulco. La vie, divisée en grandes périodes, avant, pendant et après le galion, tournait entièrement autour du bateau.

Le majordome de la Confrérie du Très Saint Sacrement, un Espagnol d'Acapulco, et le sacristain de l'église, Juan Talany, un *indio chino* qui parlait espagnol, intercédèrent pour don Melchor Añejo. La mauvaise santé du prêtre justifia ses absences ; quant au prix des enterrements, ils déclarèrent qu'il faisait payer entre huit et dix pesos pour les enfants, mais qu'il enterrait gratuitement et par aumône tous les pauvres. Il facturait soixante-douze pesos pour les personnes aisées, mais ce prix comprenait une messe de corps présent avec trois officiants, un double encensement pour chaque tombe, l'offrande, le paiement du majordome pour préparer la sépulture dans l'église, et la croix : néanmoins, les coûts des bougies des autels et de la concession n'étaient pas compris, car leur achat revenait aux exécuteurs testamentaires des défunts[833].

Mais l'exécuteur testamentaire d'un commandant de galion du Pérou décédé à Acapulco rapporta que pour l'enterrement du commandant, don Melchor Añejo avait demandé cent pesos, qu'il avait fait en plus payer sept pesos pour la messe, ainsi que les droits du majordome de l'église pour enterrer le corps.

Pedro de Roa rendit compte qu'au cours du transfert d'une cordée de forçats, l'un d'entre eux mourut dans les environs d'El Ejido près d'Acapulco, et qu'on l'avait enterré avec ses fers. Arrivés au port, lors de la remise publique des condamnés, don Melchor Añejo, présent, sut où le coupable était enterré, mais ne fit rien pour lui donner une sépulture chrétienne. L'enquêteur de Mexico requit la prison et la confiscation des biens du curé don Melchor Añejo.

En 1647, onze années après cette querelle, Domingo Fernández de Navarrete arriva dans le port et rencontra don Melchor, vieux et sans-le-sou. Domingo raconte que le *Castellano* mourut durant son séjour et que, pour l'enterrement, don Melchor Añejo demanda cinq cents pesos, mais que finalement tout s'arrangea avec cent cinquante. Le curé lui aurait confessé que la paroisse lui avait rapporté en une année quatorze mille pesos[834].

Cette affaire, qui se déroula à Acapulco et affecta le galion de Manille, ne se répercuta pas en Nouvelle-Espagne, mais aux Philippines. Manille envoya ses plaintes en Espagne, directement au roi, ce qui souligne la relation particulière des Philippines avec la Couronne qui doublait en certains cas l'administration du vice-royaume de Nouvelle-Espagne.

Le cas de Melchor Añejo illustre le désordre et l'anarchie ambiante ; il est le reflet d'une pratique usuelle des deux clergés de Nouvelle-Espagne. Pourtant, des années plus tard, la Reine régente Mariana de Austria[835] renforça sur ses territoires l'interdiction du Pape Clément IX selon laquelle aucun membre du clergé, que ce soit par lui-même ou par l'intermédiaire d'une tierce personne, ne pouvait commercer. Une autre décision royale, prise en 1654 et 1655 par le roi

---

833 AGN. Tierras (110). Contenedor 1154. Volumen 2774. Expediente. 8. Año 1636.
834 Domingo Fernández de Navarrete, *op. cit.*, p. 299.
835 1665-1675.

Charles II et sa mère Mariana de Austria, interdit aux curés et aux *beneficiados* de faire payer des droits doubles pour les enterrements[836].

## 7. Une querelle

Pedro Cubero, qui arriva à Acapulco en provenance de Manille et vécut un mois au port, tenta de calmer les esprits entre le *Castellano* et les officiers royaux, mais les altercations furent si graves que le vice-roi frère Payo de Ribera leur précisa par plusieurs courriers qu'ils devaient se réconcilier.

En 1697, la querelle entre le *General* du galion de Manille et l'amiral de la flotte du Pérou qui était venue chercher don José López, trésorier royal du vice-royaume du Pérou, fut aussi un grand événement.

Gemelli Careri observa que ce galion péruvien avait belle allure, était armé de quarante-deux canons, et s'informa de l'arrivée du trésorier du Comte qui demandait aux commerçants de lui prêter cent mille pesos pour payer la dette de trois cent mille pesos contractée par son maître.

À cette période de foire, le galion de Manille arborait son drapeau au grand mât et le galion du Pérou l'avait au mât de trinquette ; une discorde surgit entre le général du galion et l'amiral du Pérou, ce dernier prétendant que le navire marchand de Manille devait saluer au pavillon le bâtiment de la marine royale. De son côté, le général estimait que son bateau, portant la marque du capitaine de pavillon, devait avoir la préséance sur celui de l'amiral[837].

Cette question de hiérarchie fut longtemps débattue : un demi-siècle plus tard, en 1757, le cas fut traité dans les *Ordenanzas de Marina para los navíos del Rey de las Islas Filipinas*. Le général avait raison : le galion de Manille n'était pas un bateau marchand, c'était un bateau du roi, les deux donc étaient des navires militaires. Ainsi le salut ne se faisait pas au pavillon, mais par échange de salves. Par ailleurs, alors que le navire du Pérou était celui du vice-roi, le galion de Manille était au roi, et le premier à saluer devait donc être le navire du Pérou[838].

Il est probable que le jeu des millions et le retour à un moment précis du galion de Manille étaient autant de raisons pour échauffer les esprits de tous, depuis le *Castellano* jusqu'au mousse : si pour les uns, cela se traduisait par des paroles tonitruantes, d'autres réglaient les problèmes au couteau.

## 8. Au temps des fêtes

Le passage de Gemelli Careri à Acapulco a laissé le récit de cette ambiance de fête qui ne se retrouve pas dans les autres chroniques et où la foire est désacralisée : les réunions sociales, les promenades, enfin les distractions révèlent les coutumes de cet Acapulco du XVII^e^ siècle.

---

[836] BNM. Fondo Franciscano. 133/1678. Real Provisión.

[837] Giovanni Francesco Gemelli, *op. cit.*, p. 9. Dans : *Viaje a la Nueva España.*

[838] De fait, un navire marchand salue au pavillon un navire militaire, puisque le premier n'est pas armé et que sa position est subalterne à celle du bateau de guerre.

Chez le *Castellano,* Careri assista à quelques tours d'un prestidigitateur génois. Il prenait souvent ses repas avec don Francisco Meca y Falces. Invité à visiter la flotte du Pérou et amoureux du chocolat, il fut déçu qu'on ne lui offre comme boisson que du *mate* paraguayen[839]. Il chassait dans les montagnes autour du port, allait se promener à l'ancien fort ou à l'unique amusement local, le puits, probablement celui du *Chorillo,* qui selon Pedro Sebastián Cubero se trouvait à faible distance et donnait un petit filet d'eau de source[840].

Il est aussi possible que des combats de coqs aient été disputés pendant la foire. Au XVIe siècle, pendant la traversée des navires de la *Flota* vers la Nouvelle-Espagne, on jouait sur les coqs. Antonio de Pigafetta remarqua que c'était aussi une habitude dans les îles de l'Archipel[841]. Les combats de coqs se répandirent au XVIIe siècle en Nouvelle-Espagne, mais malheureusement, nous ne disposons pas d'éléments exprès mentionnant le jeu de coqs à Acapulco à cette époque. Il a dû prendre de l'importance au XVIIe siècle, car au XVIIIe siècle, les bénéfices à venir de la foire commencèrent à être pariés sur des combats de coqs quand le galion approchait des côtes de la Nouvelle-Espagne. À Acapulco, ces combats étaient organisés en plein air et avivaient les passions de tous, y compris celles des fonctionnaires royaux. Par ailleurs, Arcadio Pineda, marin de l'expédition d'Alejandro Malaspina, expliqua que, durant son séjour dans le port, la principale distraction des hommes était les combats de coqs et que, attaché à un pieu, le coq était le « meuble qui ne manque dans aucune maison »[842].

Le dernier jour du séjour de Gemelli à Acapulco, qui coïncidait avec le dimanche de Carnaval, après le repas, les noirs, mulâtres et métis d'Acapulco, participèrent à une course appelée *Parejas*, de plus de cent chevaux, en se tenant par la main ou s'étreignant deux par deux, sans se séparer ou tomber. Stupéfait, Careri estima que même s'ils ne s'étaient entraînés qu'un mois auparavant, ces cavaliers surpassaient de loin ceux qu'il avait vu courir à Madrid[843].

La course sur la plage, face à la rue principale et dans les ruelles près du port, devait laisser l'espace réservé à la foire sous un gros nuage de poussière et de sable ! Les visiteurs de passage rejoignaient la population pour les admirer. C'était une chevauchée traditionnelle pour montrer sa maîtrise de l'équitation et la légèreté de sa monture, et les Péruviens en profitaient pour apprécier la qualité des pouliches qu'ils achèteraient pour améliorer leur élevage.

Acapulco au moment de la foire était-il similaire au « monde abrégé » de Manille de frère Juan Ferrando ? On peut le dire, semble-t-il, parce que les Novohispanos, les locaux, les noirs esclaves ou libres d'Angola ou du Mozambique, les Américains de Sonsonate, du Realejo, de Guayaquil, ou les Péruviens, étaient rejoints par ceux du galion de Manille, les Manileños, les

839 Giovanni Francesco Gemelli, *op. cit.*, p. 10. Dans : *Viaje a la Nueva España.*

840 Pedro Cubero Sebastián, *op. cit.*, p. 345.

841 Antonio Pigafetta, *op. cit.*, p. 112.

842 Virginia González Claverán, *op. cit.*, p. 96.

843 Giovanni Francesco Gemelli, *op. cit.*, p. 13. Dans : *Viaje a la Nueva España.*

mousses *indios chinos* des îles de l'Archipel, du Japon, de Chine, d'Inde, de Ceylan, de Malacca et des Moluques, les esclaves du Bengale, de Macao, de Java, côtoyant des Italiens, des Espagnols, religieux, fonctionnaires ecclésiastiques et du gouvernement, tous formant un ensemble bruyant, actif, pressé, inquiet, à la recherche de leur futur et de la nouveauté. Tous permirent à Acapulco de devenir un creuset multiculturel.

# CHAPITRE VIII

# L'INFLUENCE ORIENTALE DANS LA VIE JOURNALIÈRE

Il paraît nécessaire d'exposer comment les marchandises orientales modifièrent au cours du temps les techniques, les formes et les coloris existant en Nouvelle-Espagne pour développer un style typiquement mexicain. Nous nous proposons d'aborder les résultats de cette influence sur le vêtement régional, les laques, la céramique, l'alimentation, la botanique, et finalement, en guise de clin d'œil, sur les chats domestiques, espèce de grande importance à bord du galion comme à Acapulco.

## 1. Trois costumes régionaux

À partir du XVIIe siècle, l'Orient s'invita dans la définition du vêtement local ; et au XVIIIe siècle, avec l'arrivée du style français en Nouvelle-Espagne, « la couleur, la fantaisie et l'imagination »[844] firent irruption dans la mode du vice-royaume, donnant naissance aux costumes régionaux.

Le XIXe siècle fut attiré par la *china poblana* et la *tehuana*. La liberté, la beauté de ces deux personnages, et l'originalité de leurs vêtements furent remarquées par les écrivains mexicains et les voyageurs étrangers. Après la Révolution mexicaine, il fallut créer une identité, en cherchant de nouveaux symboles de la splendeur du Mexique, afin de combattre l'image méconnue et vilipendée qu'il avait à l'étranger[845]. À sa grande époque, le cinéma mexicain magnifia ces deux figures, et alors que la *china poblana*, produit des trois plus importantes branches de métissage, arborant les trois couleurs et l'aigle brodé en paillettes du drapeau national[846], se transformait pour devenir l'emblème du pays, la *tehuana* inspira des peintres comme Diego Rivera, Roberto Montenegro, Ángel Zamarripa, Olga Costa etc. Mais elle décora aussi les anciens billets de dix pesos.

De son côté, le costume d'*acateca* suivit une tendance similaire, cependant plus locale. Nous allons montrer comment la même influence d'Extrême-Orient se retrouve dans ces trois costumes de différentes régions, en nous arrêtant en particulier sur le vêtement *d'acateca* qu'il faut considérer aujourd'hui comme le plus représentatif de l'État de Guerrero.

Le costume typique de chaque région et ethnie du Mexique suit un modèle commun : il comporte une jupe, une blouse et une sorte de châle, le *rebozo*. Il est probable qu'il faille y voir une origine à la fois préhispanique, puisque les

844 VALDIOSERA BERMAN, Ramón, *3000 Años de Moda Mexicana*, México, 1992, p. 159.
845 SIERRA, Aida, *La creación de un símbolo*, Artes de México, México, nº 49.
846 Le vert, le blanc et le rouge de la *grana cochinilla*.

femmes s'habillaient d'un *huipil*[847] et d'un *enredo*[848], et espagnole, parce qu'en 1537, dans le but de gommer les antagonismes créés par le vêtement, Vasco de Quiroga édicta quelques ordonnances par lesquelles il cherchait à uniformiser l'habillement des indigènes, disposant que les femmes utilisent « une jupe pliée, longue jusqu'aux chevilles, une blouse ; les femmes mariées devaient avoir la tête couverte[849] ».

Le nom de *china poblana* semble vouloir rappeler la prédominance de l'influence asiatique. En réalité, peu d'éléments le relient à l'Extrême-Orient : les paillettes, qui décorent la jupe et qui devinrent à la mode à partir du XVIII^e^ siècle[850], les fils de soie des broderies de la chemise, le *rebozo* de soie, et la légende sur laquelle nous nous arrêterons, car elle est en relation avec Acapulco, le Galion de Manille et le XVII^e^ siècle.

En 1898, dans son *Historia de la ciudad de Puebla,* le colonel Antonio Carreón lia le costume de la *china poblana* à la ville de Puebla de Los Ángeles. Partant d'un fait divers réel du XVII^e^ siècle à Puebla, il créa une légende exotique à partir de la vie d'une enfant esclave de douze ans arrivée par le galion de Manille à Acapulco en 1621 : Mirrah, séquestrée avec son frère par les Portugais, baptisée Catarina de San Juan par les jésuites à Cochin, voyagea habillée en garçon pour être vendue en « de bonnes conditions »[851] à la foire du port. Elle fut achetée à Acapulco par le très pieux capitaine Miguel de Sosa, de Puebla, qui lui octroya la liberté à sa mort, pourvu qu'elle s'occupe de sa femme. Cette dernière entra au couvent et le père Pedro Suarez engagea Catarina comme servante. À son décès, Catarina fut déclarée vénérable, sans que l'Église ne lui concède le titre, mais reconnue sainte à Puebla de los Ángeles au XVII^e^ siècle.

Avec cette histoire, Antonio Carreón amalgamait le nom de *china* à un pays lointain et admirable, et associait *poblana* à Puebla sa ville natale.

Pour frère Diego de Durán, le *rebozo* était porté en Nouvelle-Espagne depuis 1572. Sous l'influence espagnole des voiles et mantilles[852] des dames de l'élite,

---

[847] *Huipil* : Blouse-sac.

[848] *Enredo* : tissu qui se porte à la ceinture pour former une jupe.

[849] ARMELLA DE ASPE, Virginia, *Vestido y evolución de la moda en Michoacán. Herencia Española en la cultura material. Regiones de México. XII Coloquio de Antropología e Historia Regionales/* ed. par Rafael Diego FERNÁNDEZ. Zamora : El Colegio de Michoacán, 1993, p. 295.

[850] VÁZQUEZ MANTECÓN, María del Carmen, *La china mexicana mejor conocida como china poblana,* México, Instituto de Investigaciones Históricas UNAM, 2000, p. 135.

[851] RUSTOMJI-KERNS, Roshni, «Las raíces olvidadas de Mirrah-Catarina», *Artes de México,* Jul.-Sept. 2003, n° 66, p. 24.

[852] Depuis le XV^e^ siècle, on portait en Espagne la *mantilla de aletas* composée de trois draps. Aux XVI^e^ et XVII^e^ siècles, le port de la *mantilla,* vêtement et complément du costume, en laine, en flanelle ou en drap, se généralisa dans toute l'Espagne. L'usage de la mantille de dentelle débuta au XVII^e^ siècle mais ne fit partie que de la garde-robe de quelques élégantes. Son usage se généralisa à la cour au XVIII^e^ siècle, remplaçant complètement la soie et le drap par la dentelle. La reine Isabelle II, au XIX^e^ siècle, encouragea l'usage de la mantille, la transformant en coiffure distinguée de la femme espagnole. La *peineta,* qui soutient et soulève le voile qui tombe sur le visage, était utilisée depuis la présence de Romains en Espagne. Les *peinetas* de forme ronde,

les femmes, utilisant le coton, la laine et la soie, conçurent le *rebozo,* de la largeur de travail du *telar de cintura,* métier à tisser préhispanique. À partir du XVIIe siècle, avec l'arrivée du galion de Manille, le *rebozo* subit des transformations inspirées des tissus originaires d'Inde. Puis au XVIIIe siècle, il fut brodé de dragons, faisans et galions, imitant les broderies chinoises joliment finies et à grande combinaison de couleurs.

Le *rebozo de bolita* utilise encore la technique asiatique de l'*ikat*, consistant à réaliser des noués dans la toile avant de la teindre pour laisser apparaître les points blancs typiques de cette étoffe[853]. Prolongeant le *rebozo*, un élégant *rapacero*, macramé de fils entrelacés, dénote une provenance arabe et espagnole.

Si les femmes du peuple portaient le *rebozo*, les dames de la haute société du XIXe siècle arboraient le *mantón de Manila,* brodé de motifs emblématiques de la Chine, papillons, chrysanthèmes, paons et oiseaux exotiques, qui arrivait non pas de Manille mais de Canton ou de la province de Fu-Kien.

Les coutumes locales furent sans aucun doute enrichies grâce au transit terrestre des marchandises du galion de Manille. Ainsi, à Tehuantepec, passage obligé entre Acapulco et Veracruz via le fleuve Coatzacoalcos, naquit le joli costume des *tehuanas* dont les broderies de fleurs, comme s'accordent à le dire Teresa Castelló et Miguel Ángel Fernández, sont inspirées du style des *mantones de Manila.* Les délicats motifs floraux, similaires à un filigrane, y sont brodés à la main comme sur la blouse-sac, le *huipil,* et la jupe à volants. Selon la coutume, le motif de la jupe, réalisé au point de chainette, à l'aiguille ou au crochet, concorde avec celui du *huipil.* Les jours de fête, les *tehuanas* ont l'habitude de se couvrir la tête avec le *huipil grande*, une espèce de blouse de dentelle avec de fausses manches à deux bordures qui entourent le décolleté et le bord inférieur. De plus près, cette blouse ressemble à un vêtement d'enfant : on raconte que la mode commença avec une femme qui se mit sur la tête la robe de son enfant mort. Ce beau vêtement, le plus attrayant de tout le Mexique, est élégamment complété d'une calebasse, le *xicalpestl.*

La touche orientale modifia aussi le costume d'*acateca* qui tire son nom du village d'Acatlán où il est fabriqué. Jusqu'à ce jour, les femmes du village de Zitlala continuent à utiliser ce « costume de fleurs »[854].

La blouse était réalisée en soie blanche. Carrée, large et ouverte sur les côtés, ses manches et son col rond portent de multiples broderies de soie de couleur. La jupe en coton, teinte en bleu, alors réalisée au métier à tisser préhispanique, présente un dessin de franges bleu foncé, alternant avec trois bandes horizontales bleu plus clair, aussi brodées de couleurs vives. L'*enredo*, très ample, ne comporte pas de ceinture à la différence de la jupe de type européen : on

---

carrée, rectangulaire, nues ou ornementées de dessins, étaient auparavant en écaille ou en coquillage de différentes tonalités.

853 Marita Martínez del Río, *op. cit.*, p. 90. Dans : *El comercio con Asia.*

854 Il y a des variations entre les trajes de flores qu'utilisent les acatecas, les zitlaltecas et les chilapeñas. Dans : HÉMOND, Aline, *Bordar entre las mujeres nahuas de Acatlán: arte floral, rituales agrarios identidades textiles, Simbolismo y ritual en el textil mesoamericano. II Coloquio del Museo Textil de Oaxaca/* ed. par Ana Paula FUENTES. Oaxaca, 2010, p. 1-4.

l'arrange en le pliant autour de la ceinture en laissant sur l'arrière plus de plis que devant, et il tient à l'aide de la blouse qui s'attache par-dessus. Auparavant, le costume était complété d'un récipient laqué de rouge porté sur la tête, décoré de motifs floraux, servant pour l'eau, *l'atole* ou autre nourriture.

## 2. Une hypothèse sur le costume d'*acateca*

Le costume d'*acateca* associe plusieurs tendances : la préhispanique, la coloniale à travers les religieux augustins, et l'orientale. Avant l'arrivée des Espagnols, les indigènes d'Olinala et Tlapa, habiles dans la confection des habits de guerriers, les envoyaient comme tributs à Moctezuma[855]. Déjà à cette époque les femmes savaient égrapper, filer, tisser le coton, nuancer les couleurs et ordonner les bandes sur les tissus[856].

En 1534, les augustins avaient fondé un couvent à Chilapa[857], et s'étaient installés à Tlapa. Leur action se répercuta à Tixtla, Acatlán, Zitlala, Olinalá et Huamuxtitlán, villages aujourd'hui de la région de la *Montaña* et de la *Sierra* de l'état actuel de Guerrero. Rappelons qu'ils furent le premier ordre religieux à s'établir aux Philippines avec Andrés de Urdaneta et ses compagnons.

Acapulco et Manille ayant établi leur relation, Tixtla et Chilapa durent maintenir en condition les chemins pour les convois de mules qui transportaient, entre Acapulco et la ville de Mexico, ou, par Tixtla et Chilapa, vers Puebla de Los Ángeles et ensuite Veracruz, les marchandises du galion de Manille.

Comme aux Philippines, les augustins éduquèrent les indigènes et reçurent des villages un tribut, partie en réaux, partie en travail. De même, les religieux allèrent à la foire d'Acapulco où ils achetaient des marchandises chinoises pour les revendre aux indigènes à prix élevé, les échangeant contre de la *grana cochinilla* très peu payée[858] ; un des chargements du galion vers Manille était la cochenille, utilisée dans la teinture rouge des soies.

Au XVII^e^ siècle, lors de son voyage de Veracruz à la ville de Mexico, frère Isidro de la Asunción, OCD, remarqua que toute la population du village de San Lorenzo, entièrement noire, allait sans chemise et portait caleçon ou jupe en tissu rayé blanc et bleu identique à celui utilisé par les indigènes[859].

Au XVIII^e^ siècle, le marin Arcadio Pineda participant à l'expédition d'Alejandro Malaspina, à son passage à Acapulco, observa que la majorité des femmes d'Acapulco utilisaient des jupes longues jusqu'aux pieds, en toile de *cambaya* ou d'autre tissu léger de Chine, avec de petites raies bleues sur fond blanc[860]. Ainsi, Arcadio Pineda reconfirme l'habillement du XVII^e^ siècle.

---

855 Danièle Dehouve, *op. cit.*, p. 101.

856 Bernardino de Sahagún, *op. cit.*, p. 561. Libro X. Capitulo XXI.

857 En 1531, les premiers frères augustins Agustín de la Coruña y Hyerónimo de San Esteban s'établirent à Chilapa. Dans : Danièle Dehouve, *op. cit.*, p. 31.

858 Danièle Dehouve, *op. cit.*, p. 122.

859 Silvio Zavala, *op. cit.*, p. 41. Dans : *El servicio personal de los indios.*

860 Virginia González Claverán, *op. cit.*, p. 95.

Notre hypothèse s'appuie sur l'ensemble de ces éléments. En ce qui concerne la jupe d'*acateca,* on peut penser que, lors de la création de sa toile, qui arrange des bandes de couleur, on ait suivi l'habitude préhispanique d'ordonner des bandes, ou que la toile de *cambaya* ou les légers tissus de Chine en aient été le modèle. L'emploi du coton pourrait rappeler la royauté, car à l'époque préhispanique, cette matière[861] était destinée aux nobles ; l'utilisation du bleu proviendrait de son ancien emploi réservé au *tlatoani,* au roi, à cause de sa rareté, ou serait due à l'enseignement des augustins aux Philippines, pour teindre les cotons avec l'*añil* comme ils le firent à Chilapa.

La jupe marie des bandes claires et obscures, vraie technique précolombienne, mais le choix du motif entrelaçant des raies de fil bleu clair sur les bandes bleu foncé dénote l'influence des textiles arrivés par le galion de Manille.

Les broderies tant de la blouse que de la jupe sont d'influence orientale : on y trouve les fleurs, les oiseaux et les papillons, surtout sur la blouse-sac, comme sur le *mantón de Manila* et les chasubles. Un second motif appuie cette hypothèse : les autres costumes traditionnels de la région utilisent des dessins préhispaniques de forme géométrique, carrés, rectangles, triangles, ou des représentations d'animaux venimeux comme des scorpions et des serpents qui servaient à protéger de la piqure de l'animal celles qui les portaient[862].

Ainsi, si le costume *d'acateca* révèle la relation des cultures indigène et espagnole, on ne doit pas oublier qu'il est profondément imprégné d'orientalisme.

Que la cause en revienne à la formation délivrée par les augustins de cet important centre missionnaire en constante liaison avec les Philippines, à la vente des marchandises chinoises imposée aux indigènes, au passage des marchandises du galion vers Puebla ou Veracruz ou encore à l'envoi depuis Acapulco vers Tixtla de textiles orientaux[863], il parait certain que durant cent ans au moins, cette influence imprégna doucement les habitants du lieu, modifia leur goût jusqu'à s'infiltrer dans leur imagination, donnant un vêtement indigène, tout à la fois espagnol, chinois, et hindou.

### 3. Les laques

Les États actuels de Chiapas, Guerrero et Michoacán n'ont pas perdu le savoir et la tradition de la laque. Les techniques et les dessins qu'ils utilisent dans la décoration de leurs pièces mélangent des savoirs multiculturels où le

---

861 CASTELLÓ YTURBIDE, Teresa, *Indumentaria y Orden Social entre las Castas de mestizaje. Herencia Española en la cultura material de las Regiones de México. XII Coloquio de Antropología e Historia Regionales* / ed. par Rafael Diego FERNÁNDEZ. Zamora : El Colegio de Michoacán, 1993, p. 255.

862 SOTO SORIA, Alfonso, *Vestidos, diseños y ambiente, El Textil Mexicano Línea y Color*, ed. par Museo Rufino Tamayo, México : 1986, Feb.-Abril., p. 13.

863 Virginia González Claverán, *op. cit.*, p. 128.

galion de Manille est bien présent. Il est intéressant de montrer les courants qui s'agrégèrent au savoir déjà existant avant l'arrivée des Espagnols.

Les *guajes*[864] ou calebasses, les *tecomates* aussi appelées *jícaras*, fruits de l'arbre de Cirián, étaient utilisés pour un usage domestique à l'époque précolombienne. Bernardino de Sahagún explique que « selon leur forme, ronde, longue, large ou pointue, on leur adaptait des anses ou des pieds et qu'elles étaient blanches, brunes, sombres, jaunes, et certaines peintes »[865]. On y buvait l'eau, *l'atole*, on en faisait des bassines pour se laver les mains, des égouttoirs, des hochets, des bouteilles, et pour extraire le suc du maguey, l'aguamiel[866]. Les pièces fines et luxueuses pouvaient être destinées au service de table de l'Empereur, ou selon Isabel Medina, aux actes religieux pour recevoir les cœurs humains[867]. Plus de vingt mille *jícaras*, de tailles diverses, naturelles ou laquées, constituaient le tribut annuel des populations sous le joug de l'Empire aztèque.

Plusieurs sites pratiquaient la technique de la laque ou en fournissaient la matière première. Bernardino de Sahagún mentionne que ces pièces arrivaient du *Guatimala*[868] à Tenochtitlán[869]. Dans l'actuelle région de la Montaña de Guerrero, les villages de Jicayán et Chilapa payaient une partie de leur tribut en *jícaras*, Tepecoacuilco en huile asséchante de *chía*, entrant dans la composition de la laque[870], Olinalá donnait quarante grandes cruches de *tecozahuitl*, ou ocre jaune, pour la peinture[871]. Enfin, Michoacán était spécialiste de la laque de luxe pour les rois *purepechas*. Frère Bernardino de Sahagún vit appliquer les techniques au marché de Tlatelolco :

> « … d'abord, on les recouvre de produits pour les polir ; certains les polissent avec un cirage avec lequel elles deviennent brillantes, certains les peignent en les rayant, ou en grattant bien ce qui n'est pas plat ou lisse, et pour qu'elles paraissent élégantes, on les enduit d'axin, ou avec des graines de sapotille jaunes moulues, puis on les fait durcir ou sécher à la fumée en les pendant dans la cheminée ».

---

864 RAE. *Guaje* : Plante de la famille des Cucurbitacées, rampante, aux feuilles vertes en forme de cœur, munies en dessous de villosités vertes, donnant de grandes fleurs jaunes en forme de clochettes et de grands fruits qui, mûrs, sont généralement de couleur jaunâtre mat.

865 Bernardino Sahagún, *op. cit.*, p. 570. Libro X. Capitulo XXI.

866 *L'acocote*, *Lagenaria cineraria*, a des fruits allongés jusqu'à un mètre de long, certains étant étroits ou de forme étrange. *Dans :* MARTÍNEZ, Maximino, *Plantas Útiles de la Flora Mexicana*, México, Ediciones Botas, 1959, p. 101.

867 MEDINA GONZÁLEZ, Isabel. *¿Maque Prehispánico? Una Antigua Discusión.* En, RIVERO BORRELL, M. Héctor. Lacas Mexicanas. México, Museo Franz Mayer, Artes de México, 1997, p. 23 (Colección Uso y Estilo n° 5). Isabel Medina González, *op. cit.*, p. 22.

868 La province du Chiapas faisait partie de la Capitainerie générale de Guatemala jusqu'à son indépendance ; elle fut incorporée au Premier Empire mexicain, et décida de continuer à appartenir au Mexique par la suite.

869 Bernardino Sahagún, *op. cit.*, p. 569. Libro X. Capítulo XXI.

870 Danièle Dehouve, *op. cit.*, p. 101, 111-112.

871 TIBÓN, Gutierre, *Olinalá. Artesanos, Artesanías y Arte Popular de México una Historia Ilustrada*/ ed. par Victoria, NOVELO, Madrid : INI, Universidad de Colima, 1996, p. 57.

Avec le galion, deux techniques influencèrent le travail mexicain de la laque : la chinoise, vieille de plus de trois mille ans[872], qui mille ans av. J.-C., avait été intégrée à la japonaise, connue sous le nom de *maki-e.* Si la laque mexicaine mélange la graisse de l'insecte *coccus-axin,* des huiles végétales et des terres naturelles, l'orientale s'appuie sur la résine d'un arbre, le sumac[873].

De Manille arrivèrent des caisses, des coffres, des malles, des paravents, des têtes de lit, des écritoires, des buffets décorés de paysages, de fleurs, d'arbres, de personnages, de parasols et même du galion. Les uniques couleurs alors utilisées étaient le rouge, le jaune, et le noir, car l'action de la laque modifiait les autres pigments[874]. Ces pièces s'ajoutèrent aux *jícaras* mexicains, et avec les techniques orientales les artisans de la Nouvelle-Espagne travaillèrent de nouvelles créations au XVIIe siècle. Au XVIIIe siècle, avec la mode européenne des chinoiseries dont Madame de Pompadour fut une grande enthousiaste en France, le style existant en Nouvelle-Espagne fut enrichi par de nouveaux thèmes orientaux, arrivés du Vieux Continent.

Ainsi naquit au Chiapas le *xicalpestle*[875], cette calebasse ornée de bouquets de fleurs sur fond noir, très recherchée par les femmes des villages de l'isthme de Tehuantepec pour la cérémonie de la *tirada de fruta*[876]. Bien que le *xicalpestle* soit aujourd'hui décoré avec des peintures à l'huile commerciale, l'ancienne coupe des calebasses par la moitié se fait encore, et le noir et l'exubérance de fleurs dénotent leur lignée orientale[877].

Les techniques mexicaines du rayé et les ornementations stylisées de fleurs et d'animaux des *lacas de la China,* expression qui regroupait l'ensemble des meubles, paravents et autres objets laqués qui arrivaient par le galion, se combinèrent dans l'élaboration des pièces d'Olinalá[878]. Comme pour le vêtement, il semble qu'il faille y voir la forte contribution des missionnaires augustins et du transit des colonnes de mules. À la différence de celles du Chiapas les calebasses sont coupées pour utiliser la partie supérieure comme couvercle. Les boites, coffres et plateaux d'Olínala, étaient en bois odoriférant de l'arbre de *lináloe* ; les vêtements placés dans les grands coffres conservaient ainsi le parfum du bois. De fins et délicats dessins de faune et de flore y étaient exécutés sur fond noir ou rouge.

Durant la vice-royauté, Pátzcuaro au Michoacán fut le siège de la Douane du chemin Royal, et l'un des centres principaux de copie des *biombos*[879] ou paravents, et autres pièces coûteuses. Car le paravent du *rodastrado* était un

---

872 Blas Sierra de la Calle, *op. cit.*, p. 139.

873 Miguel Ángel Fernández, *op. cit.*, p. 135.

874 Blas Sierra de la Calle, *op. cit.*, p.139.

875 Marita Martínez, *op. cit.*, p. 87. Dans : *El comercio con Asia.*

876 Ruth Lechuga, *op. cit.*, p. 17.

877 PÉREZ CARRILLO, Sonia ; RODRÍGUEZ TEMBLEQUE, Carmen, *Influencias Orientales y Europeas.* Dans : RIVERO BORRELL, M. Héctor, *Lacas Mexicanas.* México: Museo Franz Mayer, Artes de México, 1997, p. 44 (Colección Uso y Estilo n° 5).

878 Aujourd'hui, le plus gros centre producteur du pays.

879 RAE. *Biombo* : du japonais *byóbu*, de *byó*, protection et *bu*, vent.

symbole de lustre qui permettait à son propriétaire de faire montre à la fois de son pouvoir économique et de sa culture, par la qualité de ses matériaux, par son prix et par les thèmes développés dans sa décoration. La raison peut incomber à l'envoi par Ieyasu et son fils Hidetada en 1614 de cinq paravents comme cadeau au vice-roi lors de l'Ambassade japonaise de Jasekura : peut-être l'élégance des meubles et la solennité de la rencontre contribuèrent-elles à lui donner l'importance qu'il atteignit aux XVIIe et XVIIIe siècles.

La composition générale du paravent resta constante : il garda ses battants et ses panneaux, fut peint d'un ou des deux côtés, et comporta toujours un élément asiatique comme des fleurs, des oiseaux, des ombrelles ou des pagodes. Seuls les thèmes de la décoration changèrent au fil des siècles. Au XVIIe siècle, les sujets historiques furent les plus représentés ; une scène de la Conquête pouvait figurer à l'endroit et des vues de la ville de Mexico au revers, comme dans le cas du *Biombo de la Conquista* conservé au musée Franz Mayer. Mais furent aussi peintes des scènes de la vie courante comme celle du paravent du *Palacio de los Virreyes.* Y sont représentés les plus importants édifices du gouvernement de Nouvelle-Espagne. En face de ces immeubles, avant le tumulte de 1692, se trouvaient les caissons des Chinois, *los cajones de los chinos*, où étaient vendues les marchandises orientales arrivées par le galion de Manille. Ces caissons furent brûlés lors d'une révolte causée par la disette – de maïs surtout – et l'on construisit un bâtiment appelé le *Parián*, comme s'appelait le marché de Manille.

Les thèmes historiques furent remplacés au XVIIIe siècle par la mythologie, la littérature, les scènes de la vie quotidienne en plein air comme les promenades, les fêtes, les fontaines, les églises, les coutumes, les tenues, les amusements.

## 4. De la porcelaine chinoise à la céramique mexicaine

Au début de la Colonie, arriva à Puebla de los Ángeles le premier tour de potier : utilisant la technique espagnole, on y créait des pièces de céramique appelées de Talavera[880], comme dans les ateliers de la Reine en Espagne[881].

La porcelaine du galion de Manille eut immédiatement un grand succès. Selon Gonzalo Obregón, « le coût des pièces au XVIe siècle était leur poids en argent, toute maison mexicaine avait au moins une pièce de porcelaine à la fin du XVIIe siècle, et son influence sur la céramique de Puebla se refléta largement au XVIIIe siècle[882] ».

De nouveaux types de pièces furent ajoutés : vaisselles, bols, flacons de pharmacie, cuvettes utilisées pour la propreté ou le baptême, ornées de motifs chinois, ponts, pagodes, oiseaux et animaux exotiques. Les copies les plus

---

880 La *Talavera* de Puebla est la plus ancienne des céramiques et la plus continument fabriquée ; elle est fabriquée aujourd'hui comme à l'époque de la Colonie, et on continue à l'appeler *Talavera.*

881 Marita Martínez, *op. cit.*, p. 85. Dans : *El comercio con Asia.*

882 Gonzalo Obregón, *op. cit.*, p. 92. Dans : *El Aspecto Artístico del Comercio con Filipinas.*

nombreuses furent celles des potiches ou *tibores* chinois, dans lesquels on conservait les épices, la poudre, les huiles. En Nouvelle-Espagne, pour y garder le chocolat, on y adaptait un couvercle métallique et une serrure : ceci dénote l'héritage préhispanique, car le cacao servait de monnaie[883].

Ainsi que le firent Portugais et Hollandais lorsqu'ils imitèrent la porcelaine bleue et blanche de la dynastie Ming, les ateliers de Talavera de la Reine en Espagne copièrent le dessin bleu sur fond blanc[884]. La Nouvelle-Espagne vit aussi arriver la porcelaine chinoise et voulut reproduire son bleu[885], mais les ordonnances dictèrent que pour faire la différence « il fallait utiliser un bleu plus foncé »[886], appliqué de façon si épaisse qu'il ressemblait à un relief[887]. Avec la dynastie Ching[888], arrivèrent en Nouvelle-Espagne des pièces vertes et roses. À la suppression des corporations et des ordonnances après l'Indépendance, la technique de la céramique de Puebla abandonna son uniformité de style, et la douceur des couleurs alterna avec des tons plus soutenus.

## 5. Épices, plantes, et arbres

Le chargement principal en épices du galion de Manille était composé de poivre, de cannelle et de clou de girofle, qui, très recherchés, devinrent des éléments essentiels de la cuisine de Nouvelle-Espagne.

Par Frère Bernardino de Sahagun, on connait certains plats préhispaniques comme le *pipiàn*, à base de viande de dinde et d'une sauce de piment rouge, tomates et graines de calebasse broyées, le *chilmolli,* sorte de soupe épaisse de piments jaunes et de tomates[889]. Pendant la colonie espagnole, on combina cette cuisine aux épices d'Orient et au chocolat, donnant le *molli* ou *mole*, qui passe pour être le plat le plus représentatif du Mexique.

Un plat typique d'Acapulco, le cochon de lait farci, la *cochinita rellena,* démontre les liens avec les usages asiatiques.

Antonio Pigafetta note que dans les îles Visayas et l'Archipel des Philippines, le riz, le porc et le coco formaient une grande partie du régime alimentaire. Il explique que du porc était offert aux idoles à l'occasion des cérémonies religieuses et des rites agricoles[890]. Le porc, un des premiers animaux introduits en Nouvelle-Espagne, rapidement acclimaté, de reproduction facile et bon marché, fut consommé par tous, ce qui fit écrire à Francisco de Ajofrin qu'« ils tuent des porcs tous les jours »[891].

---

[883] Miguel Ángel Fernández, *op. cit.*, p. 141.

[884] Le bleu de la céramique de *Talavera de la Reina* était plus doux et plus délicat.

[885] Bien que ce soit les Arabes qui aient découvert l'oxyde de cobalt pour peindre la céramique et qui l'apportèrent en Chine vers 1325, ce furent les potiers chinois qui adoptèrent rapidement le nouveau pigment et améliorèrent la technique arabe en créant la porcelaine bleue et blanche.

[886] Miguel Ángel Fernández, *op. cit.*, p. 141.

[887] CORTINA, Leonor, «Polvos azules de Oriente», *Artes de México,* México, 2002, p. 53.

[888] 1644-1912.

[889] Bernardino Sahagún, *op. cit.*, p. 463. Libro VIII. Capítulo XIII.

[890] Antonio de Pigafetta, *op. cit.*, p.75.

[891] Francisco de Ajofrin, *op. cit.*, p. 89.

Le plat multiculturel de la *cochinita rellena* associe la cannelle et le poivre d'Orient au porc et à la carotte apportée par les Espagnols, et à la pomme de terre péruvienne. Il prévoit une cuisson dans un four sous terre qui peut provenir des cuisines de sociétés tant précolombiennes que philippines.

Au XVII^e^ siècle, les tamariniers [892] faisaient déjà partie du paysage d'Acapulco[893], dans la cour intérieure du couvent de Nuestra Señora de Guía, sur la plage où le galion s'amarrait, et en ville. Domingo Fernández de Navarrete les dénomma les « célèbres tamariniers royaux », et comme Francisco de Ajofrin, mentionna leurs qualités thérapeutiques. Aujourd'hui, la cuisine régionale l'intègre dans ses boissons, froides comme on consommait au XVII^e^ siècle, ou en *atole*, breuvage préhispanique à base de maïs moulu auquel on ajoute du sucre roux et enfin le tamarin pelé et dénoyauté, servi chaud. On en fabrique des confiseries locales traditionnelles à base d'une pâte, de sucre ou de sel, appelée pulpe de tamarin.

La mangue[894] de Manille est originaire de Ceylan, d'Inde et de Malaisie ; elle fut introduite au XVII^e^ siècle en Nouvelle-Espagne, et Córdoba Veracruz vit les premières plantations. José Pasta Tagliabue et Maximino Martínez confirment que ce fruit arriva par le galion de Manille, et devint l'un des plus répandus dans le pays grâce à sa capacité d'accoutumance.

Le cocotier fait partie des coutumes importées par le galion de Manille. Les Philippins en transmirent leur savoir. Ses vertus curatives étaient appréciées pour soigner les blessures : l'huile, comme le note Pigafetta aux Philippines, servait autant pour s'arranger que pour la cuisine. De sa sève, la *tuba*, on fabriquait du vin de cocos, le *charape*[895], et du vinaigre. Sa noix était utilisée pour fabriquer les fameuses tasses pour le chocolat aux parois extérieures décorées de motifs géométriques ou de fleurs. Les muletiers utilisèrent la fibre de son écorce pour confectionner des couvertures de selle qui protégeaient le dos des ânes et des chevaux. Enfin, on employa ses feuilles pour les toits de *palapa*, mot d'origine philippine.

Jusqu'à ce jour à Acapulco, on continue à faire un *atole* qui mélange chair de coco et cannelle, ainsi qu'un gâteau au lait, au sucre et à la pulpe de cocos, la *cocada*, recette de bonnes sœurs du XVII^e^ siècle[896].

La culture du cocotier au Mexique [897] est l'une des plus importantes au monde ; les états de Guerrero, de Colima et de Tabasco recèlent le plus de palmeraies.

---

892 *Tamarindus indica* : par *indica*, on pourrait le croire originaire d'Inde, mais il provient d'Afrique tropicale et pousse de manière sauvage partout au Soudan. À partir d'Inde, il arriva en Perse et chez les Arabes qui lui donnèrent le nom de *tamar hindi*, donnant son nom commun et générique.

893 L'arbre de tamarin arriva à Acapulco par le galion de Manille.

894 RAE. *Mango* : du tamil *mānkāy*. Arbre de la famille des Anacardiacées.

895 *Charape* : boisson aigre-douce et enivrante, préparée avec de la *tuba* et du sucre brun. Dans Virginia González Claverán, *op. cit.*, p. 96.

896 HERNÁNDEZ SERRANO, Federico, «México,sus dulces confituras y ambrosias», *Artes de México*, 1969, XVI, n° 121, p. 14.

897 En raison de sa dispersion, on ne dispose pas d'origine sûre du cocotier.

## 6. Les chats

Lors de son voyage, la faim obligea Pigafetta et ses compagnons à manger les rats dont le prix atteignit un demi-ducat. À son passage par les Îles Philippines, il vit que les indigènes avaient des chats dans leurs maisons. Considérant les chats comme des animaux de bon présage, les marins japonais les estimaient aussi capables d'alerter de la tempête par leurs miaulements[898].

La perte de soies et de textiles à bord pousse à envisager que, au contraire du voyage de Magellan, le galion de Manille n'avait pas de rats à bord, et il est probable que la présence de chats ait empêché l'embarquement clandestin des rats. En effet, les soies, cotons et autres textiles en provenance de Manille, comme les voiles du galion, étaient pourris par l'humidité, mais pas rongés par les rats[899] : il devait y avoir beaucoup de chats dans la ville et dans les Entrepôts Royaux ce qui devait éloigner la menace endémique de tous les ports. Par ailleurs, José Manuel López Victoria rappelle qu'Acapulco comptait avec une plage nommée *la playa del gato*, la plage du chat, disparue à cause de la jetée construite au XX^e^ siècle à l'endroit même où mouillait le galion de Manille[900]. Pourrait-on dire que les ancêtres des chats d'Acapulco arrivèrent par le galion ?

Les coutumes mexicaines furent modifiées en grande partie avec l'arrivée des Espagnols ; l'importation d'esclaves noirs contribua aussi, certes en moindre mesure, à transformer certaines habitudes. Les influences philippine, japonaise, ou d'autres pays d'Extrême-Orient, surtout de Chine, véhiculées par le galion de Manille au XVII^e^ siècle, ont été appliquées aux domaines les plus simples de la vie quotidienne. Mais elles firent plus que modifier le côté pratique : elles apportèrent une touche d'exotisme, de raffinement, elles sophistiquèrent le goût des Novohispanos.

Ainsi, les soies, le chargement principal du galion, habillèrent les riches Novohispanos et rapprochèrent leur niveau de celui de leurs pairs d'Espagne. Les classes défavorisées marièrent les fils de soie et les toiles de coton pour embellir leurs habits qui aujourd'hui définissent les différentes régions du pays et font l'orgueil des Mexicains.

Les laques, les paravents et la céramique associèrent les connaissances locales à leurs homologues espagnols, chinois, japonais. La recette est identique : la réunion des techniques va permettre la création du style artistique mexicain.

Déjà enrichie par l'apport espagnol, la cuisine préhispanique puis mexicaine se transforma en une des meilleures et plus populaires du monde[901] grâce aux épices. Le cocotier, le tamarinier et le manguier de Manille traversèrent le

---

898 Romero Giordano, *op. cit.*, p. 13.

899 AGI. Contaduría, 902, desde 4-XII-1609 hasta fin octubre-1610/Caja de Acapulco.

900 LÓPEZ VICTORIA, José Manuel, *Leyendas de Acapulco*, México, Ediciones Botas, 1944, p. 82.

901 Récemment convertie en Patrimoine immatériel de l'Humanité par l'UNESCO (2010).

Pacifique, et s'enracinèrent tant dans les habitudes mexicaines que l'on oublie qu'ils n'appartiennent pas initialement à la flore mexicaine.

Plus de trois sociétés s'unirent en Nouvelle-Espagne, pour donner naissance au Novohispano qui hérita de l'esprit d'acceptation, de la flexibilité, et de l'aptitude des indigènes, de l'audace des Espagnols, de la force des noirs, de la subtilité des Chinois, et de la beauté des Malais. Le climat d'ouverture dans lequel se développa cet individu fut alimenté par un formidable échange commercial international, à travers le Pacifique et le galion de Manille, et à travers l'Atlantique et les galions de la *Flota*. Les nouveaux courants culturels entrèrent en torrent dans le vice-royaume, et le nouvel homme, à l'esprit ouvert, reçut ces différents apports et sut les interpréter de façon admirable.

# CONCLUSION

Le souhait de la Couronne de s'implanter en Extrême-Orient signifia d'énormes efforts, une forte volonté et une grande ténacité pour les différents niveaux impliqués dans l'ensemble de l'entreprise espagnole des Philippines. Par la découverte de la route du retour, la *tornavuelta* depuis Manille, si désirée, et le mouillage du San Pedro dans la baie d'une bourgade de pêcheurs, d'un port endormi après l'intérêt relatif porté par Hernán Cortés, le frère augustin Andrés de Urdaneta privilégie Acapulco pour sa localisation et les qualités de sa baie, non pour les caractéristiques d'une ville qui, de fait, est inexistante.

Que de chemin parcouru en cent ans ! Acapulco dut se convertir non seulement en un port base du galion de Manille, vecteur d'union, de rapprochement, de soutien au profit de l'Archipel, mais aussi en un lieu où était organisée la foire la plus importante de l'époque. Ainsi, le destin le sortit de l'obscurité pour l'élever à un niveau de renommée mondiale.

La primauté que la Couronne donna aux Philippines par rapport à l'ensemble de ses possessions et la nécessité de conserver ce précieux bastion situé au cœur même du commerce d'Orient, dépendant de la Nouvelle-Espagne depuis 1574, provoquèrent la soudaine installation du vigoureux pouvoir espagnol dans le hameau d'Acapulco, en respectant les normes utilisées à la capitale et dans les grandes villes de la Nouvelle-Espagne.

Ainsi, le pouvoir administratif s'établit dans le port et le Trésor Royal organisa les mouvements de biens et les transactions afin de collecter toute la richesse possible au profit de la couronne espagnole en butte à un fort besoin de financement en Europe. Acapulco fut confirmée comme plaque tournante avec Manille, unique sur la côte américaine du Pacifique malgré le souhait et les manœuvres du Pérou, vice-royaume richement doté d'argent et intéressé dans le fructueux commerce international de marchandises d'Extrême-Orient.

S'appuyant sur cette structure administrative, la Couronne affirma sa préférence pour les intérêts des commerçants de Séville et de Cadix sur ceux de Nouvelle-Espagne et des Philippines qui profitaient de l'essor croissant du commerce avec Manille. En même temps, elle limitait la fuite d'argent de ses deux vice-royaumes, en particulier vers la Chine, qui vidait le Trésor Royal du précieux métal et empêchait de mener à bien les conflits en Europe.

La puissance militaire fut le second outil déployé par la Couronne, faisant d'Acapulco un centre de dispositif, chaque fois plus complexe et performant, de dissuasion et de protection contre les pilleurs qui cherchaient à s'emparer du galion de Manille. Après des débuts difficiles par manque de moyens, mauvaise organisation et absence de volonté, Acapulco fut dotée d'une capacité militaire lui permettant d'établir et de faire respecter un niveau de sécurité adéquat dans les baies et sur les côtes du Pacifique de la Nouvelle-Espagne.

Solidaire du rêve messianique de la Couronne, Acapulco se prêta comme point de départ de l'évangélisation de l'Extrême-Orient et comme sas d'entrée pour éviter les idées subversives en Nouvelle-Espagne.

En matière de religion, les deux grandes puissances, Couronne espagnole et Papauté, mirent en place une stratégie commune, à des deux facettes, l'une temporelle et l'autre spirituelle, ouvertement décidée ou sous-entendue.

Le dogme employé était des plus simples : la religion justifiait la domination sur les autres peuples et se transformait en une méthode de sujétion. En conséquence s'installa le curé *beneficiado*, à la fois homme d'église et parfait homme de négoce, permettant, avec le consentement de Rome, de conduire la religion en accord avec les intérêts de la Couronne. Par contre, les dévoués frères *hipólitos* poursuivirent leur ferme intention de soutenir contre vents et marées l'hôpital d'Acapulco et le Galion de Manille, et offrirent leur aide médicale aux équipages, voyageurs et habitants de cette ville insalubre. À ce même port, arrivèrent les missionnaires, les soldats de Rome qui passèrent aux Philippines avec la bénédiction du roi pour enraciner, comme dans toute l'Amérique espagnole, le modèle défini par l'Espagne dans sa politique mondiale, un homme stéréotype dans sa langue et sa religion. Néanmoins, il faut reconnaître qu'aux Philippines, ne se répéta pas l'expérience d'une conquête aussi cruelle que celles d'Amérique, précisément par l'action de défense exercée par ces religieux.

L'établissement à Acapulco de ce pouvoir en triptyque nécessaire au XVII^e^ siècle pour affirmer toute autorité temporelle entraîna un ensemble de modifications qui transformèrent la ville de façon importante. Obligée de répondre favorablement aux ambitions royales au moyen de réalisations pratiques, Acapulco dut développer les capacités requises pour, au moins, aider à la construction des moyens maritimes et à la réparation des navires, soutenir l'ensemble des personnes réunies par la présence intermittente du galion de Manille, et finalement rendre possibles les transactions commerciales effectuées durant la foire. Ainsi, la route d'accès à Acapulco fut peu à peu améliorée et de nouvelles voies de communication, terrestres et maritimes, furent ouvertes. L'architecture de la ville suivit le même plan générique espagnol, l'adaptant aux conditions locales et cherchant à diminuer les risques de fraude au fisc.

Comme les autres ports après la Conquête, la peste avait vidé Acapulco de ses populations autochtones, catastrophe qui altéra le vieux système des *encomiendas*. Les avantages exorbitants initialement octroyés par la Couronne furent progressivement supprimés, et le statut d'*encomendero*, hérité de la Conquête, fut vidé de sa substance. La perte de condition sociale poussa les anciens *encomenderos* à s'impliquer dans les affaires du galion de Manille. Les modifications eurent un effet important sur la redistribution de la pyramide sociale, débouchant sur une organisation qui s'appuyait surtout sur le pouvoir commercial et les bénéfices. Les Espagnols de l'élite d'Acapulco ne laissèrent pas passer la fabuleuse opportunité de ce marché international, se placèrent comme fournisseurs du galion ou des bureaux gouvernementaux, comme acheteurs, ou comme agents commerciaux prêtant leurs services aux marchands des villes de la Nouvelle-Espagne. Pour ces raisons, les officiers royaux appelèrent *encomenderos* ceux qui travaillaient sur *encomienda*. Le dynamisme créé par le galion de Manille apporta une prospérité telle à Acapulco qu'elle permit à la bonne société de créer et de renforcer les liens qui l'avantageaient pour recevoir des concessions de terres ou des postes gouvernementaux.

Comme dans tout le vice-royaume, l'esclavage fut pratiqué pour retrouver l'ancienne main-d'œuvre si indispensable. Dans un premier temps, une population noire s'installa, et Acapulco suivit ensuite un tournant social avec la croissance d'une population mulâtre. Dans le dernier quart du XVI^e^ siècle, l'entreprise aux Philippines établie, un nouveau changement intervint par l'importation d'esclaves *chinos* par le galion de Manille et se poursuivit durant tout le XVII^e^ siècle. Leur participation dans la vie commerciale du port, autorisée ou tolérée, permit aux esclaves d'acheter légalement leur liberté. La richesse engendrée à la foire d'Acapulco par le transit des marchandises et des personnes modifia aussi les couches sociales inférieures de la ville.

Les commerçants préférèrent investir l'argent mexicain dans le commerce du galion de Manille, car la rentabilité du commerce de marchandises orientales de luxe vendues à des prix qui défiaient toute concurrence était plus forte que celle obtenue par son équivalent en Atlantique par la *Flotta*.

Au XVII^e^ siècle, la foire d'Acapulco fut l'expression d'un grand échange commercial réunissant les marchands de Manille, de Nouvelle-Espagne et du Pérou. Dans leurs agissements, on perçoit une grande énergie, un effort de communication, une volonté de coopération et un réseau considérable d'interdépendances qui embrassait les deux continents. Malgré l'éloignement, le temps et les difficultés, tous comprenaient que le but était réalisable si on approvisionnait et satisfaisait la demande du marché captif de l'Amérique espagnole ; la portée de cet échange en fut bien plus forte. Mais, face à ce commerce innovant, la volonté espagnole cherchait avant tout à enrichir la métropole par l'exploitation de ses colonies, imposant de fortes charges, appliquant une politique économique protectionniste par laquelle elle obligeait à consommer les produits de la Péninsule, bien plus chers et de moindre qualité que les marchandises d'Orient. La duplicité de langage tenue par le roi et les instances de décision de la Couronne rencontrèrent un formidable terrain d'expression, et conduisit à l'établissement d'une double hiérarchie qui rendaient responsables le vice-roi de Nouvelle-Espagne en ce qui concerne la légalité des opérations commerciales et le Gouverneur des Philippines pour leur efficacité. En conséquence, Acapulco se transforma en un lieu de conflits résultant des différences entre la règlementation et la pratique du commerce, ce qui créa deux systèmes marchands dépendant l'un de l'autre : le premier, légal, respectait les directives et remplissait les caisses royales, le second, la contrebande, permettait l'enrichissement des particuliers. Cette action illégale aurait pu être atténuée si la Couronne avait officiellement accepté certaines dérogations proposées par les commerçants des Philippines, de la Nouvelle-Espagne et du Pérou. Mais elle ne le comprit pas, et loin de chercher la concertation, utilisa Acapulco pour que ses inflexibles *visitadores* éclaircissent la turbidité de cette activité. Malgré les pressions, la contrebande s'installa comme nécessité dans le commerce, obligeant l'Espagne à l'accepter afin d'éviter le risque d'une paralysie complète et la mort de son entreprise en Extrême-Orient. Le succès commercial du galion de Manille à Acapulco, l'importance de la foire et de son public, cette nouvelle vision du commerce international, réprimée, ne traversèrent pas l'Atlantique, restant limités à un ensemble économique jugé de seconde zone par la Couronne : la Nouvelle-Espagne. Mais une fois que l'échange fut établi, il fut impossible de l'arrêter. Les modalités du commerce utilisées à la foire d'Acapulco au XVII$^{e}$ siècle continuèrent jusqu'en 1815.

Acapulco fut ainsi le pôle américain d'un bateau chargé de trésor tant à son départ qu'à son retour. À partir de Manille, le galion naviguait sur la ligne transpacifique la plus longue et la plus difficile de son temps, affrontant les éléments, exposé à la maladie, confronté à la mort, et faisait l'impossible pour arriver une fois par an avec ses marchandises luxueuses et fines, et entrer dans le port, auréolé de gloire. À son retour, il quittait Acapulco pour un voyage moins hasardeux, mais attendu avec anxiété par les *manileños*, et aussi par les pirates. Dans ses entrailles il emportait le précieux minerai, l'argent extrait à coups de barre à mine avec la sueur et le sang des indigènes et des esclaves novohispanos ou péruviens.

Ce fil, fragile mais de très grande valeur, matériel et immatériel, relia l'Asie et l'Amérique, et Acapulco fut au XVII$^{e}$ siècle un espace de convergence humaine. Plus que dans d'autres cas de la colonisation, pendant lesquels il n'y eut que deux cultures, deux peuples, deux races se rencontrant et définissant certaines affinités, Acapulco fut le réceptacle de nombreuses et différentes populations qui apportèrent chacune leur culture. Malgré la brièveté de la présence du galion et de la foire qui suivait, tous ceux qui se côtoyaient, de passage ou de façon un peu plus sédentaire, étaient de fait unis par la difficulté du chemin qu'ils venaient de parcourir et l'attente du suivant.

Si, parmi ses fonctions, Acapulco fut propagateur de la culture espagnole ou *novohispana* vers les Philippines, la Chine ou d'autres pays d'Extrême-Orient, ce fut aussi l'antichambre de l'influence orientale qui se répandit dans toute la Nouvelle-Espagne, alors que son rôle officiel se limitait à être le marché des marchandises d'Extrême-Orient. Pour cela, Acapulco n'est qu'un étal et non un créateur d'art comme le furent d'autres villes de sa Juridiction, ou de la Nouvelle-Espagne. Les raisons de son abandon résident dans sa qualité d'île, proviennent du climat, de son accès terrestre difficile, et paradoxalement de la proximité avec la capitale du vice-royaume.

Les soies, les porcelaines, les épices, les esclaves, toutes ces marchandises d'Orient synonymes de luxe, à l'origine de disputes, de guerres, de découvertes et d'une nouvelle ère, s'échangeaient à Acapulco. Des histoires fabuleuses propagèrent le dynamisme de ce port qui, sans Manille au XVII$^{e}$ siècle, n'aurait jamais fait partie du mythe du « premier comptoir du Pacifique et escale de la Chine[902] ».

---

[902] Giovanni Francesco Gemelli, *op. cit.*, p. 7. Dans : Viaje a la Nueva España.

# SOURCES

## ARCHIVES

**ESPAGNE. MINISTÈRE DE LA CULTURE, Archivo General de Indias**

ES.41091.AGI/16.6.272//CONTADURIA, 901
ES.41091.AGI/16.6.273//CONTADURIA, 902
ES.41091.AGI/16.6.274//CONTADURIA, 903
ES.41091.AGI/16.6.275//CONTADURIA, 904
ES.41091.AGI/16.6.277//CONTADURIA, 905B
ES.41091.AGI/23.10.25//MEXICO, 25, N.37
ES.41091.AGI/23.10.27//MEXICO, 27, N.22, N.66
ES.41091.AGI/23.10.28//MEXICO, 28, N.17, N.31, N.46, N.51
ES.41091.AGI/23.10.29//MEXICO, 29, N.5
ES.41091.AGI/23.10.30//MEXICO, 30, N.36
ES.41091.AGI/23.10.36//MEXICO, 36, N.49
ES.41091.AGI/23.10.189//MEXICO, 189, N.58
ES.41091.AGI/23.10.453//MEXICO, 453, 454, 455
ES.41091.AGI/23.6.12//FILIPINAS, 8, R.3
ES.41091.AGI/23.6.9//FILIPINAS, 9, R.3
ES.41091.AGI/23.6.474//FILIPINAS, 329, L.2, F.319V
ES.41091.AGI/23.6.12//FILIPINAS, 8, R.1, N.17.
ES.41091.AGI/23.6.9//FILIPINAS, 9, R.1, N.1
ES.41091.AGI/23.6.475//FILIPINAS, 17, R.1, N.3
ES.41091.AGI/23.6.535//FILIPINAS, 12, R.1, N.52
ES.41091.AGI/23.6.545//FILIPINAS, 15, R.1, N.44
ES.41091.AGI/23.6.502//FILIPINAS, 21, R.10, N.43
ES.41091.AGI/23.6.476//FILIPINAS, 22, R.10, N.59
ES.41091.AGI/23.6.542//FILIPINAS, 211, N.1.
ES.41091.AGI/23.6.6//FILIPINAS, 27, N.108
ES.41091.AGI/23.6.503//FILIPINAS, 28, N.63
ES.41091.AGI/23.6.653//FILIPINAS, 44, N.22
ES.41091.AGI/23.6.1022//FILIPINAS, 36
ES.41091.AGI/23.6.653//FILIPINAS, 44, N.23
ES.41091.AGI/23.6.527//FILIPINAS, 193, N.3
ES.41091.AGI/23.6.795//FILIPINAS, 75, N.37
ES.41091.AGI/23.6.728//FILIPINAS, 79, N.96
ES.41091.AGI/23.6.418//FILIPINAS, 31, N.42
ES.41091.AGI/23.6.372//FILIPINAS, 340, L.3, F.41
ES.41091.AGI/23.6.420//FILIPINAS, 68, N.1
ES.41091.AGI/23.6.542//FILIPINAS, 203, N.1
ES.41091.AGI/23.6.411//FILIPINAS, 212, N.1
Signatura: Escribanía de Cámara de Justicia
ES.41091.AGI/20.32//ESCRIBANIA,172B
ES.41091.AGI/20.32//ESCRIBANIA,177B
ES.41091.AGI/20.32//ESCRIBANIA,186C

ES.41091.AGI/20.10//ESCRIBANIA, 252A
ES.41091.AGI/20.10//ESCRIBANIA, 260A
ES.41091.AGI/27.17//MP-MEXICO, 34
ES.41091.AGI/27.17//MP-MEXICO, 106
ES.41091.AGI/27.7//MP-ESCRITURA_CIFRA,31

## ARCHIVO GENERAL DE LA NACIÓN. MÉXICO

Instituciones Coloniales:
Fondo : Indiferente Virreinal.
Filipinas. Cajas: 2660 Ex 16- 3350 Ex 28- 3504 Ex 29- 3855 Ex 3- 4252 Ex 12- 4976 Ex 006- 5247 Ex 064- 6441 Ex 092.
Marina. Cajas : 2260 Ex 16- 4873 Ex 35.
Cofradías y Archicofradías. Caja : 5383 Ex 76.
Real Caja. Caja 6530. Ex 101.
Fondo: Compañía de Jesús.
Jesuitas (064) Expediente Único, IV-50.
Fondo: Inquisición.
Inquisición (61). Volumen : 293 Ex 14 año 1613 - 368 Ex 116 año 1604 - 447 Ex 5 año 1662- 457 Ex 18 año 1655 - 616 Ex2 año 1671.
Fondo : Real Audiencia.
Indios. Contenedor : 13 vol. 23 Ex 14 año 1658 - 17 vol. 30 Ex 255 año 1689 - 18 vol. 13 y 18 año1691. 17 vol. - 29 Ex 149 año 1686.
Fondo : Real Hacienda.
Archivo Histórico Hacienda (008).
Filipinas: vol. 600 Ex 4 año 1651 - Filipinas: vol. 600 Ex 19 año 1664.
Lista Infantería. Artillería y Gentes de Mar...: vol. 6 Ex.62 año 1641.
Hospitales : vol. 1408 años 1682-1696.
Tributos. Fianzas. Almonedas: vol. 1435 Ex 26 año 1640 - vol. 1437 Ex 44 y 45 año 1643.
Tierras (110). Contenedor : 089 vol. 163 Ex 1 año 1696 - 0066 vol. 122 Ex 3 año 1677- 1154 vol. 2774 Ex 8 año 1636 - 1417 vol. 3274 Ex 2 año 1652.
Fondo: Regio Patronato Indiano.
Bienes Nacionales (014). Volumen : 1028 Ex 26 año 1691- 34 Ex 2 año 1647.
Hospitales (054). Contenedor : 06 vol. 15 Ex 6 año 1691.
Fondo: Gobierno Virreinal.
Californias (017). Volumen: 26 Ex 66 año 1655.

## ARCHIVO GENERAL DEL ESTADO DE GUERRERO. EG-

Caminos. AHEG. C.1/E.2/ f. 15-22. 1782. RM/PCE/V10-E1. 1782-87
AHEM/RM/POE/V10-E1. 1782-87

## BIBLIOTECA NACIONAL DE MÉXICO. Fondo Franciscano

Ex n°1465 Año 1669-1675. Despacho del virrey Arzobispo fray Payo de Rivera 12-11-1674. Expediente No. 1441.1 Registro de Papeles varios.
133/1678.7 Real Provisión.
1794. La reina Gobernadora.

Expediente No. 1465 Año 1669-1675. Carta de Juan de Zelaeta de 09601-1674.

## DOCUMENTS D'ÉPOQUE

*Adición a la Ordenanza de Marina, que han de observar los navíos del Rey de las Islas Filipinas, en los Viajes al Reyno de Nueva España, Puerto de Cavite, y Acapulco, en la Carga. Fu Defgarga, y Regreffo.* Tomo II. Obra publicada de real orden, siendo Arandia gobernador de Filipinas. 1757.

AJOFRIN, Francisco de. *Diario del viaje que hizo a la América en el siglo XVIII el padre fray Francisco de Ajofrin,* México, Instituto Cultural Hispano Mexicano, 1964, p. 12-161.

ALCALA Y HENKE, Agustín. (1919) « Esclavitud de los negros en la América española ». *Colección Clásicos Tavera* [CD-ROM], vol. 7, serie II, Textos Históricos Afro-América, Madrid, MAPFRE, 1998.

BALBUENA Bernardo. *Grandeza Mexicana.* Sociedad de bibliófilos mexicanos. México 1927. Capítulo III, p. 74.

BAÑUELOS Y CARRILLO, Hieronimo. *Relation des Isles Philippines. A translation of Estado de las Islas Filipinas y sus conveniencias.* In, THEVERNOT, Melchisedec. *Relation de divers voyages curieux qui n'ont pas esté publiées… données au public par les soins de feu Melchisedec Thevernot.* Chez Tomas Moette. Paris, 1696, TI.

BLANCO WHITE, José. (1814) « Bosquejo del comercio en esclavos, y reflexiones ». *Colección Clásicos Tavera* [CD-ROM], vol. 7, serie II, Textos Históricos Afro-América, Madrid, MAPFRE, 1998.

BERISTAIN SOUZA, José Mariano de. *Biblioteca Hispano americana Septentrional,* Tomo III, México, 1821, p. 127.

CARDONA, Nicolás. *Descripciones Geographicas e Hidrographicas de muchas tierras y mares del Norte y Sur, en las Indias, en especial del descubrimiento del Reyno de la California echo contrabajo e industria por el capitán y cabo Nicolás de Cardona con orden del rey y Nuestro Señor don Felipe III, de las Españas.* Dirigidas: Al excelentísimo Señor don Gaspar de Guzmán, conde de Olivares, duque de San Lucar la Mayor, y sumiller de Corps de su Majestad Gran Canciller de las Indias.

CARRERA Y PRADO, Esteban de la. *Conversación familiar e interesante, dividida en quatro tiempos sobre el nuevo plan y método que se manda observar en el arrivo y despacho de los navíos de Filipinas conforme a las leyes de Indias, reglamentos y últimas disposiciones del superior govierno de México / tomadas con acuerdo del Tribunal de la Visita General de Nueva España entre Dn. Estevan de la Carrera y Prado, del Orden de Calatrava, tesorero propietario y Dn. Manuel Alonso Portugués, contador interino, ambos oficiales reales de la ciudad y puerto de los reyes de Acapulco.* Ex libris real de la época de Carlos IV-Fernando VII. Ex libris ms. de Manuel José de Ayala. Siglo XVIII.

CAVO, Andrés. *Los Tres Siglos de México,* México, 1836, Imprenta de Luis Abadiano y Valdés, Tomo I, Libro sexto, p. 239.

*Colección de Documentos Inéditos Relativos Descubrimiento, conquista y organización de las antiguas posesiones de Ultramar: de las Islas Filipinas,* Tomo II. Madrid, Sucesores de Rivadeneyra, 1886, p. 119-139.

CORTÉS, Hernán, *Cartas de Relación,* México, Porrúa, 1993, p. 330 (Sepan Cuantos; n° 7).

CUBERO SEBASTIÁN, Pedro. *Peregrinación del Mundo,* Madrid, Miraguano Ediciones/Ediciones Polifemo, 2007, p. 435.

CHIRINO, Pedro. *Relación de las Islas Filipinas i de lo que en ellas an trabaiado los Padres dæ la Compañía de Jesús.* Manila, 1890, p. 275.

Diccionario Marítimo Español, que además de las definiciones de las voces con sus equivalentes en francés, inglés e italiano, contiene tres vocabularios de estos idiomas con las correspondencias castellanas, Redactado por orden del Rey Nuestro Señor, Madrid, Imprenta Real, 1831, p. 584. http://books.google.com

FERNÁNDEZ DE NAVARRETE, Domingo. *The travels and controversies of Friar Domingo Navarrete, 1618-1686 / edited from manuscript and printed sources by J.S.Cummins.* Hakluyt Society, 1962.

FERNANDEZ DE VILLALOBOS, Gabriel, Marqués de Varinas. *Estado eclesiástico, político y militar de la América o Grandezas de las Indias.* Fol. 243. Capitulo 30. El puerto de Acapulco.

FERRANDO, Juan. « Historia de los PP. Dominicos en las Islas Filipinas y en sus misiones del Japón, China, Tunk-King y Formosa ». Libro II. Cuarto Periodo. Cap. III. p. 495. *Colección Clásicos Tavera* [CD-ROM], vol. 13, serie X, Obras Clásicas para la Historia de Manila, Madrid, MAPFRE, 1998.

GAGE, Thomas. *Nuevo reconocimiento de las Indias Occidentales,* México, CONACULTA, 1994, p. 273.

GARCÍA PALACIO, Diego, de. *Instrucción Náutica para Navegar. Por el doctor Diego García de Palacio del Colegio de su Majestad y Oidor en la real Audiencia obra impresa en México por Pedro Ocharte en 1587.* Ediciones Cultura Hispánica, Madrid, 1944, p. 156. (Colección de incunables americanos siglo XVI, vol. VIII).

GEMELLI CARERI, Giovanni Francesco. *A voyage to the Philippines.* Manila: Filipiniana Book Guild II, 1963, p. 172.

GEMELLI CARERI, Giovanni Francesco. *Viaje a la Nueva España,* México, UNAM, 2002, p. 216. (Nueva Biblioteca Mexicana, n° 29).

GRAU Y MONFALCÓN, Juan. *Mémoire pour le Commerce des Ifles Pilipines. Par Don Juan Grau y Monfalcón, Procureur des Ifles Philipines. Dedié a Don Juan de Palafox y Mendoza, Evefque de la Puebla de los Angeles. Relation de divers voyages curieux qui n'ont pas esté publiées…données au public par les soins de feu Melchisedec Thevernot.* Chez Tomas Moette. Paris, 1663.

GUIJO, Gregorio M. de. *Diario de Guijo,* Tomo I, México, Editorial Porrúa, 1953, p.286. (Colección de Escritores Mexicanos; n° 64).

GUIJO, Gregorio M. de. *Diario de Guijo,* Tomo II, México, Editorial Porrúa, 1953, p.293. (Colección de Escritores Mexicanos; n° 64).

HERRERA, Antonio de. *Historia General de los Castellanos, en las Indias y Tierra-Firme del Mar Océano,* Tomo I. Asunción del Paraguay, Editorial Guaraní, 1944, p. 82-85.

HERRERA y TORDESILLAS, Antonio de. *Historia General de los Hechos de los Castellanos en las Islas y Tierra Firme del Mar Océano o "Décadas" de Antonio de Herrera y Tordesillas.* Tomo I. Madrid, Universidad Complutense de Madrid, p. 625-639.

*INSTRUCCIÓN para la visita de los navíos en los puertos de la Nueva España, y districto de la Inquisición de México.* México, 16.., 272.72 INQ, p. 3-6.

KERR, Robert, F.R.S. & F.A.S. EDIN. *A General History and Collection of Voyages and Travels, arranged in systematic order, forming a complete history of the origin and progress of navigation, discovery, and commerce, by sea and land, from the earliest ages to the present time.* Edinburgh. William Blackwood, 1824. Vol. X. Voyage of George Spilbergen round the world, in 1614-1617. Chapter V.

LORENZANA, Francisco Antonio de. *Bandos y reglas correspondientes al virreinato de la Nueva España. … Sobre, Aduana, pulques…comercio libre. Filipinas y Acapulco…comercio ilícito.* Libro 2,

*Manual según la reforma de nuestros Santísimos padres Paulo V y Urbano VIII. Para el uso y régimen de la Sagrada religión de la Charidad de S. Hipólito Mártir. Provincia en esta Nueva*

*España, y para todos sus conventos, y hospitales, dispuesto por el P. Fr. Antonio Miguel de Galicia, religioso sacerdote de dicha sagrada religión; y en esta segunda impresión lo dedica el R.P. fray Juan de Loreto y Medina, religioso asimismo presbítero del referido orden, al SSmo. Patriarca señor Joseph.*

MEDINA, Balthasar de. *Chronica de la Santa Provincia de San Diego,* México, Editorial Academia Literaria, 1977, p. 8-151. (Colección de Grandes Crónicas Mexicanas; 4).

MONTERO VIDAL, José. « Historia de Filipinas desde el Descubrimiento de dichas Islas hasta nuestros días ». Tomo I, *Colección Clásicos Tavera* [CD-ROM], vol. 13, serie X Obras Clásicas para la Historia de Manila, Madrid, MAPFRE, 1998.

MORGA, Antonio de. *Sucesos de las Islas Filipinas. Obra publicada en Méjico el año de 1609 nuevamente sacada a la luz y anotada por J. Rizal, y precedida de un prólogo del prof. F. Blumentritt.* París, 1890.

MORGA, Antonio de. *Sucesos de las Islas Filipinas,* México, FCE, 2007, p. 390.

PIGAFETTA, Antonio. *Primer Viaje Alrededor del Mundo,* Madrid, DASTIN S.L., p. 220. (Crónicas de América n° 27).

« Recopilación de Leyes de los Reynos de las Indias ». T.II. Titulo V. *Colección Clásicos Tavera* [CD-ROM], vol. 7, serie II, Textos Históricos Afro-América, Madrid, MAPFRE, 1998.

*Relation des Isles Philippines, Faite par un Religieux qui y a demeuré 18 ans.* Traduit d'un manuscrit espagnol. In, THEVERNOT, Melchisedec. *Relation de divers voyages curieux qui n'ont pas esté publiées... données au public par les soins de feu Melchisedec Thevernot.* Chez Tomas Moette. Paris, 1696, T. I.

*Relaciones geográficas del arzobispado de México.* 1743, tomos I-II. Madrid, Artes Graficas Claviño S.A., 1988, p. 21-30 (Colección Tierra Nueva e Cielo Nuevo; n° 28).

ROBLES, Antonio de. *Diario de Sucesos Notables,* Tomo I, México, Editorial Porrúa, 1946, p. 317 (Colección de Escritores Mexicanos, n° 30).

ROBLES, Antonio de. *Diario de Sucesos Notables,* Tomo II, México, Editorial Porrúa, 1946, p. 31 (Colección de Escritores Mexicanos, n° 30).

ROBLES, Antonio de. *Diario de Sucesos Notables,* Tomo III, México, Editorial Porrúa, 1946, p. 315 (Colección de Escritores Mexicanos, n° 30).

SAHAGÚN, Bernardino de. *Historia General de las cosas de Nueva España,* México, Editorial Porrúa, 1999, p. 1093 (Sepan Cuantos n° 300).

SAN AGUSTIN, Gaspar de, fray. *Conquistas de las Islas Filipinas.* Madrid, C.S.I.C., 1975, p. 789.

SEIJAS y LOBERA, Francisco. *Gobierno militar y político del Reino Imperial de la Nueva España. (1702)*/ ed. par Estudio, transcripción y notas. Pablo Emilio, PEREZ-MALLAÍNA BUENO. México : UNAM, 1986, p. 8-547 (Instituto Investigaciones Históricas, Serie documental, No. 17).

TORRES de MENDOZA, Luis. *Colección de Documentos Inéditos de América y Oceanía.* Tomo VI. Madrid, Kraus Reprint LTD., 1964, p. 298-313.

VILLA-SEÑOR Y SÁNCHEZ, Joseph Antonio. *Theatro Americano. Descripción General de los Reynos y Provincias de la Nueva España y sus Jurisdicciones.* Tomo I y II. México, Editorial Nacional, 1952.

VIVERO, Rodrigo de. *Du Japon et du bon Gouvernement de l'Espagne et des Indes,* Traduit et présenté par Juliette Monbeig. Paris, S.E.V.P.E.N., 1972, p. 227.

## BIBLIOGRAPHIE

AGUIRRE BELTRÁN, Gonzalo. *El negro esclavo en Nueva España .Obra Antropológica XVI,* México, Fondo Cultura Económica, 1994, p. 211.

AGUIRRE BELTRÁN, Gonzalo. *La Población negra de México. Estudio Etnohistórico,* México, Fondo Cultura Económica, 1989, p. 374.

AGUIRRE BELTRAN, Gonzalo. Races in 17th Century Mexico. *Clark Atlanta University*, vol. 6, n° 3, 1940-1956, p. 212-201. http://www.jstor.org/stable/272486.

ALBERRO, Solange. *Inquisición y Sociedad en México 1571-1700,* México, FCE, 1993, p. 622.

ALBERRO, Solange. « Les Espagnols dans le Mexique colonial. Histoire d'une acculturation », Armand Colin Éditeur, Paris, 1992, p. 131 (*Cahiers des annales*, n° 43).

ALBERRO, Solange. « El arte Namban en el México Virreinal, de Rodrigo Rivero Lake », *Historia Mexicana,* vol. 56, n° 3, Ene.-Mar., 2007, p. 1043-1067. http//:www.jstor.org/stable/25139740.

ALESSIO ROBLES, Vito. *Acapulco en la historia y en la leyenda*, México, Ediciones Botas, 1948, p. 215.

ARMELLA de ASPE, Virginia. *La influencia asiática en la indumentaria novohispana.* La presencia novohispana en el Pacifico Insular. Actas de las Segundas Jornadas Internacionales celebradas en la ciudad de México/ ed. par. María Cristina, BARRÓN. México: INBA, CONACULTA, UIA, 1992, p. 51-64.

ARMELLA de ASPE, Virginia. *Artes Asiáticas y Novohispanas.* El galeón del Pacifico Acapulco-Manila 1565-1815/ ed. par Javier, WIMER. México: Espejo de Obsidiana Ediciones, 1992, p. 203-239.

ARMELLA DE ASPE, Virginia. *Vestido y evolución de la moda en Michoacán.* Herencia Española en la cultura material de las Regiones de México. XII Coloquio de Antropología e Historia Regionales/ ed. par. Rafael Diego FERNÁNDEZ. Zamora : El Colegio de Michoacán, 1993, p. 291-324.

ARTEAGA, Beatriz. María del Carmen, VELAZQUEZ, « Historia de América y Filipinas », *Historia Mexicana*, Abr.-Jun. 1966, vol. XV, n° 24, p. 638-660.

BARBOSA RAMÍREZ, A. René. *La Estructura Económica de la Nueva España. 1519-181,* México, Siglo Veintiuno Editores S.A., 1977, p. 225.

BATIZ, José Antonio. *El Real de a ocho primera moneda universal.* México: Fomento Cultural Banamex A.C. Editorial Jus S.A. 1976. p. 14.

BAUZON, Leslie. *Deficit Goverment. Mexico and the Philippines Situado. 1606-1804,* Tokyo, East Asian Cultural Studies, 1981, p. (East Asian Cultural Studies, serie n°21).

BAZARTE MARTÍNEZ, Alicia. *Las Limosnas de las Cofradías, su Administración y Destino.* Cofradías, Capellanías y Obras Pías en la América Colonial/ ed. par María del Pilar, MARTÍNEZ LÓPEZ-CANO. México : UNAM, 1998, p. 65-74. (Instituto de Investigaciones Históricas. Serie Historia Novohispana, No. 61).

BENÍTEZ, R. José. *El traje y el adorno en México 1500-1900.* Enfermedad y muerte en América y Andalucía (siglos XVI-XX)/ ed. par José de Jesús, HERNÁNDEZ PALOMO. Sevilla: Consejo Superior de Investigaciones Científicas, EEHA, 2004.

BERNABÉU ALBERT, Salvador. *El Pacífico Ilustrado, del lago español a las grandes expediciones,* Madrid, MAPFRE, 1992, p. 312. (Colección Mar y América; n° 4).

BERNABÉU ALBERT, Salvador. « Cualidades de los pilotos de Indias según el piloto mayor Francisco de Ruesta (1669) », *Revista de Indias,* Enero-Junio 1986, n° 177, p. 331-344.

BERNAL, Rafael. « México en Filipinas. Estudio de una transculturización », México, UNAM, Instituto de Investigaciones Históricas, 1965, p. 142 (Serie histórica, n° 11).
BERNAL, Rafael, « México en Filipinas », *Historia Mexicana,* Oct.-Dic. 1964, vol. XIV, n° 2, p. 187-205.
BLAIR, Emma, James ROBERTSON. *The Philippine Islands 1493-1898,* vol. XVIII-1617-1620, Cleveland, Arthur H. Clark Co., 1904, p. 169-188.
BORAH, Woodrow. *El siglo de la Depresión en la Nueva España.* El pasado de México, Aspectos Socio-demográficos/ ed. par Sherburne, F. COOK. México : FCE, 1989, p. 213-279.
BORAH, Woodrow. « Hernán Cortés y sus intereses marítimos en el Pacifico. En el Perú y la Baja California », *Estudios de Historia novohispana,* n° 4, México, 1971, p. 7-25.
BORAH, Woodrow. *An Instruction of the Inquisition to its Commissioner in Acapulco, 1582,* Cordoba, Universidad Nacional de Cordoba, 1973, p. 27-34.
BOYER, Richard. « Mexico in the Seventeenth Century, Transition of a Colonial Society », *Hispanic American Historical Review,* vol. 57, n° 3, 1988, p. 455-478. http://www.jstor.org/stable/2514025.
BRAND, Donald. Geographical Exploration by the Spaniards. *European entry into the Pacific Spain and the Acapulco-Manila galleon*/ ed. par Ashgate Publishing Limited. Hampshire : p. 1-54 (The Pacific World Series, n° 4).
BROOK, Timothy. *The Confusions of Pleasure*, California, University of California Press, 1999, p. 320.
BROOK, Timothy. *Vermeer's Hat. The Seventeenth Century and the Dawn of the Global World,* London, Profile Books, 2009, p. 272.
CADIZ, Juan Carlos DUQUE ESTRADA, Fernando. La construcción naval: las embarcaciones. *Puertos y Fortificaciones en América Latina y Filipinas*/ ed. par Biblioteca CEHOPU : p. 96.
CALDERÓN QUIJANO, José Antonio. *Fortificaciones en Nueva España,* Madrid, Gobierno del estado de Veracruz, EEHA, 1984, p. 508.
CALDERÓN QUIJANO, José Antonio. « Nueva Cartografía de Acapulco, Campeche y Veracruz ». Sevilla, EEHA, 1969, p. 49 (Colección Anuario, n° 171).
CÁRDENAS, Alejandra. *Hechicería, saber y transgresión. Afromestizas en Acapulco, 1621,* Chilpancingo, Imprenta Andy, 1997, p. 134.
CARDENAS PEÑA, Enrique de la. *El camino del Asia,* México, Edición a cargo del autor, 2006, p. 16-35. MARTÍNEZ del RÍO, Marita, « El transporte en la Historia de México », *Artes de México,* 1960, Año XXIII, n° 197, p. 29-37.
CARRERA STAMPA, Manuel. « *La Feria de Acapulco* », en *Las Ferias Comerciales de Nueva España*/ sous la dir. de José Joaquín Real Díaz, Sevilla : Instituto Mexicano de Comercio Exterior, 1959, p. 201-292.
CARRERA STAMPA, Manuel. *Los Gremios Mexicanos La organización gremial en Nueva España 1521-1861,* México, E.D.I.A.P.S.A., 1954, p. 399.
CARRERA STAMPA, Manuel, « La Nao de la China », *Historia Mexicana,* Julio-Sept. 1959, vol. IX, n° 33, p. 97-118.
CARRERA STAMPA, Manuel, « Las Ferias Novohispanas », *Historia Mexicana,* Enero-Marzo 1953, vol. II, n° 3, p. 319-342.
CARRERA STAMPA, Manuel, « El Sistema de Pesos y Medidas Colonial », *Memoria de la Academia Mexicana de la Historia,* 1967, Año XXVI, sobretiro del n° 1, p. 4-31.
CASTELLÓ YTURBIDE, Teresa. *Indumentaria y Orden Social entre las Castas de mestizaje.* Herencia Española en la cultura material de las Regiones de México. XII Coloquio de

Antropología e Historia Regionales. / ed. par. Rafael Diego FERNÁNDEZ. Zamora : El Colegio de Michoacán, 1993, p. 249-264.
CASTELLÓ YTURBIDE, Teresa. « La Chaquira en México », *Artes de México, Museo Franz Mayer,* 72, México, 1998, p. 20-26 (Colección Uso y Estilo, n° 6).
CASTILLO Andrés. El galeón de Manila. *El galeón de Manila. Un mar de historias*/ ed. par JHG Editores. México : 1997, p. 18.
CLAVIJERO Francisco Xavier. *Historia de la Antigua o Baja California,* México, Editorial Porrúa, S.A., 1990, p. 262 (Colección Sepan Cuantos; n° 143).
CONCAS PALAU, Víctor María, «La sultanía de Joló», *Boletín de la Sociedad Gráfica,* Tomo XVI, Madrid 1864. p. 153.
CORTINA, Leonor. «Polvos azules de Oriente», *Artes de México,* México, 2002, p. 47-55.
CUMMINGS H., Victoria. « The Church and Business Practices in Late Sixteenth Century Mexico », *The Americas,* vol. 44, Apr. 1988, p. 421-440.
http://www.jstor.org/stable/1006968
CURIEL, Gustavo. *Ajuares domésticos. Los rituales de lo cotidiano.* Historia de la vida cotidiana en México. La Ciudad Barroca/ ed. par. Antonio, RUBIAL GARCÍA. México : FCE, 2005, p. 81-108.
CHAUNU, Pierre. *Le Galion de Manille. Grandeur et décadence d'une route de la soie,* Paris, Librairie Armand Colin, 1951, p. 453-462 (Annales).
DEHOUVE, Danièle, *Cuando los banqueros eran santos. Historia económica y social de la provincia de Tlapa, Guerrero,* México, Estampa Artes Gráficas, 2002.
DENEGRE VAUGHT, Jorge. *Piratas del Pacífico.* El galeón del Pacifico Acapulco-Manila 1565-1815/ ed. par Javier, WIMER. México: Espejo de Obsidiana Ediciones, 1992, p. 177-201.
DÍAZ-TRECHUELO, María de Lourdes. *Filipinas, la gran desconocida,* España, EUNSA, 2001, p. 341 (*Astrolabio,* n° 295).
DOUCET, Gastón Gabriel. América y España. El encuentro de dos mundos. *La encomienda Indiana*/ ed. par Heberto Oscar ACEVEDO. Buenos Aires : Editorial Ángel Estrada y Co., 1988, p. 42-55.
DURAND José, « El lujo indiano », *Historia Mexicana,* vol. 6, n°1, Jul.-Sep., 1956, p. 57-75.
FERNÁNDEZ, Miguel Ángel. *La Nao de China,* Monterrey, Grupo Vitro, 1998, p. 180.
FLORESCANO Enrique. Isabel, GIL SÁNCHEZ. *La época de las reformas borbónicas y el crecimiento económico 1750-1808.* Historia general de México. Tomo I/ed. par Daniel, COSÍO VILLEGAS. México : COLMEX, 1986, p. 476-477.
FUENTE SALIDO, María Guadalupe de Lourdes. *La educación militar auspiciada por la corona española.* La evolución de la educación militar en México/ ed. par. Secretaria de la Defensa Nacional México : 1997, p. 23-37.
GARABANA, Antonio Francisco, « El Comercio del Oriente en la Provincia Mexicana », *Artes de México,* 1971, vol. XVIII, n° 143, p. 65-68.
GARCÍA ABASOLO, Antonio. *La vida y la muerte en Indias. Cordobeses en América (siglos XVI-XVIII),* Córdoba, Publicaciones del monte de Piedad y Caja de Ahorros de Córdoba, p. 418.
GARCÍA-ABASÓLO, Antonio Francisco, « La expansión Mexicana hacia el Pacífico, La primera Colonización de Filipinas (1570-1580) », *Historia Mexicana,* Julio-Sept. 1982, vol. XXXII, n° 125, p. 55-85.
GARCÍA ARCOS, María Fernanda de los. *Forzados y Reclutas... Los criollos novohispanos en Asia.1756-1808,* México, Potrerillos Editores, 1996, p. 338.

GARCÍA GARCÍA, Bernardo. *La Pax Hispanica: Política exterior del Duque de Lerma.* Leuven. Leuven University Press, 1996. p. XIII, 432.BF 1,150.
GARCÍA-MOLINA RIQUELME, Antonio. *El Régimen de Penas y Penitencias en el Tribunal de la Inquisición de México,* México, UNAM, 1999, p. 679 (Doctrina Jurídica, No. 17).
GARCÍA DEL VALLE GÓMEZ, Jesús. *Retrato de un Navío Nuestra Señora del Pilar de Zaragoza de la carrera Manila- Acapulco (1733-1750),* Madrid, Editorial Naval, 1993, p. 359.
GERHARD, Peter, *Geografía Histórica de la Nueva España 1519-1821*, México, UNAM, 1986, p. 493.
GERHARD, Peter. The Tres Marias Pirates. *Pacificic Historical Review,* Aug. 1958, vol. 27, n° 3, p. 239-244 http://www.jstor.org/stable/3636442.
GONZALBO AIZPURU, Pilar. *Vivir en Nueva España, orden y desorden en la vida cotidiana,* México, COLMEX, Centro de Estudios Históricos, 2009, p. 373.
GONZÁLEZ CLAVERÁN, Virginia. *Malaspina en Acapulco,* México, Espejo de Obsidiana S.A., 1989, p. 217.
GONZÁLEZ, Francisco José. *Astronomía y Navegación en España siglos XVI-XVIII,* Madrid, Editorial MAPFRE, 1992, p. 283 (Colección Mar y América, No. 3).
GONZÁLEZ, Luís, « Expansión de Nueva España en el Lejano Oriente», *Historia Mexicana,* Oct.- Dic. 1964, vol. XIV, n° 54, p. 206-226.
GORBEA TRUEBA, José. *Fuerte de San Diego en Acapulco Guerrero,* México, INAH, 1981, p. 39.
GREER JOHNSON Julie. Sor Juana's Castaño, From "Gracioso" to Comic Hero. *South Atlantic Review,* 2001, Autumn, vol. 66, n° 4, p. 94-108.
http://www.jstor.org/stable/3202062.
GUERRA, Francisco. *El hospital en Hispano-América y Filipinas 1492-1898,* Madrid, Ministerio de Sanidad y Consumo, 1994, p. 262-264.
GUTIERREZ SANTOS, Daniel. *Historia Militar de México 1325-1810.* México, Ediciones Ateneo S.A., 1961, p. 378-383.
GUEVARA SÁNCHEZ, Arturo. *Los agustinos descalzos. Breves noticias de su vida y logros en México y Filipinas,* México, INAH, 2006, p. 156.
HIPÓLITO VERA, Fortino. *Itinerario Parroquial del Arzobispado de México,* Cuernavaca, 2000, p. 36.
HEFTER, J., « Crónica del Traje Militar en México del siglo XVI-XX », *Artes de México,* 1968, Año XV, n° 102, p. 28-32.
HÉMOND, Aline, *Bordar entre las mujeres nahuas de Acatlan: arte floral, rituales agrarios identidades textiles,* Simbolismo y ritual en el textil mesoamericano. II Coloquio del Museo Textil de Oaxaca/ ed. par. Ana Paula FUENTES. Oaxaca, 2010, p. 1-16.
HEREDIA HERRERA, Antonia. « Los escribanos de naos », *Separata de, Jornadas de Andalucía y América,* 1991, Actas 9°, p. 299.
HERNÁNDEZ H. Roberto. El comercio exterior de China hasta 1948. *Estudios de Asia y África,* 1979, Jan-Mar, vol. 14, n° 1 (39), p. 1-44.
http://www.jstor.org/stable/40311877.
HERNÁNDEZ SERRANO, Federico, «México, sus dulces confituras y ambrosias», *Artes de México,* 1969, XVI, n° 121, p. 7-24.
KELSEY, Harry. «Finding the way Home/ Spanish Exploration of the Round-Trip Route across the Pacific Ocean», *The Western Historical Quarterly,* Apr. 1986, vol. 17, n° 2, p. 149.

LAVRIN Asunción. Estructuras, personalidades y mentalidades populares, la nueva historiografía de la iglesia en México. Review Essays. Howard University. Vol. 4, No. 2 (Summer, 1988), p. 319-325. http,//www.jstor.org/stable/1051826.

LAVRIN Asunción. « La Cofradía de San Pedro, una cofradía urbana del México colonial -1604-1730 », *Historia Mexicana,* vol. 29, n° 4, Apr-Jun., 1980, p. 562-601. http://www.jstor.org/stable/25135710.

LECHUGA, Ruth. Lugares y Formas de la Laca. *Lacas Mexicanas*/ ed. par Héctor M. RIVERO BORRELL. México: Museo Franz Mayer, Artes de México, 1997, p. 9-20. (Colección Uso y Estilo n° 5).

LEÓN CAZARES, María del Carmen. *A cielo abierto. La convivencia en plazas y calles.* Historia de la vida cotidiana en México. La Ciudad Barroca/ ed. par. Antonio, RUBIAL GARCÍA. México : FCE, 2005, p. 19-46.

LEÓN-PORTILLA, Miguel. « La Embajada de los Japoneses en México, 1614. El testimonio en náhuatl del Cronista Chimalpahin», *Estudios de Asia y África,* vol. 16, n° 2 (48), Apr.-Jun., 1981, p. 225.

LIRA, Andrés. Luis, MURO. *El siglo de la Integración.* Historia general de México. Tomo I/ ed. par Daniel, COSÍO VILLEGAS. México : COLMEX, 1986, p. 371-465.

LÓPEZ VICTORIA, José Manuel. *Leyendas de Acapulco,* México, Ediciones Botas, 1944, p. 214.

MALVIDO, Elsa. *El mexicano y el concepto de la muerte.* Las caras de la muerte en el mundo/ ed. par. Sonia, BUTZE. Querétaro : INAH, 1996, p. 85-102.

MARTIN Cheryl English. *The San Hipólito Hospitals of Colonial Mexico, 1566-1702.* 305 p. Thèse : Histoire : Michigan : 1976.

MARTÍNEZ del RÍO de REDO, Marita. *El comercio con Asia.* El galeón de Acapulco/ ed. por Marita Martínez del Río de Redo, México: Museo Nacional de Historia, INAH, 1988, p. 77-92.

MARTÍNEZ CARBAJAL, Alejandro. *Historia de Acapulco,* Acapulco, DPA Impresores, 2005, p. 877.

MARTÍNEZ, Maximino. *Plantas Útiles de la Flora Mexicana,* México, Ediciones Botas, 1959, p. 101.

MATHES W., Michael. *Sebastián Vizcaíno y la Expansión Española en el Océano Pacífico. 1580-1630,* México, UNAM, 1973, p. 143.

MEDINA GONZÁLEZ, Isabel. *¿Maque Prehispánico ? Una Antigua Discusión.* En, RIVERO BORRELL, M. Héctor. « Lacas Mexicanas. México, Museo Franz Mayer, Artes de México, 1997, p. 21-30 (*Colección Uso y Estilo* n° 5).

MIJARES, Ivonne. *El abasto urbano, caminos y bastimentos.* Historia de la vida cotidiana en México. La Ciudad Barroca/ ed. par. Antonio, RUBIAL GARCÍA. México : FCE, 2005, p. 109-140.

MONTERO RECORDER, Cyntia. *La Capellanía, una de las Prácticas Religiosas para el Mas Allá.* Cofradías, Capellanías y Obras Pías en la América Colonial/ ed. par María del Pilar, MARTÍNEZ LÓPEZ-CANO. México : UNAM, 1998, p. 131-142 (Instituto de Investigaciones Históricas. Serie *Historia Novohispana,* No. 61).

MUÑOZ, Miguel L. *El peso mexicano de plata en Asia.* El galeón de Acapulco/ ed. por Marita Martínez del Río de Redo, México: Museo Nacional de Historia, INAH, 1988, p. 98-124.

MURIEL, Josefina. *Hospitales de la Nueva España Fundaciones del siglo XVI,* Tomo I y II, México, UNAM, Cruz Roja Mexicana, 1990, p. 358.

MURO, Luís. *Soldados de Nueva España a Filipinas (1575),* México, COLMEX, p. 466-491 (Separata de *Historia Mexicana,* Vol. XIX, n° 4).

NEWSON A., Linda. Explicación de las Variaciones regionales de las tendencias demográficas en la América Española colonial; el caso de México. *Lecturas de Historia Mexicana,* 1994, vol. 41, n° 9, p. 517-549.
OBREGÓN, Gonzalo, « El Aspecto Artístico del Comercio con Filipinas », *Artes de México,* 1971, XVIII, n° 143, p. 74-97.
OBREGÓN, Gonzalo, « Influencia y Contra Influencia del Arte Oriental en la Nueva España *», Historia Mexicana,* 1964, Oct.-Dic., vol. 14, n° 2, p. 292-302.
OLLÉ, Manel. *La empresa de China. De la Armada Invencible al Galeón de Manila,* Barcelona, Acantilado, 2002, p. 302.
OLLÉ, Manel. *La Invención de China : percepciónes y estrategias filipinas respecto a China durante el siglo XVI,* Wiesbaden, Harrossowitz Verlag, 2000, p. 190.
OROPEZA KERESEY, Deborah. *Los "indios chinos" en la Nueva España, la inmigración de la nao de China, 1565-1700.* p. 311 Thèse : Histoire : *México* : 2007.
OROZCO Y BERRA, Manuel. *Moneda en México.* México: Tipografía de Rafael/Librería de Andrade, 1854. p. 19.
OTEIZA IRIARTE, Tomás. La ciudad de las naos de Oriente y de las sirenas modernas. [s.l. : s.n.], 1965, p. 400.
ORTÍZ ARMENGOL, Pedro. *Intramuros de Manila, de 1571 hasta su destrucción en 1945,* Madrid, Cultura Hispánica, 1958, p. 242.
PASO y TRONCOSO, Francisco del. *Epistolario de Nueva España. 1505-1818,* Tomo X y XIII, México, Antigua Librería Robledo, 1949 (Biblioteca Histórica Mexicana de Obras Inéditas Segunda Serie n° 10).
PASTA TAGLIABUE, José. 77 Historiadores y un puerto… *Acapulco,* Acapulco, Ayuntamiento Constitucional de Acapulco, 1984, p. 4-275.
PASTOR, María Alba. *Crisis y recomposición social. Nueva España en el tránsito del siglo XVI al XVII,* México, FCE, 1999, p. 270.
PÉREZ CARRILLO, Sonia. Carmen, RODRIGUEZ TEMBLEQUE. *Influencias Orientales y Europeas.* En, RIVERO BORRELL, M. Héctor. Lacas Mexicanas. México, Museo Franz Mayer, *Artes de México*, 1997, p. 31-52 (Colección Uso y Estilo n° 5).
PLEHN C. Carl. Taxation in the Philippines. *Political Science Quarterly,* 1901, Dec., vol. 16, n° 4, p. 140.
QUINTANA, José Miguel, « Un viaje de Filipinas a la Nueva España en el siglo XVII », *Artes de México*, 1971, XVIII, n° 143, p. 35-44.
RAGON, Pierre. « Los Santos Patronos de las Ciudades del México Central (Siglos XVI–XVII) », *Historia Mexicana,* vol. LII, n° 2, Oct.-Dic. 2002, p. 361-368. http://www.jstor.org/stable/25139439.
RODAO, Florentino. España en el Pacifico. *Islas del Pacifico. El Legado Español/* ed. par Javier GALVÁN GUIJO. Madrid : Ministerio de Educación, Cultura y Deporte, Secretaria de Edo. De Cultura, 2000, p. 27-35.
RODRÍGUEZ SALA, María Luisa. *Los cirujanos del mar en la Nueva España, (1572-1820, ¿Miembros de un estamento profesional o una comunidad científica?* México, Instituto de Investigaciones Sociales de la Universidad Nacional Autónoma, 2004, p. 200.
RODRÍGUEZ, Vicente. *Cosas de Fraîles*, Celaya, Imprenta Franciscana, 1992, p. 62-85.
ROMERO GIORDANO, Carlos, « Aquellos tiempos de galeones », *México en el tiempo,* 1969, Año 4, n° 25, p. 10-15.
ROMERO SOLANO, Luis, « La Nueva España y Las Filipinas », *Historia Mexicana,* Ene-Mar.1954, vol. III, n° 3, p. 420-431.
ROMERO de TERREROS, Manuel. *Siluetas de Antaño,* México, Ediciones Botas, 1937, p. 206.

RUEDA SMITHERS, Salvador, «La Nao de China Riqueza a contracorriente», *Arqueología Mexicana,* Sept.- Oct. 1998, vol. VI, n° 33, p. 56-63.
RUSTOMJI-KERNS, Roshni, «Las raíces olvidadas de Mirrah-Catarina», *Artes de México,* Jul.-Sept. 2003, n° 66, p. 20-33.
SALES COLIN, Ostwald. Un descalabro en las comunicaciones náuticas. Mexicano-Filipinas 1646-1648. *El galeón de Manila. Un mar de historias*/ ed. par JHG Editores. México : 1997, p. 91-119.
SALINAS ARANEDA, Carlos. *Los oficiales reales de Indias en el siglo XVI. Apuntes para su estudio.* Poder y Presión Fiscal en la América Española (siglos XVI, XVII y XVIII)/ ed. par Casa-Museo de Colón, Seminario Americanista de la Universidad de Valladolid. Valladolid : 1986, p. 363-390.
SÁNCHEZ LAMEGO, Miguel, *El castillo de San Diego Acapulco,* México, D.A.P.P., 1937, p. 4-5. MARTÍNEZ del RÍO de REDO, Marita, «La Piratería en el Pacifico», *Artes de México,* 1971, XVIII, n° 143, p. 55-61.
SANFORD A. Mosk. The Cardona Company and the Pearl Fisheries of Lower California. *Pacific Historical Review,* Vol. 3, n° 1, March 1934, p. 50-61. http://www.jstor.org/stable/3633457.
SANTIAGO CRUZ, Francisco. *Relaciones diplomáticas entre la Nueva España y el Japón,* México, Editorial Jus, 1964, p. 73 (Colección *México Heroico*, n° 32).

**ARTICLES**

SANTIAGO CRUZ, Francisco. *La Nao de China,* México, Editorial Jus, 1962, p. 192.
SANTIAGO CRUZ, Francisco. *Los Hospitales de México y la Caridad de Don Benito,* México, Editorial Jus S.A., 1959, p. 118 (Figuras y episodios de la historia de México ; n° 67).
SARABIA VIEJO, María Justina. *El juego de gallos en Nueva España,* Sevilla, Escuela de Estudios Hispano-Americanos, 1972, p. 149.
SCHWALLER, John Frederick. «The Ordenanza del Patronazgo in New Spain 1574-1600», *The Americas,* vol. 42, n° 3, 1986, p. 254. http://www .jstor.org/stable/1006927.
SCHELL HOBERMAN, Louisa, «Merchants in Seventeenth-Century Mexico City, A Preliminary Portrait», *Hispanic American Historical Review,* 1977, vol. 57, n° 3, p. 479-503.
SCHURTZ LYTLE, William. *El galeón de Manila,* Madrid, Ediciones de Cultura Hispánica, 1992, p. 357.
SIERRA, Aida, *La Creación de un símbolo,* Artes de México, México, 2000, n° 49, p. 16-25.
SIERRA DE LA CALLE, Blas. *Vientos de Acapulco. Relaciones entre América y Oriente,* Valladolid, Museo Oriental de Valladolid, 1991, p. 144.
SMITH, S. Robert, y José, RAMÍREZ FLORES. *Los consulados de comerciantes de Nueva España,* México, IMCE, 1976, p. 15-51.
SOBEL, Dava. *Longitude,* Paris, J.C.Lattès, 1996, p. 192. (Pointes ; n° 126).
SOTO SORIA, Alfonso, *Vestidos, diseños y ambiente,* El Textil Mexicano Línea y Color, ed. par Museo Rufino Tamayo, México : 1986, Feb.-Abril, p. 12-15.
SUAREZ, Marcela. *Hospitales y Sociedad en la Ciudad de México, del siglo XVI,* México, UAM, 1988, p. 125 (Serie Humanidades).
TAKAHASHI, Hitoshi. «De la Huerta a la Hacienda, el Origen de la Producción Agropecuaria en la Mixteca Costera», *Historia Mexicana.* vol. 3, n° 1, Jul-Sep., 1981, p. 1-78. http://www.jstor.org/stable/25135764.

TARDIFF, Guillermo. *Historia General del Comercio Exterior Mexicano (Antecedentes, Documentos, Glosas y Comentarios) 1503-1847,* Tomo I. México, 1968, p. 35-91.
TE PASKE, John J. *La Real Hacienda de Nueva España, la Real Caja de México (1576-1816),* México, INAH, 1976, p. 340 (Colección Científica Fuentes, Historia de México, No. 41).
TIBÓN, Gutierre. *Olinalá.* Artesanos, Artesanías y Arte Popular de México una Historia Ilustrada/ ed. par Victoria, NOVELO. Madrid : INI, Universidad de Colima, Culturas Populares, 1996, p. 15-63.
VALDIOSERA BERMAN, Ramón. *3000 Años de Moda Mexicana,* México, EDAMEX, 1992, p. 320.
VÁZQUEZ MANTECÓN, María del Carmen, *La china mexicana mejor conocida como* china poblana, México, Instituto de Investigaciones Históricas UNAM, 2000, p. 123-150.
VILLA PANGANIBAN José, « Influencia Hispano Mexicana en el Idioma Tagalo » *Historia Mexicana,* Oct.-Dic. 1964, vol. XIV, n° 2, p. 261-271.
VILLAR ORTIZ, Covadonga. *La Renta de la Pólvora en Nueva España (1569-1767),* Sevilla, EEHA, 1988, p. 181
WOBESER, Gisela von. *Las Capellanías de Misas, su Función Religiosa, Social y Económica en la Nueva España.* Cofradías, Capellanías y Obras Pías en la América Colonial/ ed. par María del Pilar, MARTÍNEZ LÓPEZ-CANO. México : UNAM, 1998, p. 119-130 (Instituto de Investigaciones Históricas. Serie Historia Novohispana, N° 61).
YUSTE LÓPEZ, Carmen. *Emporios Transpacíficos. Comerciantes Mexicanos en Manila. 1710-1815,* México, Instituto de Investigaciones Históricas, UNAM, 2007, p. 512 (Serie Historia Novohispana, n° 78).
YUSTE LÓPEZ, Carmen. *El Comercio de la Nueva España con Filipinas, 1590-1785,* México, INAH, 1984, p. 98 (Colección Científica, N° 109).
YUSTE, Carmen. *Un océano de intercambios. El galeón de Manila*/ ed. par Hospital de los Venerables, Museo Franz Mayer, Museo Histórico de Acapulco Fuerte de San Diego. Sevilla : Aldeasa, 2000, p. 139-150.

# INDEX DES NOMS DE PERSONNES

## A



## B



## C

## D



## E



## F

**G**



**H**



**I**



**J**



**L**

## M



## N



## O

## P



## Q



## R

**S**



**T**



**U**



**V**

## Y



## Z

# TABLE DES MATIERES

# L'Amérique du Nord à L'Harmattan

## *Dernières parutions*

**SURVIVANCES DE LA DOCTRINE DU PURITANISME DANS L'AMÉRIQUE MODERNE**
*Mendy Louis*
Cette étude constitue une réflexion profonde sur ce que le puritanisme, né de l'influence du réformateur Jean Calvin, a légué à l'Amérique des temps modernes. Elle fait apparaître tout ce qui a permis à l'Amérique des temps modernes de tirer profit de la doctrine du puritanisme, qui fait que ce grand pays a révélé une nouvelle image à la face du monde.
*(36.00 euros, 356 p.)*
*ISBN : 978-2-343-05552-7, ISBN EBOOK : 978-2-336-37216-7*

**L'INTÉGRATION DES IMMIGRANTS AU CANADA**
**Conflits de valeurs et problématiques d'adaptation**
*Tshibangu Mwamba - Préface de Thomas Banjikila Bakajika*
Cet essai scrute l'univers sociologique des immigrants au Canada en analysant leurs interactions passives et actives dans leur société d'accueil. Mwamba Tshibangu étudie la vie au sein des familles immigrantes, particulièrement dans les situations atypiques, paradoxales ou conflictuelles, alimentées par deux problèmes majeurs : le conflit intergénérationnel et les difficultés émanant de l'intégration différenciée des immigrants.
*(23.00 euros, 234 p.)*
*ISBN : 978-2-343-05028-7, ISBN EBOOK : 978-2-336-37080-4*

**UN ITINÉRAIRE DE RECHERCHE EN TERRAIN AUTOCHTONE AU CANADA – L'empathie dans tous ses états**
*Ionita Irina - Préface de Georges E. Sioui*
Investir un terrain de recherche en territoire autochtone n'est pas aisé. Le contexte colonial sur lequel se sont érigés les pays d'Amérique imprègne l'ensemble des relations qui se tissent (ou non), méfiantes, voire défiantes. Comment se mettre à la place de l'Autre pour le comprendre dans ses propres termes, tout en gardant sa place de jeune chercheuse en sciences sociales ? Amenée sur des terrains inattendus au Québec et en Ontario, l'auteure s'interroge sur l'empathie comme pratique éthique et le besoin de traductions interculturelles afin de dialoguer avec ses interlocuteurs.
*(32.00 euros, 308 p.)*
*ISBN : 978-2-343-05636-4, ISBN EBOOK : 978-2-336-37225-9*

**LAFAYETTE. DE L'AUVERGNE À L'AMÉRIQUE (1757-1784)**
*Caillot Bernard*
Ce livre prend la forme d'un dialogue personnel avec Lafayette et nous fait découvrir la jeunesse du personnage et ses actions dans la Révolution américaine ou à la cour de Versailles. L'auteur prend soin d'asseoir son propos sur une description détaillée des hommes, des idées et des circonstances. Il consacre des pages à l'acteur presque invisible que fut dans ce XVIIIe triomphant la franc-maçonnerie émergente ainsi que la place qu'elle prendra dans la vie de Lafayette.
*(Coll. Historiques, série Travaux, 27.00 euros, 262 p.)*
*ISBN : 978-2-343-05256-4, ISBN EBOOK : 978-2-336-36938-9*

**LA CONTINENTALISATION DU MEXIQUE ET DU CANADA DANS L'AMÉRIQUE DU NORD**

**Les voisins du voisin**

*Gutiérrez-Haces Maria Teresa - Préface de Jean-Michel Lacroix*

Malgré le manque évident de contacts entre le Mexique et le Canada au cours des soixante-dix dernières années, les deux pays ont dû affronter la présence grandissante des États-Unis au cours de leur construction comme État-nation, ce qui les a obligé à prendre certaines décisions de caractère politique et commerciale entre autres, et les a mis devant une situation incontournable : l'impossibilité de laisser de côté leur destin continental.

*(45.00 euros, 456 p.) ISBN : 978-2-343-05516-9, ISBN EBOOK : 978-2-336-36989-1*

**CROIX (LA) OU LA BANNIÈRE**

**Récit d'une controverse à Saint-Pierre et Miquelon**

*Nicole-Le Hors Jacqueline*

Saint-Pierre-et-Miquelon, Noël 1941, les Forces navales françaises libres investissent le territoire jusqu'alors dirigé par des fonctionnaires coloniaux fidèles à Vichy. De cette première étape de la reconquête de l'empire colonial français par le général de Gaulle, l'histoire ne retiendra que l'opposition des Américains à cette intervention et l'adhésion unanime de la population. Dans les faits, l'irruption des Français libres provoqua une violente rupture politique au sein d'une communauté auparavant étroitement liée.

*(Coll. Rue des écoles, série Récits, 22.50 euros, 270 p.)*
*ISBN : 978-2-343-04578-8, ISBN EBOOK : 978-2-336-36352-3*

**CE QU'EN DISAIT LE SUD**

**La loi sur les droits civiques de 1964 : perspectives et arguments des opposants au projet**

*Agbessi Eric*

Cet ouvrage présente une analyse du discours des opposants à la législation reconnaissant aux Afro-Américains de disposer des mêmes droits que leurs concitoyens blancs, et l'évolution du contenu raciste de leur propos au fil des débats, usant de tous les stratagèmes discursifs pour maintenir au coeur du projet politique l'idée qu'ils se font de la société américaine.

*(Coll. Historiques, série Travaux, 22.00 euros, 220 p.)*
*ISBN : 978-2-343-04287-9, ISBN EBOOK : 978-2-336-35795-9*

**RENCONTRES INSOLITES AUX USA**

*Girod André - Dessins par André Girod*

Trop de touristes s'agglutinent en troupeaux devant un panorama à couper le souffle. Les yeux admirent, le cerveau enregistre, la mémoire s'encombre. Mais les lèvres restent serrées, faute de pouvoir communiquer avec l'étranger. C'est dommage ! Ce recueil est fait de personnages que le hasard a mis sur la route de l'auteur, en voyage aux États-Unis : il espère que ces rencontres donneront envie aux lecteurs, pour un petit quart d'heure ou plus, de tendre la main à ceux qu'ils croiseront.

*(19.50 euros, 198 p.)*
*ISBN : 978-2-343-04406-4, ISBN EBOOK : 978-2-336-35839-0*

**AMERICAN GOTHIC**

**Une mosaïque de personnalités américaines**

*Girod André*

Il est des tableaux immédiatement reconnus par le grand public comme la «Joconde». Mais un peintre, inconnu au moment de sa mort, a pourtant laissé une oeuvre qui deviendra un icône, faisant sourire ou grincer des dents : «American Gothic» de Grant Wood. Ce livre décrit des pièces du puzzle qui, sans être les plus célèbres, ont transformé un peu la culture et l'influence américaines à travers le monde, pour le meilleur ou pour le pire...

*(17.00 euros, 168 p.)*
*ISBN : 978-2-343-04037-0, ISBN EBOOK : 978-2-336-35838-3*

**CUISINE DES PREMIERS MIGRANTS DU QUÉBEC**
**Enquête sur la disparition du patrimoine culinaire du Poitou-Charentes**
*Demester Vincent - Préfaces de Michel Suire et de Pauline Arsenault*
La population en provenance du Poitou-Charentes représentait le quart des migrants du Nouveau Monde au Canada. Or, elle n'a laissé aucune trace ou presque de ses pratiques culinaires quatre siècles plus tard. Partant de ce constat, l'auteur mène une enquête en Poitou-Charentes et au Québec pour comprendre les freins de cette diffusion. Faible transmission des savoir-faire, parution tardive d'ouvrages de cuisine en langue française, produits alimentaires différents... Les hypothèses sont nombreuses et décortiquées ici par l'auteur, enseignant cuisinier.
*(Coll. Questions alimentaires et gastronomiques, 20.00 euros, 206 p.)*
*ISBN : 978-2-343-03735-6, ISBN EBOOK : 978-2-336-35931-1*

**PEUPLES, GUERRES ET RELIGIONS DANS L'AMÉRIQUE DU NORD COLONIALE**
*Moreau Anne-Claire*
Les missionnaires français des XVIIe et XVIIIe siècles en Amérique ont laissé de nombreux écrits permettant d'appréhender le phénomène du «contact» entre les civilisations européennes et amérindiennes. Les jésuites publièrent maints récits de leurs voyages. L'exemple de Sébastien Racle qui passa plus de trente ans en Acadie chez les Abenakis est étudié dans cet ouvrage. L'auteur met en lumière les interactions réciproques du «Vieux Continent» et du «Nouveau Monde» dont les missionnaires furent les vecteurs précoces et majeurs.
*(Coll. Religions et Spiritualité, 21.00 euros, 220 p.)*
*ISBN : 978-2-343-03710-3, ISBN EBOOK : 978-2-336-35370-8*

**ÉCONOMIE MORALE DES QUARTIERS POPULAIRES DE SAO PAULO**
*Cabanes Robert*
L'insurrection urbaine de toutes les villes du Brésil en juin 2013 n'était ni prévisible, ni programmée par quiconque. Même si chaque ville a une histoire particulière, les réponses que chacune trouve à ses problèmes ne portent pas que la trace de cette singularité mais prennent aussi un sens politique. Au delà de tous les impacts des «politiques de la ville», surgit et se développe une économie morale des quartiers populaires qui s'affiche comme ressource, valeur ou civilisation.
*(Coll. Recherches et documents Amériques latines, 13.50 euros, 130 p.)*
*ISBN : 978-2-343-04062-2, ISBN EBOOK : 978-2-336-35324-1*

**VIGNOBLE (LE) ARGENTIN DE MENDOZA ET L'INFLUENCE FRANÇAISE**
**XIXe-XXe siècle**
*Blanchy Guyonne - Préface de Christophe Bouneau*
Dans les années 1880, à la suite de facteurs conjoncturels et dans un contexte de libre-échange, une immigration française spécialisée venue du Bordelais s'installe dans la province de Mendoza en Argentine. Située au pied de la cordillère des Andes, Mendoza opte pour le développement de son industrie viticole. Croisant histoire économique, sociale, culturelle et politique, l'auteure analyse le transfert de connaissances techniques et le développement de ce vignoble innovant mais contrasté, qui émerge aujourd»hui sur la scène internationale.
*(Coll. Recherches Amériques latines, 19.00 euros, 193 p.)*
*ISBN : 978-2-336-30129-7, ISBN EBOOK : 978-2-336-35238-1*

**RITES DE CONTRÔLE ET PRATIQUES DE NÉGOCIATION DANS L'EMPIRE ESPAGNOL**
**Dialogues distants entre Quito et Madrid (1650-1750)**
*Herzog Tamar - Traduit de l'espagnol par Aude Argouse*
Comment imaginer l'État moderne dans sa version coloniale ? Comment comprendre les structures et le fonctionnement d'une administration qui s'étendait des deux côtés de l'Atlantique et dont les officiers n'étaient pas (encore) des fonctionnaires publics ? Où l'échange d'informations était continu mais toujours défaillant ? Les relations qui lient la ville de Quito, en Amérique, avec Madrid, entre 1650 et 1750, sont la trame qui permet de poser ces questions et d'évoquer un passé fortement distinct du présent.
*(Coll. Recherches Amériques latines, 24.00 euros, 228 p.)*
*ISBN : 978-2-343-04007-3, ISBN EBOOK : 978-2-336-35186-5*

**ÉLECTIONS (LES) PRÉSIDENTIELLES AUX ÉTATS-UNIS**
*Esaü Jean-Baptiste - Préface de Jésula Prophète*
Cet ouvrage retrace quelques points importants de l'histoire des présidents américains et du processus des primaires républicaines à l'élection générale de novembre 2012. De manière chronologique, il essaie de faire comprendre aux gens ce processus complexe du suffrage indirect tant pour les primaires que pour l'élection générale. Il montre aussi l'intérêt et la curiosité qu'ont suscités ces élections américaines pour des millions de gens, aux États-Unis comme dans le monde entier.
*(Coll. Pour Comprendre, 22.00 euros, 218 p.)*
*ISBN : 978-2-343-03458-4, ISBN EBOOK : 978-2-336-35162-9*

**VERS LE DÉCLIN DE L'INFLUENCE AMÉRICAINE AU MOYEN-ORIENT ?**
*Nayouf Mamduh*
L'interventionnisme musclé de l'administration Bush a coûté cher à l'économie américaine et à l'image des États-Unis dans le monde. Au Moyen-Orient, le président Obama cherche à réparer les erreurs de cette politique : il lui faut renouer le dialogue, rétablir la confiance et protéger les intérêts des États-Unis. La tâche ne sera pas facile, vu la longue histoire du soutien américain à des régimes non démocratiques dans le monde arabe et sa politique de deux poids deux mesures suivie dans le conflit arabo-israélien.
*(Coll. Comprendre le Moyen-Orient, 25.00 euros, 252 p.)*
*ISBN : 978-2-343-02777-7, ISBN EBOOK : 978-2-336-35314-2*

**ESPACE ET HISTOIRE DE L'UNIVERSITÉ AMÉRICAINE**
**De Bologne à Harvard**
*Lazar Mehdi*
L'État du Massachusetts représente un concentré de l'enseignement supérieur américain - L'Université de Harvard illustre bien toute la dynamique universitaire américaine. L'établissement privé le plus ancien, le plus performant et le plus riche du pays est l'institution qui fait historiquement le lien entre l'Europe et les autres établissements américains. Cet établissement rayonne dans le monde, non en s'exportant, mais en attirant les meilleurs étudiants sur son campus et en maîtrisant sa géographie immédiate.
*(Coll. Diplomatie et stratégie, 22.00 euros, 208 p.)*
*ISBN : 978-2-343-00064-0, ISBN EBOOK : 978-2-296-53915-0*

**ÉTATS-UNIS (LES) FACE AU FRANQUISME**
**1936-1956, la croisée des chemins**
*Barrère Sébastien*
La Seconde Guerre mondiale prend fin sans qu'aucune menace ne soit proférée à l'encontre de l'Espagne, dernier pays fasciste en Europe. Vingt années séparent le début du coup d'État franquiste de l'entrée du dictateur hispanique à l'ONU. Hitler, Mussolini, Churchill, Truman puis Eisenhower ont tous fait le choix de Franco à la tête de l'Espagne. Ce livre souligne le poids de ce pays durant le conflit et montre en quoi sa position entre Hitler et le futur libérateur américain fut l'atout majeur de Franco.
*(Coll. Inter-National, 23.00 euros, 224 p.)*
*ISBN : 978-2-336-29900-6, ISBN EBOOK : 978-2-296-53906-8*

**MYTHES ET LÉGENDES DES INDIENS NAVAJOS**
*Feltes-Strigler Marie-Claude*
La mythologie navajo est peuplée de créatures animales ou humaines qui changent de nature au gré des circonstances, où le naturel et le surnaturel n'ont pas de limites bien définies. Leurs aventures expliquent comment le monde dans lequel nous vivions a été créé et pourquoi il est tel qu'il est. Ces histoires sont transmises oralement, donc varient au fil du temps et selon les narrateurs.
*(18.00 euros, 192 p.)*
*ISBN : 978-2-343-00942-1, ISBN EBOOK : 978-2-296-53735-4*

**L'HARMATTAN ITALIA**
Via Degli Artisti 15; 10124 Torino
harmattan.italia@gmail.com

**L'HARMATTAN HONGRIE**
Könyvesbolt ; Kossuth L. u. 14-16
1053 Budapest

**L'HARMATTAN KINSHASA**
185, avenue Nyangwe
Commune de Lingwala
Kinshasa, R.D. Congo
(00243) 998697603 ou (00243) 999229662

**L'HARMATTAN CONGO**
67, av. E. P. Lumumba
Bât. – Congo Pharmacie (Bib. Nat.)
BP2874 Brazzaville
harmattan.congo@yahoo.fr

**L'HARMATTAN GUINÉE**
Almamya Rue KA 028, en face
du restaurant Le Cèdre
OKB agency BP 3470 Conakry
(00224) 657 20 85 08 / 664 28 91 96
harmattanguinee@yahoo.fr

**L'HARMATTAN MALI**
Rue 73, Porte 536, Niamakoro,
Cité Unicef, Bamako
Tél. 00 (223) 20205724 / +(223) 76378082
poudiougopaul@yahoo.fr
pp.harmattan@gmail.com

**L'HARMATTAN CAMEROUN**
BP 11486
Face à la SNI, immeuble Don Bosco
Yaoundé
(00237) 99 76 61 66
harmattancam@yahoo.fr

**L'HARMATTAN CÔTE D'IVOIRE**
Résidence Karl / cité des arts
Abidjan-Cocody 03 BP 1588 Abidjan 03
(00225) 05 77 87 31
etien_nda@yahoo.fr

**L'HARMATTAN BURKINA**
Penou Achille Some
Ouagadougou
(+226) 70 26 88 27

**L'HARMATTAN SÉNÉGAL**
10 VDN en face Mermoz, après le pont de Fann
BP 45034 Dakar Fann
33 825 98 58 / 33 860 9858
senharmattan@gmail.com / senlibraire@gmail.com
www.harmattansenegal.com

**L'HARMATTAN BÉNIN**
ISOR-BENIN
01 BP 359 COTONOU-RP
Quartier Gbèdjromèdé,
Rue Agbélenco, Lot 1247 I
Tél : 00 229 21 32 53 79
christian_dablaka123@yahoo.fr

Achevé d'imprimer par Corlet Numérique - 14110 Condé-sur-Noireau
N° d'Imprimeur : 132608 - Dépôt légal : octobre 2016 - *Imprimé en France*